中国社会科学院创新工程学术出版资助项目

荣禄与晚清政局

A STUDY ON RONGLU AND LATE QING POLITICS

马忠文 ● 著

社会科学文献出版社
SOCIAL SCIENCES ACADEMIC PRESS (CHINA)

序

马忠文同志的新著《荣禄与晚清政局》，顾名思义，着重探讨的是两个相互联系的重要课题：一个是晚清政局中的荣禄，一个是从荣禄的处境和作为来考察晚清政局。这是两个问题，也是两种视角，对深化近代史研究十分重要，但以往的研究却相对薄弱。这部新著在这两方面都有所推进，值得重视。

荣禄在晚清政治中的重要地位，可谓众所周知。甲午战争、戊戌变法、庚子事变这些重大历史事件中，他都起着举足轻重的作用。荣禄不是宗室亲贵，但他一生最后几年却身膺首席军机大臣，又被授以文华殿大学士，位高权重，这在晚清历史上实属罕见。

然而，遗憾的是，长期以来除了简略的官修传记和几篇碑传文，没有一部有关荣禄的完整而具有较高学术水准的传记或专著。当然，这也并不奇怪。最大的困难在于：有关荣禄的历史资料极为散乱，既没有人为他编过稍完备的文集，也没有年谱长编之类的资料集。庚子事变中，他的府第被焚毁，自己保留的早年文稿、往来书信、档案等文字资料都付之一炬。如果要对荣禄进行系统而深入的研究，就得拿出"上穷碧落下黄泉"的精神，从搜集散见各处的原始资料做起，并对这些资料进行细心比较和考证，去伪存真，做好扎实的资料基础，这是研究工作的第一步。只是这项艰巨而细致的工作，比起研究同时代其他历史人物所需花费的工夫要多得多，难免使人望而却步。

忠文同志正是本着这种精神，知难而进。他熟悉晚清朝政掌故，著有《晚清人物与史事》，在确定荣禄研究的选题后，又花了极大精力，奔走各地，细心搜寻查阅资料，诸如中国第一历史档案馆和台北故宫所藏清代朱批奏折、录副奏折、传包档案，中国社科院近代史研究所藏醇亲王、李鸿藻、张之洞、鹿传霖档案，上海图书馆所藏盛宣怀档案，有关人士如翁同龢、袁世凯、李鸿章、刘坤一、张荫桓、王文韶、廖寿恒、那桐、荣庆、陈夔龙的文集、日记、书信、笔记、年谱，以及报刊文献等，每有所得，如获至宝。在尽可能占有详尽资料的基础上，忠文同志经过严谨细致的比核梳理，终于比较完整而清晰地再现出荣禄一生的基本经历和关键时期的思想活动。这是一项开拓性的工作。此中甘苦，诚如古人所说，"如鱼饮水，冷暖自知"。

史家论述历史人物，应力求做到能够知人论世。忠文同志这部新著，比起他以往的研究，明显又前进了一步。他不只是停留在对历史人物个人经历的微观剖析，而是力求扩大视野，透过荣禄的研究，对晚清朝政的全局有比较宏观的考察，并做出自己的论断。

这些论断中，有两点特别值得注意：一是他认为甲午战后的变法浪潮，包括戊戌变法在内，并不只是围绕康、梁的维新运动展开的，而是民族危机加深的时代背景下朝野各方寻求救亡自强出路的产物。甲午战后的变法，既有康、梁等要求的以日本、俄国为榜样的激进改革，也有清廷自上而下推行的以练兵、开矿、修建铁路、兴办学堂为核心的实政改革（也就是洋务派式的改革）。荣禄当属于后者。以往受到康、梁宣传的影响，学界对于清廷的实政研究关注明显不够。二是清末新政所以没有根本性的进展，同甲午战后清廷财政枯竭、统治阶级内部矛盾重重、社会矛盾日益尖锐等情况有关。以往对晚清朝局的研究也比较薄弱。本书用很多篇幅描述辛酉政变后统治集团高层内部的分歧与矛盾：最高统治者慈禧太后真正看重的是个人权力；满洲宗室中的恭王、醇王、端王、庆王等各有怀抱，在地位上此起彼伏；满洲大臣中，荣禄和刚毅相互对立，明争暗斗；汉族大臣中，先有李鸿藻、沈桂芬为首的"南北之争"和清流、浊流之争，光宣之际又有袁世凯、盛宣怀间的勾心斗角、相互倾轧。如此不一而足。像清朝在康熙、雍正和乾隆初期那种朝气奋发、敢有作为的气象几已荡然无存。就是当时被人称为"有血性"的能臣荣禄，也贪恋钱财，唯慈禧马首是瞻。读者不难感到，对这个暮气沉沉的封建王朝已难寄期望。

当然，带有开拓性的探索不可能尽善尽美。作者的有些论断和叙述是否恰当，还需要做更深入的研讨。以荣禄与晚清政局的关系来说，当他进入统治集团最高层的时候，清朝已面临王朝末日。他病逝不到十年，统治中国两百多年的清朝统治终告覆亡，有着两千多年历史的君主专制制度也告结束。这样的历史性巨变，在此前十多年早见端倪，但书中的论述和分析尚不够到位，似乎还不能使读者对将要到来的历史巨变产生强烈的预感。当然，这是个复杂的问题，不可能在一本书中都得到很好的解决，也许可以唤起更多史家一起做进一步的探索。

金冲及
二〇一六年三月二日

目　录

导　言 ………………………………………………………… 001

第一章　家世及出仕 ………………………………………… 020
一　家族与家世 …………………………………………… 020
二　难荫入仕 ……………………………………………… 025
三　投效神机营　密结醇亲王 …………………………… 031

第二章　光绪初年的宦海沉浮 ……………………………… 037
一　迭膺重差 ……………………………………………… 037
二　北派底色与荣、沈公案 ……………………………… 043
三　退出官场 ……………………………………………… 052

第三章　赋闲与复出 ………………………………………… 061
一　醇王当政与荣禄开复 ………………………………… 061
二　与李、翁关系的亲疏异同 …………………………… 068
三　出任西安将军 ………………………………………… 075
四　甲午战前与汉族官员的关系 ………………………… 087

第四章　甲午督办军务 …… 097
  一　提督九门　督办军务 …… 097
  二　反对汉纳根练兵 …… 105
  三　清议与宫闱之争 …… 110

第五章　马关议和后的朝局动荡 …… 115
  一　中枢与北洋权力的调整 …… 115
  二　慈禧对清议的整肃 …… 121

第六章　督办军务与荣禄权势的扩张 …… 138
  一　裁勇与军事改革 …… 138
  二　袁世凯编练新军 …… 141
  三　荣禄权势的骤升 …… 149

第七章　胶、旅事件前后 …… 158
  一　外交危机与翁同龢开缺 …… 158
  二　荣禄与戊戌年武科改革 …… 169
  三　对康有为的疏远与敌视 …… 174
  四　总督直隶 …… 179

第八章　戊戌政变 …… 195
  一　百日维新后期的朝局与慈禧训政 …… 195
  二　调和两宫　缓和局势 …… 212
  三　建立武卫军 …… 218

第九章　己亥建储前后的党争与政争 …… 226
  一　新旧、满汉及荣刚之争 …… 227

二　康、梁及东南沿海反对废立、攻击荣禄的舆论 ……………… 235
　三　己亥建储与庚子年初的朝局 ……………………………………… 244

第十章　庚子事变 ………………………………………………………… 252
　一　义和团兴起与清廷的应对 ………………………………………… 252
　二　联军入侵与清廷宣战 ……………………………………………… 259
　三　京城陷落后荣禄的抉择 …………………………………………… 284

第十一章　从主政西安到返回京城 ……………………………………… 299
　一　庇护董福祥 ………………………………………………………… 299
　二　回銮前荣禄的处境 ………………………………………………… 308
　三　返回京城与自请罢斥 ……………………………………………… 314
　四　荣禄病逝与时论评价 ……………………………………………… 319

结　语 ……………………………………………………………………… 331

参考文献 …………………………………………………………………… 338

主要人名索引 ……………………………………………………………… 352

后　记 ……………………………………………………………………… 362

导　言

一　选题意义

自满人入关，定鼎北京，建立清王朝的统治后，就确立"首崇满洲"的原则，赋予人口占少数的八旗旗人以种种特权。雍正初年，又创设军机处，作为决策核心，不仅内阁大学士丧失了实权，即使是体现满洲旧制的议政王大臣会议也形同虚设，中央集权制度得到空前加强。经过乾隆朝，清代典章进一步制度化，迄道咸时期未有变化。乾隆时的军机大臣多为满人，前有傅恒，后有阿桂，领枢执政数十年；权臣和珅更是受到乾隆信任，充分表明满洲权贵在清朝政权中的特殊地位。这种情况在晚清时期有了一些变化。

咸丰十一年（1861）发生的辛酉政变是晚清政局的重要转折。在载垣、肃顺等顾命大臣被整肃后，代之而起的是慈禧、慈安太后垂帘听政，恭亲王奕訢入枢辅政的权力格局和政治运行机制。直到光绪三十四年（1908）慈禧死去（慈安先于光绪七年病逝），其间慈禧太后一直是清王朝的最高权力核心。她通过培植亲信、控制军机处来实现对政治权力的全面掌控，并通过调整军机大臣乃至全盘易枢的极端方式来巩固自身的权威，杜绝大权旁落的任何可能性。在此期间，军机处通常由懿亲领班，一两位军机大臣主持局面。这样，在慈禧、领班亲王、军机大臣三者之间形成了一种可调整的动态的权力结构；当同治、光绪帝相继亲政后，权力关系虽然多了一层，但慈禧掌握最高权力的本质没有改变，只是在实际的权力运作过程中，因为帝后分歧的出现,产生了新的变化,更具复杂性,甲午战争之后的政局便集中体现出这个特点。

同光时期领枢的亲王先后有恭王奕䜣、礼王世铎(实际过问政务的还有醇王奕𫍯)、庆王奕劻,而军机大臣沈桂芬、李鸿藻、孙毓汶、翁同龢、刚毅、荣禄、瞿鸿禨等则被视为不同时期主持军机处的核心人物。研究这些与慈禧关系密切的重臣,梳理政治派系的分合,解读一些政治决策的形成过程,可以提纲挈领地抓住朝政演变的症结,在一定程度上深化晚清政治史的研究。因而,近代以来,对这些"秉国权臣"的研究,受到许多学者的重视。光绪十年的甲申易枢、甲午战后孙毓汶倒台及戊戌年春翁同龢开缺等政治事件,都是学界长期关注的问题。比较而言,从甲午战争到庚子义和团事件前后,满洲重臣荣禄深受慈禧信任,与政局牵涉最大,但因为种种原因,一直缺乏较为系统深入的研究。这是本书选择荣禄作为晚清政治史研究对象的主要原因。

光绪二十年爆发的甲午战争,不仅大大加深了中国的民族危机,改变了东亚外交格局,也改变了甲申易枢后的政局:孙毓汶、徐用仪等人退出军机处,直隶总督李鸿章开缺回京入阁办事;甲申易枢时受挫的恭王奕䜣、翁同龢、李鸿藻重返枢垣;另一位满族官员刚毅后来居上,先荣禄入枢,成为新贵。此时的荣禄,虽未入军机处,但慈禧对其信任程度毫不逊于枢臣。甲午战争时期设立的督办军务处,在战后并未裁撤;身为督办大臣的荣禄,实际主持督办处,对战后营勇裁减、新军建立、铁路修建等新政事务,拥有充分的权力,威望几乎与军机大臣相比肩;短短两年间,他以兵部尚书兼总理衙门大臣,很快升任协办大学士、大学士,是当时满汉臣僚中升迁最快的一位。到丁酉(1897)、戊戌(1898)之际,李鸿藻、恭王奕䜣先后去世,翁同龢被开缺回籍,荣禄成为最受慈禧信赖的重臣。戊戌政变后,他由直隶总督任上回京入枢,主持大局,并开始编练武卫军,执掌军权;庚子两宫流亡西安期间,甚至一度充任领班军机大臣。直到光绪二十九年三月去世,荣禄一直是影响清廷内政外交的核心人物。

但是,既往学界对荣禄的研究和评价大多停留在戊戌政变和庚子事变等一些具体问题上,评判也过于简单,泛论多于实证。不少观点以讹传讹,影响迄今。在一般人的观念中,袁世凯向荣禄告密仍被视为戊戌维新中止的关键原因;庚子年(1900)五月荣禄向慈禧呈递假照会,仍被视为导致清廷对外宣战的导火线；有论者对荣禄暗中保护使馆的作用也明显有夸大的成分。总之，有关荣禄的总体研究推进得十分缓慢。

有鉴于此，将荣禄一生事迹和经历贯穿起来，置于大变动的时代背景下加以考察和分析，寻找其行事的思想和行为逻辑，对其一生经历做出更加合理的解释和评判，正是本书所要努力的方向。从荣禄与晚清政局演变的关系来切入，既可知人，又可论世，有助于深化晚清政治史研究。具体而言，可以从以下几个方面来说明：

第一，荣禄是甲午战争后近代军事改革的大力倡导者和实际主持者。尽管甲午前西化的军事改革已逐渐成为朝野上下的共识，但推行过程却十分缓慢。从胡燏棻定武军、袁世凯新建陆军到后来的武卫军，这些新式军队的创办都是在荣禄推动下逐步发展起来的，反映出荣禄致力于近代军事改革的理想；从这个层面看，他是甲午战后的主张改革者，简单地将其视为顽固守旧者与康、梁在戊戌政变后的宣传有很大关系。

第二，荣禄身居中枢，与满汉、南北、新旧各派政治力量关系微妙，是沟通各派的关键人物，特别是在戊戌政变前后调和两宫关系、维持朝局稳定方面有值得肯定的地方。对此，不能把康、梁的宣传作为依据。荣禄在大胆任用袁世凯等汉族官员的同时，又将兵权牢牢掌握在自己手中，试图通过加强中央集权，维护满洲贵族的统治。这与后来载沣摄政时期满洲年少贵族力图专权而一事无成有明显区别。

第三，荣禄与戊戌变法、庚子事变的关系，虽有不少前人的研究成果，但由于史料极为分散的局限和一些旧说先入为主的影响，不少细节不甚清楚，很多说法以某些私人笔记乃至野史为立论依据，总体评价有待调整。大量事实表明，政变后荣禄与刚毅之间的矛盾，是解读这个时期朝局演变的主线索。

第四，以往对荣禄从西安回京后的政治境遇研究很不充分。《辛丑条约》签订后，荣禄随同两宫回到北京，虽然权势依然显赫，但病势日重，又受到朝野各种政治力量的攻击，一直碌碌无为。荣禄去世后，受到清廷的恤典虽优厚，但中外舆论对其褒贬不一。此后清廷进入奕劻秉政的预备立宪时期，不少因需要从荣禄执政时期来追根溯源。

总之，对荣禄这个关键人物做全面研究，梳理甲午战后朝野派系斗争的脉络，对于我们把握晚清政局演变的整体态势和基本特点具有重要意义。

二 已有研究成果述评

第一,关于荣禄的传记和总体性的研究。

人物传记是史学研究的一个重要方面。20世纪60年代,汤志钧在《戊戌变法人物传稿》(该书在1980年出版增订本)中,将荣禄作为反对变法的第二号人物立传,列于慈禧传之后,引用档案、报刊、笔记、碑传文献等,叙述其一生经历,但侧重戊戌时期,对荣禄做了基本否定的评判。①

到了90年代初,美国学者 A. W. 恒慕义(Arthur W. Hummel)主编的《清代名人传略》(Eminent Chinese of the Ching Period, 1644 – 1912)由中国人民大学清史研究所翻译出版。按,该书英文版40年代出版于华盛顿,其中《荣禄传》系由华裔学者房兆楹所撰。房文对荣禄一生不同时期事迹所做的叙述和概括较为详细,兼及世人关于荣禄评价的分歧;并依据近人金梁的《四朝佚闻》,指出《景善日记》是伪造的,"目的在于把荣禄打扮成洋人的朋友,从而洗刷他对围攻使馆所负的一切责任"。该传的结论称:"老实说,荣禄不是一个伟大的政治家,也未曾想做一个伟大的政治家。他关心的只是个人的利益和地位,而非国家大事。他之起家掌权,并非由于他本人建有殊功,而是由于奕訢(似应是奕譞——引者注)和孝钦皇太后的宠信。奕訢(奕譞?)视之为门下客,孝钦则视之为驯服的工具,他因此而得宠。尽管1898～1903年,他本有可能在清廷内部起有益的影响,但他未运用他的权力促进国家的利益,也未能有助于统治集团的利益。"② 显然,也对荣禄做了基本负面的评价。这篇传文写作时参考了一些美国外交文献和外文论著。

20世纪80年代开始陆续出版的戴逸领衔、清史编委会编多卷本《清代人物传稿》下编,其中收入了林敦奎所撰《荣禄传》。该传侧重于戊戌、庚子时期荣禄事迹的评述,基本上从"革命史观"角度立论,对其持否定态度。③ 这

---

① 参见汤志钧《戊戌变法人物传稿》(增订本)下册,中华书局,1982,第521～528页。
② 参见 A. W. 恒慕义主编、中国人民大学清史研究所译《清代名人传略》下册,青海人民出版社,1990,第426～435页。
③ 参见林增平、李文海主编《清代人物传稿》下编第3册,辽宁人民出版社,1987,第43～52页。

与房兆楹的视角明显不同。

知人论世从来都是史学研究的出发点和落脚处。从荣禄与晚清政治这个层面来研究和考量，较传记更为深刻。对此，张玉芬在20世纪80年代对荣禄的研究代表了当时学界的基本观点。文章虽缕述荣禄的简历，仍将其政治活动的重点放在戊戌、庚子时期。作者批评荣禄在戊戌政变中站在慈禧一边，"肆无忌惮地反对康梁的维新变法"，充当慈禧扼杀维新运动的"打手"；政变后又为慈禧出谋划策，立溥儁为大阿哥，以逐步取代光绪帝；庚子事变中虽不赞成慈禧、载漪等人"对外主战、对内主和"的决策，但是为了保住权位，采取左右逢源、首鼠两端的做法，对进攻使馆的谕旨阳奉阴违，明攻暗保，为清廷后来的乞和谈判留下了余地。后在谈判中与奕劻、李鸿章极力为慈禧开脱，避免受到列强追究，从而更受慈禧信赖。另一方面，作者又指出，甲午战争中荣禄主张"先以战为根本，而后能以和葳事"，提出募重兵、用宿将等措施应对时局；战后又倡导练兵自强，变通武举，创建武备学堂、编练洋队新军，并取得了实质性的进展，这与顽固派有所区别。① 实际上对荣禄参与甲午后的军事改革给予了比较明确的肯定，这是与以往观点不同之处。

比较而言，王刚的博士学位论文《荣禄与晚清政局》（北京大学历史系，2014）对荣禄与清末政治及其关系做了比较系统的研究，在资料的搜集和个别问题的分析方面明显超越以往；尤其对荣禄与神机营的关系、荣禄与戊戌政变的关系，荣禄幕府及其贪腐情况等探讨较为深入，且有创见。当然，也有不少值得商榷和有待深化研究之处。②

第二，关于荣禄与戊戌变法和政变的研究。

过去很长时间内，近代史的研究呈现出以政治史和事件史为中心的特点。对荣禄的研究，更多是在戊戌变法时期，把他作为慈禧镇压变法的"帮凶"，基本上是反派人物的形象。以往讨论较多的是荣禄与政变的关系，即荣禄在袁世凯告密和慈禧训政过程中扮演的角色，这是一个极富悬念的题

---

① 张玉芬：《论晚清重臣荣禄》，《辽宁师范大学学报》1990年第3期。
② 参见王刚《荣禄与晚清政局》，北京大学历史系博士学位论文，2014。此外，可参考冬烘刚（王刚）《荣禄早期生平考（1836~1879）》，《历史教学问题》2013年第1期；《荣禄与晚清神机营》，《军事历史研究》2013年第4期；《从〈荣禄存札〉看晚清官场请托》，《历史档案》2013年第4期。

目,一直很受关注。几十年来,台湾学者刘凤翰、黄彰健和大陆学者孔祥吉、茅海建先后做过相关考订,都是针对政变过程中荣禄的表现展开的。由于档案资料的深度利用,该问题的研究在史事层面已有新突破,所谓荣禄接到袁世凯告密的消息后秘密回京策动慈禧发动政变的传统说法,已被证明不可信;就现有史料而言,荣禄坐镇天津与京城满洲权贵庆王奕劻等策划训政的史事基本上已经澄清。①

值得注意是,80 年代后期,学界开始探讨荣禄的改革思想以及对戊戌变法的态度。胡绳指出,"在当时,所谓变法是有两种不同的含义的。一种是洋务派的变法,一种是维新派的变法。就前一种含义讲,慈禧、奕訢、奕劻、荣禄、李鸿章、张之洞等人并不反对变法,而且是这种变法的主持者。荣禄的党羽陈夔龙说:'光绪戊戌政变,言人人殊,实则孝钦(即慈禧太后——引者注)并无仇视新法之意,徒以利害切身,一闻警告,即刻由淀园(即颐和园)还京'。说慈禧太后不恨新法,那是指洋务派的新法"。②显然,胡绳认为荣禄不能简单归入守旧一派中。李毅认为,戊戌时期荣禄作为"身兼将相权倾举朝的人物",自始至终有着举足轻重的地位,他奏请举办新政,主张实行军事、经济、文教方面的改革,多与康、梁的变法有一致的地方;如果当时清朝统治阶级在政治上可以划分为顽固派和洋务派的话,荣禄更接近于洋务派。他的改革建议主要是在军事制度方面:一是参酌中外兵制设武备特科,选拔人才;二是用洋操训练新式军队,以成劲旅。此外,还主张兴办学堂、发展农工商业等;又保举维新派官员陈宝箴为湖南巡抚,支持兴建芦汉铁路,等等。上述建议和举措与光绪帝百日维新期间颁布的新政上谕大致相符,反映的是洋务派的改革内容。但是,作为"后党的中坚",当维新运动危及封建统治时,荣禄又与顽固派联合起来,坚决予以镇压。③该文有限度地肯定了荣禄在戊戌时期的改革主张,与胡绳的观点基本

---

① 参见刘凤翰《袁世凯与戊戌政变》,台北,传记文学出版社,1971,第 139~189 页;黄彰健《戊戌变法史研究》下册,上海书店出版社,2007,第 605~661 页;孔祥吉《康有为变法奏议研究》,辽宁教育出版社,1988,第 390~439 页;茅海建《戊戌政变的时间、过程与原委——先前研究各说的认知、补正、修正》,《近代史研究》2002 年第 4、5、6 期。当然,个别细节方面各位学者仍有歧见,但不影响这个基本结论的得出。
② 胡绳:《从鸦片战争到五四运动》,《胡绳全书》第 6 卷(下),人民出版社,1998,第 561~562 页。
③ 参见李毅《荣禄与戊戌变法》,《华南师范大学学报》1987 年第 2 期。

一致，这与将其完全斥为守旧人物加以否定的观点区别很大。

1998年纪念戊戌变法一百周年之际，冯永亮利用保存在清华大学图书馆的珍稀文献《荣禄函稿底本》，对百日维新期间荣禄的政治思想做了细致的实证性考察，指出荣禄并不反对变法，只是在推进"变法的权力、次序和方法上"与康、梁一派有明显的分歧；作者还指出，政变后荣禄回京主持军机处，"努力将政变的冲击和影响减到最底［低］程度，同时仍有条不紊地将其变法主张和措施付诸实施。清朝末年出现的新政，某种程度上正是循着这一思路、在此基础上形成的"。① 荣禄在政变后继续主张图强御侮，并避免一些改革措施中辍，表明了荣禄高于刚毅等顽固守旧大员的见识。这启示人们思考这样的问题：从甲午战后的军事改革到庚子新政，对于荣禄而言是否有着一以贯之的改革思想，这也涉及如何评价甲午后的自强新政、戊戌维新及庚子新政三者之间的关系问题。综合30年来的研究状况，学界对戊戌时期的荣禄基本上摆脱了简单化评价和基本否定的思路，研究渐趋实证，评价也趋向客观全面。

第三，荣禄在己亥建储和庚子事变中的态度和表现。

荣禄在己亥、庚子年间的活动对晚清政局影响很大，学界研究的分歧也最多。因为牵涉的人事关系复杂，私家记述彼此矛盾，论者各执一词，争议一直不断。"己亥建储"是政变后朝局动荡中的一次标志性事件。李守孔认为，戊戌政变后守旧诸臣密谋废黜光绪帝，遭到各国反对，慈禧衔恨之余，只得听从荣禄的意见，采取先"立储"的缓和措施；荣禄此举非"有爱于"德宗，而是因为畏惧外力之干涉而采取的折中办法。② 郭卫东则认为，戊戌训政后情况有所变化，荣禄从帝党的反对者一变而为光绪帝位的保护人，因为他已是既得利益者，不愿政局再发生变动而出现新的权力分割。他力谏慈禧放弃废立图谋，立大阿哥，以延缓废立，并主张为光绪立嗣"兼祧穆宗"，暗中维护皇帝。庚子年荣禄与载漪等人在政治上出现对垒，与此也有直接关系。③

史料的辨伪与史实的认定每每相交织。20世纪40年代开始，学者围绕

---

① 参见冯永亮《荣禄与戊戌变法》，《清华大学学报》1998年第3期。
② 李守孔：《光绪己亥建储与庚子兵衅》，载《中国近代现代史论集》第13编，台湾商务印书馆，1986，第53～71页。
③ 郭卫东：《"己亥建储"若干问题考析》，《北京大学学报》1990年第5期。

《景善日记》这份史料真伪的讨论也牵涉荣禄与庚子事变的关系。程明洲曾撰文，旁征博引，指出《景善日记》系伪造："味其文意，殊多左袒荣禄之嫌"。作者进一步写道："察《景善日记》，每述及荣禄，必曲情谀之，主立大阿哥，反对废帝，一也；允洋人入京保侨护使，二也；不信拳团，三也；力主护送使臣侨民出京，四也；拟议停战，五也；拒给董军大炮，六也；同情净臣，七也；主惩载漪以挽危局，八也；信如是说，则以一柔奸险滑之人，其忠贞竟等许、袁而上之，宁非可哂之事？"① 言外之意，《景善日记》似是有人为荣禄脱罪而编造的。多年后，毛以亨再次梳理《景善日记》中、英文不同版本的传播情况，指出程明洲的主要观点其实源于英国人刘逸生（William Lewisohn）所撰《对所谓的景善日记的一些批评性的意见》一文，该文发表于1937年的《华裔》杂志（*Monumenta Serica*，辅仁大学主办），强调程氏本人的"新发现"并不多。同时，毛氏明确指出，《景善日记》是英国汉学家白克浩司（也译白克豪斯，巴克斯，或巴恪思，Edmund Backhouse，1873－1944）受荣禄委托假造的，目的是为荣禄开脱罪责，免除战犯嫌疑。② 1981年，中国社会科学院近代史研究所丁名楠研究员在访问英国时，借阅了保存于伦敦英国图书馆的《景善日记》原稿，并撰文对此案再做评判，认为日记确系白克浩司造假，但并无刻意为荣禄辩解的意图；之所以过多描述荣禄，是因为他是慈禧的心腹，"为人机诈、阴鸷、善变，富有统治经验，善于玩弄权术"，白克浩司为了使日记生动，富有戏剧性，"所以通过景善这个老朽之口把当时处于关键地位的荣禄突出出来"。③ 这个结论受到学界关注。此外，台湾学者戴玄之也对流传甚广的罗惇曧《拳变馀闻》中所收《董福祥上荣中堂禀》进行考订，认为这封意在证明董攻使馆是奉荣禄之命的史料是伪造的，目的是嫁祸荣禄而为董洗刷罪名。④ 史料

---

① 参见程明洲《所谓〈景善日记〉者》（此文最早发表于《燕京学报》第27期，1940年），载吴相湘等编纂《中国近代史论丛》第1辑第7册，台北，正中书局，1956，第229、244页。
② 毛以亨：《所谓景善日记——批评之批评》，载《大陆杂志史学丛书》第2辑第5册，台北，大陆杂志社，1967，第35～44页。
③ 丁名楠：《景善日记是白克浩司伪造的》，《近代史研究》1983年第4期。
④ 参见戴玄之《董福祥上荣中堂禀辨伪》，载《大陆杂志史学丛书》第1辑第7册，台北，大陆杂志社，1960，第181～191页。另见戴玄之《义和团研究》，北京大学出版社，2011，第164～190页。另，掌故学家徐一士也曾指出："尝闻人言，此赝鼎也，福祥实无此。细按其文，亦觉不甚类，殆当时恶荣禄者之拟作耳。"见徐凌霄、徐一士《凌霄一士随笔》第4册，山西古籍出版社，1997，第1222页。

真伪问题的讨论,也使学界对相关问题的探索得以深化。

与荣禄相关的史料争议还有"假照会"问题。以往论者多依据恽毓鼎《崇陵传信录》、袁昶《乱中日记残稿》、吴永《庚子西狩丛谈》、《景善日记》等文献,认为慈禧决定对外宣战是因为轻信了江苏粮道罗嘉杰之子向荣禄密呈的"假照会"。林华国则认为,这种说法无可靠的原始材料可资印证,恽氏说法不足为凭,导致清廷宣战的直接原因还是联军对津沽的侵略行径。① 高心湛认为,所谓进呈"照会"之事,各家记述参差纷杂,多有不同,大可视为以讹传讹,不足为据。② 牟安世则认为,该照会是丁韪良受英国公使窦纳乐委托起草的,拟交各国公使审定,内有"勒令太后归政"一条,不料事先走漏消息,为罗嘉杰得知,密报荣禄呈送慈禧。③ 但作者并未解释罗是如何获得照会内容的。该问题仍然疑窦丛生,需要继续探讨。

荣禄指挥攻打使馆也是讨论的焦点之一。论者通常认为攻打使馆开始后,荣禄不敢公开反对,暗中却采取措施保护使馆。林华国认为,荣禄虽不主张攻打,但使馆之战开始后,武卫中军负责攻打东面,从各种资料反映的情况看,战斗其实很激烈。当清廷决定暂时停止进攻并与使馆谈判时,荣禄又表现出积极主动的态度。荣禄指挥武卫中军攻打使馆是事实,毋庸怀疑。④ 薛正昌对荣禄与董福祥的渊源关系进行了梳理,对荣、董在甲午战后不同时期的合作与分歧进行了分析和评价。但是,在材料的使用上仍然采信有争议的《董福祥上荣中堂禀》,难免影响结论的客观性。⑤

廖一中、李德征、张旋如等编《义和团运动史》主要叙述义和团兴起、发展及反抗帝国主义侵略的历史,其中也反映出清朝统治集团内部决策的分歧。对于荣禄主张镇压义和团,反对向列强开战,以及在清军围攻使馆过程中暗中保护使馆的种种努力,作者从"仇视人民革命","把自己的宦海沉浮和帝国主义在华实力的消长紧紧联系"的角度加以评判,对荣禄的评价当然是负面的。⑥ 李文海、林敦奎合撰《荣禄与义和团运动》一文,则对义

---

① 林华国:《庚子宣战与"假照会"关系考辨》,《北京大学学报》1987年第2期。
② 高心湛:《荣禄与庚子事变》,《许昌师专学报》1993年第4期。
③ 牟安世:《义和团抵抗列强瓜分史》,经济管理出版社,1997,第320~325页。
④ 林华国:《庚子围攻使馆事件考》,《历史研究》1991年第3期;又见林华国《历史的真相——义和团运动的史实及其再认识》,北京大学出版社,2002,第161~164页。
⑤ 薛正昌:《董福祥与荣禄析论》,《西北大学学报》1993年第4期。
⑥ 参见廖一中、李德征、张旋如等编《义和团运动史》,人民出版社,1981,第1、5、7章。

和团运动时期荣禄在战和之争及剿灭团民问题上的矛盾、迟疑和抉择进行了细致考察,还原了复杂环境下荣禄依违于两派之间,最终屈服于慈禧淫威的动态历史过程。① 由于材料记载彼此矛盾,义和团时期荣禄研究仍有谜点,随着新材料的发现,研究也在向前推进。

第四,从近代军事史的角度研究荣禄。

这个层面的研究是以将荣禄作为改革者为出发点的,台湾学者刘凤翰的成就最为显著。作者曾撰文论述戊戌政变后清廷急需编练新军,经荣禄策划,慈禧同意将北洋已有新式军队分期改造、改编而逐步成军的历史过程;② 还对武卫军的组成和扩充、各军的实力、庚子时期"剿匪"经过以及武卫军的蜕变等具体问题逐一进行考察。③ 这些内容也见于作者的专著《武卫军》一书。④ 此外作者研究新建陆军时,也涉及荣禄与袁世凯的关系。⑤ 刘春兰也对荣禄与晚清军事的关系进行研究,通过一些新史料的披露和使用,提出了新的看法,诸如对荣禄因参加辛酉政变密谋而受到慈禧信任的讹说进行详尽的辩驳;对于荣禄在甲午战后的崛起与满汉势力消长的意义予以特别的说明,⑥ 提示出的意义已超越军事史研究的范畴。

第五,其他各方面的研究。

台湾学者林文仁探讨了光绪初年荣禄与军机大臣沈桂芬之间的几次争斗,并从两人的斗争、对抗中看出背后所隐含的"南北之争"与恭、醇之争的线索。⑦ 不过,作者将复杂的政治关系和人事纠葛梳理得过于简单化,往往与矛盾重重甚至呈现出混沌状态的朝局不尽吻合;另一方面,一些论断以野史和私家记述为依据,也有偏颇和局限。

民国时期的掌故学家徐凌霄、徐一士的《凌霄一士随笔》、黄濬的《花随人圣盦摭忆》中谈及晚清政局时,都对荣禄的事迹有零星的记述。虽非

---

① 李文海、林敦奎:《荣禄与义和团运动》,载《义和团运动与近代中国社会》,四川省社会科学院出版社,1987,第539~574页。
② 刘凤翰:《荣禄与武卫军》,《中央研究院近代史研究所集刊》第6期,1977年6月。
③ 刘凤翰:《晚清新军编练及指挥机构的组织与变迁》,《中央研究院近代史研究所集刊》第9期,1980年7月。
④ 刘凤翰:《武卫军》〔中研院近代史研究所专刊(38)〕,台北中研院近代史研究所,1978。
⑤ 刘凤翰:《新建陆军》〔中研院近代史研究所专刊(20)〕,台北中研院近代史研究所,1967。
⑥ 刘春兰:《荣禄与晚清军事》,台湾政治大学硕士学位论文,2000。
⑦ 林文仁:《由沈、荣之争看影响晚清政局演变的两个因素》,《史学集刊》1996年第4期。

系统的专门研究，文字也不多，但是，凭借对清代制度的熟知、深厚的学术功力和广泛的口碑资料，对荣禄的行事和个人性格都有独到的定位和评价，可资今人借鉴学习。末代皇帝溥仪《我的前半生》对荣禄的叙述也颇受世人关注，因为他是荣禄的外孙，读者多视为信史。其实，荣禄死时溥仪尚未诞生，加之溥仪的回忆录定稿于20世纪60年代初，人们看到的荣禄多是贪污受贿、钻营勾结李莲英、策划政变、"翻云覆雨中，完全看慈禧的颜色行事"等历史形象，基本上对其持贬斥的态度。不过，有些说法可能是醇王府中口耳相传的故事，可信性反而很高。如荣禄在勘验慈禧陵寝受损程度时，揣摩慈禧心思，夸大受损程度，增加维修费用，深得太后满意；又如荣禄夫人经常进宫陪侍慈禧，这也是慈禧信任荣禄的原因之一。①

台湾学者高阳（本名许晏骈）虽然以历史小说成名，他的代表作《慈禧太后演义》早已是家喻户晓，但是，透过文学表述的层面，必须承认，高阳不仅熟知清代典章制度，对清朝时期重要人物和史事也有过整体的思考。在《清朝的皇帝》等后期著作中，"写实"的特色更加突出，对荣禄曾多处提及。但也有过分相信稗史之处，如推断甲申易枢是醇王主导，孙毓汶与荣禄联手密谋，②即不尽符合史实。庄练（本名苏同炳）《中国近代史上的关键人物》中"端王、刚毅与荣禄"一节梳理了庚子事变期间载漪、刚毅等"祸首"的表现；同时认为，荣禄其实也"附和"了慈禧及载漪的仇外活动，其罪责"仅次于载漪与刚毅，而应与徐桐、启秀等人同科"，只是后来未予追究而已。③庄练、高阳二人文艺、史学兼长，对近代掌故尤为谙熟，他们的观点和见识依然值得参考。

三 资料的搜集与利用

研究荣禄与晚清政局的关系，可以查询和利用的史料范围比较广泛，但直接有关荣禄本人的资料较少，且十分散乱。除官书、档案中所存奏折外，

---

① 参见溥仪《我的前半生》（全本），群众出版社，2007，第7~11页。
② 高阳认为："去恭王的指使者是慈禧，而总其成者是醇王，主谋者皆知孙毓汶，而我很疑心是荣禄。换句话说，荣禄是总谋长，孙毓汶不过拟作战计划的高参而已。"参见《清朝的皇帝》下册，上海三联书店，2004，第1176~1179页。
③ 参见庄练《中国近代史上的关键人物》下册，中华书局，1988，第1~73页。

荣禄本人的文字存世稀少；其事迹只能从大量私人笔记、日记、书信、文集中去找寻蛛丝马迹，彼此比核，以求实际，借此恢复荣禄的整体面貌。特别是庚子义和团兴起及八国联军侵华时期，时局动荡，信息隔绝，讹言盛行，后来私人记述中对庚子时期荣禄的记载彼此矛盾之处甚多，甚至出现了像《景善日记》、《董福祥上荣中堂禀》以及许景澄、袁昶三疏等伪造或篡改过的史料。可见搜集、排比、鉴别材料，仍是荣禄研究中繁重又须谨慎的工作。

荣禄本人及其保存的资料

迄今所见荣禄本人的文献非常稀少。荣禄位于菊儿胡同的豪华府邸在庚子年七月他逃出京城后被焚毁，生平文稿、典籍毁于一旦。现藏中国社会科学院近代史研究所中国近代史档案馆的荣禄档案，基本上是荣禄逃离北京至回銮以后病逝期间各地官员给他的公文、函牍等，其中也夹杂着庚子四、五月间的零星信件。20世纪80年代，杜春和、耿来金、张秀清编《荣禄存札》（齐鲁书社，1986）即是从中选编整理的资料，但个别信函内容有所删节。2011年，虞和平主编的国家清史修纂文献项目《近代史所藏清代名人稿本抄本》第1辑（大象出版社）将全部荣禄档案收入影印出版。[①] 虽非荣禄本人的文字，却是间接研究荣禄及其思想活动的重要资料。

荣禄的亲笔书信十分罕见。中国近代史档案馆藏醇王府档案中保存有光绪六年荣禄致醇王奕譞的几封短函和诗文；李鸿藻档案中也有少量荣禄在西安将军任内致李的函电。20世纪60年代，吴慰祖所藏荣禄致其叔父、四川总督奎俊写于庚子、辛丑年的4封书信，被收入北京大学历史系编《义和团运动史料丛编》第1辑（中华书局，1964）中，这些书信虽有残缺，史料价值却极高。[②] 近年披露出来较多的荣禄书信是藏于清华大学图书馆的《荣禄函稿底本》，计6册，收存293封信稿。[③] 这是荣禄任直隶总督期间幕僚起草的信函底本，尚有荣禄修改的痕迹和令"缮"的批示，包括戊戌年

---

① 该档案全宗在1991年即由中国科学院文献情报中心信息影像技术部制成缩微胶卷4卷，称《荣禄往来书信档案》，但流传不广，台北中研院近史所有藏。按，这批档案均为收到的他人来函，并无荣禄本人的函件，称"往来书信"不如"存札"更切合实际。
② 参见北京大学历史系编《义和团运动史料丛编》第1辑，中华书局，1964，第138~143页。
③ 《荣禄函稿底本》（6册），未刊，清华大学图书馆藏，编号：庚357.4/7187。

五月至八月间荣禄写给礼王世铎、李鸿章、刘坤一、胡燏棻、岑春煊、张人骏、崇礼、董福祥、宋庆、马玉昆、罗嘉杰、沈瑜庆、林旭等人的信函。这些信件虽非亲笔，大致也可看出荣禄的思想动态。此外，一些图书馆、科研机构和私人收藏者也藏有零星的荣禄书信。

荣禄辑《世笃忠贞录》（2卷）也是重要的参考文献。该书刊行于光绪十二年（1886）前后，是荣禄兄弟等为宣扬祖、父两代为国死难的"壮烈"精神而编辑的家史文献，其中下卷汇辑了反映其祖父、伯父、父亲"三忠"事迹的各种传记，上卷则是恭王奕訢、醇王奕譞、文祥、宝鋆、徐桐、景廉、全庆、豫师、翁同龢、李鸿章、曾国荃、曾纪泽、刘铭传、陈宝箴、潘祖荫、祁世长、孙家鼐等满汉官员为《三忠传》所做题跋、诗赞等，其中不乏谀颂之词，但对于了解荣禄家世以及同光时期的交游有不可替代的价值。此外，荣禄光绪二年所撰《诰封一品夫人先继妣颜札太夫人行述》对研究其早期历史也有参考价值。①

光绪二十九年荣禄死后，其后裔、门生曾刊行一册《荣文忠公集》（即《荣禄集》，见《近代史资料》总20号）。该集共4卷：卷一为上谕6通；卷二为神道碑文、墓志铭、行状等；卷三为奏折9通，多与义和团运动相关，均为《义和团档案史料》所不载者；卷四为电函4通，是荣禄写给袁世凯和奎俊的函电，表达的也是剿办义和团的内容。荣禄为官数十年，所上奏折数量不在少数，该集仅仅收录碑传、上谕以及庚子四、五月间主张剿办义和团的奏折、函电，说明这是为应对外界责难庚子年荣禄"首鼠两端"并有"祖拳"嫌疑而编辑的。

一般认为，官方传记和碑传文往往详于履历，或空洞无物，或充满谀辞，不能全面反映传主真实的一生。荣禄的传记资料也不例外。除《清史稿·荣禄传》、《清史列传·荣禄传》外，现在看到的还有陈夔龙撰《赠太傅晋封一等男文华殿大学士瓜尔佳文忠公行状》、俞樾撰《赠太傅晋封一等男爵文华殿大学士瓜尔佳文忠公墓志铭》、孙葆田撰《文华殿大学士赠太傅晋封一等男爵瓜尔佳氏文忠公神道碑》，三篇碑传文献莫不如此。不过，这些旧传在与其他文献的综合比核中，仍有其独特价值，也不能全然忽视。

---

① 该资料收入刘家平、苏晓君编《中华历史人物别传集》第51册，线装书局，2003，第141～143页。

这里需要特别说明的是，台北故宫博物院图书文献馆所藏清代传包中，有关荣禄传记的相关资料保存基本完整，计有《荣禄传稿册》1份，《荣禄列传》5份，《荣禄事迹册》1份，《荣禄履历册》1份，《吏部移送〈荣禄履历片〉文》1份，《吏部复荣禄姓氏子嗣无凭查复片文》1份，共10件。① 这些是荣禄死后奉旨事迹宣付史馆立传所形成的各种资料。其中5种列传大同小异，唯个别处有零星改动，应是清季国史馆修撰官员不同时期的稿本，今本《清史列传·荣禄传》即源于此。另，民初开馆修清史，所撰荣禄列传底本，亦藏台北故宫。该本有撰者按语称："荣文忠原传仅奏议段篇，其生平最大关系之事，皆甚略。兹参考《东华录》、俞荫甫所作《墓志铭》并见闻较确者，皆为补入。如嫌有忌讳之言，即请删销。"② 由此看来，清史馆修荣禄传也是以原国史馆诸本为基础加以增删的，今本《清史稿·荣禄传》应是从该本删削而来的。台北故宫所藏传包文献为考察荣禄官方传记的形成和修改过程提供了可靠依据。

此外，佚名撰《荣相国事实记略》（《近代史资料》总56号）为已故学者谢兴尧收藏的一份抄本文献，记述光绪二十六年五月初一日至七月二十日期间义和团活动及京城王公大臣态度，据推断出自荣禄一幕僚之手，虽存在明显为荣禄辩护的倾向，但也具有一定的参考价值。

档案、官文书与综合性资料

清代的官文书和档案是研究荣禄与晚清政局的基本史料。现藏北京中国第一历史档案馆和台北故宫博物院档案文献处的清代档案均可资利用。两地所存朱批奏折（台北称为"宫中档"）和录副奏折中保存有荣禄的大部分奏折；随手登记档则可以借以确定奏折递上、到京及奉批的准确时间；电报档、上谕档中当然也有关于荣禄的资料。近些年来，随着国家清史修纂工程的展开，档案文献的出版速度明显加快，远程查阅利用也日趋便利。迄今为止，海峡两岸已经出版、可用来研究该问题的档案资料集有：国家档案局明清档案馆编《戊戌变法档案史料》（中华书局，1958），故宫博物院明清档

---

① 《荣禄传包》，台北故宫博物院图书文献馆藏（以下简称"台北故宫藏"）传稿传包，文献编号702001629。
② 《荣禄列传》（清史馆本），台北故宫藏传稿传包，文献编号701007642。

案部（中国第一历史档案馆前身）编《义和团档案史料》（中华书局，1959）、中国第一历史档案馆编《义和团档案史料续编》（中华书局，1992）、《光绪宣统两朝上谕档》（广西师范大学出版社，1996）、《咸丰同治两朝上谕档》（广西师范大学出版社，1998）、《光绪朝朱批奏折》（中华书局，1996）、《庚子事变清宫档案汇编》（中国人民大学出版社，2003）、《清代军机处电报档汇编》（中国人民大学出版社，2005）。另有秦国经主编《清代官员履历档案全编》（华东师范大学出版社，1997）。中国第一历史档案馆编辑的《清代档案史料丛编》（第 10～12 辑，中华书局，1984～1987）也披露了许多原始资料；创刊于 1980 年的《历史档案》更是围绕专题，持续披露原始档案。① 台北故宫也印行了《宫中档光绪朝奏折》（台北故宫博物院，1974）。将上述档案与《清实录》、《清史稿》、《清史列传》、《光绪朝东华录》等官方文书对应查阅，基本上可以获得完整的有关荣禄的奏疏、上谕等档案史料。

中国史学会自 20 世纪 50 年代以来以事件史为主题编纂的《中国近代史资料丛刊》及续编一直嘉惠学林。其中《洋务运动》（8 册）、《中日战争》（7 册）、《戊戌变法》（4 册）、《义和团》（4 册），以及戚其章主编的《中日战争》（12 册），收录了大量涉及荣禄的档案、笔记、日记、年谱、报刊等各类文献。但部分文献属于节选，研究中仍有寻找足本参考的必要。北京大学历史系编的《义和团运动史料丛编》（全 2 辑，北京大学出版社，1964）和中国社会科学院近代史研究所《近代史资料》编辑组编的《义和团史料》（上下册，中国社会科学出版社，1982），路遥主编的《义和团运动文献资料汇编》（山东大学出版社，2012），以及 80 年代出版的《近代史资料》总 20、32、53、63 号（中国社会科学出版社）都是研究义和团时期历史的专题资料集，很多史料涉及荣禄的活动。清华大学历史系编的《戊戌变法文献资料系日》（上海书店出版社，1998）则以编年的形式汇集了戊戌时期的基本史料，也包含与荣禄相关的线索和信息。

文集、日记、年谱、书信集、笔记等文献

一些近代人物的文集、日记、书信、年谱、笔记、随笔等私人文献是研

---

① 中国第一历史档案馆成立 80 周年之际，《历史档案》杂志社曾编辑《历史档案目录索引（1981～2004）》一书。

究荣禄的资料宝库。文集、全集类文献包括顾廷龙、戴逸主编《李鸿章全集》（安徽教育出版社，2008）、中国科学院历史研究所第三所主编《刘坤一遗集》（中华书局，1959）、赵德馨主编《张之洞全集》（武汉出版社，2008）、骆宝善、刘路生主编《袁世凯全集》（河南大学出版社，2013）、汪叔子、张求会编《陈宝箴集》（中华书局，2003~2005）等。

荣禄与盛宣怀的关系也是晚清史研究中的一个关键性问题。除了早已刊行的《愚斋存稿》（民国刊本），王尔敏、吴伦霓霞合编，台北中研院近代史所出版的《清季外交因应函电资料》（1993）、《盛宣怀实业函电稿》（1993）、《盛宣怀实业朋僚函稿》（1997），以及上海图书馆陆续整理出版的《盛宣怀档案资料选辑之七·义和团运动》（上海人民出版社，2001）等，均可与《愚斋存稿》结合，为还原荣禄与盛宣怀在庚子前后的交往及其与政局的关系，提供了极为丰富的资料。

翁同龢与王文韶曾长期在京与荣禄共事。翁万戈编、翁以钧校订《翁同龢日记》（中西书局，2012）对同光之际，尤其是甲午年荣禄回京祝嘏到戊戌年五月翁同龢被罢官时期，荣、翁二人在督办军务处、总署商讨公务及私人饮宴中的活动都有反映。袁英光、胡逢祥整理的《王文韶日记》（中华书局，1989）对庚子、辛丑、壬寅三年荣禄在中枢的活动和行踪多有反映。荣、王二人此时同为军机大臣，日记留下不少局外人很难知晓的内情。北京市档案馆编《那桐日记》（新华出版社，2006）虽然简略，对荣禄从戊戌政变后到病逝前的行踪也有所反映。其他如李慈铭《越缦堂日记》（广陵书社，2004）、《薛福成日记》（蔡少卿整理，吉林文史出版社，2004）、《张荫桓日记》（任青、马忠文整理，中华书局，2015）、《沈家本全集》第7卷（日记卷，中国政法大学出版社，2000）、《张佩纶日记》（谢海林整理，凤凰出版社，2015）、《荣庆日记》（谢兴尧整理，西北大学出版社，1988）、《翁曾翰日记》（张方整理，凤凰出版社，2014）中都有关于荣禄行踪和事迹的零星记载。

荣禄与李鸿藻私交甚笃，二人与甲午后政局演变关系至重。李宗侗、刘凤翰著《李鸿藻年谱》（中华书局，2014）收入部分李鸿藻日记和往还书信。李氏后人李宗侗对荣、李关系也有不少回忆和口碑资料，详见《李宗侗自传》（中华书局，2010）和《李宗侗文史论集》（中华书局，2011）二书。

信函、电报是私密性极强的文献，一些涉及政治内幕的消息往往见诸机密信函之中。邓之诚《骨董琐记全编》(中华书局,2008) 收录欧阳熙、蔡金台致李盛铎的一些信函,透露了己亥、庚子时期荣禄与刚毅斗争的情形;中国近代史档案馆藏张曾敫档案、张之洞档案中也有一些时人信函密电,涉及荣禄与庚子、辛丑政局的关系,具有极高的史料价值。

笔记的情况比较复杂。从时人的观察和记述来看荣禄,往往很是生动鲜活,非其他文献所能比拟,但个别说法却又不尽符合史实。《梦蕉亭杂记》(北京古籍出版社,1985) 是陈夔龙对从政经历的回忆,内容包含与荣禄共事的情形,以及荣禄的言行,其参考价值高于其他笔记文献,但有明显溢美的倾向。胡思敬《国闻备乘》(上海书店出版社,1997) 记载辛酉政变、戊戌政变、庚子拳乱中宫廷秘闻居多,也有传言失实者;崇彝《道咸以来朝野杂记》(北京古籍出版社,1983)、李岳瑞《春冰室野乘》(山西古籍出版社,1995)、吴永《庚子西狩丛谈》(岳麓书社,1985)、吴庆坻《蕉廊脞录》(中华书局,1990) 等笔记史料的特点与价值也大致相似。

此外,樊增祥《樊樊山诗集》(上海古籍出版社,2000)、《翁同龢诗词集》(上海古籍出版社,2000)、郭则沄《十朝诗乘》(收入张寅彭编《民国诗话丛编》,上海书店出版社,2005)、钱仲联主编《清诗纪事》(江苏古籍出版社,1980~1990年代) 中一些诗文或诗话资料,也有助于本书的研究,这也是既往研究中常被忽视的。

报刊资料与外文文献

《申报》、《中外日报》、《国闻报》、《同文沪报》、《知新报》、《清议报》等报刊对京城官场动态、社会新闻以及重大政治事件的报道中,都涉及荣禄与政局的关系;戊戌后各类报刊对荣禄的评论,有不少受到康、梁政治攻击的影响,不尽可信,只能反映当时某种舆论倾向。此外,路遥主编的《义和团运动文献资料汇编》翻译辑录了当时不少报刊对义和团事件的报道,对研究庚子时期的荣禄与政局也极有参考价值。

四 研究结构设计

从既往对荣禄的研究看,人们虽然不否认他是晚清政局中的关键人物,但对他的评价很不全面。大多数学者仍然受到"帝后党争"认知模式的影响，认为荣禄是慈禧镇压戊戌变法的"帮凶"，是政治上的守旧派，以至对荣禄在近代军事改革方面的成就也从维护慈禧个人统治的角度立论。其实，从晚清政治格局及其演变的角度，应该更多关注荣禄与慈禧、光绪帝以及醇王、李鸿藻、翁同龢、李鸿章、刘坤一、张之洞、袁世凯、盛宣怀、刚毅、徐桐等满汉大员之间的政治关系，从派系分合和力量消长的层面把握荣禄在政局变迁尤其是甲午战后重大事件中所扮演的角色和发挥的作用，做到知人论世，尽量还原荣禄的真实面目。

本书基本结构，除了导言、结语外，共分11章。

第一章，主要考述荣禄家世及早期政治生涯，探讨家世背景与荣禄崛起的关系。荣禄以难荫子弟，自观政户部开始，逐步成为神机营系统醇王的得力助手，开始进入清季官场，并为两宫太后所信任，仕途飙升，一时无双。

第二章，主要探讨光绪初年的荣禄宦海生涯。因为受到两宫皇太后和醇王的宠信，荣禄很快升任步军统领兼工部尚书、内务府大臣、神机营管理大臣，迭膺重差；同时，依傍军机大臣李鸿藻，介入南北之争，开罪沈桂芬，终因受贿嫌疑受到参劾而罢官。

第三章，主要研究荣禄赋闲后的政治活动，他与醇王、翁同龢、李鸿藻的关系，以及在醇王逝后出任西安将军、积极筹备慈禧万寿活动等经历。

第四章，甲午督办军务，东山再起。主要研究荣禄从西安将军任上回到京城，在甲午战争期间重获信任和重用的历程。在新设立的督办军务处中，荣禄以兵部尚书的实职，掌握了甲午战后军事改革的大权，袁世凯小站练兵、新建陆军的设立都是荣禄推动近代军事改革的直接体现。

第五章，马关议和后的朝局动荡以及荣禄的应对。主要研究马关议和后中枢与北洋权力的调整以及慈禧对清议的整肃情况，正是在各派势力的大调整中，很多当政者开缺，清议也受到重挫，荣禄、刚毅等满洲官员开始乘机崛起，成为甲午战后政坛上的新贵。

第六章，督办军务与荣禄权势的扩张。主要探讨荣禄利用督办军务处这个重要平台，参与甲午战后裁撤营勇、编练新军与军事改革等活动，并逐步获得权势的过程。荣禄在甲午战后的新政活动中扮演了积极推动改革的角色。

第七、八章，对胶州湾事件到戊戌政变前后荣禄的政治活动进行了全面的考察。从胶、旅事件前后的外交危机到翁同龢开缺与"明定国是"诏的颁布，探讨了荣禄在戊戌年春间的政治态度和立场。他主张改革却反对康有为的激进方式。百日维新后期，当激进的新政引起政局动荡时，荣禄与庆王奕劻秉承慈禧旨意，策划以太后训政的形式发动政变，中止了戊戌新政。回京入枢后，荣禄又积极调和两宫，平衡新旧；并创建武卫军，加强京畿防卫。

第九章，荣禄与刚毅的矛盾及己亥建储前后的朝局。戊戌政变后新政中断，守旧势力回潮，枢廷中荣禄与刚毅的矛盾也日益突出。围绕前四川总督李秉衡的复出，彼此斗争激烈。己亥建储前后，荣禄努力维护朝局稳定，但因庚子年春长时间病假，载漪、刚毅等对朝政的影响力有所加强，左右了当时的内政外交决策。

第十章，荣禄在庚子事变中的处境与应对。荣禄在庚子四月前已经深感事态严重，并及时提出"剿匪"建议，但与刚毅、端王载漪等意见相左。因慈禧信任端、刚辈，荣禄虽掌握军权，却不敢违抗慈禧的旨意，只能委曲求全，坐视事态恶化；津京沦陷，两宫西狩，时论以为荣禄难辞其咎。九月，荣禄抵达西安，再次得到慈禧的倚重，这是荣禄一生权力达到的高峰。然而，在中外交涉形势严峻、地方督抚矛盾重重的情况下，荣禄主持的朝政了无生气，新政成效也乏善可陈。

第十一章，荣禄逝世以及各界的评论。自光绪二十七年十一月回京到二十九年三月荣禄病逝，只有一年多的时间，由于武卫军的失败以及妻子病亡，荣禄身体和精神遭受不小打击，病情加重，但是，仍然把持政务。在他病逝后，时论对其功过评价较多，与清廷的褒扬不同，南方舆论对其多持批评讥讽的倾向，这与革命思潮兴起的背景有直接关系。

第一章　家世及出仕

荣禄，字仲华，号略园，满洲正白旗人，出生于道光十六年二月二十二日（1836年4月7日），病逝于光绪二十九年三月十四日（1903年4月11日），① 谥"文忠"。荣禄历经道、咸、同、光四朝，深得慈禧信赖，官至大学士、军机大臣；甲午、戊戌、庚子时期，主持编练新军，权倾一时，是晚清政坛上发挥过重要影响的满洲权贵。如同很多政治人物一样，家世与非同寻常的早年经历对荣禄后来仕途的发达，同样有着直接或间接的关系，意义不容忽视。

一　家族与家世

荣禄的家世和早期经历，官修《清史稿·荣禄传》、《清史列传·荣禄传》及陈夔龙撰《赠太傅晋封一等男文华殿大学士瓜尔佳文忠公行状》、俞樾撰《赠太傅晋封一等男爵文华殿大学士瓜尔佳文忠公墓志铭》、孙葆田撰《文华殿大学士赠太傅晋封一等男爵瓜尔佳氏文忠公神道碑》等碑传文献中都有反映，但记述大多简单。荣禄本人辑录的《世笃忠贞录》中，收有其祖、父两代的传记，对其家族历史和祖上事迹叙述较详，但多有溢美之词。有关情况，尚需综合各类文献进行考订和补正。②

---

① 本书正文叙述使用年号纪年，每章首次出现不同年号纪年时附注一次公元年代。一般情况下，为避免行文烦琐，并非所有年号纪年都附注公元时间。另，干支纪年后附注公元纪年，以便阅读。特此说明。
② 关于荣禄的家世和早期活动，可参见王刚《荣禄早期生平考（1836～1879）》，《历史教学问题》2013年第1期。

关于荣禄的家世,《清史列传·荣禄传》写道:"荣禄,瓜尔佳氏,满洲正白旗人。祖塔斯哈,喀什噶尔帮办大臣。父长寿,甘肃凉州镇总兵。"官修传记,言简意赅,《清史稿·荣禄传》也大约相同。荣禄病逝后,其嗣子良揆(字席卿)通过河南巡抚陈夔龙邀请知名学者俞樾撰写了墓志铭,① 又请孙葆田撰神道碑铭。② 按照当时的习惯,这些碑传文的资料均由家属提供,借名家之笔为传主扬名,自然多谀颂之词。陈夔龙所撰《行状》也大致如此,只是陈为荣禄门下,有知己之遇,二人私交甚笃,故陈撰《行状》颇为后世所重视。《行状》云:

> 公讳荣禄,字仲华,略园其别号也。姓瓜尔佳氏,满洲正白旗人。其先世直义信勇公,讳费英东,懋著勋勚,实佐太祖高皇帝缔造鸿业,至顺治朝定加封号,所谓四字公也。其爵另支承袭,元勋贵戚,明德流衍,绵绵延延,以迄于今,代有闻人,勿替厥绪。祖庄毅公讳塔斯哈,以帮办大臣殁于喀什噶尔之役。道光十年奉旨照都统例赐恤。父勤勇公讳长寿,仕至凉州镇总兵。咸丰二年,与兄天津镇总兵武壮公讳长瑞同日战殁于广西。事闻,文宗显皇帝赐谕有"忠贞世笃"之褒,均赠提督,恤如例。而季弟讳长泰,复以游击随科尔沁忠亲王转战畿辅,殁于阵。一门忠荩,无忝世臣矣。③

这段话将荣禄的族属和家世情况做了简洁的描述,特别突出了其祖、父两代四人效忠清廷、"一门忠荩"的家族历史。荣禄的家世资料,尚未见到家谱、族谱之类更为原始的文献。陈夔龙称费英东为荣禄"先世","其爵另支承袭",言外之意,荣禄这支并非嫡系,故未袭爵。俞樾也称"其先世有讳费英东者,实佐太祖高皇帝缔造丕基,顺治初封'直义信勇公',所谓'四字公'也"。④ 孙葆田撰文中也提到此事。从瓜尔佳氏同族的角度说,此

---

① 俞樾:《赠太傅晋封一等男爵文华殿大学士瓜尔佳文忠公墓志铭》,国家图书馆普通古籍阅览室藏,编号002307474。
② 见《碑传集补》卷2,《清代碑传全集》下册,上海古籍出版社,1987,第1266~1267页。
③ 陈夔龙:《赠太傅晋封一等男文华殿大学士瓜尔佳文忠公行状》,见《荣禄集》附录,《近代史资料》总54号,中国社会科学出版社,1984,第27页。按,引用时标点有调整。
④ 俞樾撰《墓志铭》中称荣禄系"满洲正黄旗人",误。

说有一定的道理；但是，将费英东称为荣禄"先世"，多少还是有些攀附前贤的嫌疑。

瓜尔佳氏是满洲八大姓之一，为八旗世族之冠。据载，瓜尔佳本系地名，因以为姓，其氏族繁茂，支系众多，明末清初时已经散处于苏完、叶赫、讷殷、哈达、乌拉、安褚拉库等地方，"而居苏完者尤著"。苏完瓜尔佳氏，应是瓜尔佳氏中的一支。费英东功名显赫，其后人繁衍不辍，并有宗谱传世。① 荣禄祖上虽属瓜尔佳氏，与"苏完瓜尔佳氏"似乎是两个分支。② 陈夔龙等人在撰写碑文时，将荣禄与清初功勋卓著的开国功臣费英东联系起来，明显属于攀附名人，这种现象在历代汉族文人编纂家谱、宗谱时早已有之，不足为奇。

除了瓜尔佳氏这个世家大姓，荣禄又隶满洲正白旗。正白旗属于上三旗（另有正黄旗、镶黄旗），其地位高于下五旗。上三旗满洲子弟守卫皇城，随时护卫御驾，是皇帝最信任的亲军来源；陪王伴驾的满洲权贵也多是上三旗人。康熙即位时的辅政大臣索尼、苏克萨哈、遏必隆、鳌拜均出身上三旗。这样的旗属，自然也使荣禄祖上比一般旗人拥有更多出仕和投效宫廷的机会。

荣禄曾祖名阿洪阿，乾隆时官至副都统，事迹不详。此前的家族情况更是阙如，说明在其曾祖之前，荣禄家族并不算发达。就详细的文献记载来说，其家世的显赫当自其祖父塔斯哈始。

塔斯哈，号秀泉，嘉庆五年（1800），由健锐营印务笔帖式，从征川、楚、豫等省，迭著战功，交军机处记名，历擢至前锋参领、翼长。道光七年四月，因战功，特旨赏副都统衔。不久，授镶红旗蒙古副都统。八年，充伊犁领队大臣。十年正月，调喀什噶尔帮办大臣，督办新疆军务。十月，与叛匪接仗时战殁，命照都统例赐恤，予谥"庄毅"，入祀京师昭忠祠，又赏骑都尉加一云骑尉世职。经道光帝降旨，其子长瑞，赏三等侍卫，袭骑都尉加一云骑尉世职；另子长寿赏蓝翎侍卫，"以酬忠

---

① 成书于民国十年（1921）的《满洲苏完瓜尔佳氏全族宗谱》，只是"就世居奉省暨籍隶京师、湖北、浙江杭州各族"，考定各支统系，续为宗谱。参见《满洲苏完瓜尔佳氏全族宗谱》，刘庆华编著《满族家谱序评注》，辽宁民族出版社，2005，第77~82页。
② 同治初年被慈禧处死的将领胜保，姓苏完瓜尔佳氏，应系费英东的后裔，至少比荣禄的关系更近一些。

苣"。①

荣禄的伯父长瑞，字小泉。道光六年，以健锐营前锋与其父同时参加征剿张格尔叛乱。因战功，赏戴蓝翎。十年，迁前锋校，再随伊犁将军长龄等出师回疆剿匪，事竣回京。次年，以父荫袭骑都尉兼一云骑尉世职，赏三等侍卫。十四年，补四川叙马营都司，洊升至参将，曾三次署理建昌镇总兵；后擢阜和协副将；二十九年十二月，经四川总督琦善保奏，授直隶天津镇总兵。咸丰元年（1851）三月，广西太平军势力东趋，奉旨随钦差大臣赛尚阿督兵前往湖南"防剿"，旋移师广西。

荣禄之父长寿，字希彭。道光十一年二月百日孝满引见后，赏蓝翎侍卫。道光帝阅骑射，长寿以马步全中，赏三等侍卫，挑在乾清门行走。十六年二月，升二等侍卫。上三旗为皇帝自将之军，其达官子弟多由侍卫出身，进入仕途。定制，上三旗大臣子弟，每五年挑选一次侍卫。侍卫分为一、二、三等及蓝翎侍卫。因为是近御差使，侍卫一直被旗人视为最荣。二十一年，长寿拣发福建，以游击用；次年，经扬威将军奕经等奏留浙江军营差委，事竣携眷属赴闽任职。故荣禄随祖母一同南下，并在浙江侨居一年。二十八年，长寿升至同安营参将；越年，迁浙江台州协副将。咸丰元年二月，擢甘肃凉州镇总兵。闽浙总督裕泰以其熟悉闽省情形，奏请调漳州镇总兵。七月，入觐，因军情紧急，咸丰帝命驰赴广西，随钦差大臣赛尚阿差委，统带楚、粤、黔三省兵勇，镇压太平军。至此，兄弟二人得以共同效力于广西军营。次年二月十九日，清军围攻永安州城，追击太平军至龙寮岭时，因雨中山险路滑，遭到伏击，长瑞、长寿兄弟被困后双双战死。② 曾与他们同营的华翼纶后来描述说：

  时官兵已两日不食，方造饭，都统乌兰泰促速追贼，贼返斗，官兵冻且馁，大败，死伤相望，又路险不能行。希彭（长寿）马蹶，小泉（长瑞）持矛救之，皆遇害。余收其尸，三日，得之山中，无棺，越五

---

① 有关塔斯哈的经历，参见《塔斯哈列传》（录国史馆原本）、那彦成撰《塔庄毅公像赞》，均见荣禄辑《世笃忠贞录》上、下卷，光绪刊本，国家图书馆普通古籍阅览室藏，编号002306757。另，《北京图书馆藏家谱丛刊·民族卷》（北京图书出版社，2003）第35册收有荣禄辑《瓜尔佳氏家传》，实即《世笃忠贞录》的下卷。
② 参见《长瑞公长寿公家传》，荣禄辑《世笃忠贞录》下卷。

日乃得殓。……余启视公兄弟尸，皆面被十余创，背无一伤，想见其操戈转斗，国尔忘家，徒以事势相迫，不忍不死，而亦不忍独生，可哀也哉！①

虽是事后叙述，仍可见当时战事之惨烈。经赛尚阿奏闻，谕命二人均照提督例赐恤。长寿是被咸丰皇帝召见后派往广西镇压太平军起义的满洲将领，对其曾寄予重望者。因念其父子、兄弟前后为国捐躯，三月十一日，咸丰帝又特颁恩旨：

> 直隶天津镇总兵长瑞、甘肃凉州镇总兵长寿先后派往广西剿办逆匪，俱能奋勇出力，屡立战功，乃因匪众奔逃，跟踪追剿，同时遇害，实堪悯恻，业经加恩照提督例赐恤。因思伊父塔思〔斯〕哈于道光十年在喀什噶尔帮办大臣任内打仗阵亡，今该镇兄弟复能为国捐躯，实属忠贞世笃，著俟军务告竣，即于殉节地方建立专祠，同时阵亡各员一并附祀，以慰忠魂。伊母现在闽省，著赏银三百两，由福建藩库发给，即著该督抚并沿途地方官妥为照料护送回京。该部知道。钦此。②

长寿兄弟同时阵亡，因其母与家眷尚滞留福建，咸丰皇帝谕令福建布政使专门拨付银两并着沿途地方官照料护送回京，表现出莫大的恩典。寻赐祭葬，长瑞予谥"武壮"，长寿予谥"勤勇"，均入祀京师昭忠祠，均赏骑都尉兼一云骑尉世职。这样，长瑞因父荫所袭骑都尉兼一云骑尉世职，后由长子、三等侍卫恩禄袭；新赏世职由次子、三等侍卫荫禄袭；三子承禄也加恩赏给蓝翎侍卫。荣禄在百日孝满引见后，也以父荫袭骑都尉兼一云骑尉世职。这样，瓜尔佳氏兄弟中，同时有三人袭世职，在当时满洲世家中十分耀眼。同治二年（1863）六月，荣禄的叔父长泰（字吉庵）在随僧格林沁镇压捻军时也捐躯阵前。③ 这为"一门忠荩"的家族又添一层美誉。光绪初年，荣禄辑录祖、父辈事迹，遍邀满汉名流题跋，形成一部弘扬家族事迹的

---

① 华翼纶：《双忠传》，见荣禄辑《世笃忠贞录》下卷。
② 《清文宗实录》卷56，咸丰二年三月十一日，《清实录》第40册，中华书局，1986，第738页。
③ 《游击长泰公家传》，荣禄辑《世笃忠贞录》下卷。

文献集，取名《世笃忠贞录》，书名即源自咸丰皇帝谕旨中"实属忠贞世笃"之言。

荣禄生母乌札氏，育有崇禄、荣禄、惠禄（幼殇）三子，道光二十年病逝，时荣禄只有5岁。他是由继母颜札氏（副都统佛逊之女）抚养长大的。① 荣禄因父亲各处调转，自幼在闽生活多年；咸丰元年，兄崇禄病死；父亲前往广西军营前，又将家眷安置在福建将领饶廷选家。② 不久，伯、父阵亡，荣禄随继母颜札氏侍祖母扶柩北上，返回京城，这时他已经16岁了。祖、父先后捐躯的家史和长期漂泊不定的生活，使荣禄比一般生活在京营的八旗子弟更早体会到生存的艰辛和振兴门庭的责任。同样，借着清廷给予难荫子弟的特别恩赏，荣禄进入仕途的起点也高于一般满洲子弟。

二 难荫入仕

关于荣禄的入仕，《荣禄履历册》记："咸丰二年十一月初八日，由本旗遵旨带领引见，奉旨荣禄著以主事用。是年十二月十六日承袭骑都尉加一云骑尉世职。三年二月，呈请分部学习，十七日由吏部奏奏，奉朱批，著准其分部学习，钦此。二十日，签分工部主事上行走。"③ 从这段叙述看，荣禄在回到京城不久，短短几个月后就因难荫入仕，成为工部主事。更详细的情况，吏部尚书柏葰、贾桢等在咸丰三年二月奏报荣禄分部学习当差的奏折中，有较为详尽的说明：

> 据世袭骑都尉候选主事荣禄呈称：窃职系正白旗满洲人，咸丰二年十一月初八日奉旨：甘肃凉州镇总兵长寿之子荣禄著俟百日孝满后带领引见，等因。钦此。旋由本旗带领引见，奉旨：赏给主事，钦此。嗣于十二月十六日复由本旗遵例带领引见，奉旨：赏给骑都尉世职，钦此。职满洲世仆，世受国恩，理宜及时图效，稍报涓埃，可否先行分部学习

---

① 参见荣禄撰《诰封一品夫人先继妣颜札太夫人行述》，见刘家平、苏晓君编《中华历代人物别传集》第51册，第141~143页。
② 何刚德、沈太侔：《话梦集·春明梦录·东华琐录》，北京古籍出版社，1995，第82页。
③ 《荣禄履历册》，台北故宫藏传稿传包，文献编号702001629。该履历册是荣禄病逝后国史馆为他立传时，由吏部提供的履历资料，现存荣禄的传包档案中。

当差之处，伏乞代奏等情，呈递前来。查定例，特旨补用人员以奉旨之后不论双单月，无论保题升选，一并计算五缺之后选用等语。今荣禄，正白旗满洲人，于咸丰二年十一月初八日该旗带领引见，奉旨：赏给主事，钦此。应俟服满后遇有主事缺出，臣部照例铨选，并无分部行走之例。溯查，原任大学士富俊之子恩成，由一品荫生道光十四年六月奉旨以六部员外郎即补，具呈臣部奏请分部，奉旨允准；又原任河南河北镇总兵波启善之子安林，由候补笔帖式咸丰元年四月奉旨赏给主事；又原任陕甘总督裕泰之子长启咸丰元年十月奉旨以员外郎用，均经呈请分部。臣部奏明，奉旨允准各在案。今荣禄钦奉特旨以主事用，呈请分部学习当差，到部核与从前恩成、安林、长启成案相符，理合奏明请旨可否，比照成案，准其分部学习行走，抑或专归臣部铨选之处，恭候钦定。为此谨奏。朱批：著准其分部学习。①

可见，从咸丰二年十一月初八日荣禄奉旨百日孝满引见，到咸丰三年二月十七日，只有短短三个多月的时间。柏葰等吏部堂官以"照例铨选，并无分部行走之例"，乃援引从前恩成、安林等成案，经咸丰皇帝允准，奉特旨准分部学习。三天后，只有 17 岁的荣禄，在工部主事上学习行走。这说明咸丰皇帝对侍卫出身的长寿曾经格外器重，并恩及其子，荣禄在此后得到很多关照与此不无关系。

荣禄的仕途与其婚姻也息息相关。咸丰四年，已经与荣禄订聘的江宁将军苏布通阿之女库雅拉氏未婚而卒。苏布通阿，满洲正白旗人，由銮仪卫治仪正，于道光三十年补授四川提督，咸丰初年率部到向荣军营协同镇压太平军，咸丰三年四月署理江宁将军，次年二月，任江宁将军。后在七桥瓮桥头督战受重伤，据称"被火烧伤，甚至须眉皆燎，犹复悉力指挥"，终因伤重而死。闻报，咸丰皇帝赏银赐恤，谥"果勇"，给予骑都尉兼一云骑尉世职。②

---

① 《吏部尚书柏葰、贾桢等奏为代荣禄请旨先行分部学习当差事》，咸丰三年二月十七日，宫中档奏折，台北故宫藏宫中档及军机处档折件，编号 406003425。
② 《礼部尚书麟魁、徐泽醇奏为江宁将军苏布通阿剿贼伤亡请旨予谥事》，咸丰四年九月二十六日，朱批奏折，档号 04-01-12-0483-100，缩微号 04-01-12-089-2135，中国第一历史档案馆藏。以下凡该馆所藏清代档案只注档案编号和缩微号，不再一一注明馆藏机构。另，苏布通阿的旗籍系咸丰三年夏季《缙绅全书》查出，见清华大学图书馆科技史暨古文献研究所编《清代缙绅录集成》第 20 册，大象出版社，2008，第 487 页。

境况与长瑞、长寿兄弟类似。两家同旗，武将世家，也算门当户对。咸丰五年，在继母支持下，荣禄复聘娶御前侍卫、都统衔镶蓝旗汉军副都统熙拉布之女萨克达氏为室。① 御前侍卫最受皇帝赏识，满洲将相多出于此；熙拉布之子瑞林（后改名札拉丰阿）又指婚为寿禧公主（道光皇帝第八女）额驸。萨克达氏与皇室如此密切的关系，对正在走向仕途的荣禄自然大有助益。咸丰六年二月，熙拉布任右翼税务监督，经他奏请，荣禄被派随同办理税务事宜，② 翁婿同差，并不回避。虽然任期只有三年，但收入颇丰，是一般司员无法企及的优差，这也是咸丰皇帝对荣禄的又一次眷顾。

咸丰七年四月，因孝静康慈皇太后（恭王生母）奉安礼成，工部司员承办差务妥当，各有升迁。荣禄奉旨俟补主事后以本部题选员外郎尽先补用。八年三月，补授主事；八月二十日即升补员外郎。更加令人艳羡的是，九年三月，又调补户部银库员外郎。③ 荣禄在短短的六七年间，以工部主事，骤升至户部银库员外郎这样的优缺，远远超过其他满汉司员的迁升速度。据说，这也出自咸丰皇帝的格外关怀。陈夔龙曾解释说："故事：银、缎匹、颜料三库郎中、员外郎缺出，由各部堂官取合例司员保送候录用，至是部臣以公（荣禄——引者注，下同）应选。文宗显皇帝始识公名，即简银库员外郎，盖异数也。每常朝㒱直，显皇帝于班中遥见之，必顾问枢臣曰：某是荣禄否？一日命彭文勤公传至军机处，问祖父死事情状，公详晰敷对，声泪俱下，文勤具以闻，显皇帝为动容久之。"④ 咸丰皇帝对于这位"忠烈"之后始终挂念在心，刻意提携，应是实情。但陈夔龙说此时才识荣禄名字，恐非事实，似更早一些。彭文勤公即彭蕴章，时任军机大臣。当时，太平天国起义已经蔓延至江南大部分地区，咸丰帝对阵亡将领子弟的关怀，多少可以反映出清廷对八旗将领寄予的期望，甚至有借此鼓舞士气的目的。

当然，荣禄的迅速升迁，也离不开权贵重臣的汲引。在荣禄入仕后的很长一段时间内，对荣禄赏识并不断给予提携的关键人物是军机大臣、户部左

---

① 荣禄何时续娶熙拉布之女，目前缺乏准确的文献资料，应该在咸丰四年至五年之间。
② 《右翼税务监督熙拉布奏报右翼征收税课一年期满正额无亏盈余短绌情形事》，咸丰七年二月十八日，录副奏折，档号03-4396-021，缩微号304-0975。
③ 《荣禄履历册》，台北故宫藏传稿传包，文献编号702001629。
④ 陈夔龙：《梦蕉亭杂记》，北京古籍出版社，1985，第45页。

侍郎文祥。文祥（1818~1876），字博川，盛京正红旗满洲，姓瓜尔佳氏，后谥"文忠"。咸丰九、十年，文祥以户部左侍郎任军机大臣。荣禄升迁迅速，并获户部银库员外郎的优缺，与文祥推动有直接关系。事实上，直到光绪初年，荣禄在仕途上的进步一直是在文祥提携下实现的。

然而，荣禄任职户部不久，便遭遇了不小的挫折。他与深受咸丰皇帝赏识的协办大学士、户部尚书肃顺发生了冲突。确切地说，他卷入了当时激烈的派系斗争中。肃顺（1816~1861），字雨亭，也作豫亭，满洲镶蓝旗人，宗室，郑亲王端华之弟。他以敢于任事，深受咸丰皇帝信赖，渐柄朝政，终因行事跋扈，与朝中达官多有龃龉。像荣禄这样资历浅显的司员与堂官不谐，从情理上推断，过失未必在荣禄身上。荣禄后来在所撰继母颜札氏行状中说：

> 先是，不孝（荣禄自称）任户部银库员外郎时，协办大学士肃顺方管银库事，私愤挟嫌，遇事吹求，意在倾陷。不孝亦自恃无他，辄事牴牾，岌岌乎濒于祸者屡矣。太夫人严戒之曰：此凶人也，必自毙，汝速避，勿撄其锋。促令以道员捐离本任，不旋踵，肃顺果败。①

这是荣禄赞扬母亲遇事果敢的一段话。肃顺因何故倾陷一位司员，他并未详细说明，只是将化解矛盾、躲避凶险的功劳归功于慈母的教诲。陈夔龙对此事原委叙述稍详：

> 肃顺任户部尚书，与陈尚书（按，陈孚恩）均与文忠（荣禄）先德有世交。肃顺喜西洋金花鼻烟，京城苦乏佳品。尚书侦知文忠旧有此物，特向文忠太夫人面索。太夫人以系世交，儿辈亦望其嘘拂，因尽数给之。尚书即转赠肃顺，并以实告。肃顺意未餍，复向文忠索取，瓶已罄矣，无以应付。肃顺不悦，以为厚于陈而薄于己。文忠无如何也。文忠好马，厩有上驷一乘，特产也。肃顺亦命人来索，公复拒之。综此两因，肃顺大怒，假公事挑剔，甚至当面呵斥，祸几不测。公请于太夫人

---

① 荣禄：《诰封一品夫人先继妣颜札太夫人行述》，刘家平、苏晓君编《中华历代人物别传集》第 51 册，第 142 页。

曰："肃顺以薄物细故，未遂所欲，嫉我如仇。此官不可做矣！"遂援筹饷例开银库优缺过班，以道员候选，闭门闲居以避之。①

荣禄与陈夔龙的说法都是后来回忆，后者还可能是从荣禄那里听来的。肃顺自恃有咸丰皇帝的宠信，屡兴大狱，借户部宝钞案追查翁心存等户部堂官，又怂恿咸丰帝以科场案杀大学士柏葰，开罪于当时满汉官宦世家者甚多。②辛酉政变后慈禧、奕䜣以谋逆之罪杀之，也是利用了当时的舆情。同治以后士论对肃顺评价甚低，论者至有丑化之倾向。肃顺是否借细故刁难地位卑微的荣禄，系出于一面之词，尚可存疑。荣禄后来突出强调这一点，则是为了明确立场，表白对慈禧太后的忠诚。所以，荣禄笔下鄙视肃顺的倾向很是明显。

不过，从官场的实际情况分析，肃顺对荣禄的排挤，毋宁说是他与另一位军机大臣、户部左侍郎文祥之间的一次较量。当日堂官之间才可能存在势均力敌的政治对峙。文祥是辛酉政变后获准留任的唯一一位军机大臣，说明他在抵制肃顺专权问题上早有作为，并得到慈禧、奕䜣等人的一致认可。由此认为，荣禄在户部因傍依文祥而遭到肃顺倾轧，大约没有疑问。荣禄与肃顺的矛盾绝非个人私怨，而是朝中派系斗争的反映。

荣禄决定离开户部，大约在咸丰十年（1860）夏秋之际。途径是向户部捐铜局捐输，报捐道员，呈请离任候选。③户部员外郎本是优差，荣禄捐输改官离任，说明已经到了非离开不可的地步。此时，英法联军侵略津京，京城内外局势危急。八月，僧格林沁、胜保等人统率京营精锐全军覆没，咸丰帝仓皇逃往热河，命奕䜣、瑞常、文祥等办理京师巡防事宜。据荣禄《事迹册》称："十年八月，办理巡防事宜，经巡防大臣刑部尚书瑞常等保

---

① 陈夔龙：《梦蕉亭杂记》，第45页。陈孚恩（1802～1866），字子鹤，号少默，江西新城人，拔贡出身，先依附权相穆彰阿，官至仓场侍郎。咸丰初年在籍办团练，参加镇压太平军，后回京供职，官至兵部尚书、吏部尚书。辛酉政变后因与肃顺关系密切，被革职遣戍伊犁。同治五年（1866）俄军占领伊犁期间殉难。
② 参见高中华《肃顺与咸丰政局》，齐鲁书社，2009，第118～178页。
③ 《荣禄履历册》，台北故宫藏传稿传包，文献编号702001629。所谓捐铜局成立于咸丰四年七月，是清廷为解决财政窘迫、筹集军饷而在户部设立的捐输机构，曾在该局当差的司员有王文韶、额勒和布、李明墀（李盛铎之父）等。见《呈捐铜局承办司员忠淳等员请奖名单》，朱批奏折，档号04-01-13-0446-010，缩微号04-01-13-037-1125。时间原注为乾隆朝，误，应是咸丰朝。

奏，以道员选用并赏给三品顶戴。咸丰十一年二月，经吏部具奏与例未符，议驳道员以应升之缺升用。复经已革协办大学士肃顺等奏驳，撤去三品顶戴。"① 可见，荣禄参与巡防事宜应是文祥引介的。后经巡防大臣、刑部尚书瑞常等保奏，请以道员选用，并赏给三品顶戴。而随驾热河的肃顺，对文祥等人援引荣禄不满，又奏驳撤去荣禄的三品顶戴。幸运的是，数月后慈禧、慈安两宫皇太后便联合恭亲王奕訢等发动政变，将载垣、肃顺等辅政八大臣捕杀，朝局翻转。荣禄的仕途也就此迎来了生机。陈夔龙《梦蕉亭杂记》写道：

> 未几，八音遏密，肃顺由热河护送梓宫回京，内外臣工参奏，奉严旨论斩。行刑之日，文忠（荣禄）先赴菜市口候之。肃顺下车仰天大骂，咆哮不休。狂悖如此，可想见当权时之气焰。公目睹其就刑，公愤私怨，一旦尽释，特往酒市一醉。厥后陈尚书（孚恩）因肃顺牵累，为御史奏参，查抄发遣，借寓三藐庵僧房。文忠往视，讵寺僧势利，仅给破房一大间，四方风动。时已冬令，尚书犹着棉袍。谓文忠曰："肃顺获罪，与我何干。不料亦为人陷害。往时至亲密友不少，迄无人来看我。难得世兄雪里送炭，感激之至。天气渐寒，身边尚无皮衣，即日须往新疆，川资全无所出，世兄能为我一谋乎？"文忠慨允之。尚书所住房，以敝帏隔成内外间，尚书夫人在内嘤嘤而泣。文忠请见，夫人曰："我无颜面见世兄。我早知肃顺凶狠，必贾大祸，力劝尔伯父不可与之交往。弗听我言，至有今日。现在悔已无及，不特家产尽绝，尚要充军万里。"言讫泪随声下，文忠盘然不乐者数日。尚书后抵伊犁戍所，卒为回匪戕害，论者惜之。②

这段描述的文学色彩很强，道出了荣禄早年性情中快意恩仇的一面。陈孚恩是肃顺当政期间紧紧追随其后的汉臣，与荣禄父辈有交谊，辛酉政变后遭到追究。荣禄不避闲言，能够挺身相助，反映了他待人宽宏的一面。揆诸事实，终其一生，荣禄多次关照、庇护遭受政治打击、身处逆境的同僚，诸

---

① 《荣禄履历册》，台北故宫藏传稿传包，文献编号702001629。
② 陈夔龙：《梦蕉亭杂记》，第45~46页。

如甲申后慰问屯戍军台的张佩纶，戊戌政变后设法保全罪臣翁同龢、张荫桓、李端棻、徐致靖等人，都是很好的说明。广结善缘、不分满汉是荣禄有别于徐桐、刚毅等满洲权贵的鲜明之处，而这些品格看来于他入仕之初早已具备。

三 投效神机营 密结醇亲王

辛酉政变是晚清政局演变的一道分水岭。政变后"肃党"受到清算，慈禧与慈安两宫太后垂帘听政，恭亲王以议政王辅政，时局安定，朝政出现新气象。荣禄的命运也由此发生转折。一些野乘稗史说，荣禄后来之所以飞黄腾达，是因为参与了政变密谋。① 这种说法实属不经之谈。咸丰末年荣禄虽已崭露头角，但资历尚浅，还不具备参与宫廷密谋的可能性；政变前他虽然已是直隶候补道，但并未离开过京师。事实上，荣禄仕途上的迅速飞跃，肇始于政变后参与创办神机营的军事活动。由此，他与另一位影响政局的重量级人物醇王奕譞建立了密切关系，并直接影响到他后来的政治生涯。

明清之际满洲铁骑南下，定鼎中原。清军入关后，八旗兵丁除部分驻防各地外，近15万旗兵分布在京城内外，起着拱卫京师、安定京畿的作用。其中健锐营、火器营、前锋营、护军营一直是守卫京城的精锐部队。但是，乾嘉以后承平日久，京营军备废弛，八旗劲旅已徒有虚名。自道光以后，朝廷虽然屡屡谕令京师八旗振作，迄无良效。各地驻防和绿营也是如此。咸丰时期经太平天国之役，江南、江北大营溃败，八旗、绿营等经制兵基本丧失了战斗力。曾国藩的湘军、李鸿章的淮军相继而起，成为清廷镇压太平天国和捻军的主要武装力量。北方的情况则迥然不同。咸丰十年八月，英法联军侵犯京津，咸丰帝派僧格林沁、胜保等人统率京营精锐迎战，在洋人新式枪炮的轰击下，清军几乎全军覆没。十一月，议和成，胜保奏请"训练京兵，

---

① 近人许指严在《十叶野闻》中称："文宗幸热河，仓卒驾崩，时载垣、端华、肃顺等杖策立幼帝。慈安太后时无意于垂帘干政也，慈禧心不能平，乃与其侄荣禄等设计，宣布肃顺等专擅之罪，骈诛之。"见该书（中华书局，2007）第49页。许指严本是清末民初穷困潦倒的旧式文人，将野史笔记与道听途说者杂糅连缀，以掌故与小说的名目卖文谋生，该书实不可作为史料看待。其将荣禄说成慈禧之侄，尤误。相关辩驳可参见刘春兰《荣禄与晚清军事》（台湾政治大学历史系硕士学位论文，2000）第1章。

以备缓急",建议"将内外火器营、健锐营及圆明园八旗官兵,专派知兵大员,加以训练,以期悉成劲旅"。① 十二月,恭亲王奕訢、桂良、文祥等也奏请训练京旗禁军,"若能添习火器,操演技艺,训练纯熟,则器利兵精,临阵自不虞溃散",请饬僧格林沁"酌保身经行阵知兵将弁一员来京,督率训练,专司其事"。② 这是清军遭受英法联军重创后,为重振八旗武装采取的切实举措。咸丰帝虽然接受了奕訢的建议,却命胜保酌定练兵章程,主持训练。辛酉政变后,慈禧决定停止胜保的练兵活动,重整京营,将训练大权交与奕訢、奕譞等亲信王公。这便是神机营的由来。

咸丰十一年十一月十一日,上谕派议政王奕訢、醇郡王奕譞将京旗各营兵丁认真督饬训练,并令督率都统瑞麟、侍郎崇纶、原任西安将军福兴、贵州威宁镇总兵遮克敦布先将一切章程"悉心妥议具奏"。十二月初九日,奕訢等拟定《练兵章程》十条进呈。主要内容是:(1)设立公所数处以资操演。将旧有铸造铁钱局,改为操演公所。(2)添派专操大臣、帮操侍卫二三员以资统率。(3)行知各旗营挑选精锐兵丁一万名,以敷操演。(4)拟咨调文案营务委员以专责成。于各衙门调司员章京分任其事。(5)由户部从海关关税项下,筹款办理公费、奖赏银两,以资鼓励。(6)添造各项器械以备应用。(7)咨取火药铅丸以备施放。(8)查看八旗汉军火器营炮位,以便挑拣演放。(9)制造旗鼓号令以申纪律。(10)拟将道光十九年所铸而未经钤用之"神机营"印信颁发,以资行移。十二月十八日,上谕允准,并派奕訢、奕譞督率都统瑞麟、侍郎文祥和崇纶、署都统福兴、副都统遮克敦布管理神机营事务。神机营印钥由议政王奕訢佩带。前后比较可以发现,一个月前未曾奉旨参加草拟章程的侍郎文祥,被添加为神机营管理大臣,这对荣禄而言非常重要。

除了恭王、醇王外,神机营各级官员的组成包括:神机营管理大臣,无定员,一般是五人左右,特旨从尚书、侍郎、都统、副都统中简放。营中设协调全营日常事务的"总理全营事务翼长"三人,另设文案处、文移处、营务处、印务处、粮饷处、核对处、稿案处七处,负责具体事务,每处设翼

---

① 中国第一历史档案馆编《咸丰同治两朝上谕档》第10册,广西师范大学出版社,1998,第687页。
② 《奕訢等又奏请八旗禁军训练枪炮片》,《咸丰朝筹办夷务始末》卷72,中华书局,1979,第2700、2701页。

长一人或二人；另设管带各支队伍的专操大臣，每队二人。文案处等各处除翼长外，另设委翼长、帮办翼长、委员、书手若干人；每队专操大臣下，设帮操侍卫、营总、带队官等若干人。可见，神机营是等级森严、组织严密的军事机构。① 后来，根据实际需要，又增设了军火局、军器库、枪炮厂、机器局等机构。荣禄的军旅生涯就是从文案处翼长开始的。

根据档案，咸丰十一年八月荣禄由户部报捐道员，离任候选，十月就经神机营王大臣咨调派充文案处翼长。② 神机营与总理各国事务衙门都是新衙门，在建制、饷章、经费等方面，条件相对优厚，都属于兼差性质。人员选用采取咨调的形式，也较为灵活，故时人有"鬼使神差"之喻，官场中视为终南捷径。③ 据说，神机营创建伊始，"八旗京官竞往投效，文案处至一百六十余员，营务处至一百八十余员，而书手不在此数"。④ 野史的记载或有夸张，但大体可信。神机营咨调司员都有相应的人脉关系，这一点毋庸讳言。论者多认为荣禄进入神机营与醇王有关，此说不确。荣、醇关系密切是入营之后的事情，荣禄被选入神机营应该出于文祥的举荐，其岳丈熙拉布也在神机营兼差，自然也有推动。也有笔记说，荣禄因献出祖上留传的一些阵图，以此谒见醇王，才获得奕譞的信任。⑤ 此说不免离奇。进献战图或有可能，仅仅借此讨好醇王，获得信任，未必可信。荣禄出生将门，一门忠荩，且袭有世职，单凭这些优越的家世背景，投效军营就远远优于一般旗员，更何况枢中还有奥援。

从自强运动或洋务运动的角度看，清廷编练神机营与湘淮军的建立一样，都有借鉴外国、实行改革的性质。由于得到慈禧太后的支持，神机营采用西式练兵之法，武器改用洋枪洋炮；又选派八旗兵丁到天津参加训练，并派兵丁到江苏巡抚李鸿章处学习军火、炮弹技术，尝试自行制造武器。数年后，神机营规模初具，开始成为一支颇具战斗力的新型八旗军旅。参与编练的荣禄等人也受到保举升迁。同治三年四月，荣禄充全营翼长。因为管理神

---

① 有关神机营成立前后的史事原委，参见张能政《清季神机营考述》，《史学月刊》1988年第5期；王刚《荣禄与晚清神机营》，《军事历史研究》2013年第4期。
② 《荣禄履历册》，台北故宫博物院藏传稿传包，文献编号702001629。
③ 参见陈康祺《郎潜纪闻初笔二笔三笔》，晋石点校，中华书局，1984，第485页。
④ 徐珂编《清稗类钞》第2册，中华书局，1984，第739页。
⑤ 苏继祖：《清廷戊戌朝变记》，见中国史学会主编《中国近代史资料丛刊·戊戌变法》（以下简称《戊戌变法》）第1册，上海人民出版社，1957，第353页。

机营事务大臣多系兼差，为数不多的全营翼长实为直接办理全营日常事务的实权人物。六月，钦差大臣、西安将军都兴阿奏调荣禄赴陕甘帮办军务，上谕未允，命仍留神机营当差。可见荣禄在神机营的角色已经不可轻易替代。七月，经火药局大臣、工部尚书文祥等保奏，九月再经神机营王大臣保奏，特诏以五品京堂用。① 此时，除了文祥的推动，醇王对荣禄的信任开始发挥明显的作用。

奕𫍽（1840~1890），号朴庵，道光帝第七子，小荣禄四岁。道光三十年正月，奕詝（即咸丰帝）即位，封奕𫍽为醇郡王。咸丰九年（1859）四月，与叶赫那拉氏（即慈禧之妹）婚礼成，同慈禧形成特殊关系。十一年七月，咸丰帝崩，慈禧与奕䜣等发动辛酉政变，奕𫍽奉懿旨草拟载垣、肃顺等人罪状，并亲往拿问肃顺。两宫皇太后垂帘后，与议政王等奉旨管理神机营事务，荣禄成为其属下。同治三年七月，奕𫍽因江宁克复，赏亲王衔。同治四年三月，恭王奕䜣受到蔡寿祺参奏，被罢免一切差使，后虽重入枢垣，但受到慈禧猜忌，权力受到裁抑，不再管理神机营，醇王奕𫍽被任命为掌印管理大臣。四月，僧格林沁在山东曹州阵亡，清廷震惊，谕令两江总督曾国藩携带钦差大臣关防率军北上山东驻扎。同时，为拱卫京师、阻止捻军北窜，又令神机营力固畿南门户。五月初一日，上谕命奕𫍽筹办京城防范事宜，旗绿各均归节制调遣。七月奕𫍽上奏，力陈训练马队的重要性：

> ……此项练习马队兵丁，若于京营马兵中拣选前往，恐该兵丁等初学洋人队法，急切未能领会，转将旧习技艺渐致抛荒，于计未为两得。臣等公同商酌，拟即于两翼威远步队内拣选兵丁五百名，由京自带马匹，另派营总、队长等官管带前赴天津，交崇厚访延熟悉马上技艺洋官，仿照前次教练枪队章程，令其朝夕操演。缘该兵丁等既熟悉洋人步队之法，则以之练习洋人马队，自必易于领会。将来练成之后，亦可仿照枪队章程，酌调回京，转相传习。如此则马步两队相辅而行，中国能尽其所长，洋人即失其所恃。②

---

① 《荣禄履历册》，台北故宫藏传稿传包，文献编号702001629。
② 《同治四年七月二十九日总理神机营事务奕𫍽等折》，中国史学会主编《中国近代史资料丛刊·洋务运动》（以下简称《洋务运动》）第3册，上海人民出版社，1961，第476页。

这次设立马队，称威远马队，即由荣禄统带训练。① 此前，神机营已经奏准将同治元年（1862）派赴天津接受英国教官训练的京师八旗满汉官兵500名调回，隶入神机营编制，并添枪兵、炮车入内，设立威远队名目，即由荣禄统带，虽用洋枪，但均为步队。此次添练马队，不啻如虎添翼。在随后镇压捻军和京畿附近马贼的战斗中，荣禄统带的"威远队"都发挥了特殊的作用。

同治四年（1865）七月，口外马贼窜入遵化、蓟州一带，肆意抢劫。时咸丰皇帝梓宫尚暂安于遵化隆福寺。清廷急命文祥率领神机营马步队一千人前往剿捕，荣禄即跟随前往，督率诸军进剿，马贼逃往滦阳，乃留兵屯守遵化、迁安要隘以作防备。荣禄"并往喜峰口、铁门关察看边口情形。九月回京，赏副都统衔，管理健锐营事务"。② 十月，神机营成军三年，奕譞上奏保奖。③ 此时，神机营兵丁数量已达三万人，因全营操练整齐，屡立战功，予醇王奕譞优叙，尚书文祥等议叙，荣禄则以督练营兵功，赏戴花翎，并充神机营、健锐营马队专操大臣。十一月初六日，又充神机营威远队专操大臣。同治五年七月二十六日，荣禄首次受到两宫皇太后召见，④ 这是他第一次见到慈禧太后。同治七年正月，西捻军张宗禹率部由山西窜至直隶广平境内，神机营奉旨派兵前往迎击，荣禄统带神机营队伍办理京师巡防事宜。六月初五日，授步军统领衙门左翼总兵。七月，捻军起义被平定，赏给头品顶戴。同治八年三月十七日，补镶黄旗满洲副都统。十二月初六日，命管理神机营事务。⑤ 至此，荣禄成为统率神机营的武职官员。从咸丰十一年底至同治九年，荣禄从文案处的一名翼长升至副都统、左翼总兵、神机营事务管理大臣，职位已经开始超越他的岳丈熙拉布。他督练的"威远队"，无论步队，还是马队，采用西式练兵法，成效显著，多次外出执行任务，获得褒奖，这也成为他迁升迅速的政治资本。

与荣禄在神机营练兵的成就相比，十年间他与醇王奕譞之间建立的深厚

---

① 参见施渡桥《晚清首次整军练兵的思想与实践述评》，《军事历史研究》1996年第3期。
② 《荣禄履历册》，台北故宫藏传稿传包，文献编号702001629。
③ 奕譞：《奏为管理健锐营事务荣禄等员办事练兵奋勉出力拟请奖叙事》，同治四年十月初六日，军机处录副，档号03-9412-052，缩微号673-1097。
④ 《荣禄履历册》，台北故宫藏传稿传包，文献编号702001629。
⑤ 《荣禄履历册》，台北故宫藏传稿传包，文献编号702001629。

而密切的关系，对其后半生政治生涯影响更为深远。辛酉政变后，慈禧与奕訢因权力争夺而出现的矛盾也时隐时现。同治四年，慈禧曾借蔡寿祺参劾之事，一度开去恭王的差使。后来在惇王、醇王等亲贵的恳求下，又命恭王重回枢垣，但革去议政王号。经此较量，恭王的势力受到很大削弱。同时，醇王与恭王的关系也在发生微妙变化。慈禧有意培植醇王的势力以平衡恭王一派。同治九年五月，天津教案发生，朝野对总理衙门拟定之惩凶、赔款、遣使赴法道歉等决策多有批评。十年正月，奕譞密折面呈皇太后，批评恭亲王、崇厚、董恂等洋务重臣办理失当。① 醇王的威望越来越高。在他的支持和庇护下，荣禄继续升迁。这时，大学士、军机大臣文祥也疏荐荣禄，称其"忠节之后，爱惜声名，若畀以文职，亦可胜任"。② 同治十年二月初十日，因恩承出差，上谕命荣禄署理工部左侍郎。十天后，即补工部右侍郎，兼管钱法堂事务，本缺转为文官系统，但仍兼神机营管理大臣。③ 显然，荣禄通过醇王的关系，完全赢得两宫太后的信任，成为当时引人注目的满洲新贵。

---

① 中国第一历史档案馆编《咸丰同治两朝上谕档》第11册，第585页。奕譞在咸丰帝崩后至年底增加九项差事和职务：十一年七月十七日，恭理丧仪；八月初四日，授为正黄旗汉军都统；十月初一日，为正黄旗领侍卫内大臣、御前大臣；十月初七日，管善扑营事；十月十一日，署管奉宸院事；十一月初十日，管满洲火器营事务；十一月，管理正黄旗新旧营房事务；十二月十八日，管理神机营事务。同治元年后至四年三月恭亲王被罢斥前增加的职务：同治元年二月初二日，侍皇上学骑射蒙古语言文字；四月，稽查火药局事务；七月二十八日，崇文门正监督；三年七月初二日，为阅兵大臣。参见王明灿《同治时期恭亲王奕訢与诸兄弟政治权力之消长——以职务之任免比较分析》，《大同技术学院学报》第14期，2005，第16~19页。
② 王钟翰点校《清史列传》第15册，中华书局，1987，第4494页。
③ 《荣禄履历册》，台北故宫藏传稿传包，文献编号702001629。

第二章　光绪初年的宦海沉浮

同治十年（1871）是荣禄仕宦生涯出现转折的重要年份。这年初，荣禄补工部右侍郎，管理三库，以旗籍武职官员，开始兼任文官。从种种迹象分析，荣禄转任工部，主要是为主持两宫太后的"万年吉地"工程。抵任后，从同治十一年例行检查陵寝，到光绪五年（1879）夏季两宫太后陵工完竣，荣禄先后奉命承修东陵普祥峪慈安太后陵寝和双山峪同治皇帝惠陵两项大差。其间虽仍兼神机营差，但主要职责已不在练兵，而放在陵工上了。同治十二年四月二十六日，荣禄补调户部左侍郎，兼管三库事务。这项任命可能也与保障和增加陵寝工程经费有关。同治十三年五月，授正蓝旗护军统领。七月，充左翼监督。这是当时旗员瞩目的肥差之一。同月二十九日，又授总管内务府大臣，[①] 为宫廷服务的角色更加明确。经过十多年的磨砺，此时的荣禄已经成为能够独当一面的二品大员。随着地位和权力的提升，也不可避免地卷入复杂的权力和利益争斗之中，其中既有满洲权贵内部的争夺，也有与汉族官员之间的矛盾，二者明暗交织，情况极为复杂。这是光绪初年荣禄再次遭到政治挫败的重要背景。

一　迭膺重差

修建和维修皇家陵寝在有清一代始终是国之大事。同治皇帝即位后，慈

---

① 《荣禄履历册》，台北故宫藏传稿传包，文献编号702001629。

安、慈禧两宫皇太后的"万年吉地"也开始提上议程。经过大臣反复勘测，陵址得以确定。同治十二年三月十九日，清廷决定慈安太后陵寝普祥峪工程的承修大臣为惇王奕誴，慈禧太后菩陀峪工程的承修大臣为醇王奕譞。经惇王、醇王奏请，选派监督，颁给关防，筹备动工。两宫太后相继任命荣禄、宜振、春佑、明善负责普祥峪陵工；景瑞、广寿、全庆等负责菩陀峪陵工，都是工部或内务府的满洲官员。比较有趣的是，荣禄本与醇王奕譞私交密切，却未能获准与醇王合作，而是被安排在惇王奕誴手下负责慈安太后陵寝的修建。同年八月二十日，两陵同时破土动工。① 直到光绪五年两陵竣工，六七年间，荣禄一直参与其中，是陵寝工程的主要负责者之一。

普祥峪工程名义上是惇王奕誴领衔监修，具体事项多由荣禄操办。奕誴（1831~1889），道光皇帝第五子，生母为祥妃钮钴禄氏。道光十三年（1833）四月，皇后佟佳氏崩，皇帝将奕䜣生母钮钴禄氏晋皇贵妃，命摄六宫事，十月立为皇后。二十年，皇后钮钴禄氏又崩，道光帝不再立后，命奕訢生母博尔济锦氏代摄六宫，并抚育奕䜣。因此，奕䜣与奕訢母子皆贵，自幼关系亲密。而奕誴则因生母祥妃后降贵人，连带受到父皇冷遇。二十六年正月，奉旨出嗣惇亲王绵恺，袭封惇郡王，失去了被立储继位的可能性。同治初年，奉旨执掌宗人府，管理皇族事务，名义上受到尊重，实则职务接近闲散，权位则不及恭王和醇王兄弟。惇王秉性憨直，不拘小节，嗜酒如命，被认为没有天潢近派的气质，在宫廷内颇受轻视，故与恭王、醇王关系不很融洽。② 荣禄是醇王身边的得力干将，在惇王手下任事自然难免隔膜。不过，既然是奉旨办差，表面上的合作始终安然无事。荣禄与奕誴、宜振逐月奏报工程动用银两及派驻工地监修人员，事无巨细，及时汇报。在人员管理上，荣禄也显得秉公无私，因叔父奎俊监修工程疏懒，便加以撤换。③ 十三

---

① 邹爱莲：《从两件奏折清单谈东西两太后及其陵寝的兴修》，清代宫史研究会编《清代宫史论丛》，紫禁城出版社，2001，第480~493页。本来荣禄与醇王关系密切，此次陵差将荣禄安排到惇王手下当差，应该是慈禧有意刻为。醇、惇有嫌隙，荣禄与惇王的关系自然不会很融洽。可以合理推断，庚子时期荣禄与惇王之子端王载漪的关系微妙，肇因已发在光绪初年了。
② 参见王明灿《奕誴研究》，高雄复文图书出版社，2007，第1~9、85~148、275~282页。
③ 《户部左侍郎荣禄奏为工地工程监修奎俊差使怠惰撤饬回衙拟调张殿魁充补监修事》，同治十三年（月日缺），朱批奏折，档号04-01-37-0115-027，缩微号04-01-37-004-1603。

年三月，荣禄开始赴工住班监视吉地工程。①

荣禄受到恩宠之际，正是清廷内部纷争频出之时。同治十二年春，同治帝亲政，以孝养为名，动议重修圆明园，引发朝野争论。当时，内忧外患稍有平息，部库拮据，朝臣极力反对。七月，广东商人李光昭与内务府官员勾结，虚报木植价格之事被揭发出来，而内务府大臣蒙混奏报、中饱私囊，朝野议论纷纷。七月十六日，恭王、醇王与军机大臣文祥、李鸿藻等一起上奏，沥陈国帑空虚，反对动用户部款项，请求停止园工。在巨大压力下，二十八日，同治帝将内务府大臣春佑、崇纶、明善、贵宝革职，次日又将前三人改为革职留任，并宣布停工。三十日，任命工部尚书英桂和户部左侍郎荣禄为总管内务府大臣。这个职位非亲信不能履任，荣禄此次获差说明两宫太后对他的充分信任。但是，内务府内部矛盾重重，关系盘根错节。② 数月后，荣禄便上疏请求开去内务府大臣，折云：

> 窃奴才于本年七月二十九日蒙恩补授总管内务府大臣，自履任以来两月有余，深悉内务府事务殷繁，必须随时督饬司员敬谨办理，方能无误要需。惟奴才现充神机营管营大臣，所有马步各队官兵共计一万八千余员名，操演阵式，练习技艺。春秋移操南苑，奴才必须前往驻扎，逐日督操，冬夏撤回各旗营，又须按期前赴各该教场认真校阅。且奴才奉命恭办普祥峪万年吉地工程，每遇轮应驻工，亦必动须逾月。以上两项差使均属不容稍有懈弛，与办理内务府一切事务必须随时督饬之处实属势难兼顾。奴才受恩深重，何敢少耽安逸，然若因力有未周，致滋遗误，则负咎殊深。再四思维，惟有叩恳皇上俯临下情，开去奴才总管内务府大臣之缺，俾奴才于督操督工各事宜得以专心办理，以仰答高厚鸿慈于万一。不胜感激待命之至。谨奏请旨。③

---

① 《户部左侍郎荣禄奏为赴工住班监视吉地工程现修情形事》，同治十三年，朱批奏折，档号04-01-37-0115-017，缩微号04-01-37-004-1562。
② 有关同治皇帝亲政后兴修圆明园引起朝野冲突，参见宝成关《奕訢慈禧政争记》，吉林人民出版社，1980，第231~242页。
③ 《荣禄奏请开去总管内务府大臣差使折》，同治十三年十月十九日，台北故宫藏军机处档折件，编号117405。

从荣禄的自述看，管理神机营与监修万年吉地工程，确实牵扯精力很大，内务府大臣事务必然受到影响，提出辞差有其合理因素。不过，主要原因似乎是内务府内部的矛盾。春佑、崇纶、明善等同僚久居内府，势力盘根错节，特别是明善更是内务府的灵魂人物。① 荣禄升迁迅速，兼差甚多，事事顺利，不免招来忌恨。荣禄因不安于位而提出辞差请求。只是两宫太后表示他"办事尚属勤慎"，未准。② 这次辞差未成，问题也未解决。后来荣禄还是被撤去了内务府大臣一职（详后），可见满洲权贵内部的倾轧有多么严重。

荣禄深受两宫太后信任，迭承要差，仕途顺畅，与汉族官员结交也开始大开局面。主要表现在他与皇帝师傅李鸿藻、翁同龢的交往上。李、翁出身科甲，屡掌文衡，门生故吏遍天下，在京城士大夫中久享清誉，并均入枢主政。自同治初年开始，荣禄与李、翁结缘，长达数十年的交谊均与时局相关。

李鸿藻（1820~1897），字兰荪，直隶高阳人，咸丰二年（1852）进士，经大学士祁寯藻举荐，任同治皇帝师傅，深受慈禧信任。同治四年，简任军机大臣。在枢垣中，李鸿藻最受文祥器重。荣禄与李的结交，即与文祥引介有关，二人结为盟兄弟。李鸿藻外孙祁景颐后来提到三人的关系时说："长白荣文忠（荣禄）追随公（文祥）有年，为公一手提携，文正（李鸿藻）与荣定交，即在公所。昔年文正薨，荣文忠曾以文正挽公联语，用以为挽曰：'共济溯同舟，直谅多闻，此后更谁能益我；中流凭砥柱，公忠体国，当今何可少斯人？'并言'此兰兄挽文文忠联也，今敬以挽兰兄'云。"③ 可见文祥、李鸿藻、荣禄之间非同寻常的政治关系。李鸿藻去世后，张之洞也曾致函荣禄称："犹忆曩在京朝，与故协揆李文正公（鸿藻——引者注）素称雅故，每闻其谈及衷曲，谓平生相知最深、交谊最厚者，远则文文忠公（文祥），近则执事（指荣禄——引者注）；谓文忠笃棐忠贞，竭

---

① 崇彝在《道咸以来朝野杂记》中记："内务府世家，数代为总管大臣者，有明元甫善，世称明'明索'。其子文澍田锡，孙增寿臣崇，三世只此一家。"可见明善在内务府根深蒂固，势力煊赫。见该书（北京古籍出版社，1983）第13页。
② 《荣禄履历册》，台北故宫藏传稿传包，文献编号702001629。
③ 祁景颐：《䜩谷亭随笔》，庄建平编《晚清民初政坛百态》，四川人民出版社，1999，第136~137页。

诚尽瘁，执事公忠宏达，直道不阿。"① 除了略嫌恭维的语气外，所说三人关系确是实情。很长一段时间内，荣禄始终追随年长他17岁的盟兄李鸿藻，进退相随，情同手足，由私谊而及政见，对晚清政局影响深远。

荣禄与翁同龢建立交谊，则是因为醇王奕譞的缘故。翁同龢（1830～1904），号叔平，江苏常熟人。其父翁心存道咸间官至大学士、户部尚书。翁同龢于咸丰六年中状元，早年与荣禄并无往来。虽然乃翁与肃顺有过尖锐矛盾，似乎荣禄与翁氏父子同为肃顺的政敌，但是，迄今尚未发现咸丰末年翁、荣有过交往的证据。同治初年，翁与李鸿藻同为师傅，在弘德殿授读幼帝，而奕譞奉旨负责照料皇帝读书，荣、翁可能已有联络。从翁氏日记看，二人交往密切已在同治末年。同治九年二月，荣禄之妻萨克达氏（熙拉布之女）病逝，翁日记有"唁荣仲华金吾失偶"的记载。② 是年九月初一日，荣禄续娶左都御史、宗室灵桂之女爱新觉罗氏。翁又记："饭后入城贺灵香荪师嫁女，又贺荣仲华禄娶妻，灵师婿。遇醇邸于坐上，稍谈即行。"③ 灵桂，字香荪，宗室，正途出身，翁同龢即出其门下。荣禄与宗室联姻，正说明其政治前景蒸蒸日上；而翁为灵桂门生，此后荣、翁交往也多了一层关系。同年十一月十二日，翁氏又记："西城拜客，问醇邸疾，晤谈良久，皆深谈也。荣仲华在坐。"④ 翁、醇深谈，荣禄并不回避，可见三人之间的关系已非同寻常。同治十一年正月，翁母灵舆南迁，翁氏记："送者五六十人，荣仲华少空步行二里许，极可感。"⑤ 荣禄此时已升工部右侍郎，与翁算是同官，翁、荣结为金兰之好，大约在此前，故对翁母之丧显得极为恭谨。这些都是荣、翁交谊渐渐加深的反映。

身为内务府大臣，荣禄在同治皇帝患病期间及驾崩后办理丧仪、勘定陵地各方面都有突出的表现，这既体现了两宫太后对他的信任，也使他有机会显示才干与见识。同治十三年十一月，同治帝患病，一般被认为是"天花"。荣禄对此事十分尽心，翁同龢也常通过他了解皇帝病情。⑥ 慈安、慈

---

① 《张之洞函稿》（光绪二十五年至三十一年），中国社会科学院近代史研究所藏，档号甲182-215。
② 翁万戈编，翁以钧校订《翁同龢日记》第2卷，中西书局，2012，第785页。
③ 翁万戈编，翁以钧校订《翁同龢日记》第2卷，第829页。
④ 翁万戈编，翁以钧校订《翁同龢日记》第2卷，第848页。
⑤ 翁万戈编，翁以钧校订《翁同龢日记》第2卷，第936页。
⑥ 翁万戈编，翁以钧校订《翁同龢日记》第3卷，第1116、1117页。

禧皇太后以皇帝"天花之喜",曾发布懿旨赏加荣禄太子少保衔,并赏戴双眼花翎。① 通过为亲贵加官的方式来为生病的皇帝"冲喜",本来是当时的习俗,其中也包含着对荣禄的奖赏和鼓励。荣禄还寻访到九十多岁的旗人名医为皇帝诊治,但被御医劝阻。② 十二月初五日酉刻,同治帝驾崩。荣禄自请撤销翎衔,③"宫保"的头衔还没有正式叫开,便销声匿迹。随后,在慈禧主持下,醇王之子载湉入继大统,立为新帝,年号"光绪"。这对醇王本人以及一直追随醇王的荣禄都有着非同寻常的意义。此时荣禄"以工部侍郎、步军统领兼总管内务府大臣。内务府一差,权位与御前大臣、军机大臣三鼎峙"。④ 陈夔龙称:"公(荣禄)独吁请今上生有皇子,即承嗣穆宗,两宫为之挥涕允行。不数月,廷臣果有统绪大宗小宗之议,幸公言先入,而人心始定。是夜公奉懿旨,迎今上皇帝于潜邸,定策宿卫,公功为多。"⑤"独吁"也未见得,至少是倡议者之一。这里陈氏显然将荣禄发挥的作用夸大了。不过,当时荣禄在宫中深受两宫太后信任是无可置疑的。

同治帝崩后,荣禄与醇王、翁同龢奉旨前往东西陵,一起勘度同治陵寝选址。光绪元年二月,选定陵址双山峪。四月,醇王由东陵回京召见,奉懿旨择吉兴工,除神路及石像生毋庸修建外,其余均照定陵规制,派醇王奕𫍽、魁龄、荣禄、翁同龢承修,恭王奕䜣总司稽查。⑥ 八月陵工正式开始。十二月,翁同龢因奉命在毓庆宫行走,为光绪帝授读,只得中止差使。而荣禄的责任更加巨大。此前他一直承办普祥峪工程,此次又负责双山峪陵工,加之工部堂官本来就有负责各陵寝常年维修和新建陵寝的职责,他对慈禧太后菩陀峪陵寝的修建也负有间接责任。可以说,荣禄是光绪初年清廷陵工的主要承办者。

事实上,从光绪元年正月继母颜札氏去世、百日穿孝后,荣禄便前往普祥峪陵工,后承修双山峪陵工也是竭尽全力。寒来暑往,他经常奔波于京城与工地之间。从他出京请训、回京请安禀报并时常被赏假休息的情形看,陵

---

① 《荣禄履历册》,台北故宫藏传稿传包,文献编号702001629。
② 参见张方整理《翁同爵日记》,凤凰出版社,2014,第311页。
③ 《荣禄履历册》,台北故宫藏传稿传包,文献编号702001629。
④ 陈夔龙:《梦蕉亭杂记》,第46页。
⑤ 陈夔龙:《赠太傅晋封一等男文华殿大学士瓜尔佳文忠公行状》,见《荣禄集》,载《近代史资料》总54号,第28页。
⑥ 中国第一历史档案馆编《光绪宣统两朝上谕档》第1册,第92页。

差之艰辛可想而知。光绪三年（1877）正月，荣禄又补授步军统领。清初，步军统领仅统辖八旗步军营，后来几次扩大职掌，又兼管巡捕营，全称为"提督九门步军巡捕营统领"，主要执掌京城的治安、门禁，以及平时的刑事案件、街道管理、京郊守卫等。其职掌事务繁多，关系京师安危，较之八旗其他兵营更为重要。自嘉庆四年（1799）起，步军统领定为从一品，高于前锋统领、护军统领的品级；同时，增设总兵二人，左右翼各一，正二品，与步军统领同堂办公。荣禄此前已任左翼总兵数年，补授步军统领也显得顺理成章。十月二十一日，又加恩在紫禁城内骑马。光绪四年五月初二日，迁左都御史。同月十九日，补授工部尚书。① 可见，同光之际荣禄帝眷之深及官运之达，在当时同辈满洲官员中实属罕见。然而，迭膺重差，屡蒙优遇，特别是掌控着光绪初年承修陵工——被内务府官员和旗员视为利益渊薮所在，使荣禄很快陷入危疑之中。

二　北派底色与荣、沈公案

光绪四年十二月二十六日，清廷颁布上谕，忽然开去荣禄所任内务府大臣和工部尚书的职务。这是荣禄在光绪初年仕途一路飙升后遭受的一次重大挫折。对于荣禄的这次受挫，晚清以来的私家记述都归结为荣禄与军机大臣沈桂芬之间矛盾激化的结果。论者言之凿凿，对后世影响很大。已有学者注意到，荣、沈矛盾与当时军机大臣李鸿藻、沈桂芬的冲突有瓜葛，带有"南北之争"的鲜明色彩。② 李、荣为盟兄弟，交谊超越一般的寅僚关系，在政治上，荣禄具有鲜明的北派底色，这是没有疑问的。但是，仅仅从"南北之争"的层面解释荣禄受挫的原因，并没有揭示出问题的根本。荣禄被开去工部尚书和总管内务府大臣，留下的是步军统领的职务和神机营管理大臣的差使，联系到他长期承办陵工等宫廷事务，被剥夺的是对陵工的主导权，更深层次的矛盾似乎发生在满洲权贵之间。当然，荣、沈之间的恩怨也是因素之一。

---

① 《荣禄履历册》，台北故宫藏传稿传包，文献编号702001629。
② 有关南北之争的研究，参见林文仁《南北之争与晚清政局——以军机处汉大臣为核心的探讨》，中国社会科学出版社，2005；王维江《"清流"研究》，上海书店出版社，2009。但两位作者的个别观点仍值得进一步商榷。

同治初年，恭亲王奕䜣以议政王身份领枢，军机大臣中文祥资历最深，宝鋆次之。同治四年十一月，军机大臣李棠阶病逝，李鸿藻入值；次年十月，李丁忧，汪元方入值；同治六年十月，汪氏病死，沈桂芬入值。同治七年十月，李鸿藻服阕，仍入值军机处。此后，一直到光绪元年，整整六年间军机处由恭王、文祥、宝鋆、沈桂芬、李鸿藻五人组成，其中沈、李为汉员。① 光绪初年枢廷内部出现所谓的"南北之争"，主要表现在李鸿藻和沈桂芬的权力斗争上。对此，陈夔龙曾概括说：

> ……两宫垂帘，亲贤夹辅，一国三公，事权不无下移。各有声援，党祸遂因之而起。同治末年，穆宗亲政未久，龙驭上宾。德宗冲幼，仍请两宫垂帘。彼时恭邸领班，长白文文忠、宝文靖、吴江沈文定、高阳李文正，均一时贤辅。第和而不同，虽为美政，卒至群而有党，未克协恭。文忠多病，文靖但持大端。当时推吴江主笔，高阳不肯附和。②

其中"吴江沈文定"即沈桂芬，死后谥"文定"。沈桂芬（1818～1880），字经笙，顺天宛平人，祖籍江苏吴江。道光进士，授翰林院编修，屡迁至侍读、侍讲学士、内阁学士等。同治二年十月，任山西巡抚。七年三月，以礼部右侍郎在军机大臣上行走。次年十月，又被命为总理各国事务衙门大臣，后官至兵部尚书、协办大学士。沈桂芬谙悉外情，遇事持重，与直隶总督李鸿章为同年，对总署事务尤有发言权。虽官居一品，每以清节自

---

① 参见钱实甫编《清代职官年表》第1册，中华书局，1980，第151~153页。
② 陈夔龙：《梦蕉亭杂记》，第52页。缪荃孙《云自在龛随笔》记："光绪初元，文文忠、宝文靖、沈文定当国，辅佐恭亲王，时有'文宝斋''六掌柜''沈师爷'之目。李文正后进，弗能与诸人抗而心忌之。值文忠薨逝，李结同乡张南皮、张丰润，借言论以辅之。值太后重言路，而言路之权遂以大张。又翰林讲官之言，多于察院。又有'不闻言官言，但闻讲官讲'之谣。文定薨逝，王仁和不安于位而以终养去，大权全归文正。"见张廷银、朱玉麒主编《缪荃孙全集·笔记》，凤凰出版社，2013，第7~8页。这里说的是清流势力兴起的渊源。笔者认为所论较为公允。清流形成声势与李鸿藻个人有直接关系。李本受文祥器重，在枢中有所依傍，但文祥死后，宝鋆、沈桂芬揽权，李感到危急，乃联络讲官善言者，自外声援，自己于枢中操控，彼此呼应，形成一股势力；而慈禧也乘机借此牵制恭王等人，此为清流兴起之缘由。清流大盛在光绪六年至十年间，此时，沈桂芬已死，李鸿藻权势最为煊赫。而荣禄受到纠参尚在此前，似与李、沈之争的背景有直接关系。

矜，深受京朝士人赞誉，尤被江南京官视为领袖。

由李鸿藻、沈桂芬的对峙而引发的"南北之争"，必然牵动朝局。因荣禄与李鸿藻的特殊关系，军机大臣沈桂芬对荣不免有防备之心。光绪二年五月，大学士文祥病逝，荣禄在军机处失去了强有力的支持者。更为不利的是，光绪三年九月，李鸿藻因本生母姚氏病逝，再次丁忧，暂时退出军机处。四年正月，沈桂芬援引门生王文韶入枢，对中枢的影响力明显增强。无独有偶，光绪初年醇王奕譞因皇帝本生父的关系，也刻意淡出，远离权力核心。① 这些情况的出现，让荣禄的政治生涯开始出现隐隐的危机。不久，荣禄先是被开去要职，光绪六年初，再因参劾被降职。通常认为，荣禄的厄运源自与沈桂芬的政争，这种说法见诸清季民初的多种笔记中，但记载各有异同。

陈夔龙在《梦蕉亭杂记》中比较详细地叙述荣、沈恩怨的由来：

> 当穆宗上宾时，夜漏三下，两宫临视，痛哭失声。……枢臣文文忠祥扶病先至，宝文靖鋆、沈文定桂芬、李文正鸿藻继到，同入承旨，德宗嗣立。……御前大臣夤夜迎德宗入宫。恩诏、哀诏，例由军机恭拟。文定（沈桂芬）到稍迟，由文文忠执笔拟旨，因病不能成章。文忠（荣禄）仓卒，忘避嫌疑，擅动枢笔。文定不悦，而无如何，思以他事陷之。文忠亦知之，防御尤力，两端遂成水火。文正（李鸿藻）与文定不相能，颇右文忠。党祸之成，非一日矣。②

陈夔龙称荣、沈恩怨起于同治帝崩后荣禄"擅动枢笔"的琐碎之事，不尽可信。沈桂芬是平日军机处承办草拟诏旨的主持者，以情理论之，同治帝驾崩之际，事在急迫，即使荣禄动笔撰写诏书，也是征得其他枢臣或两宫太后的允准。从直隶总督李鸿章家书反映的情况看，在此前后，沈桂芬也生

---

① 醇王在光绪即位后，一直格外韬晦，以免引起议论。同治十三年十二月初九日，醇王次子载湉奉懿旨承继咸丰帝为子入承大统为嗣皇帝后，他就以旧疾复发为由，恳请曲赐矜全。太后懿旨以亲王世袭罔替，仍照料菩陀峪工程，所管理神机营事务，随时悉心会商。奕譞辞世袭罔替，不许。参见王明灿《奕譞研究》，台湾中正大学历史系博士学位论文，2002，第90~95页。

② 陈夔龙：《梦蕉亭杂记》，第46~47页。

病请假,① 皇帝驾崩时,他匆忙入内,迟到是很有可能的。荣禄擅动枢笔,可能会引起沈的异议,未必是二人关系出现裂痕的诱因。当时,荣禄是内务府大臣,虽然地位显赫,但论权力,并不能与军机大臣相比,荣禄也不可能无故开罪于沈。显然,二人关系不谐,另有原因,还须从"文正与文定不相能"的党同伐异的派系斗争中寻求答案。导致沈、荣积怨难解,可能与荣禄策动两宫太后外放沈桂芬出任贵州巡抚的计谋有关。陈夔龙回忆说:

> 某月日黔抚出缺,枢廷请简,面奉懿旨:著沈桂芬去。群相惊诧,谓巡抚系二品官,沈桂芬现任兵部尚书,充军机大臣,职列一品,宣力有年,不宜左迁边地,此旨一出,中外震骇。朝廷体制,四方观听,均有关系,臣等不敢承旨。文靖(宝鋆)与文定交最契,情形尤愤激。两宫知难违廷论,乃命文定照旧当差,黔抚另行简人。文定谢恩出,惶恐万状。私谓:"穴本无风,风何由入?"意殆疑文忠矣,然并无影响也。南中某侍郎素昵文定,与文忠亦缔兰交,往来甚数。文定嘱侍郎侦访切实消息。侍郎遂诣文忠处种种侦视。文忠虚与委蛇。一日,侍郎忽造文忠所曰:"沈经笙真不是人,不特对不起朋友,其家庭中亦有不可道者。我已与彼绝交。闻彼恚君甚,因外简黔抚事,谓出君谋,常思报复,不可不防。"文忠见其语气激昂,且丑诋文定至其先世,以为厚我,遂不之疑,将实情详细述之。侍郎据以告文定,从此结怨愈深。②

陈夔龙的这些说法可能得自荣禄本人,所谓从荣禄处探得底细向沈桂芬"告密"的南中侍郎,暗指翁同龢。文廷式也记述了慈禧拟放沈桂芬抚贵的前后缘由。他在笔记中写道:

> 同治末,沈文定秉政,颇专恣。一日,两宫皇太后召见荣禄(荣禄时任步军统领,故太后得以时召见之),谋所以去沈者。荣禄曰:此易事,但有督抚缺出,放沈桂芬可也。太后曰:有成例否?荣禄言:近

---

① 同治十三年十一月二十四日,李鸿章写给兄长李瀚章的信中说:"经笙(沈桂芬)患右颈疲核,迭次续假,总署公事不免停顿,闻已稍稍活动,可望渐痊。"看来,在此前后,沈一直生病。见顾廷龙、戴逸主编《李鸿章全集》第31册,安徽教育出版社,2008,第150页。
② 陈夔龙:《梦蕉亭杂记》,第47~48页。

时军机大臣沈兆霖放陕甘总督，即其例也。无何，穆宗病重，太后复摄政，适贵州巡抚缺出，枢臣请简。太后曰：著沈桂芬。四列愕然；恭、文、宝诸人为之叩头乞请。乃简林肇元……而沈得不出。事后，沈疑翁叔平。未几，翁与荣禄同奉陵差。途中十日，每日必摘沈之疵谬，且言己与之不合，思所以攻之者。荣禄慨然述太后召见事，谓一击不中，当徐图之。既回京，翁乃告沈。越数月，而荣禄以论劾降都司矣。此事志伯愚（按，即志锐）侍郎询之荣仲华，余亦询之李高阳，故知之颇确。①

陈夔龙和文廷式对此事的叙述似乎都有渊源可循，得到过荣禄本人和李鸿藻的确认，但是，当事人的曲意隐晦和多年后的记忆，细节存在不少讹误，不尽合理处甚多，此事原委需要进一步考订。

文廷式称此事发生于同治末年，不确。同光之交，贵州巡抚易人有两次，一次是光绪元年九月十三日贵州巡抚曾璧光出缺，上谕令布政使黎培敬升任；另一次是光绪四年十月廿七日，这一天发布上谕，令贵州巡抚黎培敬来京陛见，命布政使林肇元署理巡抚。从文廷式提到林肇元署理的情节看，他是把两次易抚混为一谈，应该是指第二次；此时，文祥已故，李鸿藻丁忧。如此，则所谓荣禄向翁同龢透露内情，也不会是光绪元年一起办理陵差期间。② 比较而言，陈夔龙的记述稍微客观，然也须再做分析。

首先，陈夔龙称，宝鋆（文靖）与沈桂芬"交最契"，对派沈抚黔"尤愤激"，这里间接透露出宝鋆与荣禄的关系不洽。文祥与李鸿藻亲近，宝鋆则与沈桂芬密切，这是同光之际枢垣中满汉权力关系的特点之一。

其次，此次事件不只是臣僚之间的恩怨，与慈禧、慈安太后也有关系。文廷式称"沈文定秉政，颇专恣"，两宫皇太后召见荣禄，"谋所以去沈者"，说明太后先有将沈调开的考虑。近人吴庆坻《蕉廊脞录》中的口碑史

---

① 汪叔子编《文廷式集》下册，中华书局，1993，第 763～764 页。
② 金梁辑录《近世人物志》记述翁同龢日记光绪元年正月十二日云："奉命相度陵地，与醇邸、魁、荣两公请训偕往。又荣侍郎携酒同饮，醉矣。"金梁加按语说："翁、荣交好，醉中荣漏言沈吴江失宠，伊实进言。翁述于恭邸，未几荣遂斥退。廿载闲散，其怨深矣。"见该书（北京图书馆出版社，2007）第 209 页。这里确定了荣漏言的时间，不免想当然。足见私家记述不尽可靠，用于证史，须考订核实。

料也印证了此事。吴氏是庚子前后颇为活跃的翰詹官员，与荣禄、陈夔龙为同时代人。他的说法与陈、文有很大不同，可以启发世人对这桩公案有新的思考：

> 沈文定在枢廷最久，兼管译署，值外交艰棘之秋……其持躬清介，为同朝所无。外吏馈赠，多却而不受。所居东厂胡同邸第，门外不容旋马。入朝从未乘坐大轿，与后来风气迥不侔矣。然其官户部时，以持正几为荣文忠禄所倾。厥后文忠入政府，孝钦显皇后恩礼有加，后亦稍稍恶之。尝因病请假。比疾瘳，孝钦一日语善化曰："荣禄用心太过，有时有偏处，我从前几受伊欺蒙。"善化因从容请太后详言之，太后曰："荣禄在内务府时屡言沈桂芬之坏处，且言不将沈桂芬调开不好办事，吾亦疑沈桂芬太迂谨。一日贵州巡抚出缺，适沈桂芬未入直，我有旨放沈桂芬为贵州巡抚。而宝鋆、李鸿藻坚不承旨，谓本朝从无以军机大臣、尚书出任巡抚者。沈桂芬在军机多年，并无坏处，臣等皆深知之。如太后不收回成命，臣等万不能下去。碰头者再，我乃允许之。此事实为荣禄欺我也。"善化尝与荣泛论旧日枢臣，荣颇诋吴江。甚矣，大臣之忮刻也。①

文中"孝钦"即慈禧太后，"善化"即瞿鸿禨。瞿、吴均为翰林出身，辛亥后同以遗老身份寓沪上，对旧朝遗闻多有交流。从吴的记述中可以看出，沈桂芬为政比较清廉，在士林中享有清望，所以叙述中难免有褒沈贬荣的倾向。上述说法是吴氏从瞿鸿禨处听来的，应该源自慈禧的叙说。从种种迹象判断，荣禄向慈禧（可能还有慈安）说"不将沈桂芬调开不好办事"，应是指内务府开销或当时陵工的用度而言，原本也是为两宫太后献计，不料遭到枢臣（主要是宝鋆）抵制而未果。慈禧称求情的还有李鸿藻，当是误忆。此时李尚在丁忧。

再次，文廷式记述翁同龢从荣禄处探得实情告诉沈氏，虽然有出卖

---

① 参见吴庆坻撰，刘承干校，张文其、刘德麟点校《蕉廊脞录》，中华书局，1990，第45～46页。此外，罗惇曧也提到这段轶闻，侧重荣禄与翁同龢交恶的原因，但细节与文、吴、陈所说相比有不少讹误，兹不备录，详见《罗瘿公笔记选》，山西古籍出版社，1997，第279～280页。

"兄弟"的嫌疑,但也是为了澄清沈桂芬对自己的怀疑,这样的解释比陈夔龙将翁毫无缘由地说成"卖友"更合乎情理。

此外,荣禄与两宫商议外放沈桂芬的时间大体应在光绪四年,具体时间也可略作考订。根据文献档案,光绪四年十月二十七日上谕命黎培敬进京陛见,贵州巡抚由林肇元暂署。光绪五年正月二十五日,上谕将黎培敬降三级调用,同时命前江苏巡抚张树声任贵州巡抚。张未莅任,到闰三月十三日,以岑毓英服阕,授贵州巡抚,张树声改任广西巡抚。实际上,岑毓英抵达贵阳任所已在六月。可见,从光绪四年十月林肇元署理巡抚,到五年三月岑毓英授贵州巡抚期间,枢廷对于贵抚人选一直没有确定。有论者认为,荣禄向慈禧建言派沈桂芬巡抚贵州,发生在光绪四年十月二十六日这一天,这种判断可能有误。① 根据《邸抄》,这年十月十八日,荣禄陛辞前往西陵,十一月初七日才返回京城。② 在此期间,荣禄不可能有进言的机会。不过,十一月初七日回京当天,即得到召见。从种种迹象判断,荣禄向两宫太后进言可能是在这一天,或者之后。他被开去内务府大臣和工部尚书的时间是十二月二十六日,即向太后献计一月后。这样推断,在情理上也较为符合。总之,无论出于何种原因,拟将沈桂芬简任贵州巡抚之事确曾发生过,只是由于枢臣抵制而作罢。此事关系沈的切身利害,荣禄先发制人而未果,反而招致沈桂芬的反击和报复,于是才出现了被开去内务府大臣和工部尚书的要职。陈夔龙记述后来情形云:

> 会京师大旱,谣言蜂起,谓某县某村镇邪教起事,勾结山东、河南教匪,克期入京。九门遍张揭帖。贝子奕谟据以面奏。两宫召见醇邸,询问弭患方略。醇邸因德宗嗣服,开去一切差使,闲居日久,静极思动。奏请电调北洋淮军驻扎京师,归其调遣,以备不虞。文忠为步军统领,方在假中,醇邸所陈方略,一切不得知也。以讹言孔多,力疾销假,出任弹压。两宫召见,谓京师人心不靖,浮言四起,诚恐匪徒生心,拟调北洋淮军入卫。文忠力陈不可,略谓京师为辇毂之地,旗、汉、回、教五方杂处,易播流言。臣职司地面,近畿左右,均设侦探。

---

① 参见林文仁《南北之争与晚清政局——以军机处汉大臣为核心的探讨》,第91页。
② 《京报(邸抄)》第111册,全国图书馆文献缩微复制中心,2003,第392页。

如果匪徒滋事，讵能一无所知？倘以讹言为实据，遽行调兵入卫，迹涉张皇，务求出以镇定。事遂寝。醇邸闻之怒甚。文忠后知前议出自醇邸，亟诣邸第，婉陈一切。而醇邸竟以闭门羹待之，交谊几至不终。内务府大臣一缺，亦遂辞退。文定知有隙可乘，商之文靖，先授意南城外御史条陈政治，谓京师各部院大臣兼差太多，日不暇给，本欲借资干济，转致贻误要公。请嗣后各大臣勤慎趋公，不得多兼差使。越日，文靖趋朝，首先奏言宝鋆与荣禄兼差甚多，难以兼顾。拟请开去宝鋆国史馆总裁、荣禄工部尚书差缺。时慈禧病未视朝，慈安允之。时论谓国史馆与工部尚书一差一缺，繁简攸殊，讵能一例？文靖遽以朦奏，意别有在。①

按照陈夔龙的说法，似乎荣禄被撤去内务府大臣一职与奕譞也有关系，是沈、宝利用醇王的气愤，乘机策动对荣的打击。事实究竟如何，已难考订。就当时情形看，醇王与恭王主持的枢垣诸臣关系不算融洽，在光绪四、五年间与大学士宝鋆的关系尤为紧张，曾上书批评宝鋆。② 相反，醇王与荣禄关系始终密切，很难想象醇王欲调淮军入卫，会不与掌管京师卫戍的步军统领荣禄通声气。另外，这一天慈安太后一人听政，宝鋆等乘机"朦奏"，便达到了目的，可见沈桂芬等人是有所策划的。荣禄被开去重要职务的原因是多方面的，即使因故开罪奕譞，也不可能是主因。陈夔龙称沈授意"南城御史"参劾，系误忆，出头发难的为翰林院编修宝廷，他是宗室。

十二月二十六日，宝廷上疏批评朝廷赏罚不严、大臣懈怠，条陈六条建议请刷新朝政，其中"专责任"一条写道：

> 一人之才力有限，专则盈，分则绌。强分之，虽勤者亦惰矣。否则仍虚应故事耳。迩来大臣每有一人而兼数剧职者。京中文职以军机大臣为任至大，武职以步军统领为事至烦，而宝鋆、荣禄等，或旗务，或部务；或内务府，或营务处，所兼者，不一而足。他部院大臣亦每多所兼，萃文事武备于一身，而欲其皆无旷废，能乎？窃谓政府总天下事，

---

① 陈夔龙：《梦蕉亭杂记》，第48~49页。
② 朱寿朋编《光绪朝东华录》第1册，光绪四年三月初五日，中华书局，1958，总第568页。

佐天下理万机，自中外通商以来，事益剧，迥非二十年前比，所不能不兼者，惟总理各国事务衙门耳。此外各有专司，举不必兼任，大者不可分以小也。六部惟礼、工事较简，可他兼，馀部皆难旁及，而尤不可兼者则内务府与步军统领事，皆至剧也。①

宝廷此疏批评宝鋆和荣禄兼差甚多，"萃文事武备于一身"，而内务府与步军统领公事繁巨，尤不宜兼领。疏上，皇太后令军机处开单奏报宝鋆、荣禄二人的兼差情况。当时宝鋆兼实录馆监修总裁、国史馆总裁、管理吏部事务、管理户部三库事务、翰林院掌院学士、稽查钦奉上谕事件处、镶蓝旗满洲都统、阅兵大臣等，共八项。荣禄的职务和兼差有工部尚书、总管内务府大臣、步军统领和管理健锐营、神机营、右翼官学三项差使，共计六项。朱笔在宝鋆职务上圈出"国史馆总裁"、"阅兵大臣"两项，在荣禄的职务上圈出"工部尚书"、"总管内务府大臣"，命撤去。② 宝鋆被撤去的差使相对次要，而荣禄则失去了两项要职。慈安一人听政，枢中无人说话，荣禄也只能听任处置了。对此，翁同龢在当日日记中写道："少彭来，闻今日有旨撤宝鋆国史总裁、阅兵大臣差，而撤荣禄工部尚书、内务府大臣，不识何故？意昨日封奏言差使较繁耳。访晤荣君。"③ 少彭，即广寿，时任兵部尚书、内务府大臣，曾任同治皇帝的满文师傅。翁提到此事，并表示"不识何故"，似乎是局外人的姿态。④

还需说明的是，关于荣禄被开去工部尚书和内务府大臣，民初清史馆所拟《荣禄传》中首次披露与触怒慈禧有关。传文中提及光绪四年荣禄被擢为工部尚书、内务府大臣后，"力求撙节，不辞劳瘁。慈禧太后欲自选宫监，荣禄奏与祖宗宫中则例未合。太后问于何处见此书。对曰：穆宗大行供

---

① 《翰林院侍讲学士宝廷奏为具陈明黜陟等六条管见事》，光绪五年十二月二十六日，军机处录副，档号03-7424-049，缩微号552-0486。
② 中国第一历史档案馆编《光绪宣统两朝上谕档》第4册，第413页。
③ 翁万戈编，翁以钧校订《翁同龢日记》第3卷，第1433页。
④ 也许，这一笔恰恰说明私家笔记所说翁与沈关系密切并曾"出卖"荣禄的说法不是无稽之谈。翁在事后前往"晤荣君"，可能出于消弭痕迹的心理。此后，翁日记中二人交往的记载明显减少。光绪五年四月十七日（1879年6月6日）记云："傍晚访晤荣仲华，游其略园，终嫌富贵气。"评议之中已经出现了不屑的口吻。见翁万戈编，翁以钧校订《翁同龢日记》第4卷，第1460页。

张，内廷无事时得恭读之。至是因病乞假。太后因念其劳，解工部尚书任及总管内务府差使"。① 这些记述在《清史稿》定稿时被删改为："慈禧皇太后尝欲自选宫监，荣禄奏非祖制，忤旨。会学士宝廷奏言满大臣兼差多，乃解尚书及内务府差。"② 词意前后有所变化。到底是"忤旨"，还是太后"念其劳"而解其差，不得其详，但总与太后有关。联系到出主意外放沈桂芬之事，荣禄献策不周，使太后陷入被动，也可能引起了太后的怨恨。

总之，光绪四年十二月荣禄撤差之事，荣、沈恩怨只是问题的一面，主要原因还要复杂。虽然缺乏佐证，牵涉内务府大臣等满洲贵族之间斗争的可能性很大。荣禄在同治十二年刚刚任内务府大臣几个月后，便奏请撤差，可见此差实在不易做。从档案反映的情况看，是太后从开单上圈掉了荣禄的这两个职务和差使的。③ 但幕后操纵此事的则是沈桂芬。荣禄被撤销差使后，协办大学士、刑部尚书全庆调任工部尚书，而全庆本人也是承修陵工的满洲大员之一；正黄旗汉军都统安兴阿授总管内务府大臣，补了荣禄撤掉的差使。荣禄先前得到的恩遇太厚，难免招忌，宝廷、沈桂芬等人策划的撤差计划，肯定迎合了不少满洲官员的心理。

三 退出官场

撤去要职只是打击的开始，荣禄的厄运接踵而至。陵工完竣后，在沈桂芬等人的授意下，科道言官纷纷出动，终于使荣禄在贪腐的名声下迅速落马。

派系争斗和倾轧最易结怨。陈夔龙称，荣禄撤差之后，沈桂芬"意犹未餍，复摭拾文忠（荣禄）承办庙工，装金草率，与崇文门旗军刁难举子等事，嗾令言官奏劾，交部察议。照例咎止失察，仅能科以罚俸，加重亦仅降级留任，公罪准其抵销。所司拟稿呈堂，文定（沈）不谓然。商之满尚书广君寿，拟一堂稿缮奏，实降二级调用。文忠遂以提督降为副将，三

---

① 《荣禄列传》（清史馆本），台北故宫藏传稿传包，文献编号 701007642。
② 《荣禄传》，赵尔巽等：《清史稿》第 41 册，第 12373 页。
③ 参见中国第一历史档案馆编《光绪宣统两朝上谕档》第 4 册，第 413 页。王刚博士首先注意到这个细节，见《荣禄与晚清政局》，北京大学历史系博士学位论文，2014，第 41 页。

载闭门。"① 这已经是第二年夏秋间的事情了。

荣禄参与承办的同治皇帝陵寝（惠陵）于光绪四年九月建成，五年三月二十六日安葬完毕。② 同年六月，普祥峪万年吉地工程也告竣。这项工程一直由惇王奕誴和荣禄、宜振负责，耗时七年多。竣工奏上，荣禄奉懿旨赏大卷巴丝缎二匹，并下部优叙。③ 表面上看，陵工完成圆满，荣禄也得到了奖赏。但是，风波也就此开始。七月二十三日，江南道监察御史甘醴铭率先参奏荣禄在办理陵工时有徇情滥调的情形。奏云：

> 近年宦途猥杂，奔竞成风，遇有劳绩差使，往往展转钻营，以为保举地步，而各部院大臣亦多瞻徇情面，如愿以偿。即如已革北城正指挥韩士俊，以实缺地方官充当万年吉地工程处供事，非出自钻营，何以得此？在该革员任意妄为，诚有应得之咎，其徇情滥调之人若不一律惩办，何以昭公允而服人心？臣闻该革员进身之由原系承修大臣步军统领荣禄指名札调，以韩士俊昏庸贪鄙，本无材能，且身任指挥，缉捕词讼，事事皆关紧要，该大臣岂有不知之理？乃任意调派，致令旷官，其为曲徇私情，已可概见。况案经都察院奉旨行查，而该大臣含混移复，并不将该革员当日因何调工以及驻工日期派工段落据实声叙，不但瞻徇于前，且又回护于后，情弊尤属显然。合无请旨将该大臣徇情滥调之处治以应得处分，以为假公徇私者戒。④

甘醴铭不仅参奏荣禄"徇情滥调"，还牵涉都察院"行查"责任。疏上，上谕称："已革指挥韩士俊，前由荣禄派充万年吉地工程处差使，经何金寿参奏后，业由都察院奏参革职。兹据御史甘醴铭奏，荣禄徇情滥调，且

---

① 陈夔龙：《梦蕉亭杂记》，第49页。按，陈氏此段回忆有失实处。崇文门旗丁刁难举人古猷铭一事，发生于光绪八年四月，当时荣禄已经开缺，任步军统领的是崇礼，为此崇礼还遭到陈宝琛、邓承修、张佩纶等清流人士的参劾。另，荣禄闭门赋闲也不止三载。该问题承王刚博士提示。

② 据统计，惠陵修建总计开支白银435.9万两，见陈景山《短命皇帝载淳的惠陵》，于善浦等著《清东陵》（《唐山文史资料》第9辑），1991，第102页。

③ 《奏为普祥峪万年吉地工程修竣请饬下前往查验事》，光绪五年六月二十二日，朱批奏折，档号04-01-37-0119-027，缩微号04-01-37-004-2059。

④ 《江南道监察御史甘醴铭奏为特参步军统领荣禄徇情滥调事》，光绪五年七月二十三日，录副奏折，档号03-7241-032，缩微号539-3203。

经都察院行查，该大臣含混移复，请治以应得处分等语。著都察院堂官将前次如何行查，及荣禄如何移覆，有无含混之处，据实详晰具奏。"① 原来，先在六月初八日，翰林院编修何金寿上奏沥陈时弊，列举京内外派差、保举不能破除情面诸弊端，请饬查究办，其中举例说到"兵马司指挥韩士俊贪鄙妄为，人人皆知，都察院堂官何以不加甄别？"② 六月初十日，都察院奉旨详查。十九日复奏折上，上谕称："北城正指挥韩士俊，身任地方之责，不知加意检束，乃敢遇事铺张，勒派钱文，自制扁［匾］额及万民衣伞；又任意票传职官，并违禁挟优观剧；复以实缺人员，充当万年吉地工程处供事差使，实属任性妄为，韩士俊著即行革职。"③ 韩氏本来已经革职，甘醴铭却又旧案重提，并将矛头明确指向咨调韩士俊的荣禄，大有受到指使的嫌疑。

七月二十八日，因都察院左都御史崇厚出差，署理左都御史志和领衔复奏称：都察院并未就韩士俊充万年吉地工程差使之事行查工程处，工程处亦无移文咨复，故荣禄不存在"含混移覆"的情形。而且，在都察院参奏韩之前，已将其撤差。④ 尽管如此，上谕仍认为，韩本属职官，辄派充供事差使，均属不合，"荣禄著交部议处"。⑤ 虽说吏部奉到了这道交片谕旨，但是，吏部似乎一直没有做出处理，是拖延不办，还是难于处置，详情不得而知。档案中迄今没有找到吏部的处分意见。

尽管如此，荣禄的处境也是尴尬的。十月十四日，他请假五日，十月十九日又续假十日。请假是遭受纠参官员的惯技，用以缓和气氛和争取消弭事态的时间。荣禄也不例外。十月二十八日，荣禄假期届满，因病尚未痊，请求赏假调治，并请旨派署步军统领。上谕赏假一个月，步军统领令恩承署理。⑥ 十一月二十九日假满，荣禄上折以旧疾未痊，需要静心调养，恳请开缺。疏云：

---

① 中国第一历史档案馆编《光绪宣统两朝上谕档》第 5 册，第 240 页。
② 《翰林院编修何金寿奏为沥陈时弊请饬查究办事》，光绪五年六月初八日，录副奏折，档号 03－5665－031，缩微号 426－1426。
③ 中国第一历史档案馆编《光绪宣统两朝上谕档》第 5 册，第 216~217 页。
④ 《都察院左都御史崇厚等奏为遵旨查荣禄徇情滥调工程处指挥韩士俊派充差使事》，光绪五年七月二十八日，录副奏折，档号 03－5140－094，缩微号 391－2924。
⑤ 中国第一历史档案馆编《光绪宣统两朝上谕档》第 5 册，第 247~248 页。
⑥ 中国第一历史档案馆编《光绪宣统两朝上谕档》第 5 册，第 368 页。

第二章　光绪初年的宦海沉浮 | 055

窃奴才前因腰上旧疾举发，叠次仰蒙圣恩赏假调理，月余以来，奴才赶紧延医诊治，汤剂之外，兼用敷药，满拟少就痊愈，即行销假当差，惟奴才所患之症自前岁迄今已阅两载，本年春夏岁间平复而前以服药过多，正气早经亏损，近因外感求效过速，误用峻利之剂，致旧疾复行举发，现在肿痛虽渐次消减，而湿热凝滞，胁下作痛，加以少食不寐，气体益行困惫。据医者佥云受病已深，须宽以时日静心调养始可复原。奴才闻之深以为焦灼。伏思奴才祖父伯叔均以效命疆场，累受国恩，稠叠至再，而奴才复仰蒙皇太后、皇上高厚鸿施，叠蒙简命，凡此异数殊荣，岂捐糜顶踵所能报称于万一？无如奴才病体缠绵，医治之方已遍而犬马之疾益增，实非旦夕所能奏效。窃查奴才所管步军统领衙门暨神机营、健锐营于整顿地方、缉捕盗贼、教练士卒、讲求武备各事责任极为繁重，关系尤非浅鲜，虽事事躬亲督率或虑尚有疏失，倘因旧病未痊致蹈贻误之咎，更无以仰答高厚之施。再四思维，五内彷徨，莫知所措。惟有沥情吁恳天恩伏准开缺，俾得安心调理，一俟病体稍愈，即当泥首宫门，求赏差使，万不敢稍陈安逸，上负生成，无任悚惶待命之至。①

这道请求开缺的奏折言辞平实，在情在理，似乎看不出什么异常。但是，联系到同一天发生御史孔宪毂再次参劾荣禄之事，情况似乎并不简单。

原来，十月二十日，御史文镛批评顺直吏治败坏，参过班知州王堃、候补通判石赓臣钻营获委署顺直州县，贪婪巧取，虽未指明，暗中却将矛头指向顺天府兼尹、吏部尚书万青藜。② 旋旨命沈桂芬等与顺天府查办。十一月二十九日，御史孔宪毂又上疏，称顺属吏治败坏系与万青藜有关，万"身任兼尹二十年，平日惟以纳贿揽权为事，积至明目张胆，不畏人言"。又指出兵部尚书沈桂芬奉旨查办王堃一案，竟调派兵部司员季邦桢，而季氏乃万氏之婿，万并不申明回避，"翁婿共理一事，人人窃议"。还历数万青藜之

---

① 《步军统领荣禄奏为病体未痊吁恳开缺调理事》，光绪五年十一月二十九日，录副奏折，档号03-5142-182，缩微号392-0126。
② 《御史文镛奏为过班知州王堃、候补通判石赓臣诡谲取巧贪婪不职请旨饬部查办事》，光绪五年十月二十日，录副奏折，档号03-5144019，缩微号392-0484。原折无时间，此时间据随手登记档确定。见中国第一历史档案馆编《清代军机处随手登记档》第110册，第612页。

门丁勒索规费、卖缺谐价诸事。① 同时,笔锋一转,以附片参奏荣禄:

> 再,直隶任邱县马河图前以甄别革职,嗣步军统领荣禄派充万年吉地监修,以工竣保案得邀请开复,传言马河图以三千金拜于荣禄门下,系梁家园东夹道程五峰笔墨店之商人程姓代为关通过付,虽事属暧昧,非有确据,然承修工程人人能办之事,而荣禄必派一获咎之员为之,设法开复,其中隐情昭然可见。况此事虽细,关于吏治民生甚重,此端一开,贪虐各员皆得以苞苴交通,旋参旋复,挠督抚察吏之权,贻闾阎无穷之害。可否请旨将马河图保案撤销,仍饬下直隶总督李鸿章查明该员玩视民瘼确据,再予惩处,以警效尤。②

荣禄请求开缺与孔宪毂参劾发生在同一天,肯定不是巧合。可能是荣禄感到情形不妙,想通过奏请开缺的办法达到避祸或减轻罪错的目的。③ 与咨调韩士俊之事相比,孔宪毂的参奏更显威力。可是,枢垣的处置办法,令荣禄大失所望。首先,允准荣禄开缺。同时,对于马河图行贿之事则穷究不舍。为此,发布上谕:"御史孔宪毂奏前直隶任邱县知县马河图行贿开复等语。马河图前因办理工程出力,经王大臣等保奏,钦奉懿旨开复革职处分。兹据该御史奏称,马河图以甄别革职之员派充万年吉地工程差使,传言以三千金拜于荣禄门下,由程五峰笔墨店商人程姓代为过付设法开复各情。马河图著即撤销保案。由刑部传同商人程姓,按照所参各节,确切研讯,据实具奏。马河图前在直隶知县任内,如何玩视民瘼,著李鸿章查明具奏。"④ 按,

---

① 《御史孔宪毂奏为特参兼管府尹万青藜纳贿揽权等情请旨饬下查办事》,光绪五年十一月二十九日,录副奏折,档号03-7386-062,缩微号549-0962。
② 《御史孔宪毂奏为马河图保案请旨撤销仍饬下直隶总督查明惩办事》,光绪五年十一月二十九日,录副奏折,档号03-7386-063,缩微号549-0965。
③ 孔氏参劾荣禄也另有原因。原来,光绪四年三月二十日,孔宪毂曾奏请承修万年吉地工程节省二成银请拨赈济事宜,奉旨令承修王大臣查明具奏。同月二十八日,醇王奕𫍽在与惇王、荣禄等商议后上折,沥陈种种不能转用的理由,否定了孔宪毂的提议。此事可能是孔出奏劾荣的原因之一。参见《浙江道监察御史孔宪毂奏为承修万年吉地工程节省二成银两请拨赈济事》,光绪四年三月二十日,录副奏折,档号03-5581-082,缩微号421-0670;《奕𫍽奏为孔宪毂奏请拨万年吉地工程节省银赈济毋庸置议事》,光绪四年三月二十八日,录副奏折,档号03-5581-090,缩微号048-0968。
④ 中国第一历史档案馆编《光绪宣统两朝上谕档》第5册,第412~413页。

荣禄任用马河图系光绪三年六月二十四日之事,荣禄上奏称,因监修銮仪卫云麾使阿明阿本衙门差使较繁,难以兼顾,呈请撤去监修差使,确属实在情形,已饬令仍回原衙门当差,而所遗监修之缺拟派已革直隶任丘县知县马河图充补,以资差委。① 陵工结束后,经王大臣等保奏,已经奉懿旨开复革职处分。显然,惇王也是知情者。但是,枢垣执意要一查到底。十二月十九日,直隶总督李鸿章奉旨复奏,称马河图前在直隶任丘县任内,于境内被灾村庄,并未亲诣踏勘,殊属玩视民瘼,是于光绪元年被参革职的。② 于是,马河图案件即被交由刑部审讯,荣禄也牵涉其中,不得不以开缺大员的身份等待一个全然未知的结论。③

从孔宪毂参折看,矛头主要对准吏部尚书、顺天府兼尹万青藜和荣禄,但是又对奉旨查办事件的沈桂芬也做了蜻蜓点水式的批评。辞连沈氏,同样为了消弭痕迹。这一点犹如上一年宝廷参奏宝鋆、荣禄兼差过多一样,宝鋆只是陪衬,重点在于打击荣禄。这就是陈夔龙所谓沈桂芬"先授意南城外御史条陈政治"的内情,孔宪毂参劾的幕后主使者应该还是沈桂芬。

刑部对马河图行贿案的审讯是在新年之后。光绪六年二月十七日,兵部尚书广寿、沈桂芬等上奏:

> 经筵讲官兵部尚书臣广寿等谨奏为察议具奏请旨事。光绪六年二月初五日准刑部咨审明已革知县马河图供称:该革员前在任邱县任内于光绪二年被参革职,来京在北城青水局投效协司营员办案,未得保举,当赴步军统领衙门禀见荣禄,数次均未得见。三年四月间又求见荣禄,呈请投工效力,遂蒙传见,饬准留工奏充监修等语。此案已革知县马河图屡次钻营,希得优保,实属非分营求,应照律拟杖八十,业

---

① 《户部左侍郎荣禄奏请以马河图充补监修之缺事》,光绪三年六月二十四日,朱批奏折,档号4-01-37-0118-016,缩微号04-01-37-004-1909。
② 《查明马河图渎职片》,光绪五年十二月十九日,《李鸿章全集》第8册,第560页。
③ 光绪五年十二月初十日,惇王奕誴与户部右侍郎宜振合词奏请,因该工程虽告成,但工程一切用项尚未奏销,经荣禄奏派之监督、监修人员并荣禄代管春佑所派监督监修人员仍请暂留京档房会办奏销事宜。疏上获准,由此可见荣禄在办理陵差事宜中的重要性。见《奕誴、宜振奏请令荣禄暂留京档房会办奏销普祥峪吉地工程用项事》,光绪五年十二月初十日,档号04-01-13-0342-067,缩微号04-01-13-026-1329。

已奉旨撤销保案，免其发落。前步军统领荣禄于马河图调见干求，不能拒绝，辄准留工，究有不合，系开缺大员，应请旨交部察议等因。光绪六年正月二十四日具奏，奉旨依议，钦此。知照前来。查例载提督、总兵滥将匪人徇情荐举者，降二级调用，私罪；又内外官员因事被参请旨交部议处，奉旨改为交部察议者，照减等之例议处，应减者降二级调用之案改为降一级仍调用等语。此案前任步军统领荣禄于已革知县马河图调见干求不能拒绝，辄准留工，奏充监修，究属不合，经刑部请旨交部察议。查臣部则例并无恰合专条，自应比照核议，应请将前任步军统领荣禄比照提督、总兵滥将匪人徇情荐举，降二级调用，例议以降二级调用系属私罪，毋庸查级纪议抵。惟查官员被参奏请交部议处奉旨改为察议者，例应减等议处，今前任步军统领荣禄经刑部奏请交部察议，奉旨允准，与官员被参奏请交部议处奉旨改为察议者不同，惟究系奉旨察议之件，得否照减等之例于降二级调用例上改为降一级调用之处，恭候钦定。再，该员现在因病开缺，俟命下之日臣部照例注册，为此谨奏。①

革职人员投效军营、陵工、河工以图保案开复，这在清季是司空见惯的事情。但是，枢廷必欲借言官之参，查核原委，这在荣禄看来就是刻意所为。从广寿、沈桂芬的奏折看，核查的结果，"荣禄于已革知县马河图谒见干求不能拒绝，辄准留工，奏充监修，究属不合"，对于如何处分荣禄，刑部则例"并无恰合专条，自应比照核议"，最终在"提督、总兵滥将匪人徇情荐举，降二级调用"与"内外官员因事被参请旨交部议处，奉旨改为交部察议者，照减等之例议处，应减者降二级调用之案改为降一级仍调用"之间，无法定案，遂上奏"恭候钦定"。疏上，奉旨："比照提督、总兵滥将匪人徇情保举，降二级调用例，将荣禄降二级调用"。显然，选择了相对重的处分。

荣禄在陵工完成后因马河图案受黜，正如陈夔龙所言，可能是沈桂芬在幕后操控。荣、沈矛盾也不可能完全摆脱李鸿藻的因素。光绪六年正月，李

---

① 《兵部尚书广寿等奏为遵旨察议前步军统领荣禄被参案定拟事》，光绪六年二月十七日，录副奏折，档号03-5147-081，缩微号392-1231。

服阕,仍在军机大臣上行走,但是,对荣禄一案已经无力回天。① 二月初十日,已经开缺的荣禄曾上疏,就筹备边防预先讲求之事表达主张。② 可惜,当轴者已没有采择的考虑,随手登记档的记载是"前步军统领荣禄折,敬呈管见由。归簠"。③ 这是荣禄被降级前最后一次上奏。

有清一代皇帝万年吉地工程一直是内务府官员艳羡的优差,一些官员通过陵工保案实现进阶,奉命承修陵工的王大臣也会得到帝后异常的恩宠。特别是承修官员与商人勾结,普遍虚报成本和工价,损公肥私,捞取巨额钱财。荣禄自同治末年起主持陵差,为两宫皇太后所赏识,迭膺重差,一路加官晋爵,不仅职务升迁迅速,而且积聚了丰厚的财富,生活奢华,声势煊赫,当时颇为清议人士所侧目。光绪二年二月,荣禄为母亲办理丧事,翁同龢日记云:"送者极多,涂车刍灵,穷极奢侈……"④ 京城名士李慈铭也曾讥讽荣禄的奢靡生活。⑤ 金梁称,"京中旧习,自王公以至优伶,车马衣服,矜奇斗艳,莫不以此自豪,谓之曰阔。……荣文忠公(禄),以衣式称于时,每日趋朝,常视御服为转移,日易一衣,岁不相复。"⑥ 据说,荣禄冬季所穿"貂褂",一日一袭,三个月不重复;⑦ 大学士柏葰之孙崇彝称,同光之际京城崇尚豪华,先有萨迎阿(字湘林),后有荣仲华,"晚清奢华之风,半由二公启其端"。⑧ 如此看来,荣禄因贪腐受到攻击,不会毫无缘由,

---

① 翁同龢在光绪六年二月初八日写给侄子翁曾荣的信中评论说:"当轴大半如来书所言,高阳虽出,亦狂人耳。"简短一语,可见翁、李(鸿藻)关系之微妙,反衬出翁与沈桂芬的亲近。见李红英《翁同龢书札系年考》,黄山书社,2014,第207页。
② 《前步军统领荣禄奏为详陈宜筹固根本管见事》,光绪六年二月初十日,录副奏折,档号03-7425-019,缩微号552-0609。
③ 中国第一历史档案馆编《清代军机处随手登记档》第111册,中国人民大学出版社,2013,第255页。
④ 翁万戈,翁以钧校订《翁同龢日记》第3卷,第1223页。
⑤ 李慈铭在光绪十三年六月初六日记云:"花事方浓,比邻一楼,晶窗华敞,钗光鬓影,满倚朱阑,尤觉池沼增妍,人花两艳。闻此宅迨归都统荣禄,月以六十金价之,安得俸过十万,移家其间耶。"见《越缦堂日记》第16册,广陵书社,2004,第11453页。
⑥ 金梁:《光宣小记》,上海书店出版社,1998,第22页。
⑦ 近人易宗夔称:"荣禄美风仪,有玉人之目。衣裳杂珮,皆极精好。每岁自十一月迄来年之元夕,所服貂褂,日易一袭,无重复者。"见《新世说》,山西古籍出版社,1997,第460页。当然,生活奢侈是当时满洲贵族的通例,时人称"满人最重衣饰,恒自相夸耀,居显要者,四方进献,恒量其厚薄以为报酬,不独荣禄也。"见罗惇曧《罗瘿公笔记选》,山西古籍出版社,1997,第245页。
⑧ 崇彝:《道咸以来朝野杂记》,第103页。

因追求奢靡生活而变得贪墨也是情理中的事情。① 为官清正廉洁的沈桂芬，正是抓准了荣禄的这个把柄，乘机发动清议，予以重击，果然大见成效。另一方面，不少满洲权贵对占尽风光的荣禄也有忌恨。"承办庙工，装金草率"可能是内务府其他满洲权贵在慈安太后面前攻击荣禄的说辞。内务府权贵之间的排挤倾轧是一条不可忽视的暗线。在荣禄开去工部尚书、内务府大臣之事上，同为内务府大臣的刑部尚书广寿在议复荣禄罪名时，并无丝毫的回护；更为关键的是，领衔负责普祥峪工程的惇王奕誴，尽管陵工完竣后与荣禄一同奏保参工人员，但自始至终没有出面为因马河图保案遭到参劾的荣禄做过一丝辩解，说明二人关系并不融洽。荣禄在同光两朝追随醇王，是不折不扣的"七爷党"。这个问题更深层的含义在于，甲午战后荣禄重返京城，虽惇王已薨，但其子端王载漪渐入政坛，并受到慈禧器重。庚子前荣禄与载漪的不谐，似可从荣、惇早年关系中找出潜在的因由。

---

① 王刚博士认为，荣禄兼任内务府大臣后有一个从清议人士向贪腐转化的过程。参见其博士论文《荣禄与晚清政局》第 3 章 "清流的浊化"。笔者以为，此事还可以再商榷。一些文献称荣禄也曾直言敢谏，即便如此，荣禄恐怕也不宜归入一般意义上时常批评当道的"清流"人士。

第三章 赋闲与复出

仕宦生涯中的挫折，对于大多数像荣禄这样的满洲官员来说只是一次不得已的停顿。世事变迁，只需蓄势待发，机遇可能随时出现。斗转星移，光绪十年（1884）发生的甲申易枢，像一场政治地震，彻底改变了昔日的政坛面貌。早已对恭王不满的慈禧，借盛昱的参劾，一举将奕訢等全体军机大臣罢免，代之以礼王世铎为首的军机班底；又谕令醇王奕譞遇有紧要事件，会同商办，实际上授之以主持朝政的大权。奕譞终于成为可以左右朝局的核心人物。这对荣禄来说无疑是十分有利的。在醇王的支持下，荣禄开复处分，重返官场，但其升迁却显得异常缓慢。从光绪五年十一月二十九日开缺，到光绪十三年二月再授都统，荣禄经过了七年多的赋闲时期，以致翁同龢都有"其罢官几十年矣"的感慨。① 在此期间，中外纷争频仍，朝局几番跌宕起伏。先是伊犁交涉，西南边疆危机加深，随即中法战争爆发；甲申易枢后，清流势力又遭到遏制，挚友李鸿藻也经历了惨痛的挫折；同时，清廷开始创建海军，加强东北边防。时局如此，荣禄却甘心沉默，表现得十分淡定，直到光绪十七年出任西安将军。这是其政治生涯中最低落的时期。

一 醇王当政与荣禄开复

醇王在光绪初年也曾经历过政治波折。载湉入继大统后，醇王虽然谨小

---

① 翁万戈编，翁以钧校订《翁同龢日记》第5卷，第2133页。

慎微，尽量避免引起慈禧猜忌，但是，与恭王的政见冲突却越来越多。在海防、塞防争议中，他强调重视东北民变及防范俄国，反对购买铁甲船。① 光绪五年闰三月，奕譞上密奏批评恭王和军机大臣宝鋆办理政务失当。② 六月，又奏恳裁撤差使，家居养疾。结果，奉懿旨安心调理，神机营著毋庸会同商办。这时，恰恰也是言路频频攻击荣禄之时。荣禄受黜时，醇王的处境同样不利。光绪六年五月，廷议会议伊犁事件时，醇王主张等待使俄大臣曾纪泽议和有所结果后，再对崇厚定夺处分，重申对俄不能示弱，还表达了督军、从戎之志。③ 他的建议受到慈禧的重视。十月，醇王奉懿旨重新管理神机营事务，第二次佩带印钥。④ 七年三月，慈安太后崩，慈禧与恭王的矛盾更为直接，醇王的地位和作用也显得更为重要。奕譞开始等待时机，一展抱负。

无论朝局怎样变动，荣禄与醇王的密切关系则始终如一。陈夔龙称荣禄与醇王曾有误会、几乎绝交的说法实属言过其实。⑤ 赋闲后的荣禄与醇王的交往不仅没有中断，反而更为频繁。除了见诸翁同龢日记的零星记载外，中国近代史档案馆藏醇王府档案中有几封荣禄给奕譞的书信与诗作，大体可见此时二人密切的关系。兹不妨对这些文字稍做解读。

荣禄致奕譞第一封函云：

> 敬肃者：昨具寸缄，并小园铭序，仰蒙钧鉴，鄙俚之词，务望正疵为祷。禄赋性愚钝，素不善诗，今搜索枯肠者数日，勉步原韵二律附呈察阅，以博一粲。第瓦缶之音，草虫之吟，稍罄衷曲，并抒区区感佩之诚已耳。务恳俯赐斧削是幸。肃此，敬请钧安，伏乞鉴照不庄。荣禄谨肃。
>
> 江湖回首五云间，二十年来倦鸟还。自分驽骀终竭蹶，那如鸥鹭共清闲。眼前热意经泉洗，身外俗情并草删。神炼一言尤棒喝，此心何处

---

① 中国史学会主编《洋务运动》第 1 册，第 116~118 页。
② 《奕譞折》，中国第一历史档案馆编《光绪朝朱批奏折》第 2 辑，中华书局，1996，第 919 页。
③ 王彦威纂辑、王亮编《清季外交史料》第 1 册，书目文献出版社，1987，第 8~10 页。
④ 中国第一历史档案馆编《光绪宣统两朝上谕档》第 6 册，第 278 页。
⑤ 陈夔龙：《梦蕉亭杂记》，第 48 页。

不青山。

引领临风一纸开，缤纷天上朵云来。过人书妙成垂露，惠我诗清绝点埃。论报久惭青玉案，重游徒醉碧筒杯。殷殷厚意兼期许，其奈岩阿本弃材。①

荣禄并不擅长诗文，这里多少可以窥见他的文字功夫。荣禄将所撰咏赞自家园林的铭文送呈醇王"正疵"，并呈上自己的诗作，请予"斧削"，信中充满谦恭之意，可以感到二人关系的融洽。"江湖回首五云间，二十年来倦鸟还"一句表达了归隐山林的志趣，当时醇王也在休养，二人易有共鸣。稍后，醇王复函并赠送水果，荣禄又致函答谢云：

王爷爵前敬肃者：前奉手谕，一是谨悉。过蒙厚赐，并山桃园李诸珍，荷种种之拳存，倍依依而心结，感谢无极。承示巨制，连篇累幅，捧诵之余，感佩奚似？其间寓意恳挚，尤深铭勒。小园自铭首句，仰蒙改"旷"为"隙"，诚哉！一字之师，敬服之至。现缀以序，录呈钧政。鄙俚不文，徒贻笑耳。务恳俯加斧削，以指疵谬，是所跂祷。肃此，并申谢臆，敬请钧安，伏维霁照。荣禄谨肃。②

从复函内容分析，醇王也有应酬作品，并对铭文提出了修改意见。荣禄按照醇王意见将"旷地"改为"隙地"，附上序文，再次抄录《略园铭》，呈送醇王。该铭文并序云：

予宅南旧有隙地，于壬申岁略置花木，兼起屋数楹，以供萱闱娱赏之所。因名曰"颐园"。丙子春慈亲忽弃养，触境伤怀，不忍复历。此泊服阕，昕夕从公，又无片晷暇，何及游览？以故亭台竹石，半就荒芜，粗存大略，不遑料理，园遂以"略"易名。几有三年不窥园之势。兹值圣恩宽宥，移疾杜门，静养之余，得遂优游。灌药莳花，牵萝补屋，每一思庾子山小园之赋，情景宛然。又念夫陶渊明归去来辞"田

---

① 虞和平主编《近代史所藏清代名人稿本抄本》第 1 辑第 84 册，奕譞档，第 160~164 页。
② 虞和平主编《近代史所藏清代名人稿本抄本》第 1 辑第 84 册，奕譞档，第 152~153 页。

园将芜胡不归"句，此中怡然自适，其趣更无穷也，遂自铭以纪之。

  隙地数亩，略为园名。花木手栽，聊以寄情。芰荷满池，香远益清。竹篱络绎，茅屋几楹。薜荔墙角，幽卉蔓生。柳阴溪岸，燕语蛙鸣。苍松郁郁，芳草菁菁。蕉桐相映，兰蕙抽萌。绿荫曲绕，佳哉葱葱。小楼听雨（楼名），林院吟风；望云（亭名）待月（轩名），快睹晴虹。山石叠翠，馆号玲珑（馆名缥缈玲珑）。绉云丈二，独立奇峰。薰风拂拂，流水溶溶。杯酒自酌，荡我心胸。碧天一色，俯仰从容。瑶琴一曲，皓月当空。拔剑起舞，此心更雄。登山长啸，霄汉可冲。悠然高卧，醒已日中。炉烟成篆，细雨欣逢。竹声瑟瑟，花影重重。散步苔阶，酒兴转浓。二三童子，饮我黄封。醉与共话，一二园氓。所谈者何，问雨课晴。淡泊为怀，宠辱不惊。杜门谢客，更免趋迎。闲读经史，颇有所营。考阅今古，不厌研精。静趣自得，顿觉身轻。乐夫天命，愿祝升平。①

  从这封信看，荣禄称醇王"一字之师"，并重新抄录铭文进呈。② 从诗前小序，可知《略园铭》与序文均写于光绪六年夏季，也就是荣禄被降级后不久，所谓"兹值圣恩宽宥，移疾杜门，静养之余，得遂优游"是也。诗文中表达了荣禄欲效仿庾子山、陶渊明归隐山林、闭门读书的志趣，标榜"淡泊为怀，宠辱不惊"的境界，与此时醇王的境遇也颇契合。当然，归隐只是说辞而已。

  自光绪八年始，因法国侵略越南，中法两国开始出现纷争，中越边境日益紧张。由恭王奕訢主持的军机处和北洋大臣李鸿章都采取消极态度，步步退让，引起朝野舆论的批评。慈禧太后不失时机，利用清流的弹劾，痛下杀手，导致光绪十年三月发生"甲申易枢"，奕訢、文祥、宝鋆、李鸿藻、翁同龢等全体枢臣退出军机处，成立了由礼王世铎领衔，阎敬铭、张之万、额勒和布、孙毓汶组成的新的军机班底，重大事件由醇王随时会议，实际上将

---

① 虞和平主编《近代史所藏清代名人稿本抄本》第 1 辑第 84 册，奕譞档，第 156~159 页。按：原引文中双行小注现改为括注。
② 这封信之外，还有一函云："敬肃者：前奉钧函，仰承厪念。复蒙赐诗二律，感谢曷极？拙作韵脚欠妥，并蒙指示详明，顿开茅塞。今专用八庚，勉凑三十六韵，谨录呈政，仍望粲削是幸。肃此，敬请钧安，诸维慈鉴不庄。荣禄谨肃。"这封信也是与醇王讨论诗句，因往返信件不全，无法澄清前后原委，时间也不详。见虞和平主编《近代史所藏清代名人稿本抄本》第 1 辑第 84 册，奕譞档，第 154~155 页。

军政要事全部交与醇王负责，对法交涉也是如此。近代史档案馆藏荣禄档案中保存着三封中法战争时期醇王写给荣禄的信，从中可以了解荣禄积极参与谋划的一些情节。兹将三函再抄录如下。

函一云：

崇论极畅，读之神正而气振！粮饷二节与昨饬议暗和，尤所钦叹。本日基隆已报收复。闽事虽危，亦预为之备，但恨援不应手耳。法外部气焰渐不如前，巴酋黔驴之技，无非尔尔。惟美国仍愿调处，不得不少俟。倘日内法夷再肆披猖，则战局决矣。此复。即候健佳。大稿留读。醇亲王复。廿三亥初。①

函二云：

仲华吾友阁下：风疾触寒而作，乃承遣伻，无任欣谢……法越事亟，行将与夷开仗。我之照会已去，不知彼作何态。此为廿余年中国第一次振作，第结局难逆料耳。……醇亲王泐。②

函三云：

仲华金吾阁下：近要久未握谈，殊深驰想，比维兴居纳祜为颂。法人志在台湾。省三以空炮台诱之登岸。十七夜五路伏起，歼彼盈千；并得大炮八，枪二千余，淡水、沪尾连获大捷。彼已逃回船上矣。入越之师以苏元春为最，自十八至廿二战无不胜。彼以象驼炮冲我，亦被打毙。惟岑军、刘团尚无接仗佳音耳。王历碌如常，风疾未作，可纾锦系。……醇亲王泐。③

三封信中，"巴酋"指法国临时代办巴德诺，此时正与两江总督曾国荃

---

① 虞和平主编《近代史所藏清代名人稿本抄本》第1辑第68册，荣禄档，第709~710页。
② 虞和平主编《近代史所藏清代名人稿本抄本》第1辑第68册，荣禄档，第711~712页。
③ 虞和平主编《近代史所藏清代名人稿本抄本》第1辑第68册，荣禄档，第713~715页。

谈判；省三，即刘铭传（字省三）；"岑军"，指云贵总督岑毓英率领之军；"刘团"，指刘永福的黑旗军（团练）。第一封信称"基隆已报收复"，末署二十三日，因收复基隆在光绪十年六月十六日，故此信写于六月二十三日。其余两封也在此前后。因为荣禄给醇王的信函没有保存下来，暂时无法全面了解他们讨论问题的完整语境。但是，可以看到，在中法交涉问题上，荣禄曾向醇王献言献策，醇王复信说"崇论极畅，读之神正而气振"，说明他对荣的见解非常重视。信函中醇王对法国的态度显得很强硬，与此前恭王主持的军机处退缩的态度截然不同。

甲申易枢后，醇王掌管全局，荣禄又积极献策，于是出现了荣禄起用的传言。八月二十二日《申报》报道说："醇邸密保前步军统领荣统帅禄，请旨录用，已蒙俞允召见。闻统帅以旧病未痊，固辞不就云。"① 看来，醇王推动荣禄复出必有其事，只是被荣禄婉拒。陈夔龙也称，沈桂芬病逝后，醇王笃念旧交，欲奏请起用荣禄，荣"笑却之"；"适德宗春秋已富，试习骑射，醇邸备有上驷八乘，作为文忠（荣禄）报效。奉旨赏收，加恩开复处分"。② 醇王急于起用荣禄的用意很是明显。荣禄开复处分系在光绪十一年，可能与进呈骏马、教导皇帝骑射相关，但是见诸上谕的，则是报效枪支。光绪十一年底，黑龙江将军穆图善奏称东三省洋枪洋炮不敷，奏请由神机营、北洋酌拨若干资助。③ 乘此机会，经过管理神机营王大臣的撮合，由荣禄捐输1000杆前膛来福枪、铜帽（子弹）100万粒，价值白银4000两，交由神机营采购。十二月二十五日，奕譞领衔以神机营的名义上奏称：

> 再，现据头品顶戴、降二级调用前步军统领荣禄呈称：神机营威远各队所用来福步枪曾经战阵，素称得力，现当东三省练兵之际，需用军械孔亟，谨拟报捐前膛来福枪一千杆、随枪铜帽一百万粒，合值库平纹银四千两，照数备价呈交以济要需。荣禄世受国恩，万不敢仰邀奖叙等情。查该员前与臣奕譞等同管营务，于创练洋队最为著意。今获咎家居，仍复念切时务，报效急公，臣等公同商酌，援案拟请赏收。溯查神

---

① 《首善纪闻》，《申报》光绪十年八月二十二日，第2版。
② 陈夔龙：《梦蕉亭杂记》，第49页。
③ 《钦差大臣会办东三省练兵事宜黑龙江将军穆图善呈酌拟练兵应办事宜清单》，光绪十一年十一月初二日，录副奏折，档号03-9419-052，缩微号673-2313。

机营曾经代奏前任粤海关监督崇光及都统长善各捐制备军械银两，均邀圣恩优奖。今荣禄所捐银两若照数置办枪支千杆，实属有盈无绌，虽据呈称不敢仰邀议叙，亦未便没其报效微忱，应如何奖励之处，出自皇太后逾格鸿施。①

奏上，慈禧当然不会无动于衷，自然知道"如何奖励"，即日下旨，开复荣禄降二级调用处分。② 看来，此事醇王事先与慈禧已有疏通，报效军械当然是最合适的理由了，并有前粤海关监督崇光、都统长善捐献军械免除处分的先例。这意味着荣禄将会重返官场。事后，《申报》又有报道说："前步军统领荣禄自捐银四千两呈交神机营购置洋枪。特恩开复处分后，醇邸屡谕其销假当差，借图报效。而荣统领以旧疾未瘳，固辞不出，亦以见其淡于宠利也。"③ 报道对荣多有阿谀。其实，开复处分，仅仅是撤销降二级调用的处分，荣禄仍在借"养疴"观察动向，等待时机。当时，清廷筹建海军，设立海军衙门，也由醇王管理，起初便以神机营衙门后院为办公之地。④ 海军衙门成立后，京内又传言"前步军统领荣仲华大金吾禄奉旨派在总理海军事务衙门行走，大金吾前随醇邸创设神机营，于练兵一切事宜颇有心得，以之襄办水师不难奏效"。⑤ 但是，实情并非如此。除了再次告诉人们荣禄与醇王之间深厚的交谊外，没有其他可信的信息。

光绪十三年二月，荣禄终于"病痊"，授镶蓝旗蒙古都统。八旗都统，系京旗武职，品秩虽崇，不过掌管各旗稽查户口、发放俸米等事，几等于闲职。但是，从职官层级看，已与尚书、侍郎相当。十四年三月十九日，荣禄奉旨充领侍卫内大臣。清制，宫中设侍卫处，也称领侍卫府，负责保卫皇帝和宫廷，在昭德门外（太和门旁）设档房办事，首领为领侍卫内大臣，正一品，定制6员，为武官最高品级，以上三旗人充任，其中勋旧世爵为重要入选资格，荣禄适得其选。十五年正月初八日，光绪帝大婚，荣禄又

---

① 《神机营奏为前步军统领荣禄报效枪支请奖事》，录副奏折，档号03-6099-057，缩微号455-1540。按，原折无时间，应为光绪十一年十二月。
② 中国第一历史档案馆编《光绪宣统两朝上谕档》第11册，第353页。
③ 《九重春色》，《申报》光绪十二年二月十二日，第1版。
④ 据薛福成日记称，新成立的海军衙门暂借煤渣胡同神机营后院作为办公场所。见蔡少卿整理《薛福成日记》下册，吉林文史出版社，2004，第678页。
⑤ 《神京日记》，《申报》光绪十二年四月二十五日，第1版。

充庑从凤舆大臣,这都是一般亲贵无法获得的殊荣,说明在醇王的推动下,荣禄又重获慈禧的信任。同年二月,荣禄充专操大臣,开始重新参与军务活动,这自然也是奕譞提携的结果。然而,直到十七年十一月二十八日授为西安将军,荣禄的仕途才有了新的转机,不过,这已在醇王奕譞病故一年之后了。

二 与李、翁关系的亲疏异同

甲申易枢后数年间,醇王奕譞当政,极关清朝国运的衰微。醇王执政,一切惟慈禧旨意是听,毫厘不爽,这是他坚定不移的理政信念。礼王世铎庸碌无为,醇王倚孙毓汶为心腹,迎合慈禧,修建园林,朝政懈怠不振。外交方面,则专恃直隶总督李鸿章主持大计。张謇称:"自恭王去,醇王执政,孙毓汶擅权,贿赂公行,风气日坏,朝政益不可问。"① 这是清议人士对时局的典型评价。虽然荣禄复出得到醇王的支持,但是他却远离喧嚣,赋闲旁观,表现得十分淡定。

自同治初年以来,荣禄与李鸿藻(兰荪)、祁世长(子禾)、徐桐(荫轩)、豫师(锡之)、翁同龢(叔平)、潘祖荫(伯寅)等京官均有往来,而且形成一个相对稳定的朋友圈,与李、祁尤为莫逆。祁世长乃大学士祁寯藻之子,与李鸿藻为儿女亲家;徐桐系汉军八旗,与李、翁同为同治皇帝师傅;潘、翁为世家子弟,且长期生活于京师;豫师曾担任过西宁办事大臣,后开缺回京寓居。他回忆与荣禄相识的情景时说:"光绪己卯(1879),师自西夏卷甲归里,杜门养疴,与朝士大夫恒鲜往还。李高阳相国,老友也。偶过访,与仲华都护相遇于中庭。一二语别去。英爽之气扑人眉宇,识为肝胆士也。高阳为道梗概,钦慕良殷。逾年同饮于直隶先哲祠,促席谈讌,相得甚欢。"② 因为性情相合,职官相当,他们常常文酒聚会,往来密切。现存李鸿藻光绪七年的日记中留下了这些友朋交往的点滴痕迹:

---

① 《啬翁自定年谱》,《张謇全集》第6卷,江苏古籍出版社,1994,第845页。
② 豫师:《〈世笃忠贞录〉后跋》,见荣禄编《世笃忠贞录》上卷。

正月十二日　饭后少憩，至仲华处坐谈时许，树南（延煦）处亦久谈，出城已暮矣。伯寅（潘祖荫）来信，未复。

二月初十日　卯刻起，为仲华作书、约明日早饭，老田送信，至戌正始归。

二月十一日　早间料理请客事，为子禾（祁世长）作书，约其早饭，巳正后子禾来，锡之（豫师）继至，久候仲华，至午初方来，谈饮甚乐。①

需要指出的是，李鸿藻是这个友朋圈中的核心人物。李对荣的影响至大，特别是甲申易枢后，李鸿藻几经挫折，处境尴尬，与落职赋闲的荣禄惺惺相惜，患难之中，情谊也更加笃厚。

事实上，醇王对于光绪六年沈桂芬死后李鸿藻操纵清议、积极影响朝政的做法早有不满。对此，荣禄不会毫无所知，只是他在处理与醇、李关系时显得更加谨慎。李鸿藻在易枢后遭遇的顿挫，对荣禄也不会没有影响。李退出军机处后以尚书降二级调用，直到十一年二月初二日才补授内阁学士兼礼部侍郎衔。不久，署理吏部左侍郎，补吏部右侍郎。当然，像他这样有威望的重臣，降职只是暂时的。十三年九月初三日，礼部尚书毕道远开缺，李鸿藻奉旨补授礼部尚书。九月初九日，又奉旨充武英殿总裁。对于李的复职，流戍军台的张佩纶颇为兴奋，在日记中写道："阅邸报，高阳授礼部尚书，为之一喜。高阳参政，专以扶持善类为主，及越事罢去，清议惜之。阅三年复长春官，正气稍伸。于此见二圣之知人。"② 在他看来，这是李鸿藻权力上升的信号。可惜，情况并非如此简单，醇王主导下的枢垣另有计划。九月二十四日，上谕派李鸿藻前往郑州视察河工。当时黄河郑州河段发生了严重的决口，清廷先前已经派刑部左侍郎薛允升就近查看，这次再派李鸿藻前往，命将现办大工详细查明，迅速复奏。③ 十一月，视河差使结束。正当李氏北上复命时，十二月初五日，上谕又命李鸿藻留豫督办河

---

① 李宗侗、刘凤翰：《李鸿藻年谱》，中华书局，2014，第251、255页。按，该年谱是据1981年台湾商务印书馆出版之《清李文正公鸿藻年谱》为底本重新校订出版的。
② 谢海林整理《张佩纶日记》上册，凤凰出版社，2015，第166页。
③ 中国第一历史档案馆编《光绪宣统两朝上谕档》第13册，第363页。

工，责令其与河道总督李鹤年、河南巡抚倪文蔚等"和衷商办"，早日竣事。① 此事完全出乎李的预料。十二月初九日，已在回京途中的李鸿藻在家信中坦言：

> 此等大任，实担当不起，虽自陈衰病，亦万不能辞也。汝等着急悬念，可想而知，然事已至此，无可如何，听之天命而已，万万不必惊慌，惟照常行事最好。我既以身许国，一切祸福，久已置之度外。此皆命中造定，无可怨尤也。今日拜折后，明日即须折回，此去且看，如万不能办，只好告病而归。早知如此，不如早退，深悔见到作不到也。②

他已预感到治河任务的艰巨和自身责任的重大，并做好了将一切置之度外的准备。但是，事情的发展似乎更在预料之外。开始工程进展顺利，但到了光绪十四年四月，因水势骤急，原拟合龙的计划无法实现，材料接济也出现问题，款项开始短缺，李鸿藻等人便上疏奏请暂时停工，待秋汛后再续修，结果遭到上谕严厉诘责。随后，工程持续进行，经筹借洋债、各方调集材料，工程又有进展，原拟五月下旬即可合龙。不料，五月二十一日，六百丈缺口只剩三十多丈时，又突发意外，西坝出现塌陷。七月初十日，枢廷接到李鸿藻等人的详细奏报。这一次，李鸿藻等治河官员受到更为严厉的斥责：

> 本日据李鸿藻等奏伏秋汛至，请停缓大工，俟秋汛稍平接办一折。览奏殊深愤懑。自上年八月郑工漫口，叠谕该河督等迅筹堵筑，先后发给工需银九百万两。明旨电谕，三令五申，朝廷轸念民生，筹措不遗余力。乃该河督等迁延观望，节经严旨催办，至岁杪始行开工。幸自春徂夏，水势极平，为向来所未有。前据奏报仅余六占未进，不日可望合龙，满冀早蒇全功，俾数百万灾黎同登衽席。讵自上月二十一日西坝捆厢船失事，阻碍不能进占，又不先期放河引溜，以致口门淘刷日深；秋汛已临，不克堵合。该尚书等办理不善，咎无可逭。但据奏种种棘手情

---

① 中国第一历史档案馆编《光绪宣统两朝上谕档》第 13 册，第 464 页。
② 李宗侗、刘凤翰：《李鸿藻年谱》，第 349 页。

形，若仍令勉强趋办，终归无济。著准其暂行停缓，一面固守已成之工，一面添集料物，俟秋汛稍平，迅速接办。

李鹤年身任河督，责无旁贷，陛辞之日，自诩克日就功。讵到任奏报，词气全涉推诿，嗣后并不竭力催办，一味敷衍取巧，以致功堕垂成，误工糜帑，与成孚厥罪维均，纵令留工，难期后效。李鹤年著革去衔翎，与成孚均发往军台效力赎罪。李鸿藻系督办之员，倪文蔚系兼辖会办之员，督率无方，主见不定，亦难辞咎。李鸿藻、倪文蔚均著革职留任，降为三品顶戴。现已简派吴大澂署理河督，未到任以前，著李鸿藻暂署，俟吴大澂到任，再行来京。①

结果，河道总督李鹤年与前河督成孚均革职发往军台效力；李鸿藻、倪文蔚亦均革职留任，降为三品顶戴。几经周折，事在垂成，却换来如此结局，李鸿藻十分沮丧，有"一生艰苦，半载辛劳，俱付之东流"之叹；②对于吴大澂接任，他也不以为然，称"口门仅剩三十余丈，令伊来成此大功，真不甘也！"③果然，延至秋冬，河工再开，吴氏奏请改用塞门德土（水泥），工程进度加快，质量提高。十二月十九日，决口终于合龙，获得清廷嘉奖，赏加头品顶戴，补授河东河道总督。吴大澂奏言"不敢掠美自居"，请开复前任处分。疏上，清廷开复李鸿藻革职留任处分，赏还顶戴。事竣后，吴氏立碑纪念，仍以李领衔，并李鹤年、成孚、倪文蔚、吴大澂五人名义，"勒石纪之"。④然而，这种皆大欢喜的形式，却掩盖不了一个事实——派李鸿藻办理郑工，实为甲申易枢后新的枢垣班底处置清流的余绪，与张佩纶、陈宝琛督办海防有异曲同工之处。

李不仅饱尝办理河工之艰辛，个人际遇也再经顿挫，甚至遭遇了前所未有的屈辱。李鸿藻自我反省，以为"因我性情急躁，急欲回京，以致如此"，并称"总因我昏愦糊涂，不能识人，处处为人所累，痛自悔恨，无可说也"。⑤其实，当时派系斗争激烈，并不以李的意志为转移。自易枢之日

---

① 中国第一历史档案馆编《光绪宣统两朝上谕档》第14册，第210~211页。
② 《李鸿藻家书》，光绪十四年七月十九日，李宗侗、刘凤翰：《李鸿藻年谱》，第396页。
③ 《李鸿藻家书》，光绪十四年七月二十五日，李宗侗、刘凤翰：《李鸿藻年谱》，第398页。
④ 参见顾廷龙编著《吴愙斋先生年谱》，哈佛燕京学社，1935，第173~174页。
⑤ 《李鸿藻家书》，光绪十四年七月十九日，李宗侗、刘凤翰：《李鸿藻年谱》，第397页。

起,李鸿藻的出处即与醇王难脱干系。光绪十四年九月初三日,李回到北京,途中连续几次接到醇王致函慰问,李也觉得"不知何意",连忙派家人前往告知情况。① 虽然没有确凿证据,但李、醇王关系不谐大体属实。无论如何,不能尽将李鸿藻的仕宦顿挫归结到礼王、孙毓汶等枢臣身上,毕竟,醇王才是幕后操纵局面的实权人物。李鸿藻的尴尬处境,可能是荣禄在复出问题上犹豫不前的原因之一。

荣、李交谊甚厚,从李驻工郑州期间荣禄关怀其眷属的活动中再次得到见证。光绪十三年十月,李鸿藻之侄李登瀛在家书中说:"(九月)二十七日豫三爷来书房久坐,与四弟谈论,语意谆诚,其情可感,今人中所不多见者也。前荣仲翁来时,即说到书房坐,见四、五两弟,情愿殷殷。打听一切,甚为周到。"信中的"豫三爷"即豫师,"四、五两弟"指李鸿藻之子李焜瀛(符曾)和李煜瀛(石曾),"荣仲翁"即荣禄。十一月初,李府管家杨彬也禀告说:"祁亲家大人、豫三大人、荣大人情意均甚殷殷;翁大人亦亲到一次、差人三次……宅中一切平安。"这里"祁亲家大人"即祁世长,"翁大人"为翁同龢。年近新岁,李登瀛函告伯父说,腊月二十二日,荣仲翁来寓,"并送百金给熊官、午官两弟买点心,不能不收,当时叫午官弟出来面谢,并问午官弟几岁、念何书,颇夸他安静、聪明,情意甚厚"。②信中"熊官、午官"系李焜瀛、煜瀛的乳名。荣禄在新年前特来关照慰问友人家眷,情谊深厚,令李氏家人感慨万分。同样,艰难时期,李鸿藻也时常与荣禄通信抒发郁怀。光绪十四年正月十五日,他在家书中说:"我日坐愁城,不知作何结局也。兹寄去荣仲华一信,登瀛送去面交。"可以想见,二人应该有不少沟通与谋划。现存李鸿藻光绪十五年的部分日记记录了回京后他与荣禄等人的交往情况:

> 七月初四 寅正到西苑门,遇柳门(汪鸣銮)、子开,到仲华直班

---

① 《李鸿藻家书》,光绪十四年八月二十三日,李宗侗、刘凤翰:《李鸿藻年谱》,第400页。
② 杨彬又在信中禀报说:"廿二日,荣大人至书房,与梅四爷、二爷、四少爷坐谈,并于下车时交付百金一封,嘱转呈少奶奶收下,系与哥们过年买吃食的。当与少奶奶斟酌,以其情意殷殷,未便推辞。已请四、五少爷道谢矣。"荣大人即荣禄;梅四爷指梅振瀛,时为李家西席并协助处理文牍事宜;二爷指李登瀛;少奶奶即李鸿藻长子李兆瀛之妻齐氏。见中国社会科学院近代史研究所藏《李鸿藻存札》第2函,档号甲70-1。

处略谈。

七月初七日　为仲华作书，送荔支并乞烟一壶，有回信。

七月二十一日　遣人持函问仲华疾，有回信。

七月二十七日　今日召见奏对一刻许，二起贵恒，三起志锐。辰刻到仲华处长谈。

八月十七日　礼部加班禀事，子刻即醒，寅正到西苑门，仲华、仲山后来。卯刻到仲华进班处畅谈，谈次，师纪瞻（师曾）至，又略坐即行。

八月二十二日　寅正到西苑门，仲华来谈，芝荃（麟书）、吟涛（松寿）、鹤楼、贵坞樵（贵恒）后至……到仲华该班处略谈。

九月初五日　寅正到西苑门复命，在芝荃直庐略谈。……仲华在寓坐候，谈二刻许遂去。

九月十四日　礼部直日，寅正至西苑门，文武考官同日复命，公所人甚拥挤，在仲华直庐与箴亭（福锟）、芝庵共谈。

九月二十四日　寅正至六部公所，卯正后带两署引见……散后往吊锡席卿（锡珍），至仲华处久谈回寓。午饭后，醇邸来，坐谈良久。

十月二十七日　礼部直日，丑初起，寅正至公所，遇仲华销假，畅谈。

十一月十七日　辰刻至松筠庵；锡之（豫师）已先到，僧人学真极意周旋，访晋贤略谈，仲华、荫轩（徐桐）、伯寅（潘祖荫）先到，午刻入坐，谈宴甚畅。

十二月初一日　巳初赴荫轩约，伯寅、仲华、锡之后来，子禾（祁世长）因感冒未到，午刻入坐，申初散。①

李鸿藻回京后照常执掌礼部。是时，荣禄已补镶蓝旗蒙古都统和领侍卫内大臣。屡经挫折，名震一时的"高阳相国"已经全然不见当年操纵清流、指点江山的气魄。他在给浙江巡抚崧骏的信中坦言："兄老矣，仪部清闲，

---

① 李宗侗、刘凤翰：《李鸿藻年谱》，第412~439页。按，部分引文做了省略简化，括注姓名系引者所加。

借可藏拙，惟浮沉可愧耳。"① "浮沉"二字应是谦辞。宦海波涛虽然挫败了他当年的锐气，但并没有泯灭他再度出山的信念。和荣禄一样，李鸿藻也在等待机会。

与荣、李关系相比，荣禄与翁同龢虽然也是盟兄弟，但是，在光绪元年前后有过短暂的热络后，二人的交往明显减少，交情开始变淡，彼此已有防范猜忌之心。同治十三年到光绪元年，荣禄与醇王、翁同龢奉旨勘度皇帝陵寝选址和承修陵工期间，二人往还十分密切。办差途中彼此诗赋唱和、馈赠食物与药品，情谊迅速加深。回京时，荣、翁与醇王常在神机营商议陵工事务。如光绪元年正月二十二日，翁同龢日记记："夜与仲华谈至三更。"二十三日记："赴醇邸招，荣侍郎在座。"二月初四日记："夜邀荣仲华同饭，廖君（寿恒）适至，遂入座，痛谈而去。"四月十七日记："仲华失子，意极戚戚……唁仲华，日落归。"十一月二十八日记："问醇邸疾，遇仲华于座。"② 这些记载都说明二人确实有过一段密切的往来。不过，翁对荣已有敷衍之心。③ 同年十二月，翁同龢因奉旨授读光绪帝，不再承担陵工差使。帝师身份的确立，无疑使翁同龢开始调整应对各派势力的立场，他与荣的关系疏远不少。光绪二年正月，荣禄继母颜札氏病逝，翁多次前往吊唁和慰藉，主要是出于礼节。五月初五日，翁同龢日记云："荣仲华来，知文相国竟于昨日申时星殒，不觉惊呼，盖为国家惜也。此人忠恳，而于中外事维持不少，至于知人之明则其所短也。"④ 文祥是同治中兴之名臣，也是荣禄枢中的靠山。他的病逝对荣禄来说是个很大的损失。不过，翁对文祥的评价中有些微词，折射出他与荣禄在政治派系上的分野。翁氏既然在文祥病逝后也对其"知人之明"无怨词，说明他与枢中文祥、李鸿藻一系是有距离的；自然，他与沈桂芬的关系更近一些。

光绪五年底荣禄开缺后，很少与翁主动联系；翁对荣的拜访，则多在荣禄生日或年节，已经属于京城生活中一般的礼尚往来，很难证明关系的密

---

① 《李鸿藻致崧骏》，光绪十八年正月十七日，李宗侗、刘凤翰：《李鸿藻年谱》，第 447 页。
② 翁万戈编，翁以钧校订《翁同龢日记》第 3 卷，第 1137、1143、1163、1209 页。
③ 光绪元年六月翁同龢在给兄长同爵的家书中特别提到与荣禄的关系："同人水乳。金吾翩翩，多所称荐，谨谢之，虚与委蛇而已。""金吾"指代步军统领，即荣禄。见《翁同龢致翁同爵函》，光绪元年六月二十三日，谢俊美编《翁同龢集》上册，中华书局，2005，第 218 页。
④ 翁万戈编，翁以钧校订《翁同龢日记》第 3 卷，第 1216、1228、1243 页。

切。检查翁氏日记，光绪五年下半年和光绪六年，荣、翁之间似乎踪迹绝无。如前所述，荣禄的受黜可能与翁难脱干系，至少有间接的关系。另一方面，翁氏有帝傅之尊，且与醇王交密，荣禄也需要体面地维护二人换帖兄弟的情谊。光绪六年十二月三十日沈桂芬病逝，新年正月初二日，翁记："晤仲华，仲华甚健适也，遇礼王于座上。到沈相国宅，甫入木，周旋良久。"① 翁到荣宅贺岁，见到礼王，又到沈宅襄助丧事，可见他灵活周旋于各派之间的本领。光绪八年十一月，翁同龢与潘祖荫联袂入枢，但次年正月，潘即以丁忧离职，翁则继续当值。甲申易枢时，恭王赋闲，宝鋆致仕，李鸿藻、景廉降级调用，只有工部尚书翁同龢处分最轻，仅仅是退出军机处而已，难怪时人猜疑翁事先参与了醇王的密谋。自此，翁的官秩后来居上，迈跃李鸿藻，一直平稳晋升，官运远胜于李、荣。官场的复杂多变，使荣、翁心存隔阂，虚与委蛇，猜忌难除。但是，在一定的条件下，他们仍然存在政治合作的基础。甲午战争爆发后，荣禄回到京城，能够迅速得到任用，翁氏也曾予以支持，这是无可怀疑的（详后）。

三　出任西安将军

荣禄自光绪十三年二月授镶蓝旗蒙古都统后，一直任职京旗，偶有内廷差使，虽尊贵有加，并无实际权力。光绪十七年十一月初九日，成都将军岐元病逝，② 初十日，上谕命西安将军恭寿调任成都将军，陕西巡抚鹿传霖署理西安将军。十一月二十八日，授荣禄为西安将军。这是荣禄首次出任外职。

京旗都统虽与驻防将军同样官列武职从一品，但是，前者多闲职，养尊处优而已，将军则有守土之责，与督抚有相似之处。陈夔龙称，荣禄外任，是礼亲王世铎、孙毓汶等军机大臣刻意排挤。③ 这种判断未必准确。荣禄与礼王为亲家，政见或有参差，尚不至于挤兑荣禄。从刘坤一通过荣禄向世铎

---

① 翁万戈编，翁以钧校订《翁同龢日记》第4卷，第1576页。
② 《四川总督刘秉璋奏为成都将军岐元病故出缺请旨迅赐简放事》，光绪十七年十一月十一日，录副奏折，档号03-5882-107，缩微号441-2135。
③ 陈夔龙：《梦蕉亭杂记》，第49页。

举荐将才的情况看,荣禄对礼王也有一定的影响力。① 醇王逝世后,掌控军机处的是汉员孙毓汶。但是,礼王毕竟还是枢垣领班,在个别问题上仍有一定的发言权。而孙、荣之间并无往来,却也没有孙刻意排荣的确凿证据。② 可以推断,荣禄在枢中亦无靠山,外任将军也是不得已的选择,至少可以打破僵局,另寻机遇。事实表明,那一刻在甲午战争爆发后终于到来了。

西安练兵　创建威远队

光绪十七年十二月十四日,刚刚奉旨补西安将军,荣禄就向西安驻防满营捐来福枪 1000 杆、铜帽(子弹)100 万粒,价值 4000 两。为此,庆王奕劻等神机营大臣奏明:"据新授西安将军荣禄呈称:神机营威远各队所用来福步枪于战阵操防,均称得力。前于光绪十一年十二月曾经报捐一千杆,仰蒙天恩赏收。现闻西安驻防马甲前锋额数三千名尚称精壮,若平时操练加以洋枪,则尤为得力。第该处购办匪易,拟报捐来福枪一千杆,随枪铜帽一百万粒,合值库平纹银四千两,如数呈交,以备购办。俟到任后查看情形。再行请调。"③ 这次报捐军械的目的是要仿照神机营装备西安旗兵。疏上,奉上谕赏加尚书衔。④

---

① 《刘坤一遗集》中收入光绪十七年给荣禄的两封信函。第一封是十一月初九写的:"纶哥体气佳胜,读书必能进功,是在师长循循,不可过于督责;小学各章,务需讲解数次,但使渐有领会,获益良多,内圣外王,实基于此。金陵所印此书及四书、五经各读本,颇觉精致,字画音韵,亦极分明,兹顺便装订二箱寄呈,即祈验收。"此信可见二人私交甚笃,纶哥即荣禄幼子纶厚。十一月二十三日又致函建议在旗人中精选将才,并引曾国藩所云"得汉人百,不若得旗人一",举荐前任浙江杭州知府桂斌,希望荣禄荐于礼王,使其得到重用。见该书第 4 册(中华书局,1959),第 1992、1998~1999 页。
② 就目前所见资料而言,荣禄与当轴孙毓汶毫无往来之迹象。黄濬《花随人圣盦摭忆》中曾引樊增祥光绪十六年九月致张之洞密函,称:"苏、鄂对调,由于高密自危,求救于济宁。高密之弟(现已物故)是济宁门生,前此高密在京,亦夤缘以弟子礼见济宁,绝爱怜之。"信中"济宁"即孙毓汶,"高密"黄濬解释为荣禄,误。此处"高密"应指邓华熙,"苏、鄂对调"系指光绪十六年湖北布政使邓华熙(字小赤)与江苏布政使黄彭年(字子寿)对调之事。清季密信隐语中"高密"一词多借汉代高密侯邓禹(字仲华)暗指邓姓之人,或字号"仲华"之人。此处显然是指邓华熙。黄濬在解读另一封张之洞书札时,曾指出"高密相公"即荣禄,则是准确的。参见《花随人圣盦摭忆》上册,李吉奎整理,中华书局,2013,第 363、365、107 页。
③ 《管理神机营王大臣奕劻等奏为新授西安将军荣禄报捐枪价请奖事》,光绪十七年十二月十四日,录副奏折,档号 03-5883-029,缩微号 441-2218。
④ 中国第一历史档案馆编《光绪宣统两朝上谕档》第 17 册,第 335 页。

第三章 赋闲与复出

因西安将军由陕西巡抚鹿传霖暂时署理，荣禄在京度过新岁，十八年二月十二日请训赴任。随后因患病，又在京停留旬日，二十二日生日过后，才于三月十八日由京起程，四月二十七日接印任事。① 距任命之日已过半年。

鹿传霖（1836～1910），字滋轩，直隶定兴人。同治元年进士，翰林院庶吉士，散馆后授广西知县。张之洞姊丈。光绪二年，经两广总督刘坤一奏调，赴广东差遣委用，不久补广东惠潮嘉道、升福建按察使。七年转四川按察使，同年升布政使。九年，升河南巡抚。十一年，调陕西巡抚，旋因病解职。光绪十五年，再授陕西巡抚。荣禄抵达西安时，鹿传霖署理西安将军已届半载。关于二人的结识，陈夔龙《梦蕉亭杂记》曾有记述：

> 公（鹿传霖）操守清廉，意见不无偏倚，而于满汉之间界限尤严。然闻善则喜，改过不吝，为他人所不及。当荣文忠以都统外任西安将军，公适为陕抚。将军莅秦之始，巡抚例须出郭跪请圣安，并通款洽。是日公以病辞，仅令藩司恭代行礼。文忠诣抚署拜谒，复托病不接见。将军、巡抚同处一城，时已半载，彼此迄未谋面，文忠亦姑置之。嗣因旗、汉互讼，文忠持平办理，不袒旗丁。又以旗营兵米折价事，一照市价，不为畸轻畸重。公闻之幡然曰："吾过矣，吾过矣。曩误听他人之言，谓荣公凤有城府，不易缔交，不图处分旗、汉交涉之事持平如此。嗣后陕民不受旗丁欺陵，皆所赐也。"即日命驾诣军署拜谒。军署材官久不见大府旌旆，至是大为惊诧，即速报知文忠。文忠拟闭门称谢，而公已排闼直入。相见之下，公首先伏地引咎，自陈误听人言，多时未通款洽，此来负荆请罪。并以文忠夫人为宗室芑生相国灵桂之女，相国充壬戌会试总裁，公出门下，以世谊请见，直入后堂存问，交谊弥敦。秦士大夫两贤之。②

这段记述太过戏剧性。称鹿传霖以灵桂门生的身份与荣禄论交，彼此倾心结纳，很快建立起情谊，比较符合当时习俗，较为可信，其他则多有失实

---

① 《荣禄履历册》，台北故宫藏传稿传包，文献编号 702001629。
② 陈夔龙：《梦蕉亭杂记》，第 87 页。

和不近情理之处。荣禄抵达西安时，鹿因患病未能出郭，或有可能，但是，四月二十八日交接署任，鹿自应亲自出面，所谓"半载"未见之说，似不可信。先是，荣禄出京前，礼部尚书李鸿藻专门给鹿传霖写了一封信，介绍荣禄，该函称："荣仲华系文忠（文祥——引者注）至交，侄与相契多年，其人有血性，而才亦甚长，实庸中佼佼者也。去冬简放西安将军，不日即赴新任，人地生疏，一切望从实指教。如有借重之处，并希关照及之，感甚祷甚。"① 这封信应在荣禄到达西安前后递到鹿传霖手中。信中"文忠"指前大学士、军机大臣文祥（谥文忠），"侄"是李鸿藻自称，因高阳李氏与定兴鹿氏有姻谊，故有此称呼。"其人有血性，而才亦甚长，实庸中佼佼者"表明李对荣的器重，对鹿传霖当然也会有影响。从李鸿藻此函不仅可以看出他对荣禄的器重，也反映出从文祥、李鸿藻、荣禄再到鹿传霖这些先后执掌枢机者的人脉渊源。

抵任后，荣禄开始履行将军职责，他与左右两翼副都统长春、德溥每月按期亲赴教场操练，查阅官兵技艺，点验军械马匹，盘查库款，认真履行职责。六月初一日，循例上奏汇报，并请增加旗营鳏寡孤独人口钱粮。② 其中，荣禄对奏添练洋枪步队酌筹饷项等事另片具奏，尤为详尽。该附片称：

> 再，奴才今年二月陛辞时，仰蒙圣训谕以地方紧要，操防均须认真整顿。奴才闻命之下，钦感莫名。当于接任后查看旗务、检阅营伍，西安驻防马甲前锋领催共五千名，额数为各省驻防之冠，且马队夙称劲旅。嗣因各省征调及同治初年回匪猖乱，伤亡者已居大半。当初幼丁刻下均已长成，而旧时操演成法半皆荒废，若能勤加训练，足堪驱策。奴才逐一检阅，除各处堆拨差站及老弱残幼外，年力精壮者尚可得三千人。现在正练马队一千名，备练一千名，其余一千名内拟选拔五百名专练洋枪步队，务使马队相辅而行，庶于战守各得其用。夫兵可百年不用，岂可一日不备？陕省地处西陲，界连川楚，且西安城中回民杂居，尤宜壮军威以资镇摄。但练兵非难，筹饷为难。查现练马队应酌加饷

---

① 《李鸿藻致鹿传霖》，光绪十八年二月四日，李宗侗、刘凤翰：《李鸿藻年谱》，第571页。
② 《西安将军荣禄奏请加增鳏寡孤独人口钱文及照案提拨官兵操演奖赏钱》，光绪十八年六月初一日，朱批奏折，档号04-01-01-0984-029，缩微号04-01-01-147-0146。

项。并拟由神机营调取令官数员来陕教习，其每月口分及添设旗帜、号衣等项尤须预为筹备，每月约需千两始敷应用，以年计之，总需银万余两。当此部库支绌之际，曷敢妄议增加？惟查自兵荒以后，各县历年陆续拖欠奴才衙门地租钱已在十四万八千八百九十余串；又藩库拖欠未发官员空闲地租银六千一百七十余两；又兵丁应领白事赏银，自同治初年陆续欠发银四万八百余两，自光绪元年至今又拖欠七万一千四百余两，共核计积欠未发银十一万二千二百余两。是以旗营官兵倍觉清苦，至历年积欠之数，或地多荒芜，或停发有年，其势一时断难筹措，若能按年无论何项筹备银万余两则添练步队之费，即可有着。奴才近与抚臣鹿传霖悉心筹商，该抚臣夙抱忠公，力顾大局，不分畛域，深代谋画，并督同藩司竭力经营，于司库款项无可腾挪之中，每月设法可筹备银千两，以作练洋枪步队之需，实于全局大有裨益，除与抚臣另行会奏外，谨将大概情形先行附片奏明。①

"马甲"，指骑兵兵丁；先锋催领，马甲之优者，兼司文书事务。这份奏折说明了西安驻防八旗的基本情况。本来西安驻防兵力居各省驻防之首，然而兵源萎缩，兵饷短缺，兵丁只剩三千余，是额数的六成，操练仍按旧法，半皆荒废。按照荣禄的计划，除练成马队 1000 名之外，另挑选兵丁 500 人专练"洋枪步队"，以使马队、步队相辅而行。他还计划从京师神机营咨调令官到陕协助训练，并就筹措饷源做出具体策划，因抚臣鹿传霖倾心支持，每月设法从司库筹备银千两，以作练洋枪步队之需。六月初七日，荣禄的这份奏折抵京，当日奉旨，著会同鹿传霖妥筹具奏。荣禄以神机营练兵起家，只要经费充裕，在京外练兵，也是轻车熟路。

闰六月十五日，荣禄与鹿传霖联衔上奏西安练兵情形。称奉到朱批后，会同副都统长春、德溥于驻防旗兵中挑选年力精壮者 500 人，军饷则确定每月由巡抚鹿传霖饬藩司设法筹拨银一千两，自洋枪队成立之日按月支放。荣、鹿奏请饬下神机营王大臣于库存未用之来福枪拨五百杆，并火药、铅箭、铜帽等项宽为筹拨，由西安派员弁前往领取。又请神机营威远队选派口

---

① 《西安将军荣禄奏为妥筹西安驻防添练洋枪步队饷项情形事》，光绪十八年六月初一日，朱批奏折，档号04-01-18-0051-085，缩微号04-01-18-008-2503。

号熟悉正副令官各一员、正副分教官各一员等，到陕教练。① 新的练兵完全是按照荣禄在神机营时期的经验展开的，基本上是神机营威远队的翻版，因此，新建的洋枪队也被称为"西安威远队"。当时，《申报》对此也有报道："西安将军荣仲华军帅拟于西安满营驻防旗兵抽调年力精壮兵丁三千余名，仿照神机营洋枪队章程，一律改练洋枪洋炮，以备干城之用。业经奏准。至所需外洋枪炮，商由陕抚拨用。惟所练之兵既仿神机营程序，自应由京调取教习，俾资教练，已奏明由神机营捷胜精锐四字洋枪队中拣择娴熟步伐口号、阵式枪枝者，每队派发令官四员，队长四名，前赴西安教习，并请由神机营将洋枪新旧各式阵图颁发。一方即由派出教习携带来陕，以资循守。刻由神机营令各该队保送，约在九、十月间即可首途。"② 荣禄的计划奉旨允准，神机营管理大臣庆王奕劻也予以积极支持，派遣教官来教习满营兵丁，自然是很融洽的。荣禄又联络李鸿章、刘坤一等，为教官、弹药、枪支等事务寻求帮助。十月十四日，神机营所派教官及拨送枪支军械等物品到陕，包括五百杆洋枪，佩带五百分，并配给"水碓火药二千斛、铅丸二千粒、铅箭二十五万出、洋铜帽二十五万粒"及其他军需品。军械到位后，荣禄将500名旗丁分为44队，"分队编伍"，并从八旗官员内拣派充补管带、帮带、正副令、带队办事等官34员，以资管理，取名西安威远队，十月三十日正式开始训练，并刊给管带官钤记，以昭信守。③ 这样，经过四个月的筹备，500人的洋枪步队终于建立起来。

但是，军饷短缺的问题仍未根本解决。神机营在拨付首批枪械物资时即明确表示，"此后常年所需火药等项应由该将军自行酌筹办理"。因陕西没有机器局，欲往上海采购又无款项，于是，荣禄不得不函商直隶总督李鸿章，请求北洋筹划接济。经核算，"前膛洋枪五百杆每枪月需枪药一磅，每药一磅配大铜帽七十粒、铅丸十五颗，核以打靶操阵均足敷用，统计每年共需枪药六千磅，大铜帽四十二万粒，五钱重铅丸二千八百十二斛半"，

---

① 《西安将军荣禄、陕西巡抚鹿传霖奏为遵旨会同妥筹请拨洋枪调取教习筹备饷项等事》，光绪十八年闰六月十五日，朱批奏折，档号4-01-18-0051-052，缩微号04-01-18-008-2343。
② 《上苑秋光》，《申报》光绪十九年七月二十三日，第1版。
③ 《西安将军荣禄奏为分拨队伍成军酌核支放饷项拣派管带各官并开练日》，光绪十八年十月二十六日，朱批奏折，档号04-01-01-0985-029，缩微号04-01-01-147-0755。

李鸿章同意自光绪十九年起由局照数分别筹备,由荣禄派员前往天津领取。上述军械物资合价库平银一千二百六十一两多,作为北洋协拨之款,无须给价。荣禄对于李鸿章"不分畛域,力顾全局"的做法极为感激,专门上奏禀报。① 同时,荣禄对八旗马队的训练也不放松,拣派协领全寿、盛海逐日轮带马队训练,"悉按照健锐营、外火器营阵法规模认真教练"。② 看来,不管是洋枪步队,还是马队,他把在京师统领神机营的全部经验都用在西安了。而其西安练兵的实效,似乎一直延续到甲午战后的军事改革时期。③

荣禄抵陕后,在给李鸿藻的第一封信中写道:

> 弟关中作镇,晌届新秋,历兹三月有奇。旗务渐次清厘,将弁亦可就范。滋轩中丞一见如故,颇为款洽。前拟添练洋枪步队并承饬司筹拨,按月千金,力维大局,以资镇摄,刻已会奏,均蒙俞允。至如筹赏恤孤各件,不过聊以塞责,冀免狙悬之诮而已。关中夏初天时亢旱,几至成灾。秋后叠获甘霖,西成可望。刻下军民安谧,借掩拙疏。顽躯尚奈辛劳,内子暨小儿女均托敉平,堪慰雅念,鳞鸿有便,尚望口锡数

---

① 《西安将军荣禄奏为北洋顾全大局协拨西安添练军队常年所需军火事》,光绪十八年十月二十六日,朱批奏折,档号04-01-01-0985-036,缩微号04-01-01-147-0793。据这年十一月十二日随手登记档,该附片与《西安将军荣禄奏为委员轮带西安驻防马队演练阵法技艺事》同时发出,撰写日期应是十月二十六日,随手中该片事由为"派员赴津领运军火等由"。见中国第一历史档案馆编《清代军机处随手登记档》第136册,第30页。

② 《西安将军荣禄奏为委员轮带西安驻防马队演练阵法技艺事》,光绪十八年十月二十六日,朱批奏折,档号04-01-01-0984-103,缩微号04-01-01-147-0565。原无日期,系据同年十一月十二日随手登记档推定。见中国第一历史档案馆编《清代军机处随手登记档》第136册,第30页。

③ 光绪二十四年十月,西安将军国俊奏请西安驻防官兵改练洋操、添练走队,而洋枪无处支领。十一月初四日奉旨命北洋大臣裕禄拨给前膛来福枪500杆,配齐药弹由国俊派人领取。见《西安将军国俊、西安左翼副都统长春奏为西安官兵由津领回洋枪子药开练日期并请赏加津贴事》,光绪二十五年五月初一日,档号04-01-18-0054-037,缩微号04-01-18-009-0950。军械交到后,将原来荣禄所设洋枪队改称威远左营,又新增500人设立威远右营,以扩大规模。又经荣禄咨调,从西安满营挑选18岁以上、25岁以下朴实精壮兵丁64人,配齐腰口轻马匹,派协领全寿、荣喜等带领,前往京城,"编入中军,以备训练"。见《西安将军国俊、西安左翼副都统长春奏报遵挑西安满营马队官兵赴京训练并起程日期事》,光绪二十五年正月十二日,朱批奏折,档号04-01-18-0054-049,缩微号04-01-18-009-1046。

行，尤所翘企。肃此布臆，敬请台安，并颂秋祺。并候阃潭清吉。如弟荣禄顿首。内子率小儿女侍候。①

所谓"赏恤孤各件"是指荣禄在六月初一日所上的奏请加增鳏寡孤独人口钱文及照案提拨官兵操演奖赏钱等折片。② 可见，荣禄本人所瞩目的还是练兵事宜。

光绪十九年九月，荣禄又奏请将西安驻防历年阵亡官兵（西安满营昭忠祠）列入祀典；同时，奏请增加西安驻防乡试文生中额：

窃查陕甘合闱乡试之时，西安、宁夏各驻防应试文生向照定例取中三名。其时宁夏道远，来者无多。三名之额大半为西安驻防所占。是以同治八年陕省肃清，前督臣左宗棠奏请特开一科，以宁夏等处回乱未平，议将中额三名以二名拨归西安，一名留归宁夏。荷蒙俞允。是陕甘驻防中额本有多寡之别，迨同治十三年左宗棠奏请分闱，蒙恩于两省驻防原额三名之外加广一名，陕甘旗营各中两名，历科遵班在案。

奴才到任以来，于整饬行伍外，加意振兴八旗书院，添设膏奖，延师训课，诸生经义蔚然可观。综计八旗文生共一百七十九人，而中额限以两名，近科以来多士，似有遗珠之憾。查宁夏乡试人数向来少于西安，是以己巳开科三名之额，陕得二而甘留一。迨后额增为四，两省平分。是宁夏向只一名者，至是独沐殊恩；而西安向占两名者，至是仅符原数。同为世仆，似未忍令其向隅，使文风士气无可栽培。……仰恳天恩，俯准将西安驻防乡试中额加为每科三名。如蒙俞允，请自光绪二十年甲午正科为始，以广登进而励人才。③

科举时代增加中式名额被认为是造福一方的德政，荣禄努力增加西安驻防八旗文生的中举名额，当然受到旗人拥护。为此，荣禄事先致函礼部尚书

---

① 《李鸿藻存札》第3函，中国社会科学院近代史研究所藏，档号甲70-2。
② 《西安将军荣禄奏请加增鳏寡孤独人口钱文及照案提拨官兵操演奖赏钱》，光绪十八年，朱批奏折，档号04-01-01-0984-029，缩微号04-01-01-147-0146。
③ 《西安将军荣禄奏为西安驻防乡试文生人数增多吁请加广中额事》，光绪十九年九月十二日，录副奏折，档号03-7199-120，缩微号536-3192。

李鸿藻寻求支持。九月十一日，李鸿藻在日记中写道："仲华来信，仍为驻防加额事。"九月十三日又记："辅廷（詹鸿谟，礼部司官——引者注）来共拟奏稿，驻防加额。"九月十八日记："卯刻起，为仲华作书，将奏底封入，遣王争送往本宅，明日即发。"① 可见，荣禄奏请为西安驻防增加科举名额前后，早已与李鸿藻沟通妥当。九月二十七日，奏折抵京，朱批："礼部议奏"。② 十月，李鸿藻又复函："承示驻防加额，及跋稿均已奉悉。此事尚属可行，惟乡试前不便入告，况为来年计，则更无须亟亟。今科发榜后，再禀不迟。原稿拟须稍为删润，随后寄上。"③ 事虽琐屑，从李鸿藻倾力支持的态度可见二人私交之笃。

预备慈禧万寿活动

光绪二十年本来应该是一个喜庆的年份。这年适值慈禧太后六十花甲。因此，清廷上下动员物力财力为太后祝寿，显示出祥和的气氛。更何况除了提前一年任命一批大臣专门筹备庆典外，朝廷也没有忘记给臣民普施"恩泽"。一是开恩科，士子多了一次考试机会，翰林们多了一次考差机会；二是各级官员会得到不同封赏，对于荣禄来说，自然也增加了新的机会。

清廷上下很早就开始准备祝寿活动。光绪十八年十二月初二日，光绪帝颁布上谕，称颂慈禧圣德，派礼王世铎，庆王奕劻，大学士额勒和布、张之万、福锟，户部尚书熙敬、翁同龢，礼部尚书昆冈、李鸿藻，兵部尚书许庚身，工部尚书松溎、孙家鼐，总办万寿庆典。令该王大臣等会同户部、礼部、工部、内务府"恪恭将事，博稽旧典，详议隆仪，随时请旨遵行"。④ 十九年正月十七日又添派军机大臣、刑部尚书孙毓汶恭办万寿庆典。⑤ 显然，不论是派员级别之高，还是涉及部门之广，都足以说明清廷是把慈禧六十花甲之庆作为头等大事来准备的。而慈禧本人也故作姿态，同年十二月十五日通过皇帝传达懿旨，声称皇帝率天下臣民欢悦祝寿，自己"若却而不

---

① 李宗侗、刘凤翰：《李鸿藻年谱》，第 501~503 页。
② 《西安将军荣禄奏为西安驻防乡试文生人数增多吁请加广中额事》，光绪十九年九月十二日，录副奏折，档号 03-7199-120，缩微号 536-3192。
③ 《李鸿藻存札》第 3 函，中国社会科学院近代史研究所藏，档号甲 70-2。
④ 中国第一历史档案馆编《光绪宣统两朝上谕档》第 18 册，第 324~325 页。
⑤ 中国第一历史档案馆编《光绪宣统两朝上谕档》第 19 册，第 16 页。

受，转似近于矫情"，所以，祝寿活动可以举行，但要遵照旧章（乾隆朝的旧例），力求节约，反对靡费，表示谢绝中外大臣进献礼物。另一方面，又颁布懿旨甲午年每省赏银二万两，用以赈济灾民，"均由节省内帑项下给发，用示行庆施惠"。① 太后率先表示将分发内帑"施惠"，各省将军、督抚、提镇焉能停止进奉？所以，大规模的进献活动还是陆续开始了。

荣禄在众多的驻防将军和督抚中被钦点参加祝暇活动，说明慈禧对他的恩遇深厚。有野乘稗史称，荣禄自西安将军入赞枢密，首捐俸银廿五成为太后寿礼，中外效之，统计数殆亿兆。② 此说不确。当时，疆臣中对慈禧万寿活动领衔动议并产生实际影响的是直隶总督李鸿章，而非荣禄。

这次庆典遵循的旧章系指乾隆十六年崇庆皇太后六旬万寿庆典、二十六年崇庆皇太后七旬万寿庆典、三十六年崇庆皇太后八十万寿庆典、五十五年乾隆帝八旬万寿的成案。据此，京内外官员均允进献财物。在京王公大臣及文武大小官员均在户部呈缴，其外省文武大小官员所交之款，即于各省藩库、运库、织造、关税等库，就近存储，听候户部提解，随时支取备用。又依照乾隆旧例，准许盐商捐输报效。除了报效金钱，还要贡献方物。大臣们严格按照乾隆时的成例来操办慈禧的六旬庆典。从宫廷内外的修缮、陈设的更新，金辇所经道路沿线房屋店铺的装饰、修葺，到御用物品的置办等，开销甚巨。③

提前两年筹备的庆祝活动开销巨大，京内外官员的报效原本在预计之列。各地督抚围绕报效数目、报效程式、进贡物品等细节，函电往还，彼此联络，唯恐出现闪失。光绪十九年七月，鹿传霖致函广西巡抚张联桂，称"明年庆典贡物礼节，弟屡经探询，毫无端倪，乃承下问，不知所对。荣仲华将军近在同城，朝夕过从，颇称契洽。渠久历通要，当道诸公多其旧好。已托其设法探访，如得有确音，定当飞速奉布"。④ 看来，因为荣禄熟知内务府事务，外地督抚将探听庆典贡物细节的期望放在了他的身上。八月，刘

---

① 中国第一历史档案馆编《光绪宣统两朝上谕档》第18册，第332~333页。
② 许指严：《十叶野闻》，第62页。
③ 有关慈禧六旬万寿的研究，可参见翟金懿《仪式与政治的互动——以慈禧太后六旬万寿盛典为例》，中国社会科学院研究生院硕士学位论文，2011。
④ 鹿传霖复广西抚台张（联桂）函，《退轩主人函稿》，中国社会科学院近代史研究所藏，档号甲170-1。

坤一也曾致信荣禄，打听如何进贡："明年恭逢皇太后六旬万寿庆典，除一切事宜遵照部文外，各省将军、督抚应否另进礼物？伏祈迅赐示知。闻北洋购置珍玩，极为美备。弟无力附骥，且以地分相悬，未敢冒昧从事，惟与各同寅一律共输芹献之忱，以达媚兹之意而已。"① 可见，起初在进贡问题上各省茫然无措，而北洋（李鸿章）"购置珍玩，极为美备"，其他省份望尘莫及。从实际情况看，后来各省还是大致做了沟通，彼此持平。先后有过两次"报效"。第一次的名目是报效庆典，由户部从各地大小官员当年俸禄中扣除二成五，每省报效数目取决于官员数量，陕西是29300两。② 第二次是报效工需，因为当年二月庆典处奏请在万寿期间，慈禧由颐和园回宫沿途，两旁街道分段点缀景物，由于内务府经费不敷，直隶总督李鸿章倡议，于前次报效外，会同直隶官员，再报效3万两。③ 结果，各省除了新疆、甘肃两省一起报效4万两外，其他各省一律报效3万两。

十一月初六日，荣禄致电总署，询问"明岁皇太后万寿，将军督抚应率同本省文武各官专折具陈报效银数若干，请赏地段点景，俟奉旨允准，先期检派道府大员来京随同办理一节。以陕省而论，自系将军巡抚一同具折奏恳，抑系巡抚单衔奏恳之处，祈即电复"。④ 初九日，军机处复电"似宜会衔"。经与鹿传霖协商，率所属陕西官员总计报效白银3万两。十二月初三日，因户部咨行内务府会奏称"分段点设景物及李鸿章以点景经费或有不敷，另筹三万两为表率"，荣禄、鹿传霖乃会同固原提督、两翼副都统并率各镇司道，再筹银3万两，"以备添设景物之需"。⑤ 这样，陕西一省总计为慈禧万寿报效约6万两银子。荣禄是否有私自贡献，迄今并无证据可言。

二十年正月十八日，上谕命各省将军、督抚、副都统、提镇、藩臬内每省酌派二三员来京祝贺，均著于十月初一日前到京恭候，届时随班祝嘏。说

---

① 《复荣仲华》，光绪十九年八月初四日，《刘坤一遗集》第5册，第2056页。
② 参见李鹏年《一人庆寿举国遭殃——略述慈禧"六旬庆典"》，《故宫博物院院刊》1984年第3期。
③ 《直隶总督李鸿章奏为报效皇太后六旬庆典银两折》，光绪十九年正月十八日，录副奏折，档号03-6633-161，缩微号502-0186。
④ 荣禄：《为皇太后万寿庆典拟陕西会衔或单衔奏恳事》，中国第一历史档案馆编《清代军机处电报档案汇编》第8册，中国人民大学出版社，2005，第69页。
⑤ 《西安将军荣禄、陕西巡抚鹿传霖奏为皇太后六旬万寿报效工需银两事》，光绪十九年十二月初五日，录副奏折，档号03-5558-038，缩微号419-2062；《荣禄、鹿传霖奏为续请报效稍尽微忱恭折会陈吁恳天恩仰祈圣鉴事》，台北故宫藏，文献编号408010174。

是各省酌派，其实还要看慈禧的意思。三天后，上谕便公布钦点来京祝嘏人员名单，包括直隶总督李鸿章、直隶提督叶志超、江宁将军丰绅、漕运总督松椿、江宁布政使瑞璋、江苏按察使陈湜、安徽布政使德寿、山东布政使汤聘珍、绥远将军克蒙额、山西按察使张汝梅、河南巡抚裕宽、西安将军荣禄、陕西布政使张岳年、喀什噶尔提督董福祥、浙江布政使赵舒翘、福州将军希元、福建按察使张国正、江西布政使方汝翼、荆州将军祥亨、湖北布政使王之春、广州将军继格、广东巡抚刚毅、广西按察使胡燏棻、成都将军恭寿、四川松潘镇总兵陈金鳌、云南布政使史念祖、贵州按察使唐树森等。① 总计44人，荣禄名列其中。李鸿章、王之春、刚毅、赵舒翘及喀什噶尔提督董福祥等也在其中。获准来京参加祝嘏的人员，事先应与中枢有过沟通，或枢廷有所考虑。有一点可以肯定，朱笔圈阅的名单不会是随意性的。代表陕西官员入京祝嘏的只有荣禄和陕西布政使张岳年。② 从种种迹象看，荣禄得以进京祝嘏，是经过预先活动的，毕竟入京祝嘏对荣禄而言，确属一次难得的机遇，甚至有留京任职的可能性。刘坤一在甲午年三月十三日给荣禄的信中就推测说："节从此行，必然内用；或者量移优缺，亦未可知。唯是西安练兵已经就绪，另换生手，能否恪守成规，时局维艰，关陕地重，未可以整军经武，视为缓图也。"表面是从担心荣禄留京，西安练兵事宜会半途而废的角度来说的，其实是对荣禄可能回京升职提早表示祝愿。③ 从后来的实际情况看，改变荣禄境遇的不是歌舞升平的祝寿活动，而是一场硝烟弥漫的战争。

荣禄奉到进京上谕后，便开始筹划安排。六月初五日，以入都随班祝嘏在即，奏请派员署理将军印务。④ 七月初三日奉旨，西安将军着鹿传霖署理。八月初二日，荣禄束装北上。⑤ 此时，京城内部早已因对日和战之事陷入紧张和混乱之中。

---

① 中国第一历史档案馆编《光绪宣统两朝上谕档》第20册，第38页。
② 中国第一历史档案馆编《光绪宣统两朝上谕档》第20册，第41页。
③ 《复荣仲华》，《刘坤一遗集》第5册，第2082页。
④ 《西安将军荣禄为遵旨入都随班祝嘏请派员署理将军印务事》，光绪二十年六月十八日，朱批奏折，档号04-01-14-0090-046，缩微号04-01-14-013-1925。
⑤ 《西安将军荣禄奏报交卸将军印务启程北上日期事》，光绪二十年七月二十九日，朱批奏折，档号04-01-14-0090-038，缩微号04-01-14-013-1885。

四　甲午战前与汉族官员的关系

同光之际的荣禄长期供职神机营，并办理陵差，虽然一度任职户部、工部，但大部分精力和时间都用于内廷事务；从光绪六年到十七年外任西安将军期间，或赋闲，或任京旗衙门都统，但他的交往并不只限于满洲、旗人之间，与汉族京官和地方督抚也有不少交往。前述他与李鸿藻、翁同龢、祁世长、潘祖荫、鹿传霖等汉族官员的交谊就颇能说明问题。不过，甲午战争后的情况就大为改变了。荣禄开始逐步进入决策中心，与京城内外各派系、满汉官员的关系出现全面的调整。因此，对甲午战前荣禄与汉族官员关系进行一番梳理，有助于理解他在战后政局变迁中处理满汉关系及中央与地方关系时所扮演的重要角色。

荣禄在童年时代随父辈任职，滞留闽浙多年，甚至还会闽南语，① 这可能是他能与汉员亲近并信任他们的原因之一。身为满洲权贵，荣禄在用人方面极少有满汉偏见。甲午前与荣禄交往的汉族官员主要是京官，督抚只占少数。从光绪十四年前后荣禄刊行的《世笃忠贞录》大体可见其交游的范围。从光绪二年开始，荣禄邀请一些朝贵达官、名臣文士及友朋为其祖、父家传（《三忠传》）题诗作跋，计有恭王奕䜣、醇王奕譞、文祥、宝鋆、景廉、瑞联、那苏图、全庆、三寿、豫师、翁同龢、李鸿章、曾国荃、曾纪泽、刘铭传、陈宝箴、董恂、殷兆镛、童华、徐桐、潘祖荫、祁世长、孙家鼐、许彭寿、员凤林、徐延旭、杨泗孙、黄钰、吕朝瑞等。这些题诗、题跋无不对荣禄家世及其本人的为官治事极力褒扬，多有溢美之词，大部分属于应酬之作。但部分文字也反映出荣禄的活动事迹，以及与一些官员的交往线索。

荣禄在同光时期与曾国荃、曾纪泽叔侄都有交谊。曾国荃（1824~1890），湖南湘乡人，字沅甫，贡生出身。湘军统帅曾国藩之弟。同治年间历官浙江按察使、江苏布政使、浙江巡抚、湖北巡抚等。光绪八年署理两广总督，十年署理两江总督，不久，实授。光绪十三年正月，曾国荃在为

---

① 闽人何刚德曾回忆与同乡无意中用闽语调侃荣禄，反被荣禄听懂的趣事。参见何刚德、沈太侔著《话梦集·春明梦录·东华琐录》，第81页。

《世笃忠贞录》所撰题记中写道：

> 同治甲戌年，国荃奉诏入都。趋朝之暇，访谒忠说有闻誉之仁人贤大夫，因得与荣仲华大司空相接，侧闻官户部及管内务府时崇俭黜奢，直言敢谏，圣主为之动容，荃益钦而慕之。司空以国荃自辛苦百战中来，亦特垂青相视，彼此称莫逆焉。越十年癸未，荃由东粤到京陛见，相与往还，共诉晨夕。司空出其所著《世笃忠贞录》示余，并嘱余谨书简末。比以人事纷扰，未暇报命，然未尝一刻去诸怀也。又三年，得司空寓书，促余题跋，其言曰："吾家死事之迹，受国之重，咸著于是编。汝宜为我申之以词，以纾吾不匮之思。"余以凤诺未践，愧怍不遑，乃重取而读之……①

同治十三年甲戌（1874），曾国荃以湖北巡抚身份进京陛见，慕名拜访荣禄，二人遂订交。曾氏称"侧闻官户部及管内务府时崇俭黜奢，直言敢谏，圣主为之动容"，实际上是对荣禄后来受黜原因的一种委婉解释，多少有些谀颂之意。有感于镇压太平军和捻军起义期间曾氏兄弟、族人也有二十余人战死疆场，情景与瓜尔佳氏同，曾国荃在为《三忠传》题跋时，力赞荣禄家族一门忠贞的精神，也是对自家身世的感慨。如果说题词仅仅是一种应酬，还难以反映二人真实关系的话，荣禄与其侄曾纪泽则情谊绵长，有据为证。

曾纪泽（1839～1890），湖南湘乡人，字颉刚。曾国藩长子。同治九年（1870）以荫生补户部员外郎，立志学习西语西文，考察各国强弱情伪以求致用。光绪三年，父忧服除，袭侯爵。光绪四年七月，派充驻英、法钦差大臣，旋补授太常寺少卿、大理寺少卿。六年正月，兼署出使俄国钦差，改订条约，与俄国另签《伊犁条约》。十年，晋兵部右侍郎，改兵部左侍郎。十二年任满回京，兼总理衙门大臣。十三年正月，调补户部右侍郎。曾纪泽是清季世家子弟中熟悉外情，又有实干精神的洋务官员，荣禄与他结识的时间不可考，但是，自曾氏以荫生补官后，即与荣有往还。查阅曾纪泽日记有不少记载。如光绪三年八月十一日："饭后荣仲华来一谈。"十月初四日："辰

---

① 曾国荃：《〈世笃忠贞录〉题记》，荣禄辑《世笃忠贞录》上卷。

初起，校三忠事迹题词，饭后复校良久。"十月二十二日："荣仲华来久谈。"十一月十七日："荣仲华来谈极久。"十一月二十八日："申初至荣仲华处，留谈至夜，饭后乃归，期间遇崇文山上公，同谈良久。"光绪四年正月十五日："拜荣仲华，谈甚久。"二月初十日："申正至荣仲华处久谈。"①每次与荣见面，都是"久谈"，足见交情不浅。特别是光绪十二年底曾纪泽出洋回京，荣禄已在赋闲之中。但是，二人情分不减。曾氏日记是年十一月二十日记："拜客，或晤或否。未正至荣仲华家，谈极久，索饭食之。"不顾失礼，直接在荣禄府中索要食物，正说明二人是真朋友。此外曾氏还记载，十三年三月初一日，"至荣仲华、奎星斋……处贺升任，均不晤"。同年三月二十八日，"拜荣仲华，久谈"。光绪十五年九月初八日，"在吏部公所，与荣仲华谈极久"。同年九月十五日，"至荣仲华家赴宴，观剧，仲华、高拱九为主人"。②这些零星记录虽不能反映全貌，但足以反映出荣禄与曾纪泽的热络关系。

曾纪泽立志探究西学，荣禄则投身于神机营的西法练兵，他们对学习洋人都有比较开放的态度。需要特别指出的是他们与英国传教士医生德贞（字子固，John Dudgeon，1837－1901）的交往。光绪三年，曾纪泽在京结识德贞。这年春天，荣禄腰部生了一个瘿瘤，开始还像米粒大小，后蔓延溃烂，延请中医诊治，疗效甚微。曾纪泽遂将德贞推荐给荣禄。据荣自述，当时"以中华之医但能奏效，即无须重烦德君，故迟迟未果"。次年冬季，病情加重，痛苦到了"不堪言状"的地步，遂请德贞手术，并拒绝使用西医麻醉，两次手术共计19刀，割去腰部腐肉，③ 70天后伤口平复。光绪十年（甲申），德贞将同文馆授课的解剖学教材《全体通考》送交荣禄写序时，荣禄欣然领命，称赞德贞医术"精深绝妙"。④ 荣禄对西医的接受和颂扬，

---

① 刘志惠点校辑注，王澧华审阅《曾纪泽日记》中册，岳麓书社，1998，第685、698、703、709、711、722、728页。
② 刘志惠点校辑注，王澧华审阅《曾纪泽日记》下册，第1548、1575、1583、1826、1828页。
③ 翁同龢在光绪四年十二月初一日日记中写道："访晤仲华。仲华腰疾，延洋人刀割，出血数盂，壮哉！"见《翁同龢日记》第3卷，第1428页。
④ 德贞：《全体通考》，"荣禄序"，光绪丙戌（1886）同文馆聚珍版，相关研究参见高晞：《德贞传：一个英国传教士与晚清医学近代化》，复旦大学出版社，2009，第187~191页。熊月之研究员与章清教授或提示问题，或提供相关资料，谨此致谢！

应该与曾纪泽的影响有很大关系。

李鸿章（1823～1901），字少荃，安徽合肥人，淮军创办者，洋务领袖，是同光时期的重臣，以大学士总督直隶二十多年，清廷倚为柱石。荣禄与李鸿章的联系应始于管理神机营时期，当时因武器、训练、设置机器局等事务与北洋多有联系，可惜，目前尚未见到直接资料。在恭王主政时期，军机大臣文祥、宝鋆对李鸿章均极力支持，军机大臣沈桂芬更是李的同年，对其洋务外交决策在枢中常起疏通作用。相反，李鸿章对荣禄的盟友李鸿藻则颇有微词。光绪六年四月初五日，他在给曾纪泽的信中说："目下禧圣肝疾未愈，月馀不能临朝；安圣敷衍其事，不甚作主。沈相因保荐崇公使俄，致丛众谤，懊恼成疾，已请假一月。枢府只高阳秉笔，洋务甚为隔膜，时局亦大可虞。"①"禧圣"指慈禧，"安圣"指慈安。此时荣禄已经开缺，沈桂芬负气请假休养，而刚刚服阕重返枢垣的李鸿藻则大显身手，只是合肥对高阳并不看好。当时在二李之间做疏通工作的则是张佩纶。观照到上述复杂的人脉关系，荣禄与李鸿章的关系一直很微妙。从目前掌握的情况看，他们之间的交往仍限制在一般公务层面或纯粹的私人关系，与当时朝局无多牵连。

光绪三年，华北灾荒，荣禄身任步军统领，在京城办理救济，因事务关联，与直隶总督李鸿章多有联系。九月，李鸿章负责招商运粮入京平粜，当时天气已冷，封河在即，李鸿章急忙派道员朱其昂设法赶办，陆续运米五六万石至津，并由陆路转运入京，岂料御史张观准上书参奏朱"私买京仓"，并请步军统领衙门查核。为此，荣与李曾有联络。李鸿章认为这是言官毫无根据的"妄吠"，向荣禄解释。另一方面，荣禄身负管理神机营的职责，他通过恽祖祁向李鸿章联系，"神机营添设机器局"，请李派员襄助，李鸿章推荐江南制造总局的升用知府华蘅芳，称其"精通机器制造，堪以委任，届时酌量咨调亦可"。② 光绪初年的灾荒持续数年，平粜之事持续到四年三月，京城所需粮食仍由招商局购运。从这件事情看，荣禄与李鸿章合作还算融洽。

此时，又发生了礼王世铎在涞水的圈地佃户欠交地租的争端。礼王因懿亲身份攸关，自然不便出面，由荣禄向李鸿章说明，并寄来"礼邸圈地图

---

① 《复曾颉刚星使》，光绪六年四月初五日，《李鸿章全集》第32册，第544页。
② 《复荣侍郎》，光绪三年十一月初二日，《李鸿章全集》第32册，第162页。

二纸",希望派员核查。① 李鸿章很快派员前往涞水,督同涞水县令,解决争端。似乎礼王府也做了让步,同意"酌减新租,缓催陈欠","该佃户等仰戴宽仁,感激悦服。以后租项,谅可年清年款,不至仍前拖延"。事竣,李鸿章专门致函礼王详述原委。② 荣禄的堂兄荫禄(字士奇)由世职改捐通判,长期在直隶候补,曾任宁河、建昌、邯郸知县等。光绪九年十月,荣禄为其兄请托,以"高堂日暮,望切倚闾",希望李鸿章设法安置,李承诺令子寿(黄彭年)廉访"设法妥结"。③ 岂料,十月,荫禄突然病逝,李鸿章专门致函荣禄表达慰问。④ 光绪十四年九月,李鸿章陪同醇王检阅海军后,患病,荣禄也致函问候。⑤ 可见,二人一直保持良好的关系。荣禄复出后,李鸿章告诫其子经方,抵达京城:"凡与我交情亲密者……不妨先往拜,泛泛者宜少应酬,无益且恐有损。""叶[荣]仲华交好二十年,晤时问伊脚气好否,洋医有效否。尔须称老伯、小侄,不作官话。"⑥ 这些细致的交代真实反映了荣、李二十年的交谊。光绪十七年,荣禄外任西安将军后,李鸿章也专门致函祝贺。甲午战争前,李鸿章的地位、对内政外交的影响力都远远超过荣禄,只是甲午战后,李鸿章运势大衰,荣禄权势蒸蒸日上,彼此的关系开始发生变化。

两江总督刘坤一与荣禄在甲午后交谊笃厚。其渊源当可追溯到刘坤一此前几次进京述职之时。光绪十六年十月,两江总督曾国荃卒,湘军大将凋谢殆尽,因参案而赋闲十年的刘坤一被重新起用,补授两江总督。⑦ 据说,当

---

① 《复户部左堂荣》,光绪四年三月二十五日,《李鸿章全集》第32册,第282页。
② 《复礼亲王》,光绪五年正月,《李鸿章全集》第32册,第398页。
③ 《复前工部大堂荣》,光绪九年十月初三日,《李鸿章全集》第33册,第305页。按,荣禄的另一位兄长承禄(字季瀛)于光绪九年八月二十日因郧阳公案经卞宝第参劾被撤任。光绪十九年二月,吴大澂奏调承禄,称:"候选知府承禄,满洲正白旗人,前在湖北郧阳府任内因公被议,士民惜之。臣督办郑州大工时,访知其办事朴诚,无外省官场揣摩习气,奏调赴工委办筑坝事宜,实心实力,颇资指臂之助。当时保请开复,奉旨允准在案。现闻选班拥滞,得缺无期,该员以有用之才,沉沦不遇,殊为可惜。故请送部引见。"见《湖南巡抚吴大澂奏为举荐遇缺即补道刘森、候选知府承禄请旨送部引见事》,光绪十九年二月二十二日,录副奏折,档号03-53-3-097,缩微号401-1385。可见,当初吴大澂奏调承禄办河工,就是为了开复处分,此事可能与李鸿藻有关。
④ 《加复前工部大堂荣》,光绪九年十月二十六日,《李鸿章全集》第33册,第321页。
⑤ 《复镶蓝旗蒙古都统荣》,光绪十四年十一月十四日,《李鸿章全集》第34册,第453页。
⑥ 《致李经方》,光绪十六年三月初十日、十三日,《李鸿章全集》第35册,第42、43页。
⑦ 中国第一历史档案馆编《光绪宣统两朝上谕档》第16册,第285页。

时传言继任者或是云贵总督王文韶，或是山东巡抚张曜，而总署则属意于湖广总督张之洞，不料，却是刘坤一重新出山。① 实际上，太平天国被镇压下去后，数万湘军长期驻扎江南，两江总督基本上由湘系汉员出任。此时，左宗棠、刘长佑、彭玉麟等湘系元老相继故去，刘坤一成为最佳人选。十七年二月他进京入觐，三月抵江宁接任。江南富甲天下，是有清一代赋税和漕粮的主要来源区，咸丰末年开始的厘金制度推行后，江苏的厘金收入为全国之冠，成为清廷财政依赖的重点省份，屡屡奉命筹巨款解京师。另一方面，两江的财政也不充裕，刘坤一在处理地方与中央财政关系时也常常大费踌躇。尽管如此，两江总督仍然是地方督抚中的地位和影响非同寻常的缺位。甲午后荣禄与刘坤一的关系与两江总督的地位有直接关系。从现存刘坤一书札看，复出后的刘坤一与荣禄的关系十分热络。也就在同年十一月，荣禄也有西安将军之任命。两人都曾经过一段磨难和挫折，重新出山，不免互勉有加。是年底，刘坤一致函荣禄，除谈及吏治民生、练兵筹饷、洋务通商等公务外，对荣禄幼子纶厚的读书也倍加关心，寄去金陵官书局所印《四书》、《五经》各读本，并称："纶哥体气佳胜，读书必能进功，是在师长循循，不可过于督责；小学各章，务须讲解数次，但使渐有领会，获益良多，内圣外王，实基于此。"② 从种种关切和问候看，二人私交已深；荣、刘均因参案而开缺赋闲多年，先后起复，自然多了几分亲近。

　　荣禄抵达西安后，二人也有通信。光绪十九年正月，荣禄致函为道员陶森甲说项，刘承诺"如得改捐来江，自当刮目。……公好士如此，爱才如此，弟与该道同乡，敢不留意耶？"③ 八月，二人通信讨论东三省防务，刘坤一称："……东三省为根本所系，非我公莫能当此重任；自惟封疆外吏，不敢造次进言。今来书谦让未遑，只合权作罢论。"④ 似乎有向清廷举荐荣禄执掌东北军务的动议，但为荣禄劝止。二十年三月，刘坤一再应荣禄之请，同意调拨洋枪及弹药，对西安练兵予以支持。⑤ 从上述信函反映的内容看，荣禄与刘坤一之间建立了彼此信任的密切关系。

---

① 《郭嵩焘日记》第4卷，光绪十六年十月二十日，湖南人民出版社，1983，第969页。
② 《复荣仲华》，光绪十七年十一月初九日，《刘坤一遗集》第4册，第1992页。
③ 《复荣仲华》，光绪十九年正月十五日，《刘坤一遗集》第5册，第2039页。
④ 《复荣仲华》，光绪十九年八月初四日，《刘坤一遗集》第5册，第2056页。
⑤ 《复荣仲华》，光绪二十年三月十三日，《刘坤一遗集》第5册，第2082页。

另一位与荣禄情谊甚厚的汉族官员是陈宝箴。陈宝箴（1831～1900），字右铭，江西义宁州人，咸丰元年举人。时太平军起，参加团练。同治三年，以功叙知府，留湘候补，历官知府、道员。光绪六年，授河南河北道。八年秋，擢浙江按察使，赴京召对。因"王树汶案"降三级调任，复托病还乡。十二年，应两广总督张之洞奏调，至广东任缉捕局事。十三年，经河南巡抚倪文蔚奏调，赴郑州办理河工，奉公尽职，为督办河工的李鸿藻所赏识。次年，黄河合龙，陈宝箴复告假回籍。十五年，经湖南巡抚王文韶奏保，奉旨引见，十六年夏抵京，与荣禄结识即在此时。陈宝箴应邀为《三忠传》题诗，其诗序有云："光绪十有六年夏，宝箴既被命来京师。尝从高阳李尚书数闻长白荣仲华都统之贤，并闻都统在穆宗朝忠鲠亮直、立回成命及裁抑诸贵近数事，由是益心仪其人。既与都统相见，上下其议论，英姿瑰略辉如也。"又云："宝箴不敏，窃窥都统负荷世业，志意郁然，所以恢张先烈为国倚畀者甚深无穷，而都统识略干局，行且有以副之，用抒凡陋，聊效一篇，咏歌其事，亦以揭都统绳继不忘之谊云尔。"① 可以看出，陈宝箴同样是经李鸿藻引介与荣禄结识的，对荣禄"忠鲠亮直""裁抑诸贵"之事多有赞誉。十月，陈宝箴补授湖北按察使，离京赴任。荣禄外放西安将军后，曾致函陈宝箴表达心志，称：

> 古人云："平生得一知己，可以无憾。"知我如君，照见肝胆肺腑，此所以始而感也；我兄以国士视弟，又引为楷模，自顾不才，曷克当此，所以继而惭也。来书于地势、时艰，拳拳注意，预为固本之谋，老臣忧国深远如此，玩味至再，不禁距跃三百、曲跃三百，钦佩之极，拍案而起舞矣！
>
> 弟之禀质本未过人，中年又少学问，一身将老，自分上不能仰报朝廷、力图建树，下不能泽躬尔雅、增采名山，感事抚时，徒深愁虑。窃闻范文正（范仲淹）作秀才时，便以天下为己任，以故逢时展布勋名，与山岳争高。方今时事艰难，凡有志报国者无不欲披肝自效，而一二练达之士或从而阻挠之，奈何？今天子不以禄为迂拙，命镇关中，中夜以思，实深悚惕。……

---

① 陈宝箴：《〈世笃忠贞录〉诗并序》，见荣禄辑《世笃忠贞录》上卷。

岳武穆有云:"文官不爱钱,武臣不惜死,何患天下不太平?"诚哉是言!固知足国之计不在敛财而在节用,犹欲却病者宜先培元气也。足下有心时事,筹之必已烂熟,长跪问公,何以策之?禄每念时艰,不觉奋袂而起,披肝膈为知己道,不敢与俗人言也。①

陈宝箴致荣禄原函今天已经看不到,但彼此以"国士"、"知己"相称,可见推重之深。荣禄称,时事艰难,有志报国者却遭"一二练达之士"阻挠,隐约流露遭人忌恨的情形,可见,他未能早日复出是有原因的。荣禄的书信传世不多,如此坦陈心迹、表达志向和见解的信件更是难得一见。从荣禄的复信可以感受到,荣、陈二人均有立志报国、共济时艰的志向。对荣而言,有些话多了一些标榜的意味。但是,在甲午战后的新政中,他们都属于身体力行、谋求实政改革的一类官员,这一点也不可否认。

甲午战争前夕,云贵总督王文韶与湖广总督张之洞也是疆臣中的重要人物。王文韶(1830~1908),字夔石,浙江仁和人。咸丰二年进士,以主事用,曾与荣禄同为寅僚。同治六年二月,左宗棠"督剿"回民军,檄办西征后路粮台。后经沈桂芬援引入枢。光绪四年二月,署理兵部侍郎;同年七月,命在总理衙门行走。光绪五年命在军机大臣上行走。光绪八年,王文韶因云南报销案降两级调用,后任湖南巡抚、云贵总督。张之洞(1837~1909),字香涛,河北南皮人,同治年探花,光绪初年追随李鸿藻,成为清流核心人物。后出任山西巡抚、两广总督、湖广总督。荣、张各自与李鸿藻私交甚笃,二人之间却毫无交往。由于甲午战争引发的政局变化,荣禄回京督办军务,逐渐参与军政决策,王文韶、张之洞等督抚,不论先前是否与荣禄有渊源,彼此之间的关系都开始发生重要变化。

荣禄在西安将军任上结缘鹿传霖的同时,也结识了鹿的幕僚樊增祥。樊氏当时地位虽不高,但对后来局势有特殊影响,故也略加说明。樊增祥(1846~1931),字嘉父,号云门,别署樊山,湖北恩施人。同治六年举人,为湖北学政张之洞赏识。光绪三年中进士,改庶吉士,散馆后任陕西宜川县

---

① 汪叔子、张求会编《陈宝箴集》下册,中华书局,2005,第1653~1654页。按:编者另有校注,此略。

令。旋丁母忧，服阕，经巡抚鹿传霖荐为渭南县令，任内为政尚严，听讼判案，洞幽烛微，以能吏名于当时。① 经鹿引介，荣禄与樊增祥结识。荣禄在西安任内，樊增祥有《上荣将军》诗云：

朱轩华鼓镇关中，銮绋亲承下九重。玉节暂行留钥事，紫袍仍带尚书封。秦王藩府施行马（今满城为前明秦藩旧邸），渭上屯田养卧龙。黑发三公今六十，后凋真似华山松。

出入三朝久典兵，尚方服御亦经营。诸王玉牒皆姻娅，上相黄扉总弟兄。进奉官家亲授记（故事，尚方宣索皆有图记，其后浸用白纸。公笺内务府，奏复其旧），传宣妃主不呼名。惠陵一去龙髯远，说著宫车泪满缨。

忠谠平生第一流，两宫侧席奖英谋。御前貂珥皆厮养，帐下偏裨尽列侯。御殿斜封曾缴进（指帘子库事），香山佛寺罢焚修（岁乙亥，两宫议修香山诸寺，估工六十万，公一言而止）。名臣言行当编录，史笔今谁嗣弇州。

起家宿卫近钩陈，裘带风流见性真。少日春秋俱上口，贵来琴鹤不离身。指麾西域诸蕃将，调护东林旧党人（谓幼樵）。屡谒军门扪虱语，心知景略在风尘。②

诗中不乏谀颂之词。但所说荣禄与皇室多重联姻，深受两宫器重，均属实情；劝止修建香山诸寺，可能也有所据；至于调护清流，为马江之败和因保举唐炯受黜的张佩纶说情，证以其他文献，也是可信的。荣禄虽与李鸿藻交深情密，与张并无交往。但是，荣禄可能受李之托向醇王为张佩纶之事进行过疏通。张日记中的点滴记载有蛛丝马迹可寻。③ 樊增祥在己亥年

---

① 钱海岳：《樊樊山方伯事状》，涂晓马、陈宇俊点校《樊樊山诗集》下册，附录二，上海古籍出版社，2004，第2052页。
② 涂晓马、陈宇俊点校《樊樊山诗集》上册，第417页。
③ 光绪十二年正月初七日，流戍张家口的张佩纶在《邸报》得知荣禄以报效枪支银两开复降二级处分，在日记中曾有记载。同年八月初七日，荣禄托人赠送果饼给张之儿辈，张日记中又写道："余与荣无交，屡致殷勤，不解所以。"谢海林整理《张佩纶日记》上册，第96、115页。荣禄对张"屡致殷勤"说明他对张还是很敬重的，由此推断他可能为张佩纶之事与醇王讲过情。庚子、辛亥之际，李鸿章在京议和，有促张佩纶出山，荣禄也曾予以支持。

（1899）来京参武卫军幕，庚子事变中被公认为荣之心腹幕僚。① 两宫抵达西安，荣禄掌枢，再倚樊增祥掌文牍，宣布实行"新政"的诏书，非出于军机章京之笔，而是樊氏之手。

与荣禄交往深厚的汉族官员至少还有袁世凯、盛宣怀、董福祥等，但他们与荣禄的密切往来已在甲午战争之后了。

---

① 樊增祥有《同僚书札多改云门为禹门又讹禹为雨近更有作荣门者感赋》一诗，见涂晓马、陈宇俊点校《樊樊山诗集》上册，第558页。同僚将"云门"戏改"荣门"，有调侃之意，却也说明荣对樊的器重。

第四章 甲午督办军务

光绪二十年爆发的中日甲午战争，不仅是影响中日两国历史、改变东亚政治格局的重大事件，也是晚清政治史的一道分水岭。这场战争大大加深了中华民族的危机，促使国人猛醒，奋发图强，从而揭开中国近代史上新的一页。同时，也改变了甲申易枢以来清廷的政治格局。户部尚书翁同龢、礼部尚书李鸿藻批评中枢在对日和战决策上的失误，很快唤起大批京官的积极附和，声势浩大的清议势力再次兴起，成为影响朝政重要力量。① 慈禧和光绪帝的分歧与矛盾也开始显现。在朝野舆论的推动下，经过慈禧允准，九月初，恭王奕訢复出主持大局，甲申以来的军机班底遇到前所未有的挑战和危机。在政局扑朔迷离之际，前来参加万寿祝嘏的荣禄抵达京城。在各派政治势力的角逐和重组过程中，荣禄担纲重任，赢得了新的历史机遇。

一 提督九门 督办军务

荣禄于八月初二日自西安束装东行，九月十二日抵达京城。《申报》对

---

① "清议"也称"清流"，这个概念有很多含义。参见王维江《"清流"研究》第1、2章。本文特指当时部分科举出身的中下层京官，其中以科道言官和翰詹讲官为核心，他们秉承传统士大夫以天下为己任的直谏精神，敢于批评朝政。中法战争前后的清流，与军机大臣李鸿藻的援引直接相关；甲午战争爆发后，清议再起，他们的核心主张是积极主战、反对议和，一般认为是帝傅翁同龢主导的，但与李鸿藻也有牵涉。事实上，在特定的历史条件下，清议又有相对独立的一面，被视为清议"领袖"的翁、李有时也不能完全掌控住这股政治力量。

荣禄到京后的活动报道说："西安将军荣仲华尚书禄遵旨入京祝嘏，循例暂假阜成门内南顺城街吕祖宫歇宿。缮具安折膳牌，于九月十二夜赍往西苑门，由奏事官递入。十三日寅刻，尚书趋诣西苑门，先于六项公所与廷臣小叙，然后至宗人府茶房谒见恭邸，谈论许久。军机处发出传单，荣禄头起备见。尚书遵即步入西苑，觐天颜于勤政殿，碰头行礼。上询以时政数端。尚书明晰条奏毕，即出殿与近臣小叙寒暄，乃回南锣鼓巷局儿胡同本宅。"①这段平淡的报道，只是叙述了荣禄抵京后例行公事的情形，其实，这次回京还有一段鲜为人知的幕后故事。

尽管还缺乏充分的文字佐证，但已有种种迹象表明，荣禄此次入京前已经与京师密友颇有谋划。九月初九日，获知荣禄即将抵京，李鸿藻派心腹家人杨彬专程携带信函前往长辛店迎接。这并非普通的友朋间的迎来送往，而是要向荣禄传达最机密的政治消息。李氏函云："日来正深殷盼，适刘纪来，询知驺从于初十日抵长辛店，敬惟途中百凡安善为慰驰忱。此处近事想有所闻，兹命小价杨彬代躬奉迎，并面陈一切。即颂勋安，不尽欲言万一。愚兄鸿藻顿首。重阳寅刻。"②李鸿藻清晨写信，并派自己的亲信前往"面陈一切"，自然是为了避人耳目，向荣禄传达机密消息。无独有偶，翁同龢也同样急迫地想见到荣禄。十二日，翁氏日记云："与高阳在公所谈至未初，因荣仲华今日入城，欲往候而迟迟不来，只得散去。"次日又记："见仲华于廷中。"③荣禄在陛见前先停留阜成门内吕祖宫，不见任何人，可能是为了避嫌。鉴于战局糜烂，和战皆不可恃，急需群策群力，挽救大局。荣禄的回京已经预示着某种意义，关注他的不止翁同龢一人。④

荣禄抵京前，京城内部因和战问题已经出现了较大分歧，翁同龢、李鸿藻为首的一批官员，对孙毓汶、徐用仪等中枢的决策提出批评，并得到以其门生为核心的大批京朝官员的呼应，形成一股强大的清议势力，朝局开始持续发生变化。七月十六日，礼部侍郎志钧参劾孙、徐把持朝政，折子呈慈禧御览，奕劻面对达七刻之久。次日，光绪帝以原折示孙、徐，"温语慰劳，

---

① 《御炉烟篆》，《申报》光绪二十年十月初五日，第 2 版。
② 虞和平主编《近代史所藏清代名人稿本抄本》第 1 辑第 68 册，荣禄档，第 214 页。
③ 翁万戈编，翁以钧校订《翁同龢日记》第 6 卷，第 2782 页。
④ 这一天，那桐到荣禄处看视。见北京市档案馆编《那桐日记》上册，新华出版社，2006，第 158 页。

照旧办事,仍戒饬改过云云。"① 这是战争爆发后官员首次严参枢臣。清议再起,与翁同龢、李鸿藻的扶持有直接关系,但是,此刻翁、李已经奉旨参与决策,清议开始责难翁同龢"不能博采群言,一扫时局",对翁"非我所能及"的实际处境并不谅解。由于受到清议的压力,翁、李也愈来愈激烈。七月二十五日,御史易俊、高燮曾上疏要求惩处海军提督丁汝昌。翁、李"谓不治此人罪,公论未孚。乃议革职带罪自效。既定议,而额相(额勒和布)犹谓宜令北洋保举替人乃降旨,余不可。孙君(毓汶)谓宜电旨,不必明发,余又不可。乃列奏片,谓丁某迁延畏葸,诸臣弹劾,异口同声云云"。翁称此事"极费口舌,余亦侃侃,不虑丞相(指额勒和布)嗔矣",②表现得非常坚决。此时翁、李虽未入枢,但奉旨会议"韩事",与枢臣意见时有冲突。三十日,翁生病,孙致函称,"上命"待翁出再议也。③ 八月初五日,"电积七八日,殆数十件,且有多至六七十开者",④军务紧急,孙毓汶等竟然不处置,专等翁氏参与,彼此已有意气之争。八月十八日,知平壤不能守,诸臣会议时,"高阳抗论谓合肥(李鸿章)有心贻误,南皮(张之万)与争,他人皆不谓然"。翁则"左右其间,曰高阳正论,合肥事事落后,不得谓非贻误,乃定议两层:一严议,一拔三眼花翎,褫黄马褂,恭候择定"。⑤ 在处分李鸿章的问题上,双方意见不一。此刻,孙毓汶等军机大臣又集体上折辞差,皇帝不准。枢中内讧时起,遂有清议人士创议起用恭王奕訢之说。

事实上,早在七月初,礼部左侍郎长麟就曾上折请起用恭王奕訢,⑥ 七月十七日,御史王鹏运再次奏请恭王"总统海疆军务",⑦ 均被留中。八月二十八日,南书房行走李文田等上折请起用恭王,当天,翁同龢、李鸿藻也推波助澜,拟奏片称"恭亲王勋望夙隆,曾膺巨任,前经获咎,恩准养疴,

---

① 翁万戈编,翁以钧校订《翁同龢日记》第6卷,第2764~2765页。
② 翁万戈编,翁以钧校订《翁同龢日记》第6卷,第2767页。
③ 翁万戈编,翁以钧校订《翁同龢日记》第6卷,第2768页。
④ 翁万戈编,翁以钧校订《翁同龢日记》第6卷,第2771页。
⑤ 翁万戈编,翁以钧校订《翁同龢日记》第6卷,第2775页。
⑥ 翁万戈编,翁以钧校订《翁同龢日记》第6卷,第2760页。后来长麟成为督办军务处成员,可能与此有关。该折见戚其章主编《中国近代史资料丛刊续编·中日战争》(以下简称《中日战争》续编)第1册,中华书局,1989,第45页。
⑦ 《御史王鹏运奏请任恭亲王总统海疆军务折》,光绪二十年七月十七日,戚其章主编《中日战争》续编第1册,第89页。

际此军务日急，大局可忧，恭亲王懿亲重臣，岂得置身事外？李文田等所奏各节，不为无见"，请召用恭王。这一切显然是有预谋的。但是，慈禧对此并不同意。这天下午，在召见翁、李时，对他们建议任用奕䜣之事"虽不甚怒，而词气决绝"，虽翁、李劝谏再三，"凡数十言，皆如水沃石"。① 可见慈禧对恭王积憾之深。先前恭王请求在慈禧万寿时随班行礼，也被拒绝。无奈，光绪帝又召见南书房翰林陆宝忠，命联络翰林科道上"公折"请用恭王，并有"吾今日掬心告汝，汝其好自为之"之语。陆氏奉命后，积极活动，就连徐桐也被邀参与其中，② 当年参奏恭王的宗室盛昱，此次也以系铃人的身份出面"解铃"，全力推动奕䜣复出。③ 当时，盼望奕䜣出山挽救危局几乎成为朝野的共识。舆情如此，慈禧也不得不顺应。九月初一日，慈禧颁布懿旨，命奕䜣管理总署，并总理海军衙门事务，应对军政事务。而此前，慈禧已命翁秘密前往天津，与李鸿章商议与俄公使讨论共保朝鲜事，翁氏九月初二日抵津，两天后返回。

恭王复出，自然带来了新气象，首先表现在用人方面。恭王复出，荣禄尚在路途中，但是，荣禄回到京城便被任命为步军统领，这是恭王收拾局面的重要举措之一，并得到李鸿藻、翁同龢的一致支持。步军统领衙门在清代官文书中往往被称为步军营，是从一品的衙门。其首领官简称为"步军统领"，或"九门提督"，由皇帝特简亲信大臣担任，全衔为"提督九门步军巡捕五营统领"，并设左翼总兵和右翼总兵各一人，以佐理其事。统领的兵士分为两部分，一部分为选自满洲、蒙古、汉军八旗的步兵，组成步军营，防守内城；一部分为京城绿营的马步兵，组成巡捕五营，防守外城及京郊地区。这支队伍构成负责京城地区卫戍警备的主要军事力量，同时负责京城地面治安，有审理刑名案件的职责。④

关于步军统领的更换，早在光绪十九年十月十九日，御史王鹏运就曾上折指出：近来京城盗风日炽，案件迭出，虽然大学士兼步军统领福锟"公忠体国，任事实心"，但其所兼各衙门如户部、内务府、总理衙门等均系繁

---

① 翁万戈编，翁以钧校订《翁同龢日记》第6卷，第2777~2778页。
② 参见宝成关《奕䜣慈禧政争记》，第355~357页。
③ 祁龙威：《从奕䜣出入军机看前后"清流"的悲剧》，《光明日报》1963年5月22日。
④ 俞玉储：《步军统领衙门及其档案》，北京市档案馆编《档案与北京史国际学术讨论会论文集》，中国档案出版社，2003，第122~135页。

剧要差，事事分任，即使精力充沛，也难免顾此失彼，致使步军统领衙门将弁因循，捕务弛废；况且，前原大学士文煜、英桂等皆补授大学士后即开去步军统领差使，故建议另简大员充步军统领。① 该折反映了当时的实际情况，但被留中未发。荣禄回京后，京师防务吃紧，福锟职务繁多，经恭王力荐，荣禄接任步军统领成为自然。九月二十九日上谕称："步军统领管理地方事务，责任綦重，福锟差使较多，深恐未能兼顾，著开去步军统领之缺，步军统领著荣禄补授。"② 从此，荣禄在危难之际担当起了京师禁戒保卫的重任。关于荣禄回任步军统领，陈夔龙在《梦蕉亭杂记》中写道：

> 甲午万寿庆典，特令（荣禄）来京祝嘏。维时中日战起，京师震动，居民纷纷迁徙，流言遂多。步军统领福相国锟病不治事，人心皇皇。恭邸重领枢廷，扬言于众，谓："九门提督非借重仲华不可。"公（荣禄）谓提督一差，十年前曾任过，方今国家多难，本不敢辞。但昔为宝（鋆）、沈（桂芬）媒蘖朦奏，先开去工部尚书。今如以尚书兼差，始能承命。否则，愿回西安本任。迨时无尚书缺出，不得已奏请以步军统领兼总理各国事务大臣。③

陈夔龙的回忆不尽准确。荣禄九月出任步军统领出于恭王建议，大约准确；李、翁系恭王昔日旧僚，也会全力支持。但荣禄兼职总署稍晚，是在十一月十九日。从情理上说，荣禄内心或有怨气，此时似不敢以尚书兼差为条件提出，况且，总署只是兼差而已。当然，他已是尚书衔，任职只是时间早晚问题。④

十月初四日，荣禄与左翼总兵英年、右翼总兵长麟上奏，陈急固根本之

---

① 《江西道监察御史王鹏运奏请另简步军统领以重捕务事》，光绪十九年十一月十九日，档号03-5312-054，缩微号401-3252。
② 中国第一历史档案馆编《光绪宣统两朝上谕档》第20册，第485页。
③ 陈夔龙：《梦蕉亭杂记》，第49页。
④ 荣禄在次年补授兵部尚书时，报章曾报道说："昆中堂现丁内艰未满期岁，照例停升停转，当礼部进中堂本时，中堂预自□叙明白；荣仲华大司马本任步军统领，例不兼辖兵曹，当补授尚书时曾面辞恭邸。此二公卒转恊揆、兼夏筦者，盖一以品学优长，一以政事谙练，故皆蒙帝心简在，破格眷顾云。"见《禁苑秋声》，《申报》光绪二十一年七月十二日，第1版。此时荣禄尚面辞尚书，则甲午年更不可能索要尚书，陈夔龙这里所记不可信。

策，这是他任职后首次建言献策。略言："驭夷不外和、战二事，然必先以战为根本，而后能以和蒇事。光绪十年法人之役，越南谅山一胜，始能讲解，未有不受惩创而能成和者也。用兵不外战、守二事，然必先以守为根本，而后能以战施功。如咸丰、同治年间，粤、捻之役，畿辅先固，贼势渐衰，未有不固畿辅而能言战者也。"故请于同治初年开始训练的五营精壮兵3000名中，分拨2500名，选派五营将官带领，于本营所属附近地带扼要驻扎，认真防范，"昼则盘诘往来，夜则巡逻地方"，其余500名仍令在营照常训练以备随时更替。并请饬户部每月给每兵口分二两以示体恤。具体的布置方案，一是请仿效咸丰十年（庚申之变）和同治七年（镇压捻军）成案，设立"京师巡防处"；二是征调"大枝勇营于近畿设防，以资拱卫"。① 疏上，谕命着照所请行："该统领等务当督饬派出将官实心经理，随时分段盘诘奸宄，巡逻地面，毋得有名无实。仍不时派员密查，如有空误疏懈，立即从严参办。至所称此项操兵所得口分不足以资糊口，著每月每名赏给口分银二两，由户部按月照数发给，以示体恤，俟军务平定即行停止。"② 荣禄等同时另上附片称："官兵以器械为先，必须精利适用，现查五营所用之刀矛鸟枪等项，虽经随时修补，第逐日演练，致仍有残缺不齐，拟即赶为置办，亦恐缓不能待，奴才等闻得神机营尚有余存军械，合无仰恳天恩准由奴才衙门行取神机营所存前膛洋步枪五百杆，并随枪铜帽铅箭什物等项，攒竹长矛六百杆，裹布竹竿枪二百杆，得胜刀二百把，刺刀二百把，分配各营，以备巡防之用。"③ 疏上，同样允准。荣禄在同光之际已有过办理京城防卫事宜的经验，这些举措对荣禄来说早已得心应手。

掌管步军统领衙门只是开始，早年治兵资历成为荣禄临危受命、担当重责的优势所在。随后的人事调整中，荣禄又获得了新的职责，开始进入决策圈，逐步成为应对危局的重要人物。

十月初五日，清廷成立督办军务处，派恭亲王督办军务，所有各路统兵

---

① 《荣禄等奏请分拨五营练兵扼要驻扎以资巡缉》，光绪二十年十月初四日，台北故宫藏军机处档折件，编号136037。该折又被拟名为《步军统领荣禄奏请设巡防处并派程文炳等近畿设防折》，收入戚其章主编《中日战争》续编第1册，第478页。

② 《清德宗实录》卷351，光绪二十年十月初四日，《清实录》第56册，第525页。

③ 《荣禄等奏请将神机营所存武器分配练军五营以备巡防之用片》，光绪二十年十月初四日，台北故宫藏军机处档折件，编号136038。

大员均归节制，庆亲王奕劻帮办军务；户部尚书翁同龢、礼部尚书李鸿藻、步军统领荣禄、右翼总兵礼部左侍郎长麟会同商办。同日，设立巡防处，仍派恭王等六人"办理巡防事宜"。① 又派兵部尚书敬信、工部尚书怀塔布、礼部右侍郎李文田、工部左侍郎汪鸣銮，会同五城御史办理团防事宜。② 这一系列的部署是相辅相成的。据说，成立巡防处出于荣禄的建议："时日本构衅，榆关内外防军失利，都城震动。……因请依咸丰三年、同治七年故事，特设巡防局，领以亲王，专决军务，简大臣督理五城团防，以安辇毂；用宿将前任湖北提督程文炳、甘肃新疆提督董福祥、凉州镇总兵闪殿魁，募重兵驻京畿，以备缓急。"③ 查，同治七年为防捻而设巡防局，恭王主持其事，荣禄是参与者之一；此次献策成立巡防处，正可以施展自己的才干，也是恭王重用荣禄的主要原因。不过，此时的战争形势远比"剿捻"时严峻。不仅成立巡防处，还成立了针对全局性的军事决策的督办军务处。由于巡防处与督办处人员重合，事实上督办处已经包含巡防的功能，荣禄身任步军统领，更是主要负责任者。巡防处即设在神武门提督衙门公所，④ 这里自然也是督办军务处的公所。

十月初六日，上谕命翁同龢、李鸿藻、刚毅在军机大臣上行走。⑤ 先设立督办军务处，确定人选，再调整军机处，命翁、李身兼二者，这样便可协调军机处与督办处的公务关系，这个决策说明此刻慈禧对奕訢仍有戒心，不敢放心使用。十月十九日，额勒和布与张之万奉旨退出枢垣，中枢暂时完成了一次调整。同时，荣禄以西安将军补授步军统领，与旧例有违。通常步军统领系由部院尚书兼署，为此，十月十五日吏部请旨应否简派部院堂官"协理"，上谕称"毋庸添派"，⑥ 说明形势急迫，荣禄备受倚重，故不为旧例所限制。十月二十二日，荣禄奉旨补授正白旗汉军都统，正式进入京职系列，总算是与例相符。

为了应对局势变化，中枢调整的同时，地方督抚也有所变更。先是，九

---

① 《清德宗实录》卷351，光绪二十年十月初五日，《清实录》第56册，第525页。
② 中国第一历史档案馆编《光绪宣统两朝上谕档》第20册，第98页。
③ 《荣禄传》，杜春和、耿来金、张秀清编《荣禄存札》，齐鲁书社，1986，"附录"，第415～416页。该传也是清季国史馆所修荣禄传的一种。
④ 翁万戈编，翁以钧校订《翁同龢日记》第6卷，第2791页。
⑤ 《荣禄履历册》，台北故宫藏传稿传包，文献编号702001629。
⑥ 《荣禄履历册》，台北故宫藏传稿传包，文献编号702001629。

月初十日，清廷听取翰林院编修徐世昌的建议，命湖广总督张之洞来京陛见，传闻将入枢。十月初五日，成立督办军务处的当天，清廷又改变方针，命刘坤一来京陛见，两江总督着张之洞署理，命张迅赴署任，毋庸来京。十月十一日，张之洞抵达南京，十六日接两江署任。十二月初一日，刘坤一北上到京。次日，授钦差大臣，节制山海关内外防剿各军（包括淮军在内）。十六日，翁日记记："午赴督办处。未初，刘岘庄来，两邸及李、荣二公与余趣其调队出关援宋，余提笔写数条，议遂定。"① 新年（光绪二十一年，乙未）正月十三日，刘坤一遂率部自天津赴山海关，所部马步兵约二十一万，而此时另一位奉命北上督师的湖南巡抚吴大澂也抵达田庄，与辽东日军进入作战状态。同时，奉旨来京陛见的云贵总督王文韶亦抵京，并与荣禄有过机密会谈，② 稍后奉命帮办北洋军务。上述人事调动都是恭王复出后采取的举措，甲申易枢后的权力格局出现了重要调整。

荣禄之外，甲午年十月入枢的刚毅是另一位开始崛起的新贵。自此直到庚子年间，荣、刚关系成为影响政局的重要因素，特别是在戊戌政变后，甚至成为支配政局走向的关键因素。刚毅（1834～1900），字子良，满洲镶蓝旗人，同治五年，以笔帖式补刑部主事，至光绪五年，一直供职刑部，谙悉案例，经手审理浙江余杭杨乃武案，平反冤狱，为时论所誉。光绪六年，因京察一等，外放广东惠潮嘉道，屡有迁转，历任广西按察使、广东布政使、云南布政使等职，光绪十一年继张之洞之后任山西巡抚。十四年十月，调江苏巡抚，十八年，调广东巡抚。刚毅是光绪中叶较为著名的廉吏，深得朝野的赞誉。与荣禄一样，刚毅也是朱笔圈点的来京祝嘏官员。从种种迹象看，刚毅留京入枢似与翁同龢的援引有一定关系。他曾是翁任刑部堂官时的司员，二人有私交。③ 据翁日记，九月二十五日，刚毅到京后即与翁长谈；十月初六日入枢当日夜里，又来翁宅密谈。④ 翁氏援引刚毅大约无疑，近代以

---

① 翁万戈编，翁以钧校订《翁同龢日记》第 6 卷，第 2812 页。
② 王文韶在乙未正月初二日日记中写道："仲华来深谈，始知此次叫来之由。"见袁英光、胡逢祥整理《王文韶日记》下册，中华书局，1989，第 868 页。
③ 翁同龢在戊戌政变后曾对人云："子良（刚毅之字）前充刑部司员，由余保列一等，得以外简。厥后以粤抚入京祝嘏，适额相奉旨退出军机，余即力保子良继入枢垣。虽不敢市恩，实亦未曾开罪。不知渠乘人之危。从井下石如此！"见陈夔龙《梦蕉亭杂记》，第 63 页。
④ 翁万戈编，翁以钧校订《翁同龢日记》第 6 卷，第 2786、2791 页。

来的私家记述中也有反映。① 不仅如此，刚毅在入枢问题上，还曾与荣禄有过暗争。据军机章京王彦威披露的内情，起初慈禧命恭王选择一位满员入枢，恭王拟在荣禄与刚毅之间选择其一，翁同龢向恭王建言，刚毅"木讷可任"，遂择刚入值。② 机敏的荣禄与翁资历相当，却被拒之于枢垣外。从翁、荣表面交好、内存隔阂的关系看，这种可能性是存在的。果然，甲午后荣、刚的关系一直不融洽，甚至不断恶化，根源之一当起自甲午入枢之争。③

二 反对汉纳根练兵

督办军务处成立之初，和议决策仍不明朗。当时，积极备战仍是朝野关注的一件大事。德国人汉纳根的练兵方案就是在这种背景下提出的。是否要聘洋人练兵、扩大战事，荣禄与翁同龢意见不同，甚至产生激烈的冲突。由于在汉纳根练兵问题上，光绪帝完全听信于翁氏，直接导致慈禧做出停撤书房差使和加派恭王奕訢入枢的重大决定。

汉纳根（Constantin Von Hanneken，1855－1925），德国军官，天津海关税务司德璀琳之婿。光绪初年受李鸿章之聘，供职北洋幕府，曾参与修筑旅顺、威海卫炮台，因功授予宝星、顶戴。甲午九月，参加大东沟海战，由于"奋勇效力"，表现优异，经李鸿章奏保，受到赐宝星并加提督衔的褒奖。④ 九月二十五

---

① 翁同龢的门生文廷式称："广东铸银元局，历年所余近六万元。大小各数万，式甚精妍。刚毅入京祝嘏，饰以锦匣，为进奉之品，大称旨，其实则公款也。常熟援之，遂有军机大臣之命。"见汪叔子编《文廷式集》下册，第734页。既提到进献财物，也言及翁之提携。高树也曾提到刚毅向慈禧进奉财物得以入枢，他在《金銮琐记》诗注中称："刚毅由粤抚入京，祝太后寿，献各国大小金银钱于李阉，约计千余元，全球略备，无一雷同，大得阉欢心，遂为太后宠任。"见钱仲联主编《清诗纪事》第19册，江苏古籍出版社，1989，第13291页。这里又说向李莲英进奉外国金银币（集币），大约慈禧也不能免。笔者以为，当时，两江外广东最为富庶，粤海关监督于督抚贡献内府较他省为多，历任广东督抚均如此，刚毅也不能免，况在慈禧六旬万寿之际？刚毅入枢的主要原因恐非此，此论可能是庚子后世人丑诋刚毅的说法。
② 王彦威：《西巡大事记》卷首，王彦威纂辑、王亮编《清季外交史料》第4册，第3992页。
③ 戊戌年春翁同龢开缺后，曾有荣禄入枢之议，据说因刚毅抵制而未成；政变后，荣禄由直隶总督任回京入枢，二人冲突就此开始。详见后文。
④ 《海战请奖恤西员片》，光绪二十年九月二十三日，《李鸿章全集》第32册，第467～468页。

日，光绪帝电谕李鸿章，召汉纳根进京。三十日，奕䜣等总理衙门大臣接见汉纳根，面询救时之策。汉纳根提出了三条建议，其中之一，是"另募新兵十万，以洋法操练"，并强调"舍此无以自立矣"。① 恭王对这个练兵计划很是谨慎，十月初三日，首次和皇帝见面时，就力阻皇帝召见汉纳根，翁同龢、李鸿藻也表示赞同。次日下午，翁、李在总署接见汉纳根，听其阐发练兵十万、购船八只及购枪械之事，判断其所言"虽有条理，究无良法"。可是，初五日，翁与恭王、庆王、李鸿藻一起召对时，却极力保举汉纳根。② 于是，光绪帝颁旨，令直隶按察使胡燏棻会同汉纳根着手"召勇教练"，洋枪队之事进入实际筹备阶段。李鸿藻也对汉纳根练兵很支持，胡燏棻就是李推荐的。翁同龢、李鸿藻希望借助洋将练兵扭转战争颓势，与既往坚决的主战倾向是一致的，光绪帝深受影响。但是，当时形势之下已经没有继续扩大战事的可能了。

事实上，自八月平壤之战清军失利，被迫退守鸭绿江，朝鲜全境为日军所占，形势日益恶化。慈禧开始出而问政，接连召见礼王、庆王商议办法。奕䜣复出后，秉承慈禧旨意积极谋求列强出面调停，设法及早停止战争。尽管清议人士纷纷进言，痛斥议和之非，并极力抨击枢臣和李鸿章的"误国"行径，对任何议和活动都表现得异常愤怒，但是，随着日军渡过鸭绿江，清军在九连城大败，金州、旅顺口告警，京城内外人心惶惶，主战者也无计可施了。恭王等开始致电各驻外使臣，加快寻求谋和途径。十月，驻美公使杨儒来电，报告美国政府有意在中日间充当调停者。十月初六日，恭王与美国公使田贝会晤，就中日停战谈判问题交换意见。在这种背景下，翁同龢坚持将练兵十万之事交由一个洋将负责，招致很多同僚反对，荣禄态度最为激烈。

十月十七日，督办军务处会议汉纳根练兵方案。翁氏日记云："赴督办处，两邸（恭、庆）皆集，议洋队事，仲华力争不可，乃发电致胡臬（燏棻），谓三万最妙，至多不过五万，非余意也。"③ 因为荣禄反对，汉纳根练兵人数被减少一半，翁仍不满意；而督办处其他同僚，"两王（奕䜣和奕劻）及高阳（李鸿藻）均无可如何"。④ 按照翁的想法，这次汉纳根练兵十

---

① 翁万戈编，翁以钧校订《翁同龢日记》第6卷，第2789页。
② 翁万戈编，翁以钧校订《翁同龢日记》第6卷，第2791页。
③ 翁万戈编，翁以钧校订《翁同龢日记》第6卷，第2795页。
④ 《荣禄致鹿传霖便条》，中国史学会主编《中国近代史资料丛刊·中日战争》（以下简称《中日战争》）第4册，上海人民出版社，1957，第576页。

万、购舰八只，要求每年筹饷三千万两，他已做好准备，不惜代价，只要汉纳根练兵"四月可成"，就值得去做。① 十八日，光绪帝明谕督办处王大臣："详察汉纳根所议，实为救时之策，著照所请，由督办王大臣谕知汉纳根：一面迅购船械，一面开召新勇，召募洋将即日来华，赶速教练成军。所有一切章程均责成臬司胡燏棻会同该员悉心筹画，禀明督办王大臣立予施行，不令掣肘！至一切教练之法，悉听该员约束。"② 从这道谕旨看，光绪帝全盘接受翁的建议，仍然支持汉纳根在短期内选洋人练兵十万的计划；"不令掣肘"，明显是针对荣禄而言的。③ 光绪帝、翁同龢主张扩大练兵规模，而恭王、庆王和孙毓汶等人则全力推动停战、对日议和，二者意见针锋相对。

对于中枢分歧，胡燏棻十分清楚。十月二十九日，胡氏上疏报告筹办诸事情形，认为"时势急迫，十万人未能骤集"，按照督办处之意与汉纳根定议，减为"先练三万人，再购五万人之械，并募洋将八百员"，请中枢先筹付一千四百万两之巨款，然后始能与汉签订合同正式开办。同时又提出筹饷、购械、求将弁"三难"，声明所需款项巨大，仓促之间恐难成事。此外，胡燏棻指出，汉纳根购船是为牟利起见，所雇洋员过多，将来恐难于驾驭。④ 胡的奏报非常务实，表面上是奏报练兵方案，实际上强调种种困难和汉纳根不可信任，与荣禄的态度十分接近。很快，汉纳根的方案就搁浅了。

翁同龢在汉纳根练兵问题上的执着和"挟天子以令诸臣"的行为，令荣禄十分不满。十一月初三日在给陕西巡抚鹿传霖的信中写道：

> 一，常熟（翁同龢）奸狡性成，真有令人不可思意［议］者；其误国之处，有胜于济南［宁］，与合肥可并论也。合肥甘为小人，而常熟则仍作伪君子。刻与其共事，几于无日不因公事争执；而高阳老矣，又苦于才短，事事为其欺朦，可胜叹哉！
>
> 一，日前常熟欲令洋人汉纳根练兵十万，岁费饷银三千万，所有中

---

① 参见翁万戈编，翁以钧校订《翁同龢日记》第6卷，第2796页。
② 《奉旨详察汉纳根所议实为救时之策著照所请购船练兵事》，光绪二十年十月十八日，中国第一历史档案馆编《清代军机处电报档案汇编》第1册，第318页。
③ 翁同龢十月二十一日记："至督办处，诸公皆在，惟未见仲华。"可能翁氏也意识到荣禄对此事的介意，才有此记载。见翁万戈编，翁以钧校订《翁同龢日记》第6卷，第2796页。
④ 《光绪朝中日交涉史料》卷25，《中日战争》第2册，第125页。

国练军均可裁撤,拟定奏稿,由督办军务处具奏。鄙人大不以为然,力争之;两王及高阳(李鸿藻)均无可如何,鄙人与常熟几至不堪,始暂作罢议。及至次早,上谓必须交汉纳根练兵十万,不准有人拦阻,并谕不准鄙人掣肘云云,是午间书房已有先入之言矣,奈何!妙在刻下据汉纳根云:十万不能练,可先练三万;先须招洋将八百员,以备教练,然须先发聘价四百万安家;然后令中国募三万人备练,仍须先发其一千万两等语。明是搅局之语;而常熟自觉办不动,从此即不提起矣。诸如此类种种不尽情形,不能尽述。当争论时,鄙人谓:"中国财富已属赫德,今再将兵柄付之汉纳根,则中国已暗送他人,实失天下之望。"渠谓"此系雄图,万不可失之机会"等语,不知是诚何心!岂堂堂中国,其欲送之于合肥、常熟二子之手耶!幸此事未成。鄙人仍拟竭力征兵,冬末腊初,兵力可恃,即拟力主战事云云。初三日寅初。付丙。①

这封信中,"常熟"即翁同龢;"济南"系"济宁"之误,指孙毓汶;"合肥"即李鸿章;"高阳"即李鸿藻。该信不仅叙述了荣、翁十七日争论的内情,也透露出督办军务处设立后,李无为,翁主事,与荣有冲突的基本态势。更重要的是,荣禄对翁"诸如此类种种不尽情形不能尽述",暗示翁在很多问题上影响皇帝的决策。翁"每早先至书房,复赴军机处,颇有各事先行商洽之嫌",就连李鸿藻也对翁的毓庆宫"独对"大有微词。②

此时,在恭王主持下依靠美国进行调解的活动也在展开。十一月初六日,枢廷决定再次派张荫桓前往天津与李鸿章商议有关议和的具体问题,不料,光绪帝却对他另有嘱托。初七日,张荫桓突然被皇帝召见,询问敌情及汉纳根练兵事与户部筹饷事。随后,慈禧又宣召张氏。练兵之事已经搁置,皇帝重新提议,令恭王十分紧张。他急忙赶来询问张氏,"今日上谕究有何事?"张荫桓详言之,"并无隐瞒"。恭王担心帝、后意见不一,出现误会。稍后,慈禧召见张氏,面授机宜,令其再往天津与李鸿章商议事项,并告以"曾商诸皇上,可无须请训",③ 足见太后已有独断主和之意。

---

① 《荣禄致鹿传霖便条》,中国史学会编《中日战争》第4册,第576页。
② 祁景颐:《龢谷亭随笔》,庄建平《晚清民初政坛百态》,第131页。
③ 任青、马忠文整理《张荫桓日记》下册,中华书局,2015,第549页。

张荫桓抵达天津后，对光绪帝嘱托的汉纳根练兵之事，仍不敢怠慢，与李鸿章商议后，一致认为不切实际，计划中止。张荫桓日记云：

> 十一月十一日巳正，傅相约汉纳根、胡云眉（即胡燏棻——引者注）来商买枪炮事……席间询傅相汉纳根练兵事，傅相言云眉向不知兵，又升转在迩，岂合以此相累？至汉纳根，虽有才而不易驾驭，不图内间抚番至此。
>
> 十一月十二日饭后汉纳根来，面呈所拟练兵办法及上督办军务处章启，内多赘言。余告以练此大军本系创举，中国不能操纵，练之何用？若不予尔兵权，尔亦难教练，此中分际尚费斟酌。汉纳根言现招洋员百人，如其到津可令先练营哨千人，将来分教各营便有武□，余领之。告以枪炮价回京即拨，汉纳根称谢而去。……饭后傅相手书上恭邸密启，交余带去……写毕缄封，傅相即睡。余阅云眉与汉纳根辨驳各件，复云眉一书，亦即就枕。①

张荫桓对汉纳根练兵事件的处理意见与恭王、荣禄基本相同。李鸿章也认为胡燏棻已受命留驻天津办理东征粮台，"升转在迩"，不会无端受此大累。汉纳根"虽有才而不易驾驭"，既然"中国不能操纵，练之何用？"十六日，回京的张荫桓受到皇帝召见，"上复询汉纳根练兵事，当就津门所闻以对，上颔之"。② 看来，经过张的解释，光绪帝终于决定放弃汉纳根的计划了。二十三日，在荣禄等人主持下，督办军务王大臣奕訢领衔上折，请暂停洋员汉纳根招练洋队训练之事。奏疏指出："招练洋队一事，始则乏人应募，成军甚难，继则需饷太多，经费无出，臣等熟思审计，与其中途而辄止，孰若先事而豫停……况缓不济急，寡不胜多，事理甚明，自应以暂行停办为是。"③ 当然，此时清廷已经决定派遣张荫桓、邵友濂前往广岛议和。

荣禄反对汉纳根练兵，不仅为了防止洋人控制清廷军权，也是为了把练兵权力掌握在自己手中，这是他自参与神机营练兵以来二十多年未曾忘怀的

---

① 任青、马忠文整理《张荫桓日记》下册，第551~552页。
② 任青、马忠文整理《张荫桓日记》下册，第553页。
③ 《督办军务王大臣奕訢奏为洋员汉纳根招练洋队请暂停练事》，光绪二十年十一月二十三日，录副奏折，档号03-9427-027，缩微号673-3216。

宏伟志向。十二月二十七日，清廷命胡燏棻编练定武军，归督办军务处统辖，此为新军编练之始。这是荣禄统掌练兵权力的第一步。

三 清议与宫闱之争

甲午战争爆发后，清廷内部发生严重的分裂和派系争斗。刚刚返回京城的荣禄审时度势，巧妙因应，成为权力结构变化后的最大受益者。究其根本，必须对战争开始后朝局的变化进行梳理。

甲午战争爆发后，因局势变化莫测，决策成败关系大局，不仅军机大臣们深知利害，慈禧太后更是深明此道。仔细研读翁同龢日记，大致可以发现，慈禧对战和很少有明确意见，而她在根本问题上与光绪帝并无二致。战争初期，光绪帝在翁同龢、李鸿藻等人支持下要求加强战备、积极主战，慈禧并未反对。但是，由于清军在战场上节节败退，特别是战火从朝鲜烧至鸭绿江边后，局势顿时变得被动，京师和辽东陵寝的安全受到威胁，慈禧才开始频频出现，参与重大决策，诸如奕訢复出、军机处改组、督办军务处成立，无一不是经过慈禧的首肯。太后甚至亲自安排翁同龢秘密前往天津，指示李鸿章与俄国公使商议干预日本之事。这些情况说明，在对日决策问题上，慈禧是根据情况变化随时进行调整的，并非一开始就是主张议和的。荣禄身为步军统领、督办军务大臣，也主张"必先以战为根本，而后能以和戢事"。① 显然，即使不得已议和，也要重视战备。十一月拟派张、邵东渡时，荣禄仍拟四处调兵，趁冬末腊初兵力可恃之时，力主战事，② 并未因为议和而放松战备，这似乎与两宫及枢臣的决策并无冲突。

然而，两宫之间不可能没有一点分歧，朝臣议论纷杂，决策中遂产生了误会，宫闱之争也开始公开化。在此过程中，积极主战的清议人士施加了重要影响。荣禄经历了这一系列的风波，但是，他只是一位谨慎的旁观者。

十月二十九日，慈禧突然降懿旨，以瑾妃、珍妃"近来习尚浮华，屡有乞请之事，皇帝深虑渐不可长，据实面陈，若不量予儆戒，恐左右近侍，

---

① 《步军统领荣禄奏请设巡防处并派程文炳等近畿设防折》，光绪二十年十月初四日，戚其章主编《中日战争》续编第1册，第478页。
② 《荣禄致鹿传霖便条》，中国史学会主编《中日战争》第4册，第576页。

借为夤缘蒙蔽之阶,患有不可胜防者,瑾妃、珍妃均著降为贵人"。① 但是从翁同龢日记看,这是慈禧自己的独断,并非皇帝的本意:

> 皇太后召见枢臣于仪鸾殿。先问旅顺事,次及宫闱事。谓瑾、珍二妃有祈请、干预种种劣迹,即着缮旨,降为贵人等因,臣再三请缓办,圣意不谓然。是日,上未在坐,因请问:上知之否?谕云:皇帝意正尔。命即退,前后不及一刻也。回直房,余与莱山(孙毓汶)拟稿,似尚妥协,递上,传散。②

在中日和战局势危急的时刻,宫廷出现风波,必然会影响军政决策。局内的枢臣深知利害关系,或谨慎从事,或积极调和,采取宁人息事的态度,最大限度地化解两宫隔阂。但是,气势日益高涨的清议人士却无所顾忌。自七月志锐严参枢臣后,十一月初一日,侍读学士文廷式再次上疏严参枢臣孙毓汶,指责孙与李鸿章勾结,欺蒙君上,揽权谋和,力请诛之,以振朝纲。据翁同龢称,光绪帝看到该折"亦不甚怒也"。等到军机见起时,孙毓汶"辨语恳切","上云:但尽心竭力,不汝责"。次日,太后召见枢臣时的态度则完全不同,慈禧表示"言者杂沓,如昨论孙某,语涉狂诞(孙今日赴总署,不在列)。事定当将此辈整顿",表达了要整顿清议的决心。十一月初二日,珍妃位下的亲信太监高万枝被处死。翁氏日记云:"入见于仪鸾殿,论兵事……次及二妃,语极多,谓种种骄纵,肆无忌惮。因及珍位下内监高万枝,诸多不法。若再审问,恐兴大狱,于政体有伤。应写明发,饬交刑部,即日正法等因。臣奏言:明发即有伤政体,若果无可贷,宜交内务府扑杀之,圣意以为大是,遂定议。退写懿旨,封固呈览发下,交内务府大臣,即日办理。"③ 初四日,御史高燮曾又上疏论二妃获罪,责备枢臣之不能匡救。慈禧见折大怒。翁氏日记云:

> 午正,皇太后召见枢臣于仪鸾殿,首指高折,以为离间,必加辩

---

① 中国第一历史档案馆编《光绪宣统两朝上谕档》第20册,第523页。
② 翁万戈编,翁以钧校订《翁同龢日记》第6卷,第2799页。
③ 翁万戈编,翁以钧校订《翁同龢日记》第6卷,第2799~2800页。

驳，慈容怫然，诸臣再三劝解，臣谓：明无弗照，圣无弗容。既调护于先，何必搜求于后？且军务倥偬，朝局嚣凌，宜以静摄之，毋为所动。圣意颇回……谕曰：姑从汝等请，后再有论列者，宜加惩创；否则门户党援之习成矣！时孙毓汶奏：言者结党陷害，夙习已然，请鉴悉，二刻退。①

珍妃、瑾妃降为贵人原本是宫闱中事，与外朝无关，然而事隔两天，文廷式便请杀太后信任的枢臣孙毓汶，明显是针锋相对，挑战慈禧的权威；而高燮曾等又责枢臣不能匡救，无疑火上浇油，令慈禧大为恼怒，甚至处死珍妃位下的太监以泄愤；孙毓汶等乘机以党争论之，将矛头指向翁同龢等。正在此时，又发生了翁鼓动皇帝支持汉纳根练兵之事。于是，慈禧决定正本清源，釜底抽薪，从根本上打击清议势力。十一月初八日，慈禧召见军机，召回在热河练兵的志锐，调充乌里雅苏台参赞大臣。又谕令撤去满、汉书房，意在切断翁与皇帝独对的机会，彻底阻断翁对皇帝的影响，同时，命恭王奕訢入枢。翁闻命后，力争之，但同僚无人应和。② 第二天，光绪帝命恭王在太后前说情。据翁日记，初十日恭邸奏，"昨皇太后召对，论及书房事，亦尚在辍不辍之间"。随后，慈禧召见翁氏，翁言："臣力陈讲不可辍。太后谕曰：此恭亲王所陈，前日余所谕太猛，今改传满功课及洋字均撤。汉书不传，则不辍之意可知。汝等仍于卯初在彼候旨，或传或否，或一人或二人，皆不拘可也。"③ 慈禧召见翁氏，意在笼络，又将自己前日做过头的事情，归结到"恭王所陈"。此前命奕訢入值枢垣，说明经过一段时间的考验，慈禧已经打消了对恭王的顾虑，并命其统辖枢垣与督办处，保持决策的一致性，而其更直接的目的是抗衡翁氏对光绪帝的实质性影响。

尽管翁氏毓庆宫差使暂时被保留，荣禄与恭王、礼王、李鸿藻等人忌恨的"书房独对"仍然存在，但是，翁同龢不得不稍加收敛。十二月初二日，御史安维峻又上封奏，"请杀李鸿章，劾枢臣无状，而最悖谬者，谓和议皇太后旨意，李莲英左右之，并有皇太后归政久，若遇事牵制，何以对祖宗天

---

① 翁万戈编，翁以钧校订《翁同龢日记》第 6 卷，第 2800 页。
② 翁万戈编，翁以钧校订《翁同龢日记》第 6 卷，第 2801 页。
③ 翁万戈编，翁以钧校订《翁同龢日记》第 6 卷，第 2802 页。

下之语"。光绪见折震怒，必欲严惩，翁日记云：

> 初二日……照常入，封奏七件……惟安维峻一件未下，比至小屋，始发看，则请杀李鸿章，劾枢臣无状，而最悖谬者，谓和议皇太后旨意，李莲英左右之，并有皇太后归政久，若遇事牵制，何以对祖宗天下之语。入见，上震怒，饬拿交刑部议罪，诸臣亦力言，宜加惩办。臣从容论说：以为究系言官，且彼亦称市井之言，不足信，良久，乃命革职，发军台。四刻退，到书房复论前事，退拟旨。午初散。①

当日上谕曰：

> 近因时事多艰，凡遇言官论奏，无不虚衷容纳。即或措辞失当，亦不加以谴责。其有军国紧要事件，必仰承皇太后懿训遵行，此皆朕恪恭求治之诚心，天下臣民，早应共谅。乃本日御史安维峻，呈递封奏，记诸传闻，竟有皇太后遇事牵制，何以对祖宗天下之语，肆口妄言，毫无忌惮，若不严行惩办，恐开离间之端。安维峻著即革职，发往军台，效力赎罪，以示儆戒！……再向来联衔封奏，必有言责者，方准列名。此外部院各官，均由堂官代奏。乃近来竟有一二人领衔、纠集不应具折之员，至数十人之多，殊乖定制，以后再有似此呈递者，定将列名具参，概行惩处！②

安维峻参劾李鸿章是甲午战争爆发后清议人士上疏最为严厉的一次。从日记看，翁同龢对安维峻予以庇护，处罚也止于革职发往军台效力。翁参与拟定的上谕，措辞严峻，表达的不仅是对安本人的斥责，也涉及所有清议人士。尤其对一般臣工附名联衔上疏严格限定，显然开始裁抑清议人士。就此看来，面对慈禧的打压，翁已有所退让。

对于甲午战争爆发后两宫关系的紧张，清议人士有直接的责任。他们与慈禧针锋相对的斗争，不仅没有成效，反而使光绪帝陷入尴尬境地。后世所

---

① 翁万戈编，翁以钧校订《翁同龢日记》第6卷，第2809页。
② 中国第一历史档案馆编《光绪宣统两朝上谕档》第20册，第600页。

谓"帝后党争"由此而来，实则这与清议的介入有直接关系。十二月二十一日，即将率部出关的刘坤一受到太后召见。事后，他记述相关情形说：

> 二十一日，出京请训，仍召见养性殿，慰勉甚至。嗣因论及安御史前奏，太后以其辞涉离间，怒甚。至追念文宗、穆宗不胜悲感，数数以袖拭泪。坤一奏曰：言官措辞过激，意在纳忠，或者借沽直谏之名，断不敢稍涉离间。臣所虑者，不在外庭而在内庭。寺宦多不读书，鲜知大义，以天家母子异居，难免不以小忠小信，往来播弄是非，不可不杜其渐。语未毕，太后谕曰：我不似汉太后，听信十常侍辈，尔可放心，但言官说我主和，抑制皇上不敢主战，史臣书之，何以对天下后世？对曰：和战，国之大事，太后、皇上均无成心，天下后世无不共谅。但愿太后始终慈爱，皇上始终孝敬，则浮言自息，因历述宋英宗，明神宗两朝事。太后谕曰：听尔所言，我亦释然矣，皇帝甚明白，甚孝我。每闻军前失利，我哭，皇帝亦哭，往往母子对哭。我甚爱皇帝。在前，一衣一食，皆我亲手料理。今虽各居一宫，犹复时时留意，尔可放心。尔如此公忠，诚宗社之福。①

刘坤一的这段记述大致接近实际。慈禧、光绪母子之间或有隔阂，却并非不可调和，然而舆情驳杂，直欲将议和名义加在慈禧名下，太后自然不允。十二月二十四日，翁同龢拜访刘坤一，归后在日记中写道："（刘）留余深谈宫禁事，不愧大臣之言也。濒行以手击余背曰：君任比余为重。"② 说的正是调停两宫之事，刘希望翁能肩负起这个重任。从戊戌政变后，刘坤一致电荣禄，力言"慈孝相孚"，可见他调和两宫的立场从未改变，这一点，刘、翁、荣三人大体一致。两宫关系依赖于重臣的调和，这是光绪朝后期政局变迁的特征之一。可惜，因为政变的发生和刚毅、徐桐的介入，形势发生逆转，荣禄成为能够接续这一重责的关键人物。

---

① 刘坤一：《恭纪慈谕》，欧阳辅之编《刘忠诚公（坤一）遗集·补过斋文集》，沈云龙主编《近代中国史料丛刊》第26辑第259册，台北，文海出版社，1966，第8672~8673页。
② 翁万戈编，翁以钧校订《翁同龢日记》第6卷，第2814页。

第五章　马关议和后的朝局动荡

甲午战争期间的朝局动荡直接引发枢垣调整及其他一系列人事变动，这个过程一直持续到第二年四月《马关条约》签订后。在此期间，已经归政数年的慈禧太后开始更多参与重要决策；翁同龢、李鸿藻和京城清议人士，与孙毓汶、李鸿章、徐用仪等实际主持对日议和的官员明争暗斗，结果两败俱伤。这给重返京城的荣禄带来了新的机遇。他受命卫戍京师，督办军务，审时度势，获得慈禧的充分信任，逐渐恢复了光绪初年失去的恩宠和地位，成为朝野瞩目的重要人物。

一　中枢与北洋权力的调整

自甲午年十一月命户部左侍郎张荫桓、湖南巡抚邵友濂为全权委员，前往日本广岛议和，清廷的决策已经倾向于与日本妥协，尽快寻求结束战争的途径。虽然刘坤一、吴大澂率部仍在山海关、辽东一带防卫和作战，但此时的湘军与淮军一样，暮气已深，基本丧失战斗力。光绪二十一年正月，威海失陷，北洋海军覆灭，日军气焰更加嚣张。因京津门户洞开，盛京陵寝危急，清廷被迫加快议和的步伐。先是，日方以全权不足为由，拒绝接待张、邵。不久，清廷任命直隶总督李鸿章前往议和。二月二十三日，李鸿章到达马关，次日开始谈判。三月初七日，日本提出清廷承认朝鲜独立，割辽东半岛及台湾、澎湖列岛，以及赔偿巨款、增开商埠、允许日本商务利益等和谈条件。消息传来，朝野震惊。中枢内部对于割地问题再起争议。三月初十日,翁同龢日记记云:"上意总在速成,余力陈台不可弃,与二邸语不洽。……孙公力争,并言战字不能再提。"① 枢廷认为战争无法继续,列强调停也不可尽恃,只得同意日方条件。二十三日,李鸿章奉旨在草约上签字。随后,俄、法、德三国干涉还辽,一度引起朝野主战人士的幻想。二十九日,光绪帝命奕劻、荣禄、孙毓汶见俄国驻华公使喀西尼,希望俄国干预。但是,直到四月十二日,"仲华(荣禄)从俄馆来,喀使仍云未得本国电",② 依靠俄国的幻想彻底落空。显然,荣禄也是最后阶段外交努力的执行者之一,对个中滋味颇有体会。

《马关条约》签订后,激起朝野的强烈反响。从三月下旬条约草签后,直至四月中旬正式换约为止,清廷朝野上下,上至王公大臣,下至翰、詹、科、道,以至部、院司员,纷纷单衔或联衔上疏,坚决反对和约。前敌将帅刘坤一与署理两江总督张之洞等疆臣,也皆纷纷致电枢廷,反对割地。在京参加会试的各省举人群情激奋,也串联起来,上书都察院,反对和约。广东举人康有为发动的"公车上书"更是后来被历史学家称道的历史事件。论者纷纭,割地赔款的危害自不待言,强调此后将大失人心,内乱会接踵而起;更有甚者,称列强将纷纷效尤,瓜分之祸迫在眉睫。四月十六日,光绪帝颁布朱谕,对签订和约的原委进行了说明:

> 近自和约定议以后,廷臣交章论奏,谓地不可弃,费不可偿,仍应废约决战,以期维系人心,支撑危局。其言固皆发于忠愤,而于朕办理此事,兼权审处,万不获已之苦衷,有未能深悉者。自去岁仓猝开衅,征兵调饷,不遗余力;而将少宿选,兵非素练,纷纭召集,不殊乌合,以致水陆交绥,战无一胜;至今日而关内外情势更迫,北则竟逼辽沈,南则直犯京畿,皆现前意中之事。陪都为陵寝重地,京师则宗社攸关,况廿年来慈闱颐养,备极尊崇,设一朝徒御有惊,则藐躬何堪自问!加以天心示警,海啸成灾,沿海防营,多被冲没,战守更难措手;用是宵旰彷徨,临朝痛哭,将一和一战,两害熟权,而后幡然定计。此中万分

---

① 翁万戈编,翁以钧校订《翁同龢日记》第6卷,第2836~2837页。"二邸"指恭王、礼王,"孙公"指孙毓汶。

② 翁万戈编,翁以钧校订《翁同龢日记》第6卷,第2846页。

为难情事，乃言者章奏所未详，而天下臣民皆应共谅者也。兹当批准定约，特将前后办理缘由，明白宣示。嗣后我君臣上下，惟当坚苦一心，痛除积弊，于练兵、筹饷两大端，尽力研求，详筹兴革，勿存懈志，勿骛空名，勿忽远图，勿沿故习，务期事事核实，以收自强之效，朕于中外臣工，有厚望焉。①

这道上谕不仅对签订和约的无奈做了解释，也对清军失败的原因做了分析，承认历来"将少宿选，兵非素练，纷纭召集，不殊乌合，以致水陆交绥，战无一胜"。既然战败，只得接受屈辱的条件；至于"废约决战"，更是祸患无穷。于是，"两害熟权"，幡然定计。作为事后的总结，这道上谕多少说出了清廷左右为难的实情，进而发出改革的信号，号召臣民卧薪尝胆、奋发图强，"务期事事核实，以收自强之效"。当然，是否能真正实现自强，仍取决于朝野上下的认同和努力。

尽管对日和谈告一段落，但是朝局的动荡却正在升级。战争中迅速重新聚集起来的清议势力，依然保持着强大的声势，由此引起慈禧打压清议的一场斗争。战争刚刚结束，中枢和北洋权力结构的调整便提上议事日程。围绕该问题，各种力量开始角逐。在复杂的局势中，荣禄巧妙应对，保持了节节进取的胜利者的态势，成为甲午战后政治博弈的最大受益者。

甲午战争改变了甲申易枢以来的中枢权力结构。翁、李六月"会议韩事"，已经释放了可能易枢的信息。九月，恭王复出主持全局，中枢的调整已是呼之欲出，只是时间早晚问题了。十月，翁、李、刚三人入枢，张之万、额勒和布退出军机处；十一月，恭王重新领枢，旧的枢臣已成强弩之末。孙毓汶、徐用仪早已对自己的出处有所准备。次年，和局既定，孙、徐再次成为清议攻击的主要目标。五月初九日，孙毓汶请假一月，至闰五月初四日，假期将满时告病，请开缺，慈禧未许，再准假一月。至六月初五日假满，再次请求开缺，光绪帝已知太后无意挽留，遂予允准。

孙毓汶请假以后，其追随者徐用仪在中枢已孤立无助，翁同龢几次与之动色相争。愤怒之余，徐用仪亦称病请假十日。但是，清议屡屡抨击，徐已有自危感。他在给孙毓汶的信中说："鄙人时遭白眼，动辄得咎。既不相

---

① 《清德宗实录》卷366，光绪二十一年四月十六日，《清实录》第56册，第780~781页。

容，何必隐忍留恋，只好追随高蹈，自洁其身，第辜负圣恩，实难辞罪耳。此乃实情，切勿为外人道。"① 其实，此时已不是徐是否"恋栈"的问题了。六月十一日，御史王鹏运参劾徐用仪，疏称："近日孙毓汶病请开缺，皇上特允所请，莫不仰赞圣明，以为升平可冀。何也？害马不去，则骐骥不前；污秽既除，则良苗自植，理之常也。今日政府之所谓害马与污秽者，孙毓汶外，则为侍郎徐用仪。该侍郎贪庸奸慝，误国行私诸罪状……自来权臣窃柄，去之最难。其巧佞足以动人主之矜怜，其诡谲足以杜同僚之非议，非圣明洞烛其奸，则用舍鲜不为所惑。"② 坚决要求将徐罢黜。光绪帝先单独召见翁同龢，商议对策。随后，召见军机大臣时，恭王和李鸿藻都为徐辩解，以为"实无劣迹"，翁也为之申辩，显然是摆样子。③ 光绪帝对徐不假辞色，"令其姑迟数日不入直，静候十五日请懿旨也"。④ 六月十六日，经慈禧同意，命徐用仪退出军机处和总理衙门。

枢垣换人牵动了一系列的人事变动，诸臣的职责也发生变化，这是两宫与恭王等商议的结果。六月初十日，孙毓汶退出的兵部尚书由左都御史徐郙调补，许应骙升任左都御史。十六日，麟书补授大学士管理工部事务，昆冈以礼部尚书协办大学士。同日，徐用仪罢职，命礼部左侍郎、长期任领班军机章京的钱应溥在军机大臣上学习行走；而孙、徐辞去的总署大臣差使则命翁同龢、李鸿藻接任。⑤ 这次调整是经过周密考量的。其时，恭王等鉴于翁一贯在对外交涉中立场强硬，决心安排其入总理衙门当差，令其体会个中滋味。但翁极力抵制，已入总署的荣禄，则深知恭王用意，一力推波助澜。翁日记六月初十日记："……到督办处。恭邸屡在上前奏请欲余至总署，余力辞，今日乃责余畏难。余与辩论，不觉其词之激。仲华亦与邸相首尾，余并斥之。"⑥ 十四日记："见起三刻，恭邸以译署事有所举荐，恐吾侪不免矣。"

---

① 《徐用仪致孙毓汶函》，虞和平主编《近代史所藏清代名人稿本抄本》第1辑第41册，孙毓汶档，第231页。
② 王鹏运：《枢臣不职请立罢折》，张正吾等编《王鹏运研究资料》，漓江出版社，1996，第118~119页。
③ 据孔祥吉先生研究，王鹏运参劾幕后确有翁同龢幕后活动的影子。参见孔祥吉《康有为变法奏议研究》，辽宁人民出版社，1988，第131~135页。
④ 翁万戈编，翁以钧校订《翁同龢日记》第6卷，第2867页。
⑤ 中国第一历史档案馆编《光绪宣统两朝上谕档》第21册，第244、251页。
⑥ 翁万戈编，翁以钧校订《翁同龢日记》第6卷，第2866页。

十六日又记："恭闻恩命，臣与李鸿藻均在总理各国事务衙门行走，即碰头谢讫。前此固尝一辞再辞，语已罄竭，无可说也。"① 翁同龢在无奈之下肩负起了外交重任。从后来的结果看，办理外交不善确实是翁氏受到罢黜的重要原因。

在新的人事变动中，荣禄的官职同样发生了变化。六月十九日，户部满尚书熙敬改吏部尚书，兵部尚书敬信改户部尚书，荣禄遂升兵部尚书兼步军统领，这完全符合部院大臣兼步军统领的旧例。此时荣禄以兵部尚书兼步军统领、总理衙门大臣、督办军务处兼练兵大臣。而此前上谕已命其参与"办理借款事宜"。② 可见，在新的中枢调整完成后，荣禄虽非枢臣，但是凭借慈禧的恩宠、恭王的信任、李鸿藻的庇护，实际主持督办军务处，从而获得了相当的权力和地位。

比较说来，刘坤一和张之洞的回任问题稍费周折。这里牵涉李鸿章、王文韶和刘坤一三人的出处问题。清代以两江总督调补直隶总督似是惯例，曾国藩、李鸿章均有此经历。甲午九月，清廷调任刘坤一北上主持军务，已有传言称，刘将补任直隶总督。③ 和约签订后，刘坤一于乙未五月十六日上折，请求开缺回籍养病，不仅请求开去钦差大臣差使，连同两江总督底缺也一并开去，给假半年，回籍养病。④ 同时又致函翁同龢，希望"鼎力矜全，代恳圣慈，俯如所请"。这当然是故作姿态了，甚至是一种试探。此时，荣禄则劝刘"勿遽求退"，并向刘透露了其可能转任直隶总督的消息。刘坤一复函曰：

或谓北洋之事，出于有意，未免深文；但老年志荒，而不知止足，以致公私交困，其将何以自解？时局至此，讵可由弟再坏？我公不为交情计，独不为世道计耶？弟于朝贵，素鲜声援，所恃以无恐者，圣明在上，王在军机处，公在督办处，得以通诚，冀蒙体恤。拟俟防军裁留就

---

① 翁万戈编，翁以钧校订《翁同龢日记》第6卷，第2868页。
② 被派参与借款事宜的王大臣还有恭王奕䜣、庆王奕劻、户部尚书翁同龢、兵部尚书孙毓汶、吏部左侍郎徐用仪、户部左侍郎张荫桓、户部右侍郎长麟。
③ 杨锐致汪康年信中说："新宁奉召北上，兼督湘淮诸军，将来或代直督。"见上海图书馆编《汪康年师友书札》第3册，上海古籍出版社，1987，第2406页。
④ 《恳准销差开缺折》，光绪二十一年五月十六日，《刘坤一遗集》第2册，第867~868页。

绪，重申前请。倘我公不能为地，朝廷强以所难，惟有抵死固辞，甘受大戮，必不敢贸贸然为之，致如今日之合肥受人唾骂，昔日之湘阴受人揶揄，自辱辱君，并以辱友。公知弟者，得以尽言，幸勿责其过激。①

刘坤一语气如此决绝，表明他坚决不移督直隶。荣禄暗中劝刘或有由来，表明此刻他已经介入重要的人事决策中了。闰五月二十四日，刘又上疏以久病难支。经直隶总督王文韶奏请允准，刘坤一于七月十九日抵达天津养病。此时，李鸿章坐镇北洋已经不太可能，清廷已决定另行考虑直督人选了。北洋海军和淮军惨败，使李鸿章声名扫地。自马关回国后，他一直养伤津门。假满后又受命与王文韶续商有关中日和约事宜。然而，京城中的清议人士仍不甘休，坚决要求将其治罪、罢黜。七月初九日，李鸿章入京陛见。光绪帝召见时仍有责难。更为可惧的是，翰林院代递六十八人连衔折，严参李鸿章，② 这恐怕是有清一代绝无仅有的大参劾了。清议人士倾巢出动，这与掌院学士徐桐的支持怂恿有关。是日有旨，李鸿章留京，入阁办事，王文韶授直隶总督、北洋大臣。

随着直隶总督一缺尘埃落定，另一个敏感的问题凸显出来。那就是刘坤一和张之洞的安置问题。战争结束后，署理两江总督张之洞积极活动，试图留任两江，与刘坤一暗中展开较量。拥戴张之洞的一批清议人士，以江宁推行的新政刚刚开始，不可半途而废为由，为其留任摇旗呐喊；而刘坤一的属下则对张以新政为名，在江宁虚掷国帑、不计实效的改革提出批评。九月初八日，刘坤一再次奏请销差，开去两江总督本缺，回籍养疴，并请进京复命。十一月初，金州、旅顺日军撤退，刘坤一奉旨入都。③ 十三日抵京，召见三次。十一月十八日上谕着刘坤一回两江总督任，张之洞回湖广总督任。

关于刘、张二人回任问题上清廷内部的争论和决策内幕，鲜有确凿材料。但是，私家记述中可见一些痕迹。十一月十八日，庆王与荣禄请训，赴

---

① 《复荣中堂函》，光绪二十一年闰五月十七日，《刘坤一遗集》第5册，第2159页。
② 《吏部尚书麟书奏为代递编修丁立钧等条陈时务呈文折》，戚其章主编《中日战争》续编第3册，第542~545页。
③ 《遵旨入都陛见恭报起程日期折》，光绪二十一年十一月十二日，《刘坤一遗集》第2册，第903~904页。

菩陀峪陵寝。① 这一天恰好刘、张奉旨回任。有资料显示，在刘回任问题上，荣禄曾暗中予以支持。文廷式曾说："刘坤一治兵既无效，而营求回任之心至亟，内则恭亲王、荣禄主之，然上意殊不谓然也。乃遣江苏候补道丁葆元入都，粮台以报销余款十万继之，遂得要领。余告李高阳（鸿藻），高阳以为事所必无。不数日而回任之旨下。高阳又谓余曰：汝前所言之事，乃真实语也，丁者，何名，信有神通耶？余曰：非某知之，有门人籍宁波者，言四恒前月已出票，故敢告也。"② 也有时人称，刘坤一通过上海机器局总办、候补道员刘麒祥打通关节，促成回任。早在九月十九日，张之洞的幕僚姚锡光在与陈庆年等交谈中闻知，"闻此次刘岘帅得回两江任，赂洛中权贵，费银至卅万两，而慈圣所用李太监得银最多"。③ 可见，张氏幕僚中间有关刘坤一通过贿赂手段得以回任的说法已在流传。不管怎么说，刘、张回任是当时京城高层争论后的结果。

二 慈禧对清议的整肃

甲午战争期间清议势力大振，主战拒和，对中枢造成极大压力。因言论波及两宫关系，引起慈禧愤怒，发誓"定当将此辈整顿"。④ 被视为清议领袖的翁同龢和他的追随者相继受到整肃。对于这段历史，康有为在政变后称："自强学会开后，海内移风，纷纷开会，各国属目。自封禁后，渐讳新政。方当西后杖二妃，逐侍郎长麟、汪鸣銮、志锐之时。至逾年二月，撤毓庆宫，逐翁同龢、文芸阁，杀寇良才，将筑圆明园以幽上，于是开新之风扫地矣。"⑤ 康氏将这一系列事件与新政变法相联系，不免偏颇。其实，这些事件的发生，根本上还是甲午战争后派系斗争的延续，反映的是慈禧对清流的反击。这场斗争从乙未年（1895）十月万寿节后开始，一直持续到丙申年（1896）二月以后。这期间李鸿章重新受到重用，翁党受到打压，清议势力受到重创。

---

① 翁万戈编，翁以钧校订《翁同龢日记》第6卷，第2908页。
② 汪叔子编《文廷式集》下册，第735页。
③ 王凡、汪叔子整理《姚锡光江鄂日记（外二种）》，中华书局，2010，第41页。
④ 翁万戈编，翁以钧校订《翁同龢日记》第6卷，第2799页。
⑤ 楼宇烈整理《康南海自编年谱（外二种）》，中华书局，1992，第32页。

汪、长革职事件

乙未年十月十七日，吏部左侍郎汪鸣銮、户部右侍郎长麟被指离间两宫，遭到革职永不叙用。上谕称：

> 朕敬奉皇太后宫闱侍养，夙夜无违，仰蒙慈训殷拳，大而军国机宜，细而起居服御，凡所以体恤朕躬者，无微不至，此天下臣民所共知者也。乃有不学无术之徒，妄事揣摩，辄于召对之时，语气抑扬，罔知轻重，即如侍郎汪鸣銮、长麟，上年屡次召对，信口妄言，迹近离间。当时本欲即行宣播，因值军务方棘，恐致有触圣怀，是以隐忍未发。今特明白晓谕，使诸臣知所儆惕。户部右侍郎长麟、吏部右侍郎汪鸣銮，均著革职，永不叙用。①

这道谕旨是翁同龢参与草拟的。翁日记云："见起递折毕，上宣谕吏部侍郎汪某、户部长某离间两宫，厥咎难逭，著革职永不叙用。臣等固请所言何事，而天怒不可回，但云此系宽典，后有人敢尔，当严谴也。三刻退，拟旨。未到书房。午初始散。"② 从翁氏的记载看，皇帝似有难言之隐，并未与枢臣坦言，而且没有像以往那样与翁在书房见面，可见内有蹊跷之处。第二天，翁在督办军务处曾与荣禄"深谈"，询问的可能也是此事，但未记详情。

汪、长革职在当时朝野引起不少议论。但迄今为止，尚缺少翔实可靠的资料说明内幕详情。汪鸣銮（1839~1907），字柳门，号郋亭，浙江钱塘人，同治四年（1865）进士，选庶吉士，散馆后授编修。历迁至工部左侍郎。光绪二十年奉旨在总理衙门行走，二十一年改吏部右侍郎，始终是翁同龢的门生和追随者。长麟（1864~?），字石农，满洲镶蓝旗人。光绪六年翻译进士，选庶吉士，散馆后授编修。后由少詹事、内阁学士于十八年迁礼部右侍郎。二十年十月，恭王复出，成立督办军务处，会办军务，同年十二月改户部右侍郎。在慈禧万寿节之后，突然发生两侍郎革职事件，而且原因

---

① 中国第一历史档案馆编《光绪宣统两朝上谕档》第 21 册，第 396~397 页。
② 翁万戈编，翁以钧校订《翁同龢日记》第 6 卷，第 2900 页。

归结到"上年",多少有些令人匪夷所思。对于其真实原因,近代以来私家笔记多有记述,然也莫衷一是。事发十天后,杨锐在京城打探到消息,于十月二十八日致电张之洞称:

> 万寿后家宴三日。两宫礼意甚洽。十四日封还二妃,佛先以此慰上意,乃谴汪、长,意似不再推求。长为提督,屡忤慈旨。今年三月廿九与汪同论性恶,注曰荀,被申斥,排陷即由此也。鉴园近来懿眷颇回,屡荷召对赏戏,朝局或尚无翻动。①

这封电报是杨锐向张之洞汇报汪、长革职情况的急电。电报中"两宫"指慈禧太后、光绪帝,"二妃"指珍妃、瑾妃,"鉴园"系恭王(号鉴园)。事件发生在慈禧万寿期间,两宫关系融洽,慈禧恢复二妃名号,同时对长、汪采取行动,似乎与皇帝有所交易。电报中"今年三月廿九与汪同论性恶,注曰荀,被申斥"一句,借用荀子主"性恶说",暗指长麟与汪鸣銮在御前攻击孙毓汶之事(古时"荀"通"孙")。查阅翁同龢日记,乙未年三月二十九日正是《马关条约》文本送到京城、朝野上下对割让台湾和辽东半岛争论激烈之时。② 据文廷式记载:"上召见汪侍郎鸣銮曰:孙毓汶逼我画押,徐用仪和之。鸣銮对曰:上言及此,天下之福。孙毓汶悍恶不可用信。有大事,翁同龢、李鸿藻较可任。上曰:然。"③ 看来,汪、长被革职的根源仍在马关议和之争,他们都曾向皇帝面参过孙氏。

因为汪、长均为翁门弟子,且与和战争论有关,时人多认为此事是针对翁同龢的。李鸿藻外孙祁景颐回忆说:二侍郎革职时,翁、李虽在枢府,都不知具体原因。据李鸿藻了解到的情况,"观复、略园,日夕有所策画,欲易朝局,而矢的加于蜩翼,彼尚不知详委。汪、长召对时,虽微露所闻于德宗,为内奄窃听,陈于孝钦后。后诘德宗,故忿怒出此。其实,二侍郎所言,尚无违碍也"。李鸿藻自言:"与乐道主持镇静、调和,心力交瘁。乐道此番再起,不甚负责,余亦耄年多病,有一分心即尽一分力,他非所问。

---

① 《杨锐致张之洞电报》,乙未年十月廿八午刻发,廿九午刻到,虞和平主编《近代史所藏清代名人稿本抄档》第1辑第135册,梁敦彦档,第410~411页。
② 翁万戈编,翁以钧校订《翁同龢日记》第6卷,第2841~2842页。
③ 汪叔子编《文廷式集》下册,第797页。

向与诸公皆多年夙好，观复性固不易进言；略园明敏，与交尤笃，时有所讽，伊颇动听。"文中"观复"指协办大学士徐桐；"略园"，荣禄的别号；"蝴翼"，翁同龢的斋名；"乐道"，恭王奕訢晚号"乐道"。就此看来，马关议和后，徐桐、荣禄等人一直图谋变更朝局，恭王复出后，不甚负责，李鸿藻则耄年多病，二人力求镇静，努力调和各种纷争，这使荣、徐的企图难以实现。荣禄经李鸿藻晓以利害，还能纳谏；徐桐则顽固不化。所以，联系到后来的己亥建储，祁景颐称："其后观复与略园自谋废立，意见不和。略（荣禄）颇有世界眼光，知各友邦之不易与，不愿盲从；驯致纵拳仇外，亦始终未能赞同，聪颖处诚不可及，在满洲尤为难得。惜其人固宠保位，不能销患于无形中，诚足惜也。"① 这段文字对荣禄的评判较为中肯。按照祁景颐的说法，汪、长是因为知道荣、徐谋翻朝局的图谋而向皇帝透露消息，才被废黜的。这只是一说。军机章京郭曾炘之子郭则沄记述说：

> 相传妃贬后，寻复位号。德宗喜甚，诣谢。母子欢然。太后曰："帝近来甚尽孝，果如是，余复何说？其从前疏阕，必有人间之，盍言其人？"意谓常熟也。德宗不忍举常熟，又无以塞慈意，适前日召见侍郎长麟、汪鸣銮，因以二人对。长、汪遂以离间两宫斥谴。召对时，固未及此，亦无由自剖。然上倚常熟甚重，遇事仍就咨，益拂慈圣意。②

这里更加直接说明了汪、长事件与翁的关系。光绪帝召见汪、长二人，八月、九月两个月中，召见汪五次、长两次，③ 也不算频繁。可见，革黜二人与近期召见没有必然联系。从其他材料反映的情况看，准备对翁采取打击的不仅是慈禧、荣禄、徐桐，还有在战后失势的李鸿章、孙毓汶等一派。文廷式笔记中称：

---

① 祁景颐：《龢谷亭随笔》，庄建平编《晚清民初政坛百态》，第 129 页。
② 郭则沄：《十朝诗乘》，张寅彭编《民国诗话丛编》第 4 册，上海书店出版社，2002，第 745 页。
③ 光绪帝于八月十一日、二十五日、九月初六日、十七日、二十五日，总计 5 次召见汪鸣銮；于八月十九日、九月十三日两次召见长麟，两个月内召见汪似稍多，但也不是很显眼，当时在两个月内被召见过三四次的官员很多。见《邸抄》，北京图书馆出版社，2004，第 70 册，第 36438、36504、36552、36626、36685、36714、36774 页。

李仲约侍郎临终前一日，执余手言：合肥与李莲英日日相见，图变朝局，汝等当小心。既而曰：吾不能与常熟款语，然合肥、济宁各怀不逞，以吾亲家张荫桓为枢纽，二人一发千钧，皆在张一人，胡为至今不去也。忠诚之心，将死弥笃，乃至不避至亲，迄今思之，可为流涕。①

查翁同龢日记，李文田病逝于十月二十日戌刻。② 时间正在汪、长革职之后，按照李文田的说法，此事背后还有李鸿章、孙毓汶等人的推动，而户部侍郎张荫桓也曾参与密谋。尽管上述说法有所差异，但是，共同的一点是，汪、长被黜是战争期间派系矛盾的延续，而此时翁同龢处境极为被动，不仅受到李、孙的反扑，也受到荣、徐的暗算。

汪、长二人被革职后，十九日上谕命王文锦调吏部右侍郎，吴廷芬升兵部右侍郎，关键是入军机后始终以侍郎候补的刚毅，得以补户部右侍郎。十一月二十二日，翁日记云："晚柳门来深谈，灯后去，有味哉，其言也。"③ 这是事情过去一个月后二人的一次交流，可惜，翁日记中对谈话内容没有一丝流露。

查封强学会与翁同龢的态度

十二月初七日，紧接着发生了查禁强学会事件。此事被认为是对清议的又一次打击。幕后操纵者是李鸿章。在他的支持下，御史杨崇伊以"京官创设强学会大干法禁"上折纠参。折云：

> 窃自东洋事起，热中者流急于自见，遇事生风，往往连章执奏，惑乱听闻，时局艰难，遂致日甚一日。夫多事之际，诸臣谋猷入告，必期有益军国，若于目前局势，未能了了，仅凭报馆横议，逞其笔锋，亦复于事何补？况报馆之毁誉，定于贿赂之有无，任意抑扬，凭空结撰，岂可信以为真？乃近来台馆诸臣，自命留心时事，竟敢呼朋引类，于后孙公园赁屋，创立强学书院，专门贩卖西学书籍，并钞录各馆新闻报刊，

---

① 汪叔子编《文廷式集》下册，第 747 页。
② 翁万戈编，翁以钧校订《翁同龢日记》第 6 卷，第 2901 页。
③ 翁万戈编，翁以钧校订《翁同龢日记》第 6 卷，第 2909 页。

印《中外纪闻》，按户销售。计此二宗，每月千金以外。犹复借口公费，函索各省文武大员，以毁誉为要挟。故开办未久，集款已及二万。口谈忠义，心熏利欲，莫此为甚。且目前以毁誉要公费，他日将以公费分毁誉，流弊所极，必以书院私议干朝廷黜陟之权，树党援而分门户，其端皆基于此。相应请旨严禁，并查明创立之人，分别示惩，以为沽名周利之戒。①

杨崇伊（1842～1909），字莘伯，江苏常熟人。光绪六年进士，选庶吉士，散馆后为编修。与翁同龢为同乡，又与李经方为儿女亲家。光绪二十一年十月，他刚刚补用江西道监察御史，便上折言事，这次参劾果然引起波澜。

强学会，又作强学书局，是部院京官在八月间酝酿，十月才正式创建起来的一个互通声气、研习西学的组织，被视为清议势力活跃的象征。关于该会的建立情况，八月初三日，梁启超给夏曾佑的信中说："此间数日内袁慰亭、陈仰垣诸人开一会，集款已有二千（以后尚可通达官，得多金），拟即为译书刻书刻报地步，若能成亦大佳也。"② 袁慰庭即袁世凯，陈仰垣即陈允颐，当时均在督办军务处当差。从梁的叙述看，袁、陈是该会的主要发起人。八月十九日，内阁中书汪大燮在写给汪康年的信中说："京城士夫拟联强学会，已赁屋后孙公园，微有眉目，章程尚未定。"③ 九月二十四日信中又说："京中同人近立有强学会，亦名译书局，下月开局，先译日报，凡伦敦《泰晤士》、《代谟斯》报，先日出一册，约十页等。……同人延兄及梁卓如为主笔，下月当移寓后孙公园安徽馆间壁……其经费有香帅五千金，袁观察千余，及零星之款，将来当可推广。惟现在系张巽之翰林孝谦主其事。巽之作事无甚经纬……会中陈次亮、沈子培、丁叔衡皆有正董之名，沈子封、文芸阁等皆有副董之名，其余褚伯约、姚菊仙等无不与会事。"④ 信中

---

① 《江西道监察御史杨崇伊奏为特参京官设立强学书院植党营私大干法禁请旨严查事》，光绪二十一年十二月初七日，录副奏折，档号03-5338-089，缩微号403-1277。
② 梁启超致夏曾佑信，丁文江、赵丰田编《梁启超年谱长编》，上海人民出版社，1983，第42页。
③ 上海图书馆编《汪康年师友书札》第1册，第710页。
④ 上海图书馆编《汪康年师友书札》第1册，第712、714～716页。

"梁卓如"即梁启超,"香帅"指张之洞,"袁观察"即袁世凯,"张巽之"即张孝谦,"陈次亮"即陈炽,"沈子培"即沈曾植,"丁叔衡"即丁立钧,"沈子封"即沈曾桐,"文芸阁"即文廷式,其中大半为翁同龢门生。可见,到了九月,强学会的筹备工作大体完毕,还选举陈炽、沈曾植、文廷式等为总董、副董。经费则由张之洞、袁世凯等官员赞助,主事者是翰林院编修张孝谦(字巽之)。强学会编译资料,出版《中外纪闻》,由汪大燮、梁启超作主笔,附在《京报》中送到订约的京官寓所。这在当时令人耳目一新。

不过,如汪大燮忧虑的那样,强学会刚刚开始活动,内部矛盾就出现了。实际主持事务的张孝谦、丁立钧、熊亦奇等,彼此意见不一。据吴樵后来称:"是时丁、熊、张诸人为政,有欲开书坊者,有云宜专卖国朝掌故书者,有云宜卖局版经书者。间数日一聚,聚辄议论纷纭而罢。"① 而且,"与会诸人官气重而本领低,私意多而急公鲜,议论乱而本旨悖"。② 对于这个京官组织,一些局外人士也不看好。十一月十二日,到强学书局参加议事的叶昌炽评价说:"众喙纷庞,京朝士大夫又未尽化华夷之见,此局之设,亦如麒麟楦而已。"③ 强学会的涣散状态和内部纷争,引起李鸿章及其追随者等"彼党"的侧目。④ 他们抓住有利时机,对这批正在内耗的清议人士采取打击行动。这就是杨崇伊参劾的背景。

关于杨参劾强学会的原因,有几种说法。一是强学会拒绝李鸿章赠款。据说,"合肥自愿捐金二千入会,同会诸子摈之,议论纷纭。杨崇伊参劾之衅遂始于此"。⑤ 又言:"合肥以三千金入股,屏之(次亮之意),已含怒矣。"⑥ 另据日本外交官搜集的消息,"传闻御史杨崇伊因不出会费而欲为会

---

① 《吴樵致汪康年》,光绪二十二年二月二十一日,上海图书馆编《汪康年师友书札》第1册,第472页。
② 《吴樵致汪康年》,光绪二十一年十一月十二日,上海图书馆编《汪康年师友书札》第1册,第460~461页。
③ 叶昌炽:《缘督庐日记》第4册,江苏古籍出版社,2002,第2369页。
④ 《吴樵致汪康年》,光绪二十二年二月二十一日,上海图书馆编《汪康年师友书札》第1册,第472页。"丁"指丁立钧,"熊"指熊亦奇(字余波,翰林院编修),"张"指张孝谦,"彼党"指杨崇伊等反对强学会的人士。
⑤ 上海图书馆《汪康年师友书札》,第320页。
⑥ 上海图书馆编《汪康年师友书札》,第265页。

员被拒绝，怀恨在心，以种种理由构陷其事，遂及弹劾"。① 意思大约相同。其实，这些都是枝节原因，主要问题还是清议与李鸿章在甲午战争中结下的政治怨恨。

二是认为杨氏参劾强学会与翁同龢有关。据光绪二十二年正月初六日吴樵写给汪康年的信中所说："京会闻发难于卓如之文。渠有《学会末议》一篇，甚好，脱稿后曾以示樵，不知局中谁人献好，闻于政府（闻系常熟），遂嗾杨崇伊参之。而杨与合肥之子为儿女亲，因此亦可报复。"② 另一封信中说："杨崇伊者，揣政府之意（卓如有《学会末议》三纸，甚切实，曾以示樵，他人未见也，不知其党何人告于政府，内有易相之意，与公见同），迎合李、孙，欲借此以兴大狱，遽以聚党入奏。"③ 究其所云，似乎是翁同龢唆使杨崇伊参劾强学会，并迎合李、孙。这种说法似不可信。据翁氏次年七月日记中说，在胡燏棻家见杨崇伊，"数年未见"。④ 多年与杨没有联系，自然不存在与杨密谋的可能性；况且，强学会主持者多为自己的门生和追随者，翁是不会如此痛下杀手的。吴樵所闻可能是误传。但是，在查禁强学会问题上，翁同龢确实不像以前那样挺身而出，为清议说话。杨崇伊疏上，光绪帝颁布上谕：

> 御史杨崇伊奏，京官创设强学书院，植党营私，请旨严禁一折。据称近来台馆诸臣于后孙公园赁屋，创立强学书院，专门贩卖西学书籍，并钞录各馆新闻报，刊印《中外纪闻》，按户销售。犹复借口公费，函索外省大员，以毁誉为要挟。请饬严禁等语。著都察院查明封禁。原折著钞给阅看。⑤

这一天入值的军机大臣有恭王、礼王、翁同龢、刚毅等，李鸿藻于十二月初四日与端王载漪一起前往菩陀峪万年吉地勘查工程（十四日才返回），

---

① 林董公使致西园寺公望代理外相报告：《关于封禁强学书局始末》，1896年2月5日，1896年2月25日收到，《外务省记录》1-6-1-4-2，"各国关系杂纂"第1册，日本外交史料馆藏。转引自茅海建《从甲午到戊戌》，第147页。
② 上海图书馆编《汪康年师友书札》，第1册，第463页。
③ 上海图书馆编《汪康年师友书札》第1册，第472页。
④ 翁万戈编，翁以钧校订《翁同龢日记》第6卷，第2975页。
⑤ 《清德宗实录》卷381，光绪二十一年十二月初七日，《清实录》第56册，第986~987页。

故未入值。① 据翁日记，查禁是军机大臣召见时决定的。日记中写道："言者以城南强学会为结党敛钱，大干法纪，有寄谕令都察院封禁。盈廷之是非如此。"② 看上去他对杨的参劾和中枢的处置方式颇有怨言。像恭王、礼王、刚毅等一贯对清议不满的枢臣，必然支持查禁。但翁这次显然没有提出异议。翁之所以保持缄默的态度，与他此刻的处境有关，鉴于汪、长事件的教训和慈禧的种种警示，他已不敢公开支持清议人士。十二月二十七日汪大燮在给汪康年的信中说："当初七事起，高阳（李）赴陵差未回，常熟（翁）嘿不一言，至有此事。次日常熟见人，推之两邸（恭、礼），而为诸人抱屈。阅数日，寿州（孙家鼐）言：事无妨，上已询彼，力言其诬，且谓事实有益。上悔行之不当，而常熟亦欲挽回矣。望日，高阳归，常熟往见，属合力扶持。"③ 翁氏在初七日"嘿不一言"，事后又将责任推给两邸，为清议抱冤，不免有些进退失据。在孙、李的参与下，取得光绪帝支持，三人又开始同心挽回。强学会被查禁半个月后，十二月二十二日，由御史胡孚宸出奏，"书局有益人才请饬筹议"，旨派总理衙门议奏。后经张荫桓等人努力，二十二年正月十二日，总署议复折奏上，拟援照八旗官学之例，建立官书局，钦派大臣一二员管理，聘订通晓中西学问之洋人为教习，"常川驻局，专司选译书籍、各国新报及指授各种西学，并酌派司事译官收掌书籍，印售各国新报，统由管理大臣总其事，司事专司稽察。所需经费由总理衙门于出使经费项下每月提拨银一千两，以备购置图籍仪器、各国新闻纸及教习、司事、翻译薪水等用……"④ 二十一日，光绪帝命孙家鼐为官书局管理大臣，开始制定章程，将原来强学书局诸人依旧任用办事。同为师傅，在乙未年十二月挽救强学会问题上，孙家鼐表现得尤为主动。汪大燮称："此次寿州极难得，请假数日，意欲请开缺，闻有复议，而后销假，有以去就相争之志。

---

① 翁万戈编，翁以钧校订《翁同龢日记》第 6 卷，第 2913 页。谭嗣同在致欧阳中鹄信中称："强学会之禁也，乃合肥姻家御史杨莘伯所劾，知高阳必袒护清流，乘其赴菩陀峪始上疏。诸公不知所为，竟允其请，因之贻笑中外，在京西人面肆讥诋，遂至流播于新闻纸。朝廷深悔此举，高阳尤愤，适有胡公度请重开之奏，遂降旨准其重开。"见《谭嗣同致欧阳中鹄》，光绪二十二年正月二十八日，《谭嗣同全集》（增订本），中华书局，1981，第 457 页。
② 翁万戈编，翁以钧校订《翁同龢日记》第 6 卷，第 2913 页。
③ 上海图书馆编《汪康年师友书札》第 1 册，第 721~722 页。
④ （总理衙门）《奏复书局有益人才请饬筹议以裨时局折》，光绪二十一年十二月二十二日（误，应为光绪二十二年正月十二日），《戊戌变法》第 2 册，第 398 页。

常熟进退失据，进书房则有愧于寿州（孙），列军机则有惭于高阳，入译署复有怍于南海（张），而仍不能见好于其同乡（杨崇伊），此真无以自解矣。"① 看来，翁同龢在查禁强学会问题上的退缩和推诿，使得其在清议中的威望一落千丈，在同僚中的处境也十分尴尬。② 考虑到甲午以来翁氏不断受到打压的境遇，他的明哲保身也可理解。可是，他的退缩没有换来政敌的宽宥，反而招致了更严厉的打击。就连自己援引入枢的刚毅也看准了翁的失势，开始落井下石。乙未年十二月十九日，刚毅在与传教士李提摩太谈话时，对自己在山西、广东、江苏巡抚期间的政绩极为肯定，自以为做到了"两袖清风"，声称"汉族官员是中外建立友好关系的阻碍者，而不是满洲人。汉人是固执的排外者"。③ 刚毅又对李提摩太的秘书称，"他（刚毅）对皇帝没有任何影响力，因为翁一手遮天。在内阁（应指军机处——引者注）里，汉族官员独行其是，甚至恭亲王和礼亲王都无足轻重。他声言，翁同龢把皇帝引进了一团黑暗里，蒙蔽了他的双眼"。④ 这番言论充满了对翁的不满和仇视，甚至流露出对汉族官员群体的敌视，而刚毅排斥汉员的倾向在后来彻底暴露出来。

李鸿章使俄与翁、文受黜

强学会事件暴露了清议人士内部的严重矛盾，翁同龢处境更为艰难。当时，清廷有派李鸿章使俄之议，清议颇有异议，而此时的慈禧则鼎力支持。同时，接连发生了翁同龢被撤去书房行走、文廷式被革职驱逐回籍之事，这是慈禧对清议的再次重击。慈禧施展分化策略，拉拢李鸿藻，打击翁同龢。

光绪二十二年丙申（1896）俄国沙皇尼古拉二世加冕，清廷决定派员前往祝贺，并乘机与俄联络，共同对付日本。原本派王之春前往，但俄国认

---

① 《汪大燮致汪康年、汪诒年》，光绪二十一年十二月二十七日，上海图书馆编《汪康年师友书札》第 1 册，第 721~723 页。
② 文廷式记："翁叔平尚书与余素善，余疏落，要不常相见。然比者以一人而兼任师傅、军机、总理衙门、督办军务处，又领户部，皆至要之职，而犹谓不能办事，又不欲居权要之名，一彼一此，迄无定见。以此召乱，谁能谅之？嗟呼！张茂先我所不解也。"（《闻尘偶记》，汪叔子编《文廷式集》下册，第 726 页）张茂先，即张华，字茂先，西晋人，这里借指翁氏。
③ 《亲历晚清四十五年——李提摩太在华回忆录》，李宪堂、侯林莉译，天津人民出版社，2005，第 240 页。
④ 《亲历晚清四十五年——李提摩太在华回忆录》，第 240~241 页。

为王资望不足,乙未年十二月二十七日,慈禧下懿旨改派李鸿章为正使、邵友濂为副使前往。自回京入阁办事后,李鸿章一直奉命处理中日议和的遗留问题,心情苦闷,处境尴尬。此次出使俄国,正是他在政治上打翻身仗的良机。但是,清议对李携带其子李经方和罗丰禄为随员极力反对。二十九日李鸿章上奏谢恩折时,以附片坚请以李经方随行:

> 臣以衰年远使异域,仰蒙朝廷轸念,特命臣子李经述随侍前往……臣子李经述随任读书多年,谨饬自爱,向未学习洋务,此次随臣前往,于臣起居动履自能尽心侍奉,惟于应接外事只可借资历练。臣子李经方幼曾兼习西国语言文字,嗣充驻英参赞,游历法、德、美各邦,旋充出使日本大臣……吁恳天恩,俯念臣老朽多病,准令李经方一并随行……再,马关之役,势处万难,所有办理各事,皆臣相机酌夺请旨遵行,实非李经方所能为力。局外不察,横腾谤议,应邀圣明洞鉴……①

新年(丙申)正月初九日,清廷明发谕旨:"大学士李鸿章奉使遄行,精神强固。惟年逾七旬,远涉重洋,朝廷良深廑系。伊子李经述著赏给三品衔,随侍前往,以示优眷。"② 结果,不仅李经方要随行,李经述也获准随行,表明慈禧对李的支持。正月初十日,李鸿章与李鸿藻为李经方、罗丰禄随行之事辩论甚久,"合肥谓非此二人不可"。③ 因邵友濂请辞不就,正月十三日,李鸿章奏请随带人员于式枚等十人、洋员参赞柯乐德等五人,并请颁发赴俄所携礼品,光绪帝当日下谕批准。④

就在这一天,慈禧颁布懿旨,撤书房(毓庆宫行走)。这意味着翁同龢、孙家鼐失去与皇帝单独接触的机会。是日翁同龢在日记中称:"懋勤殿首领传旨曰书房撤。余问长撤耶抑暂撤也?答曰长撤。余入见时奏此事,想

---

① 《李经方随往片》,光绪二十一年十二月二十九日,《李鸿章全集》第16册,第78页。
② 《清德宗实录》卷411,光绪二十二年正月初九日,《清实录》第57册,第7页。
③ 翁万戈编,翁以钧校订《翁同龢日记》第6卷,第2925页。据随手记档,十四日,御史胡景桂上奏"道员马建忠、武(伍)廷方(芳)请勿令随李鸿章出洋片",光绪帝下旨"存",并将该片送慈禧太后;正月十八日,又有翰林院侍读张百熙上奏"请旨切责李鸿章不准携其子经方为随员折",光绪帝下旨"存",并送慈禧太后。可见,清议人士仍不就此罢手。参见中国第一历史档案馆编《清代军机处随手登记档》第144册,第428页。
④ 《清德宗实录》卷411,光绪二十二年正月十三日,《清实录》第57册,第9页。

懿旨所传，上颔之。"① 慈禧在宣布李鸿章使俄的同时，撤去翁的差使，一扬一抑，表达了鲜明的政治态度，明显是给清议人士看的。据李鸿藻后人流传下来的口碑资料，原本慈禧是想将翁同龢开缺，命其回籍，但是，李氏认为翁毕竟是三朝老臣，不忍心骤然解甲，故出面说情，终得罢毓庆宫行走了事。对此，荣禄不认同，以为手软，"便宜了"翁。② 其实，无论如何，在清议领袖的层面，李、翁也有相通的地方，虽然忌其"独对"之权，但在枢中仍然是可以争取的同盟者。

正月十六日，两宫与诸臣在颐和园共度元宵节，翁同龢日记称："至排云殿宫门，群臣跪迎三叩首，皇太后纡步，顾臣与李鸿藻，谕以天寒，可入帐房，问已饭否。"③ 这番嘘寒问暖，对李或许真实，对翁则是敷衍。正月十八日，慈禧下懿旨，恭王、李鸿章、李鸿藻令内监扶掖。如此细小之事，释放出了重要的政治信息：遭到清议围攻的合肥相国，如今帝眷仍隆；李鸿藻也很受太后关照，冷落翁的意图十分明显。据文廷式称，慈禧在宣布撤书房时还吩咐，"嗣后如有拟题等事，即传孙家鼐云"。④ 连科举考试代皇帝拟题的差事都指明由孙来做，可见对翁的排斥。至此，从甲午年十一月就曾实施的撤书房计划，如今终于尘埃落定。翁同龢对朝政的影响力大大受到限制。

对于李鸿章出使俄国、翁氏出毓庆宫前后的朝局，张之洞在京城的坐探杨锐写给张的密信中透露了不少情节：

---

① 翁万戈编，翁以钧校订《翁同龢日记》第6卷，第2926页。这年八月初四日，翁最后将留在毓庆宫的书籍等检齐交出，帝师生涯画上句号，"从此巢痕扫尽矣"。见翁万戈编，翁以钧校订《翁同龢日记》第6卷，第2978页。

② 李宗侗在《我的先世与外家》中称："……另一件与此相类的事情，就是撤消毓庆宫书房的事，据说那一次孝钦的原意不止撤消书房，并且将翁文恭驱逐回籍，如戊戌年的情形那样，这是听见我父亲说的。这件事发生的时期，荣文忠（禄）恰好奉命到东陵去，他回来以后就来看我祖父，恰好我祖父病了，不能到客厅去，就在卧房接见他，我父亲就陪着他进去侍立在旁边，所以听见他们俩的谈话。文忠说：'这件事情太便宜了常熟，四哥为什么帮助他说话？'因我祖父同文恭是盟兄弟，所以称他为四哥。我祖父就回答说：'无论如何常熟总是一个多年的老臣，我觉得对老臣不应该如此，所以我帮他说话。'文忠就叹息说：'四哥真是君子人也！'这是听我父亲亲口说的。"（原载台北《传记文学》第5卷第4期，1964年，后收入《李宗侗自传》，中华书局，2010，第25页）这段口碑也有不确之处，当时，荣禄并未离京。翁同龢这天记云："午正偕李公到督办处，约仲华议事，值其感冒不能来。"见翁万戈编，翁以钧校订《翁同龢日记》第6卷，第2926页。看来，荣禄也是罢翁预谋的参加者，这天请假也许有原因。

③ 翁万戈编，翁以钧校订《翁同龢日记》第6卷，第2927页。

④ 《闻尘偶记》，汪叔子编《文廷式集》下册，第720页。

前数日，旨赏内监扶掖入内三人，恭邸、高阳及合肥也。高阳公素荷慈知，上眷亦好，与邸尤浃洽。此近事之可喜者。闻其每晨入内时，饮烧酒一二盏。初到直庐，论事最劲直，同列相戒勿与争。迨面奏下，则和易近人，可以商榷矣。内珰辈呼为戆李。然举朝均谅其无他，不施机械，不似虞山之动辄荆棘也。

合肥去后，商约交张荫桓办。言路诸臣深虑其不妥，然无敢论之者，以近日传言慈意将召济宁复出，为订商约故也。此事果有，必合肥与李莲英所为。渠日盼翻朝局，其党昌言谤及圣躬，有"望之不似人君"语。真可发指。

……（残缺）去，亦怨之次骨，而合肥、济宁又内通珰寺，日谋所以撼之，宜其重干佛怒也。不特退出讲幄，此后尚恐别有风波。虞山一生尚巧，乃卒以巧误。可畏哉。

十二日，佛驾幸颐和园。上十五往请安，十七始回。缘十六日赏内外大臣在湖听戏故也。（十七日再赏饭，并派恩佑带领诸臣遍游颐和园）近来两宫礼意甚洽。五日一请安，必晨出晚回，侍膳，听戏，然折奏往往有积压数日不批者，渐不如去年听政之勤也。恭邸于十二日即随往湖，每日赏戏及看烟火，廿后始得归。其所住之园，佛派人先为供张，为立两庖。服物器具，皆须先过目，然后赏用，以黄龙袱罩之。恭邸先有病，在假中，其子瀛贝勒苦劝无出，并求荣禄力阻。恭邸告之曰：佛为我安置如此，虽欲不出，其可得乎？其去也，携花炮值二万金者以往。故近来诸事禀承佛意，无异于醇邸在时也。

合肥使俄，系出慈命。邵友濂不愿往。公电到，恭邸曰："不知皇上敢向太后说否？"高阳曰："有何不敢说？不说，如何办法？"胡侍御景桂、丁编修立钧折请饬勿带李经方、罗丰禄、马建忠数人。其日有旨赏李经述三品衔，随侍其父前往，盖为沮经方故也。合肥以此与高阳忿争。十三日再折，仍请带李经方去，有云"马关之约系奉朝命，无知之徒，妄生谤议"；并"臣有难言之隐"等语。旨莫能夺也。渠谢出使及伊子三品衔恩，又十三日递折，均未召见。十六日，慈圣召见园中，赏铜器十二件。十八请训，上乃召见。张侍讲百熙有疏纠之，留中。①

---

① 《杨锐致张之洞密函》，《张文襄公家藏手札》，中国社会科学院近代史研究所藏，档号182-264。

这封长信透露了不少重要信息。第一，慈禧派内监扶掖恭王、李鸿章、李鸿藻，虽是细小之事，表明了笼络恭王、李鸿章，信任合肥的意图。正月十五灯节前后，慈禧即命恭王前往海淀园中居住，安排十分周详。① 二月初七日，又赏假半个月，直到二十七日，慈禧召见后才销假入值。此时的恭王与以前的醇王一样，事事秉承慈禧之意。第二，慈禧对清议视为靠山的翁、李，采用分化手段，拉拢李鸿藻，冷落翁同龢，将毓庆宫行走撤去，对李则恩赏有加。第三，与李鸿藻"不施机械"相比，翁被认为是"动辄荆棘"、事事取巧，然"一生尚巧，乃卒以巧误"，在清议人士中声望大跌。第四，翁同龢受黜也与孙毓汶、李鸿章联络李莲英向慈禧施加影响有关，甚至有孙复出的传言，为的是报复甲午清议攻击之事。

正月二十日，李鸿章离京南下。正月二十一日，总理衙门奏，设官书局，选刻中西各种图籍，并选译外报印行，命孙家鼐管理。强学会也算有了一个皆大欢喜的结局。但是，政潮尚未息落。二月十六日，御史杨崇伊再上封奏，严参文廷式，并牵涉编修李盛铎。其折云：

> 窃见侍读学士文廷式，词章之学，非不斐然可观，而素行不端，秽声四播。少时久居广东，惯作枪替。通籍之后，谄事文姓太监，结为兄弟，往来甚密。东洋事起，群言庞杂，皆由该员主持。御史安维峻之折，亦听其指使。故遣戍之日，该员广为劝募，赆者盈万，躁妄险诐，于斯已极。记名御史编修李盛铎，昔随父任，溺于声色，恣为奸利。登第后，刊印大题文府，以便士子夹带，获利巨万，大干功令。现在请假回籍，而久居上海，与军机章京陈炽电报往来，希图经手洋债，以肥私橐。似此惟利在图，他日岂胜风宪之任？二人生同乡贯，互相标榜，梯荣干进，遇事生风。常于松筠庵广集同类，议论时政，联名执奏，博忠直之美名，济党援之私见，大臣畏其党类，事事含容。幸值圣明在上，

---

① 据翁同龢日记，正月二十七日，慈禧又下懿旨，恭王赏假十五日在园养病，有要事着军机大臣写片与商。二月初八日，又赏假半个月，直到二十九日，慈禧召见后才销假入值。见翁万戈编，翁以钧校订《翁同龢日记》第6卷，第2930、2932、2937页。文廷式称："正月以来，恭邸以病不能眠，迭蒙太后赏假，已历一月，闻异常优礼，近日尚未就痊云。按（文氏原按——引者注），恭邸请假不见邸抄，故特记于此。又闻恭邸屡次假期皆出自太后特赏，毋烦奏请，故不见邸报。"汪叔子编《文廷式集》下册，第720页。可见，这个时期慈禧对恭王十分优容。

不至贻误大局，而他日之事，有不得不为过虑者。该二员去秋在沪声言，本不欲出山，由军机大臣电催北上，借口招摇，若使身列要津，更不知若何贪纵。应请旨速予罢斥，以儆官邪而端士习。①

是日光绪适陪侍慈禧驻跸颐和园。十七日颁布上谕：

御史杨崇伊奏词臣不孚众望请立予罢斥一折。据称翰林院侍读学士文廷式，遇事生风，常于松筠庵广集同类，互相标榜，议论时政，联名执奏，并有与文姓太监结为兄弟情事等语。文廷式与内监往来虽无实据，事出有因，且该员于每次召见时语多狂妄，其平日不知谨慎，已可概见。文廷式著即革职，永不叙用，并驱逐回籍，不准在京逗留。此系从轻办理，在廷臣工务当共知儆戒，毋得自蹈愆尤。②

这道上谕完全是秉承慈禧的旨意发布的，只是惩处文氏，对李盛铎毫无提及。翁同龢是日日记云："昨杨崇伊参文廷式折，呈慈览。今日发下，谕将文廷式革职，永不叙用，驱逐回籍。"又记："闻昨日有内监寇万才（连材）者戮于市。或曰盗库，或曰上封事。未得其详。杨弹文与内监文姓结为兄弟，又主使安维峻言事。安发遣，敛银万余送行。"③ 从翁日记看，杨崇伊的奏折十六日早递上后，经慈禧览阅，次日光绪才发布上谕，将文革职。

有证据表明，杨崇伊弹劾强学会背后仍然是李鸿章的怂恿，参劾文廷式也有李的支持。此时李鸿章已在赴俄途中。张謇曾提到："闻二月李鸿章临俄时请见慈宁，折列五十七人，请禁勿用。第一即文道希。李出京而御史杨崇伊抨弹文道希之疏入矣。"当然，张謇本人也被列入了李鸿章的"黑名单"。④ 二月中旬，李鸿章抵达香港，其幕僚沈能虎致电李鸿章云："速送李中堂。十七奉旨，文廷式即行革职……系莘伯所弹也。"盛宣怀也急忙电告

---

① 杨崇伊：《奏为特参侍读学士文廷式记名御史编修李盛铎贪鄙任性请旨查究事》，光绪二十二年二月十六日，录副奏折，档案号03-5338-089，缩微号403-2257。
② 中国第一历史档案馆编《光绪宣统两朝上谕档》第22册，第52页。
③ 翁万戈编，翁以钧校订《翁同龢日记》第6卷，第2934页。
④ 《啬翁自定年谱》，《张謇全集》第6卷，第381页。

李鸿章，称杨崇伊劾文廷式通内监，奉旨永不叙用，驱逐回籍。① 李鸿章及其幕僚如此关心文廷式革职事件，加之杨、李之间的密切关系，足见纠参文廷式的计划蓄谋已久。而且，与翁同龢受黜密切相关。

与文廷式革职同时发生的是太监寇连材被杀事件，传言寇太监因为上书而死，因而激起京城士大夫的悲悯，于是京城出现了"寇太监从容临菜市，文学士驱逐返萍乡"的联语。二月二十一日吴樵致汪康年信中说："自毓庆撤后，盘游无度，太上每谓之曰：咱门天下自做乎，抑教姓翁的做？……常熟日内皇皇自危（伯唐言），恐将来获咎，必更甚芸阁。"② "太上"，指慈禧；"伯唐"，汪大燮，当时在张荫桓家做西席。"芸阁"，即文廷式。可以看出，慈禧对翁同龢利用书房授读的机会影响皇帝决策之事始终耿耿于怀，虽然已经撤去书房，仍不能释怀，戊戌年翁氏再次受黜，原因仍在此。

翁氏后来在自撰年谱中曾对"书房独对"做过一番解释。他说："自念以菲才而当枢要，外患日迫，内政未修，每中夜彷徨，憾不能自毙。讲帷职事，仅有数刻。最难处者，于枢臣见起之先，往往使中官笼烛宣召，及见则闲话数语而出。由是同官侧目，臣亦无路可以释疑。尝叩头奏：昔闻和珅曾如此，皇上岂欲置臣于死地耶？终不能回，亦奇事也。"③ 光绪二十一年乙未又记："是年，书房进讲，不过一刻许，是不能有敷陈。"④ 其实，这番解释是苍白的。不管时间长短，翁同龢利用在书房独对的机会向皇帝施加影响总是存在的，而这恰恰是慈禧最不能容忍的事情。后世过多强调翁氏在甲午后通过影响皇帝"隐持政权"，其实也不尽然。⑤

三月初二日，大学士额勒和布致仕。四月二十三日，经慈禧首肯，协办大学士昆冈升大学士，荣禄升协办大学士。翁在日记中说："昆冈有服而大

---

① 沈能虎、盛宣怀致李鸿章电，转引自钱仲联《文廷式年谱》，《中华文史论丛》1982 年第 4 期，第 300 页。
② 上海图书馆编《汪康年师友书札》第 1 册，第 466～467、480～481 页。
③ 朱育礼整理《松禅手订年谱》，《近代史资料》总 86 期，中国社会科学出版社，1994，第 39 页。
④ 朱育礼整理《松禅手订年谱》，《近代史资料》总 86 期，第 43 页。
⑤ 比较有戏剧性的一幕是同年九月李鸿章回京，因为擅入圆明园受到上谕诘责。据当时士大夫之间的传言，是军机大臣翁同龢暗中所为。王照后来即称："丙申文忠归自欧美，翁氏仍（乃）以私游颐和园（应为圆明园——引者注）之细故，张大其词，使皇上明发上谕，斥辱甫息征骖之老臣。"见王照《方家园杂咏纪事》，荣孟源、章伯锋主编《近代稗海》第 1 辑，四川人民出版社，1985，第 16 页。

拜，荣禄在后而协揆，皆异数也。"① 似乎是惊讶，其实是不平。荣禄自甲午回京，仕途一路飙升，而翁则迭受打击，难免有此感慨。

　　仔细观察即可发现，在甲午战后慈禧整肃清议的过程中，荣禄始终是幕后参与者，也是受益者。翁同龢受到慈禧忌恨，李鸿藻病衰，与翁、李资历相近的荣禄受到太后信任，影响力越来越大。当然，督办军务处这个权力平台为他带来的便利条件也不可忽视。

---

① 翁万戈编，翁以钧校订《翁同龢日记》第6卷，第2951页。

第六章　督办军务与荣禄权势的扩张

研究甲午至戊戌间荣禄政治地位的上升及其与朝局的关系，必须对督办军务处及其功能在战后的变化进行研究。原本督办处是一个战时统筹军事的机构，战争结束后其使命自然终结，但事实上，甲午战后督办处一直被保留，先是负责裁勇、编练新军，随后与国防建设相关的调整兵工企业、修建铁路也都由督办处统筹决策。督办处一定程度上分割了原属军机处和总理衙门的部分职能，扮演了统筹新政的特殊角色，这一点很容易被督办大臣或兼军机，或兼总署的现象所掩盖。正是凭借督办军务处的权力平台，甲午战后荣禄的权势得以迅速扩张。不仅如此，通过荣禄的练兵活动，湘军、淮军兴起后汉族地方督抚执掌军权的局面出现了微妙的变化，清廷中央重新获得统掌军权的主动权。

一　裁勇与军事改革

随着战争的结束，军事改革日益提上日程。甲午战争给中国社会各方面都带来了惨痛的教训，从而激发了改革军事的迫切性。这些很自然地仍然由督办军务处承担起来。随着东北战场恢复平静，京城防卫戒严也解除。《马关条约》签订后，督办军务处即奏请将上年十一月间神机营拨派分驻近城之黄村、卢沟桥、清河、八里桥、墨石口、西大红门、东坝、马驹桥八处，由将军永德、丰绅总统巡缉的马步练兵撤回；至总统并管带官员除原在神机营者仍回营当差外，其绥远城将军永德、江宁将军丰绅、锦州副都统崇善、察哈尔副都统吉升阿、青州副都统讷钦等五员应请旨饬回本任以重职守。①五月二十三日，督办处"将应裁各营作公函致刘岘庄"。②五月二十四日，电旨命令刘坤一与李鸿章、王文韶将津、沽、山海关一带驻军"详细斟酌，分别汰留裁并，奏明办理"。③这项任务也是由督办军务处具体负责的。刘坤一建议将军队并为大枝，以成劲旅，裁汰后的淮军可留二十五营至三十营，由聂士成统率，防卫津沽沿海；胡燏棻所练定武军十营划为北洋大臣亲兵；至于湘军，则因水土不服，地域不宜，可全部裁汰；山海关外则以宋庆所部毅军为主力，留两万，驻锦州，八旗练军再酌留若干，其他皆逐步遣撤归并。但是，督办处对于全部裁撤湘军并不同意。闰五月初九日，翁同龢以草拟折稿"商诸公，皆以为然"。次日，荣禄又做了削改修订。④可见荣禄在裁军问题上的主动态度。十三日，督办处正式复奏，主张湘、淮、毅三军各留三十营，分别由魏光焘、聂士成、宋庆统率。湘军驻山海关，淮军驻津沽，毅军驻锦州。此外，沿海炮台守军及北洋大臣亲兵等，则汰弱留强，力求精干。营勇整编事宜于九月初大致完成，十一月初，辽东日军撤尽。

中日战后东北完全暴露在俄、日的窥视之下，东北练兵问题变得更加急迫。为了编练劲旅，督办军务处确立了裁撤练军、节省经费，再采用西法精练新兵的方案。闰五月初九日，督办军务处在上奏中指出，东三省练军十年以来所费练费饷计逾千万，而临事竟不得力。"……臣等惩后惩前，不得不为易辙之图，作补牢之计。请饬下奉天、吉林、黑龙江将军悉心酌核，将练军撤回遣散，每年腾出饷项即以之另练新兵。""查练兵之法以西法为最善，既用西法，非将中国旧法扫除而更张之，则视听不专，进退止齐必不能觏若画一。臣等公同商酌，拟请先悬一令，兵则选用华人，将则兼用洋弁，一切教练之方皆采西国新法，务使器械精良，饷糈充足，速成一枝劲旅，然后逐渐扩充。应由臣等访求西洋上等将弁延聘来华，俾之教练，先在奉天省练成一军以为程式，所需饷项即由东三省裁撤调练兵丁项下按季筹给，一转移间

---

① 《军机大臣奕䜣等奏为防务渐定请将前派神机营分扎各处队伍酌撤事》，光绪二十一年五月初八日，录副奏折，档号03-6045-02，缩微号452-0328。
② 翁万戈编，翁以钧校订《翁同龢日记》第6卷，第2855页。
③ 《清德宗实录》卷368，光绪二十一年五月二十四日，《清实录》第56册，第813页。
④ 翁万戈编，翁以钧校订《翁同龢日记》第6卷，第2859~2860页。

可以变无用为有用，而饷需亦无待另筹。"① 这是战后较早关于编练新军的计划之一，当时看来主要是为了解决东北的防务问题。

督办军务处所做的另外一件大事就是要求南洋和湖广等处枪炮厂统一枪械技术标准。称从外洋直接购买枪支器械不仅价格高，还受洋商盘剥。"查南洋机器局造有快利枪一种，上年道员刘麒祥带来数支，经臣等试验，与外洋之小口毛瑟枪远近迟速不相上下。又湖北枪炮厂亦有一种快枪解送督办军务处，亦经检验过，与小口毛瑟枪无异。以上两项若能添购机器，广为制造，只供各省新立洋队之用，其合膛子弹令北洋及各省机器局如式铸造，源源接济，如此则中国新造之枪改成一律，不论何营何队，入手辄即合宜，较之购自远方临时学演者，其得失何啻天壤？相应请旨饬下南洋大臣、湖广总督将新制枪式彼此较准画一办理，所用子弹轻重大小亦须分毫不爽，再由臣等随时调取细加比较，倘有参差不如式者，惟承办之员是问。"② 这是军事改革的重要基础。

督办军务处在甲午战后主持的一次最大规模的军事活动是调任甘肃提督董福祥率甘勇返回西宁，镇压河湟回民变乱。荣禄与董福祥所建立的密切关系，与这次征战活动有很大关系。

董福祥（1840~1910），字星午，甘肃固原人，同治初年，聚众起兵反清，为湘军将领刘松山降服，受命率部与回民军战，战功卓著。光绪初年，又随刘锦棠转战天山南北，南疆收复，论功赏穿黄马褂，赐云骑尉世职、赠巴图鲁勇号，题奏提督。光绪五年，左宗棠收复伊犁后，奉命屯兵和阗、叶尔羌，后官阿克苏总兵。翌年，擢喀什噶尔提督。二十年，慈禧六十寿辰，董福祥以"久膺重寄，卓著勋劳"，被赏加尚书衔，赴京祝寿。有说法认为荣禄在西安将军任上与董结交，恐不确。曾任总理衙门章京的李岳瑞称，董福祥先与礼王世铎有旧，荣、董结识当在甲午年。李岳瑞写道：

> 福祥既入都，会荣禄以西安将军亦祝嘏还朝。荣固久蓄非常之志者也，得福祥则大喜，罗而致之门下，折节与为昆季交。福祥亦激昂感

---

① 《督办军务王大臣奕䜣奏为请裁东三省练兵事》，光绪二十一年闰五月初九日，录副奏折，档号03-5757-031，缩微号433-1657。
② 《督办军务处奕䜣等奏请饬下南洋大臣湖广总督将新制枪式较准画一办理事》，光绪二十二年七月十三日，录副奏折，档号03-7127-017，缩微号532-2328。

慨，愿为知己用。庆典未行，辽祸已棘。荣力荐福祥可大用，乃留京弗令去，俾召集旧部，镇护畿疆……乙未春，湘军又败绩，福祥乃抗疏请出关自效。荣禄以京师宿卫单弱，尼其行。一时士大夫称道董军，至拟之王镇恶、檀道济，而惜其不得出一战。①

可见，中日战争爆发，调甘肃马步八营，命其统带，入卫京畿，都出自荣禄的建议。"东事既定，西回继变，乃敕福祥帅所部西征，始改授甘州提督，且得专折奏事，与总督平行。"② 闰五月二十四日，上谕命董福祥援助甘肃镇压回民起义。闰五月二十六日，荣禄等督办军务大臣与董面商拨队赴甘之事。数日后便率部前往。③ 董临危受命，不负众望，数月后，叛乱被镇压。荣禄等上折为其请奖。④ 这说明，此时荣禄已经开始重视这支特殊的队伍，并极力拉拢董福祥，后来不断扩充兵力、提高董的实力皆源于此。

二　袁世凯编练新军

甲午战后新政最突出的成就就是编练新军，这也是荣禄平生影响最大的事业。甲午战争中汉纳根练兵动议虽然遭到否决，但是，编练"洋队"已是督办处诸公共识。于是出现广西按察使胡燏棻编练定武军十营之事，但是，这个阶段很短，很快清廷确定由浙江温处道袁世凯接手编练新建陆军，从而拉开了近代军事改革的重要步骤，这既是袁世凯的新起点，也是荣禄的新起点。

袁世凯与荣禄本无渊源。袁依附李鸿章淮系势力而起，长期驻在朝鲜；荣禄则为满洲权贵，驻防西安，二人结缘也是甲午战争之后。袁世凯（1859～1916），字慰庭，别号容庵，河南项城人。同治初年捻军起事，其生父袁保中在籍办团防，嗣父胞叔保庆则长期跟随从祖父袁甲三、毛昶熙等

---

① 李岳瑞：《悔逸斋笔乘》，《清代野史》第 4 卷，巴蜀书社，1998，第 1783 页。按，王镇恶、檀道济为南北朝时期的名将。
② 李岳瑞：《悔逸斋笔乘》，《清代野史》第 4 卷，第 1783 页。
③ 翁万戈编，翁以钧校订《翁同龢日记》第 6 卷，第 2863、2867 页。
④ 《协办大学士兵部尚书荣禄等奏为遵旨核议河州解围出力各员请旨奖叙事》，光绪二十二年十月十五日，录副奏折，档号 03-5347-034，缩微号 404-1004。

军中，又与淮军将领刘铭传、吴长庆等善。袁世凯八岁出嗣，十二岁嗣父丧，以后遂至北京，先后随从叔保龄、保恒读书数年，后应乡试不售，只得另谋出路。光绪七年入吴长庆军幕府，随赴朝鲜定壬午之乱，因勇于任事，治军有效，为吴所倚任。甲申中法战起，吴长庆奉调回国，留兵三营驻朝鲜，袁世凯受命总理营务处。不久，朝鲜发生甲申之变，袁世凯采取果断措施，率部平定，大受赞誉，为李鸿章所激赏。光绪十一年中日《天津条约》后，双方协商撤回在朝鲜的驻兵，袁以道员任总理交涉商务委员。光绪十九年，补授浙江温处道。甲午战起，奉调回国，与周馥办理粮台事宜。乙未四月，始交卸回天津。① 又上书李鸿藻，阐发军事改革设想，主张力惩前非，汰冗兵，节靡费，退庸将，以肃军政；并广设学堂，精选生徒，延西人著名习武备者为之师，严加督课，明定升阶，始可早就威武之师。李鸿藻是袁保庆之师，对袁世凯这位"小门生"的主张，也是另眼相看。闰五月初三日，刘坤一、李鸿章和王文韶又联名上折保奏袁氏，遂奉旨由督办军务处差遣。② 可见，袁世凯在甲午战后已崭露头角。

胡燏棻练兵本来是由李鸿藻推荐的，在汉纳根洋兵计划破产后，只得接手练兵事宜；但是在聘用洋将、采用西法练兵方面，他的见识和策略都不能与袁世凯相比。从四月份开始，袁世凯就向李鸿藻宣扬自己的练兵宏图，并得到高阳的首肯。另一位督办军务大臣翁同龢因汉纳根练兵计划的失败，也对胡燏棻颇有微词。开始见到袁世凯时，认为袁"开展而欠诚实"，经过多次沟通后，也改变了对袁的看法，认为袁世凯"家世将才、娴习兵略"，"此人不滑，可任也"。③ 积极保荐袁世凯的还有刘坤一。乙未年（1895）春刘坤一率部出关时，袁世凯正奉李鸿章之命前往前线办理粮台供应事宜。由于对前方战况和淮军弊端多有了解，刘对袁开始重视。抵达山海关后，刘坤一即调袁从前线返回，详细探询前敌实情，二人关系十分投契，袁世凯甚至

---

① 关于袁世凯的经历，参见刘凤翰《袁世凯与新建陆军》（台北中研院近代史研究所，1967）一书。
② 王伯恭在笔记中说，袁世凯欲攀附荣禄，得知荣与豫师交好，便也通过种种关系认识阎文介（阎敬铭），再"由文介以见豫师，由豫师以见荣文忠，层递纳交"，遂执贽为荣禄之门生。此系讹误。阎敬铭甲午前已经病逝。况且，豫师、李鸿藻与荣禄私交甚笃，李的引荐已是一言九鼎，恐不会再有托豫师进言之事。参见王伯恭《蜷庐随笔》，山西古籍出版社，1999，第25~26页。
③ 翁万戈编，翁以钧校订《翁同龢日记》第6卷，第2864、2867页。

拜刘为师，以致落下"叛淮投湘"之嫌。闰五月，刘坤一又附片密保贤员，称袁世凯"名家之子，于军务及时务均肯留心讲求，前在朝鲜多年，声绩懋著，早在朝廷洞鉴之中"；又称其"胆识优长，性情忠笃，办事皆有条理，为方面中出色之员"，①奏请朝廷能够重用。在督办处计划编练新军之际，刘坤一的建议与荣、李、翁如此一致，当非偶然，应该有过沟通。因此，以袁世凯代胡练兵的考虑，开始在督办处酝酿。②袁世凯受到光绪帝召见后，荣禄命他就编练新军的方案尽快上条陈，袁即写了《上军务处禀》，得到荣禄的欣赏。

在李鸿藻创议下，经荣禄、翁同龢支持，反复酝酿后，督办处决定命袁世凯新练一军，仿效德国，提高士兵待遇，采用西式训练，以收实效。七月初一日，督办军务处将袁所上条陈代奏。袁世凯在其中提出了练兵的十二条建议。但是，对于袁练兵也有反对者。张佩纶在乙未七八月间，即致函李高阳，认为袁不可信任，对李之"目其为奇才"表示异议。③翁同龢也认为练兵经费开支太大。九月十九日，袁世凯来谈练洋队事，七千人，每年需百万两之多。但是，最终仍定议由胡燏棻修路、袁世凯练兵，这两项都是督办处重点推动的新政所在。翁同龢日记对于这段时间督办处讨论练兵、修路事宜有零星记载，也可看出荣禄的态度：

> 十月初三日午到督办处，李、长两君先来，恭邸亦至，所定者三事：一胡燏棻造铁路；一袁世凯练洋队；一荫昌挑定旗兵入武备学堂也。刘麒祥上海机器局事尚未议了。
>
> 十月十二日午正到督办处看铁路奏稿（恭邸，李、长二公）。晤胡云楣谈，伊欲暂回津，驳之。袁世凯亦到，未谈。
>
> 十月二十日午后至督办处，恭、李皆至，荣先散，胡云楣、袁慰亭皆见。

---

① 《密保贤员片》，光绪二十一年闰五月初三日，《刘坤一遗集》第2册，第874页。
② 丁士源称，袁世凯的练兵计划和方案是由北洋幕僚王修植（字宛生）代拟的，以英使练兵说帖为蓝本。后袁"求荣文忠递之。荣文忠逐条详询，袁亦逐条回答。荣遂携袁同见恭、庆两邸。两邸询袁，袁亦明白答复，较胡燏棻所答较为详冣"。见丁士源《梅楞章京笔记》，荣孟源、章伯锋主编《近代稗海》第1册，第431~432页。此事系督办军务处定议，非仅与恭、庆商议，私家记述不免有细节差异，但是大体应符合实情。
③ 张佩纶：《致李兰荪师相》，《涧于集·书牍》卷6，民国刊本，第11~12页。

十月二十一日，至督办处，恭邸、李、荣二公皆集，议粤商承办铁路事，荣公不欲速定。①

十月二十日，督办处奏请令胡燏棻督修天津至卢沟桥铁路。十月二十二日，督办军务处上疏奏报为变通兵制，拟在天津新建陆军，并请任用袁世凯负责督练。该折云：

查欧洲各国专以兵事为重，逐年整治，精益求精，水师固其所长，陆军亦称骁勇。中国自粤捻削平以后，相沿旧法，习气渐深，百弊丛生，多难得力。现欲讲求自强之道，固必首重练兵，而欲迅期兵力之强，尤必更革旧制。臣等于去岁冬月军事方殷之际，曾请速练洋队，仰蒙简派广西臬司胡燏棻，会同洋员汉纳根在津招募开办，嗣以该洋员拟办各节事多窒碍，旋即中止，另由胡燏棻请练定武十营，参用西法，步伐号令均极整齐，虽未尽西国之长，实足为前路之导。今胡燏棻奉命督造津芦铁路，而定武一军接统乏人。臣等公同商酌，查有军务处差委，浙江温处道袁世凯，朴实勇敢，晓畅戎机，前驻朝鲜，颇有声望。因令详拟改练洋队办法，旋据拟呈聘请洋员合同及新建陆军营制饷章。臣等复加详核，甚属周妥。相应请旨饬派袁世凯督练新建陆军，假以事权，俾专责任。现在先就定武十营步队三千人、炮队一千人、马队二百五十人、工程队五百人以为根本，并加募步队二千人、马队二百五十人，共足七千人之数，即照该道所拟营制饷章编伍办法办理，每月约支正饷银七万数千两。至应用教习洋员最关紧要，应由臣等咨会出使德国大臣与德国外部选商聘订，其人数、银数均按该道所拟合同办理，一切军械即在去岁汉纳根购到大批军火内拨给。月支饷银及新军应用制办各件价值均由户部筹定核发。果能著有成效，尚拟逐渐扩充。悉裁无用之勇营以供新军之饷糈，务期养一兵得一兵之力，庶足以裨时局而振颓风。②

---

① 翁万戈编，翁以钧校订《翁同龢日记》第6卷，第2896、2899、2901~2902页。
② 《督办军务处大臣奕訢等奏请派员督练天津新建陆军事》，光绪二十一年十月二十二日，录副奏折，档号03-5758-035，缩微号433-1804。

奏上，当日谕下照准。谕云：

> 据督办军务王大臣奏：天津新建陆军，请派员督练一折，中国试练洋队，大抵参用西法，此次所练，系专仿德国章程，需款浩繁，若无实际，将成虚掷。温处道袁世凯既经王大臣等奏派，即著派令督率创办；一切饷章，著照拟支发。该道当思筹饷甚难，变法匪易，其严加训练，事事核实，倘仍蹈勇营习气，惟该道是问，懔之！慎之！①

次日，袁世凯便辞行前往天津。② 袁世凯接统定武军后，扩大招募，派员前往淮、鲁、徐、豫等处，选募壮丁，在原先十营步队三千人、炮队一千人、马队二百五十人、工程队五百人基础上，步马各队增至七千人，每月约支正饷银七万余两。十一月初，所聘德国教官到营，训练开始，一支新式军队由此诞生。负责营务处的文官是翰林院编修徐世昌，他是袁世凯早年挚友，二人配合默契，小站练兵成就斐然。

然而，小站练兵开始后数月，津门士绅，啧有烦言。光绪二十二年四月十六日，御史胡景桂（字月舫）上疏参劾袁世凯。胡疏云：

> 臣风闻浙江温处道袁世凯在天津练兵学习洋操，凡兵丁衣帽营官服色、营房规制悉仿泰西。如此更张粉饰外观，非徒尚虚文而何？闻该军营弁哨每营不下四五十员，得此差者不论才略之高下，但论情面之大小，馈遗之多寡，以致武备学堂中人咸抱不平，每兵增订月饷甚优，而层层剥扣，到兵者不过三两，该道自订公费每月千金，而一切杂支尚不在内，较之宋庆帮办军务时所领尚多四百余金。自得如此之丰而犹营私蚀饷至于此极……在天津自以为钦差大臣，告示官衔用钦命督办军务处练兵大臣字样。又云建造营房强占民田等。③

当日，光绪帝发布上谕："著荣禄驰赴天津，将该员督练洋操一切情

---

① 《清德宗实录》卷378，光绪二十一年十月二十二日，《清实录》第56册，第946页。
② 翁万戈编，翁以钧校订《翁同龢日记》第6卷，第2902页。
③ 《御史胡景桂奏为风闻浙江温处道袁世凯性情谬妄扰害地方请旨特派大员查办事》，光绪二十二年四月十六日，录副奏折，档号03-5913-039，缩微号443-1540。

形,详细查明,能否得力,断不准徒饰外观,毫无实际。其被参各节,是否属实,一并秉公确查。据实具奏。原折著钞给阅看。将此谕令知之。"① 四月二十三日,荣禄又以兵部尚书任协办大学士。荣禄上折谢恩,同时奏调随员,准备二十五日起程赴津。随行司员有兵部员外郎裕厚、兵部候补主事陈夔龙、步军统领衙门学习笔帖式廷夔。② 关于这次查办事件的内幕,陈夔龙后来回忆说:

> 甲午中日之役失败后,军务处王大臣鉴淮军不足恃,改练新军。项城袁君世凯,以温处道充新建陆军督办。该军屯兵天津小站,于乙未冬成立。当奏派时,常熟不甚谓然,高阳主之。讵成立甫数月,津门官绅啧有烦言,谓袁君办事操切,嗜杀擅权,不受北洋大臣节制。高阳虽不护前,因系原保,不能自歧其说,乃讽同乡胡侍御景桂,摭拾多款参奏。奉旨命荣文忠公禄驰往查办。③

李鸿藻虽是高阳人,但母家乃天津殷实盐商姚氏,自幼在天津母家生活读书,津沽士绅视其为朝中依靠。津绅对袁练兵的反应自然会受到他的重视。看来,胡景桂参劾完全可能是李鸿藻授意;而派荣禄查办,又可控制主导权,大概也是李鸿藻的如意算盘。这种现象在晚清官场不足为奇。四月二十七日,荣禄到津,与直隶总督王文韶"晤谈一切"。王氏很快知道,"星使之来,系袁慰庭、傅懋元(云龙)均有被劾之事,本日已次第行查矣"。④随后,荣禄先往小站查阅,五月初二日回津,向王文韶"咨复袁道参案"。初五日,又在王陪同下,"阅看机器局,并至水师学堂调阅体操、算学"。随后,前往芦台校阅聂士成军,初九日返回天津。⑤ 初十日,"仲华辞行,午后往送,均畅谈。陆程有阻水处,须由水陆赴通也"。⑥ 十一日,荣禄回京。此行通过聂士成所部淮练各军与袁世凯新建陆军的比较,荣禄更加认定

---

① 《清德宗实录》卷389,光绪二十二年四月十六日,《清实录》第57册,第70~71页。
② 《赴津查办营务钦差大臣荣禄奏为遵旨赴津查办新建陆军营务拟带随员奏闻事》,光绪二十二年四月二十三日,录副奏折,档号03-5996-082,缩微号448-2827。
③ 陈夔龙:《梦蕉亭杂记》,第64页。
④ 袁英光、胡逢祥整理《王文韶日记》下册,第947页。
⑤ 袁英光、胡逢祥整理《王文韶日记》下册,第947~948页。
⑥ 袁英光、胡逢祥整理《王文韶日记》下册,第949页。

了编练新军的必要性。离开天津时，他将有关查办结果先期派人送入京中。其中，对胡景桂参袁世凯各节逐条解释，为袁开脱。奏折称：

> 查该道血性耐劳，勇于任事，督练洋操，选拔精锐，尚能不遗余力，于将领中洵为不可多得之员。惟初膺总统之任，若有人节制之、策勉之，庶使多加磨练，日久自不至启矜张之渐，冀可备国家折冲御侮之材，抑之者正所以成之也。督办军务处原系暂局，恐未能久设。查督臣王文韶公忠夙著，资望最深，且近在咫尺，便于考核，可否将该道新建陆军统归该督节制，至该军操练之法，应责成该道仍旧督饬在营各员实力练习，以期精益求精，庶可两得其宜，是否之处，出自圣裁。所有奴才遵旨查明道员袁世凯被参各节详细情形，据实复陈，伏乞皇上圣鉴训示。①

这篇折稿据说出自陈夔龙之手。② 当初得知参案后袁惊恐万分，不啻"当头棒喝"，"所有夙志，竟至一冷如冰"。③ 然而，因为荣禄积极袒护，顷刻间冰消雪融，转危为安。同时，荣禄又奏报查阅新建陆军营伍情形事一片，对编练新军的意义作了进一步阐释。该片云：

> 再，新建陆军之设，为中国切己自强之至计。当此强邻逼处，事急势迫，若再不变法，认真讲求，则后患何堪设想。每思及此，五内如焚。是以去岁督办军务处原议奏撤东三省练军饷项每年九十万两，为新

---

① 《兵部尚书荣禄奏为遵旨查明督练新建陆军道员袁世凯被参各节据实复奏事》，光绪二十二年五月十一日，朱批奏折，档号04-01-16-0248-063，缩微号04-01-16-046-1310。但是，据陈夔龙说，李鸿藻对荣禄的这番复奏并不满意。他说："时高阳已病，仍力疾入直，阅文忠折，怫然不悦。退直后，病遂增剧。嗣后遂不常入直，旋即告终。足见其恶之深矣。"见陈夔龙《梦蕉亭杂记》，第65页。李鸿藻为何改变对袁的看法，尚不清楚。不过，从李鸿藻死后袁世凯与其子李符曾、李石曾关系密切的情况分析，陈夔龙的说法值得怀疑。

② 直隶籍官员、刑部主事唐烜在日记中说："阅荣仲华协揆查办天津袁慰亭世凯、傅云龙观察被参复奏折片。袁为天津新建陆军总统，傅为机器局总办……唯傅道呈交部议处，袁则参款均无其事，著毋庸议。其折由随员兵部主事、总理衙门章京陈夔龙所拟计，词意猥杂泄沓，殊堪齿冷。不知钦差相公何以一无删润，竟尔入告也。"见唐烜《留庵日钞》，未刊，中国社会科学院近代史研究所藏，档号甲143。这条资料是王刚博士最先发现使用的。

③ 《致徐世昌》，光绪二十三年五月三十日，《袁世凯全集》第6卷，第53页。

军月饷之需，一转移间，化无用为有用，法至善也。既效西法，饷项经费不得不略加优裕，果能练成劲旅，朝廷亦何惜此费用耶。若只袭其皮毛，不求实际，徒饰外观，贻笑中外，是不若早为裁撤，另图良法，以节虚糜。奴才奉命详查，于初一日由津驰赴小站，悉心校阅。查该营练军七千人，除出差及现患时症者二百余人，其患病者仍抬至操场备验。奴才率同司员、差弁等按排逐一详细查阅，该军勇丁均年在二十岁上下，身体魁梧，一律雄健，无一老弱残幼充数。以奴才近年所见各军，尚无出其右者。据道员袁世凯声称，定武军四千余人，现已更换，另募三千余人。是该道之挑选认真已可概见。复查阅分统营哨各官弁，亦皆勇往将事。洋员魏贝尔、曼德、高士达三员，确系尽力教练。其营制规模井井有条，号令赏罚亦极严肃。步队操演，身段步伐，攻守埋伏，枪炮接应，驰驱进退，均能合式。马队则跳跃沟濠，亦能如格，惟马上尚未执枪，战马仅有二百余匹，该道拟请派员赴口采买八百匹，其马价拟于现存马乾截旷项下一万一千余两内动拨。至炮位则以北洋所领之格鲁森炮为佳。汉纳根所购之炮，质小车大，不适于用，将来仍拟由北洋军械局内拨用。其自造水雷、旱雷演放，亦均可用。查该营自二月成军，每日三操，迄今三月余，已属可观，若能一气呵成，始终不懈，一二年后定成劲旅，尚非徒饰外观也。奴才仰承简命，事关大局，断不敢稍涉敷衍。谨附片据实具陈，伏乞圣鉴。谨奏。①

从荣禄的奏报看，他对于督办军务处选择袁世凯在小站编练新军的决定予以全面肯定，对袁世凯的练军办法也予以肯定，并对一两年内练成劲旅充满信心。陈夔龙说：

文忠驰往小站。该军仅七千人，勇丁身量一律四尺以上，整肃精壮，专练德国操。马队五营，各按方辨色，较之淮练各营，壁垒一新。文忠默识之，谓余曰："君观新军与旧军比较何如？"余谓："素不知兵，何能妄参末议。但观表面，旧军诚不免暮气，新军参用西法，生面

---

① 《兵部尚书荣禄奏为查阅新建陆军营伍情形事》，光绪二十二年五月十三日，朱批奏折，档号 04-01-18-0053-154，缩微号 04-01-18-009-0657。

独开。"文忠曰:"君言是也。此人必须保全,以策后效。"迨参款查竣,即以擅杀营门外卖菜佣一条,已干严谴;其余各条,亦有轻重出入。余拟复奏稿,请下部议。文忠谓,一经部议,至轻亦应撤差。此军甫经成立,难易生手,不如乞恩姑从宽议,仍严饬认真操练,以励将来。复奏上,奉旨俞允。①

陈的说法大致不差。袁世凯门人所编《容庵弟子记》中也写道:"二十二年三月,御史胡景桂论列小站兵事……政府派荣相到营察视,并查考训练有无进步。公(袁世凯)橐鞬相迓,请荣相阅操。校阅既毕,荣相大惊异。盖未料成军才百余日,而队伍之精整,阵法之变化,竟擅曲端纵鸽之奇也。回京之后,据实称誉,遂蒙温谕,德宗(光绪帝)并拟恭奉孝钦后(慈禧)莅津亲自校阅。"② 可以看出,荣禄的天津之行,虽为查办参案,但其连续几次奏报所反映出的基本态度,则是对袁世凯和编练新军的肯定,这些无疑对后来清廷坚定练兵的决心及荣禄在军政决策中地位的强化,都起到了意想不到的作用。而且,很可能回京后荣禄就萌生了奏请两宫检阅新军的想法,而这个考虑在两年后马家堡至天津火车通行、荣禄出任直隶总督后,变得越来越可行。戊戌年四月两宫确定于九月前往天津阅兵,与荣禄的此次天津之行应该有很大关联。光绪二十三年六月,袁世凯升任直隶按察使,仍统新军,成为荣禄信任的主要将领。

三 荣禄权势的骤升

甲午惨败之后,"不行新政无以自强"成为朝野上下的共识。文廷式曾说:"和议既成,举国争言洋务。请开铁路者有之,请练洋操者有之,请设陆军学堂、水师学堂者亦有之。其兴利之法,则或言银行,或言邮政,或请

---

① 陈夔龙:《梦蕉亭杂记》,第 64~65 页。
② 沈祖宪、吴闿生编《容庵弟子记》卷 2,第 8 页,1913 年刊本。而对曾经参劾自己的胡景桂,袁世凯很是大度。光绪二十五年底袁署理山东巡抚,胡适为山东按察使,唯恐袁报复,颇不安于位,曾通过徐世昌向袁做过疏通。袁复函徐:"月舫事已揭开说和,以安其心。此人甚明爽,的系好帮手。"参见《致新建陆军营务处徐世昌函》,光绪二十五年十二月初六日,骆宝善、刘路生主编《袁世凯全集》第 5 卷,大象出版社,2013,第 42 页。

设商局，或请设商务大臣。诸人非必无见，诸说亦多可行，然天时人事则犹有所待也。"① 大致反映了当时的情形。闰五月二十七日光绪帝痛定思痛，宣谕臣民，力图自强。该谕云：

> 自来求治之道，必当因时制宜，况当国事艰难，尤应上下一心，图自强而弭隐患。朕宵旰忧勤，惩前毖后，惟以蠲除痼习，力行实政为先。叠据中外臣工条陈时务，详加披览，采择施行，如修铁路，铸钞币，造机器，开矿产，折南漕，减兵额，创邮政，练陆军，整海军，立学堂，大抵以筹饷、练兵为急务，以恤商惠工为本源，皆应及时举办。至整顿厘金，严核关税，稽查荒田，汰除冗员各节，但能破除情面，实力讲求，必于国计民生两有裨益。著各直省将军督抚，将以上诸条，各就本省情形，与藩臬两司暨各地方官尽心筹画，酌度办法，限文到一月内分晰复奏……②

发布这道上谕的同时，军机处同时缮寄了徐桐、胡燏棻、张百熙、陈炽、康有为、信恪、准良等人的奏折，上谕命各省督抚阅览后，结合实际畅所欲言，就自强新政提出切实办法复奏。半年之内各督抚的复奏陆续返回，虽然一些官员仍旧强调"节糜费"、"杜中饱"的老办法，但是，大部分官员都主张切实推行练兵、铁路、邮政、矿务、商务、学堂、书局等改革措施。③ 因此，这道自强上谕，与戊戌年六月定国是诏、庚子年十二月"新政"诏书一样，都具有里程碑式的意义，其内涵是一脉相承的。新政推行后，练兵自然是督办军务处的首要任务，而与军事和国防相关的铁路建设，也进入督办处的决策范围。

在处理军事和新政事务决策方面，事实上，督办军务处与军机处和总理衙门出现职能上的部分重叠。原来凡涉及洋务都由总署处理，但是，此次铁

---

① 《笔记》（上），汪叔子编《文廷式集》下册，第 723 页。
② 《清德宗实录》卷 369，光绪二十一年闰五月二十七日，《清实录》第 56 册，第 837～838 页。
③ 孔祥吉先生称这次督抚奉旨复奏为"一场关于中国社会发展前途的大论战"，对当时各种变法思想和建议做了梳理。参见孔祥吉《康有为变法奏议研究》，第 97～108 页；赵树贵、曾丽雅编《陈炽集》，中华书局，1997，第 341～344 页。

路问题均归督办处决策。三处的人员差使也交叉重叠。这种状态下，荣禄获得了参与各种决策的权力。

光绪二十二年丙申（1896）至二十三年丁酉（1897）间，督办军务处事务最为重要。这时的军机大臣是恭王、礼王、翁同龢、李鸿藻、刚毅，总理衙门大臣是恭王、庆王、敬信、荣禄、翁同龢、李鸿藻、张荫桓、吴廷芬、李鸿章、廖寿恒、崇礼、许应骙，① 督办军务处大臣是恭王、庆王、翁同龢、李鸿藻、荣禄（孙毓汶、长麟相继开缺、革职）。此外，甲午年九月任命的负责办理借款事宜的大臣是恭王、庆王、翁同龢、孙毓汶、荣禄、徐用仪、长麟和张荫桓等8人，后来增加了李鸿章。这些王大臣中，能够参与军事、借款、外交、铁路等重要事务的，除了恭王、庆王、翁、李之外，只有荣禄。刚毅虽然入枢，但是枢中班秩最后，且不兼总署、督办处。像李鸿章这样功勋卓著的老臣，也只是栖枝总署，无权参与军政决策。可见，荣禄虽不入枢垣，却有权参与大政决策，加上两邸不具体过问政事，翁同龢受到猜忌而变得谨小慎微，李鸿藻年迈多病，荣禄倚仗慈禧的信任，② 成为这个时期隐操政柄的关键人物。

督办处咨调的提调、文案，也多是荣禄的门生旧党。督办军务处成立后，开始奏调司员，翰林院编修李盛铎即由荣禄奏调为文案。③ 还有袁世凯、陈允颐、达斌、裕庚、陈夔龙，他们大部分是荣禄的亲信。在荣禄身边开始形成一股新势力。当然，对于督办军务处的作为，也有不同意见者。督办处成立后，总理衙门章京张元济就认为于时局无补，评论说："荣公闻尚有血性，亦颇知外事，然旗人习气终未能免，且所接者无非昏愦之徒，亦难望其有济也。其人揽权纳贿，素所不免。夫纳贿而能揽权，固为今日之人材矣。惜乎其所揽之未当也。"④ 他从旗人习气责难荣禄好财的积习，也不否认其"有血性"、"知外事"。乙未年十月前后，对于江南制造总局是否调归

---

① 关于吴、崇、许三人入值时间，参见钱实甫编《清代职官年表》第4册，第3024~3025页。
② 20世纪60年代，位于京郊的荣禄墓遭到破坏，发掘出慈禧赏赐的二两多重的金葫芦一枚，上刻"丙申重阳皇太后赐臣荣禄"，可见君臣关系之密切。见邵天《荣禄墓》，胡玉远主编《春明叙旧》，北京燕山出版社，1999，第483页。原文称是荣禄六十岁生日时所赐，误。
③ 《督办军务处奕䜣等奏请为翰林院编修李盛铎内务府员外郎常山调军务处差委事》，光绪二十年（无月日），录副奏折，档号03-5899-111，缩微号442-2233。由此或可推断，丙申二月杨崇伊参劾文廷式和李盛铎时，文受黜而李得免，或与荣庇护有关。
④ 《张元济致汪康年函》，《张元济书札》（增订本）中册，商务印书馆，1997，第627页。

督办处管辖，朝野议论纷纷。二十三日，给事中张仲炘上奏称：

> 上年钦奉上谕，派恭亲王督办军务，于是有督办处之设。现在军务已平，甘肃回氛无须该处督办，因仍不撤，顾名思义，殊觉非宜。况恭亲王、翁同龢等皆直枢廷，所办仍是一事，徒多奔走之劳。奕劻、荣禄均在总署，如有洋务亦非不得与闻。何必聚谈于此。闻一切用人行政多在此处商量，不惟漏泄溢多，实大启夤缘捷径。相应请旨将督办军务处即行裁撤，归并军机处办理，以免纷歧而杜流弊。①

他认为，督办军务处可以合并到军机处去，免得让一些人视为夤缘奔竞的途径。从荣禄实际主持督办处的情形看，这是针对荣禄的。后来文廷式也称："褚给事成博（误，应为张仲炘——引者注）奏请撤督办军机处，不允。其实督办军务处诸臣，除兵部尚书荣禄外，皆军机大臣也，不知何用复设此署，图开倖门，未闻实际。辽东之役以和约终，甘肃之乱至今未靖，岂以刘麒祥之机器，袁世凯之练兵，遂尽督办军务之宏恉乎？然则于前者海军衙门亦可无责已。"② 言谈之间，就是针对荣禄一人去的，所谓"图开倖门"主要指荣禄支持刘麒祥主持上海制造局、任用袁世凯编练新军之事。同时，盛宣怀创办中国通商银行和督办铁路之事，虽然得到翁同龢支持为多，但是，荣禄的鼎力支持也大有关系。③ 这些情况说明荣禄利用督办处获得了参与各项军政决策的机会。

与此同时，荣禄对于总理衙门事务缺乏主动参与的精神。不仅如此，据总署章京汪大燮丁酉年（1897）二月听到的消息，荣禄曾有辞总署差的打算。④ 总

---

① 《掌江南道监察御史张仲炘奏为请旨将督办军务处即行裁撤归并军机处事》，光绪二十一年十月二十三日，录副奏折，档号03-5613-008，缩微号423-1437。
② 《笔记》（上），汪叔子编《文廷式集》下册，第725页。
③ 汪大燮在丁酉二月十一日给汪康年的信中写道："容莼甫尚在申否？徐晋斋来信言，彼闻盛杏荪得铁路银行两事，颇以为奇，真不识时务矣。渠在京时，荣大金吾颇亲之，彼则畅所欲言，而荣亦称之，彼以为果亲己也，其实见其上此条陈必非无资之人，亲之或有以俾我也。杨艺芳在京候简非一日矣，忽报荣即见明效，天下事尚可为哉？"容莼甫即容宏，徐晋斋即徐朋寿，杨艺芳即杨宗濂。汪氏意在批评荣禄之好赂。见上海图书馆编《汪康年师友书札》第1册，第758页。
④ 光绪二十三年二月十一日汪大燮在给汪康年的信中说："常熟与高阳言欲归田，词甚恳切云。荣协揆辞译署，皆不可解之事。"见上海图书馆编《汪康年师友书札》第1册，第758页。

理衙门大臣都是各部院大臣兼差，因精力所限，职责不明，很容易贻误公事。对此，早有言官提出批评，但是，直到辛丑年在列强压力下设立外务部之前，该问题始终未能得到重视。从翁同龢的日记看，荣禄在总理衙门十分低调，对交涉活动很少建言，到总理衙门的次数也不多。只有在外国公使呈递国书、呈递宝星（勋章）的觐见仪式中，才会出现他带班、押班的身影。① 当然，会议重要事件，他会亲自参加。据翁日记，光绪二十二年四月初七日、十五日，总署诸臣讨论《中俄密约》，荣禄均前往参加，但同样看不到他的具体想法。

荣禄在总署很少发表意见，原因可能大致有三点。第一，总理衙门由庆王长期负责主持，荣禄不愿多发言。奕劻（1838~1917），字辅廷，乾隆皇帝第十七子庆僖亲王永璘之孙。道光三十年袭辅国将军。咸丰二年（1852）封为贝子，十年正月，晋贝勒。光绪十年（1884），恭王奕䜣等被慈禧罢斥，奕譞隐操朝政，奕劻授命管理总理各国事务衙门大臣，后会办海军事务。光绪十六年醇王死后，又管理神机营。虽是远支王公，却深受慈禧信任，晋至亲王。荣禄与庆王彼此结纳很深，甲午后荣禄练兵，庆王主持外交，权力各有侧重，他们更是满洲权贵中深受慈禧信任的左膀右臂。荣禄在外交问题上基本上听从于庆王，很少有立异之时。第二，总署通常有一位有过出洋经历的汉大臣主持日常事务，曾纪泽之后是张荫桓，已经形成惯例；但是，李鸿章入署后，时常与翁、张产生矛盾，荣禄不愿介入其中，或有可能。第三，对外交涉最易出现失误和争议，很多官员都因办外交而弄得声名狼藉，这是荣禄洁身自好、远离外交的根本原因。乙未年六月，翁同龢不愿兼差总署，也是同样的心理。荣禄重视军事改革，对于外交稍嫌疏忽，庚子年荣禄决策带来负面影响与此取向不无关系。

除了练兵，甲午战后荣禄倾注精力的另一桩大事是慈禧菩陀峪陵寝工程的修复，这是极讨慈禧欢心的事情，对其权势增强极为关键。祁景颐称："丙申（似是乙未——引者注）冬，孝钦（慈禧）菩陀峪工程，原为醇邸所承修，年久倾渗甚多，乃命徐相（桐）、敬文恪（信）、庆邸、荣文忠两次勘估，又命文正与端王续估。德宗有时局甫定，库藏不充，力事从俭之谕。

---

① 翁同龢是晚清重臣中唯一留下长期日记的人，后世从其琐碎的日常记载中，可以找到很多官员的活动踪影，荣禄的踪迹即有不少反映。

孝钦则意在大加修葺。"① 可以肯定，庆王、荣禄应该是主张全修、大修的王大臣。而翁为户部尚书，可能主张节约款项，自然不为慈禧所满意。像从前一样，慈禧太后将勘察、修复菩陀峪陵寝工程的重任再次交给庆王和荣禄。

乙未年九月，菩陀峪万寿吉地开始勘修。先是派大学士徐桐为勘估工程大臣，开单呈览后，慈禧懿旨令庆王奕劻、荣禄为承修大臣。因天气寒冷，决定先行择吉动土，明春再开工兴修，以保证效果。同年十一月十八日，奕劻与荣禄请训离京，二十二日行抵东陵，二十四日达菩陀峪，连日率领监督军将应修各项工程，按照原估清册，详细查看，并对油饰脱落、沉陷、裂缝等问题提出修整的建议。② 次年二月二十五日，修缮工程正式开工。③ 修缮数月后，九月十八日，庆王与荣禄再次前往东陵查验，将菩陀峪万年吉地大殿檐柱、金柱、钻金柱、大小枋板、枋檩、梁橼等糟朽、裂缝情形，重新估价拆卸、修理，提出了修理方案。④ 据溥仪回忆录称，荣禄乘机夸大醇王督办慈禧陵寝工程的缺失，让慈禧痛恨醇王，对自己更加信任，⑤ 这种说法不可信。醇王对慈禧的忠诚是毋庸怀疑的，荣禄与醇王的情谊甚笃，从情理上说不会做出这种未见得能讨好慈禧却又对醇王不敬的事情。其实，只要增加修建陵寝的经费，就已经使慈禧很满意了。实际上也是如此。

甲午后荣禄多次出京查办事件。光绪二十二年十月二十四日，奉上谕与许应骙一起前往密云查办密云副都统谦光、密云县知县殷谦被参各款。三十日请训，十一月初一日率同随员陈夔龙等启行，初二日抵密云。十一月初九日具折复命，初十日返回京城。虽说与军政关系不大，但是钦使身份足以表明荣禄的地位。更为关键的是，荣禄与许应骙共同查办事件，彼此加深了友谊，二人交谊与后来时局也大有关系。

正当荣禄政治地位迅速上升的时候，他长期的政治盟友李鸿藻却因健康

---

① 祁景颐：《餶谷亭随笔》，庄建平编《晚清民初政坛百态》，第 131 页。
② 《庆亲王奕劻、兵部尚书荣禄奏为公商菩陀峪万年吉地工程请择吉期开工事》，录副奏折，档号 03 - 7162 - 026，缩微号 534 - 2121。
③ 《庆亲王奕劻、兵部尚书荣禄奏为菩陀峪万年吉地工程料储照案请饬马兰镇派兵弹压事》，录副奏折，档号 03 - 7162 - 044，缩微号 534 - 2160。
④ 《庆亲王奕劻、兵部尚书荣禄奏为详陈菩陀峪万年吉地拆卸各工木植情形等事》，光绪二十二年九月二十八日，录副奏折，档号 03 - 7162 - 081，缩微号 534 - 2266。
⑤ 参见溥仪《我的前半生》（全本），群众出版社，2007，第 7~11 页。

原因渐渐离开权力中心。自光绪二十二年五月十四日中风，李氏身体左侧半身不遂，语言颇謇，不断请假、续假。七月初八日续假一月，请署缺，上谕以许应骙署礼部尚书。八月初八日再续假一个月。九月初八日销假，慈禧太后召见于仁寿殿，赐药八盒，以示体恤。因气体尚未复原，光绪帝又赏假一个月，命安心调理。十月初六日销假入见。十月初九日入值，但是跪拜不能起立，均由翁力挽扶。① 时值慈禧太后万寿，李鸿藻坚持参加庆贺赐宴、听戏等庆贺活动。此后时断时续，仍不能正常入值。

先是，九月十四日，大学士张之万致仕。十月二十八日，徐桐授大学士管理吏部，上谕李鸿藻以吏部尚书协办大学士。② 翁氏日记记："兰荪（李鸿藻）调天官，因请行走班次，命毋庸更动，退而书于枢垣之册。此上体恤旧辅之意也，惟臣自觉僭妄耳。"③ 本来翁之班秩在李之上，而李却升为协办大学士，且调任吏部尚书，翁氏内心自然不能平衡，光绪帝特命中枢行走班次"毋庸更动"，以示关怀，但这与体制不符。这次调整后，孙家鼐调礼部尚书，许应骙补工部尚书，钱应溥调左都御史。获得协揆的李鸿藻因行走困难，军机入见时"掖不能起"，翁等同僚"夹持之犹立不稳"。④ 因跪拜不便，索性不参加召对，上朝只坐在直房，伴食而已。⑤ 十二月二十六日见起后，"两人掖之起，犹不能行"，只得告假。⑥ 光绪二十三年二月，病情加重，"语謇而流涎"。三月二十三日，再请假一月，由孙家鼐署吏部尚书。四月二十五日，两宫派熙贝勒看视，又派庄守和、张仲元等御医看脉。⑦ 六月二十五日丑刻，李鸿藻病逝。时值光绪帝万寿花衣期。七月初三日，遗疏才递上，谥"文正"。随后，孙家鼐接任吏部尚书，许应骙升礼部尚书，钱应溥升工部尚书，廖寿恒由仓场侍郎转左都御史，奉旨并在总理衙门行走，又有一番人事变化。八月十五日，翁同龢以户部尚书协办大学士，补了李鸿藻的缺，这是皇帝请懿旨的结果。为此，恭邸和荣禄特意送如意表示祝贺。⑧

---

① 翁万戈编，翁以钧校订《翁同龢日记》第6卷，第2996页。
② 中国第一历史档案馆编《光绪宣统两朝上谕档》第22册，第279页。
③ 翁万戈编，翁以钧校订《翁同龢日记》第6卷，第3001页。
④ 翁万戈编，翁以钧校订《翁同龢日记》第6卷，第3002页。
⑤ 翁万戈编，翁以钧校订《翁同龢日记》第6卷，第3003页。
⑥ 翁万戈编，翁以钧校订《翁同龢日记》第6卷，第3015页。
⑦ 翁万戈编，翁以钧校订《翁同龢日记》第7卷，第3049页。
⑧ 翁万戈编，翁以钧校订《翁同龢日记》第7卷，第3082页。

与荣禄、李鸿藻这些资历相当的旧寅相比,翁同龢在甲午后屡受裁抑,官运停滞,其心情可想而知。慈禧采取"扬李抑翁"的手段,取得了显著效果,高阳死后,迟迟到来的协揆在翁的心目中已经没有太重的分量了。

对于李鸿藻的评价,其外孙祁景颐说:

> 高阳李文正公鸿藻,秉性刚直,遇事不甚变通。学问工于应试文字……甲午中日事亟,又与常翁[熟]再入政府,若恭忠亲王以委蛇从事,无复从前謇谔之风,久病未退,亦嫌恋位。平心而论,文正不失为正人,而才识短浅,性情执拗,无知人之明,中为清流利用,不免党援。南北之见甚深,卒以此剥削元气不少……余凤承公爱,所以为此言者,不敢以私害公,仍执春秋之义者已。①

这番评价出自后裔之口尤为难能可贵。同样,祁景颐对于荣、李关系的描述也大致公允:

> 荣与文正交久,极致倾挹。文正素持南北之见,其甚不得已用南人,则当择较善者。荣狃于文正,亦牢不可破,所引之人,皆文正之戚友门生,甚源流派,则相信甚深。文正薨,文忠挽之曰:"共济溯同舟,直谅多闻,此后更谁能益我;中流凭砥柱,公忠体国,当今何可少斯人。"款字云:"此兰兄挽文文忠联语也,今即用挽兰兄。"大致措语如此,可见于文正倾许甚矣。②

祁景颐所论不差。与荣禄关系融洽的汉官如鹿传霖、许应骙、陈宝箴、吴重熹、瞿鸿禨、袁世凯均与李鸿藻有渊源,③ 荣禄当政期间的用人明显承

---

① 祁景颐:《餖谷亭随笔》,庄建平编《晚清民初政坛百态》,第 122~123 页。
② 祁景颐:《餖谷亭随笔》,庄建平编《晚清民初政坛百态》,第 131~132 页。
③ 文廷式称:"李兰荪尚书复入政府,而张人骏、张曾敫骤擢布、按,邵积诚又张人骏之姻亲也;其他则直隶人及甲戌会试门生,得意者居十之九。翁叔平尚书,权不及李,然恽祖翼、翁同桂亦骤至布政使。其督抚中,则边宝泉、鹿传霖等,李所举也;任道镕、史念祖等,翁所举也。虽资望尚非极劣,而取材半出乡间。至洋务人才,李以甲戌门生而用胡燏棻,翁以乡里世交而任盛宣怀。胡贪鄙而盛儇薄,其成效可睹矣。"见汪叔子编《文廷式集》下册,第 747~748 页。

继了李鸿藻的人脉关系。

这年年底，李鸿藻后裔运其灵柩回籍。《申报》报道说：

> 高阳相国李兰孙协揆之灵柩于十一月二十四日回籍，道出广安门，沿途祭棚十数座，翁叔平协揆与相国最相契，直送至距城二十余里之大井始洒泪致祭；徐荫轩中堂及裕总宪亦出城十数里设筵奠送。京西肥城更有绅民公设祭筵叩奠。顺天府府尹胡云楣京兆派出官役四名赴前站，置备公馆，步军统领荣仲华大金吾饬南营六汛每汛武弁一员，兵丁四名为之护送至京汛四十里交界之长辛店始遄返。灵柩载以骡驼，独龙大杠前导，仪仗鼓乐如仪，御赐祭文碑铭则异以黄亭两座。闻协揆之公子于下窆后尚须于年内携眷返京都云。①

李死后，翁有"为朝廷惜正人，为吾侪悲直道"的评语。② 从这段报道看，出城为李鸿藻送行的有翁同龢、徐桐、裕德。胡燏棻、荣禄则以管理地面的官员给予了充分的关照。翁氏洒泪致祭老友的时刻，正是中德胶州湾交涉艰难之际。很快，他又陷入新的纷争中。不久，翁氏受到参劾而罢官，荣禄则再次获得升迁，这是戊戌年春季仕途枯荣最显著的表征。

透过甲午战后朝局的变动，可以清晰地发现，翁、李等汉族官员的势力受到很大程度的抑制，李鸿章的影响只限于外交领域；慈禧对朝政的掌控比战前有明显的加强。更为重要的是，满洲权贵荣禄和刚毅的权力逐渐滋长；而荣禄虽不入枢，却大权在握，这是戊戌维新开始前清廷朝局的基本特点。

---

① 《相国举襄》，《申报》光绪二十三年十二月二十一日，第2版。
② 翁万戈编，翁以钧校订《翁同龢日记》第7卷，第3068页。

第七章 胶、旅事件前后

晚清之际每一次严重的外患都成为影响政局并引发社会深层矛盾变化的诱因，这几乎成为规律。咸丰庚申事变、甲申中法战争、甲午中日战争无不如此。而光绪二十三年（1897）底发生的德占胶州、俄侵旅大事件，同样产生了巨大而深远的影响，在近代史上留下深刻的印痕。

胶、旅事件加深了民族危机，清议力量再次抬头，形成强大的改革氛围。戊戌年（1898）春军机大臣翁同龢遭到参劾，被开缺回籍；光绪帝在户部左侍郎张荫桓等人影响下，试图采用更有力的手段进行变法，四月颁布"明定国是"诏，实行废八股、裁冗署、兴工商、开学堂等新政措施，并擢拔、任用倡言变法的工部主事康有为等小臣，以示坚决维新的决心。然而，这次急促的改革，并未取得朝野的普遍支持，光绪帝与军机大臣的矛盾也日益激化，使慈禧出面训政；康有为、谭嗣同等新进官员铤而走险，策划"围园"密谋失败，导致"六君子"被杀，政局出现了甲午以来最大的逆转。戊戌变法作为近代史上一个重要的历史阶段，以往研究受到康、梁宣传的影响，在认识上存在偏颇。荣禄这样举足轻重的人物，一直被斥为顽固保守的后党分子，然而，以现有资料来看，这与史事不尽符合，需要做更细致的研究和评判。

一　外交危机与翁同龢开缺

光绪二十三年十月发生的德国侵占胶州湾事件犹如导火索，引发列强租借港口、划分势力范围，企图瓜分中国的侵略狂潮。甲午战后列强争夺修筑铁路、举借外债权利的角逐也愈演愈烈，在戊戌年春季达到高潮。换言之，《马关条约》签订后，清廷在外交上的失败和被动在戊戌年春达到空前的地步。因而，应对外交危机是戊戌年春的主题，改革呼声再次掀起热潮与此有直接关系。所以，导致戊戌年春政局变化的直接原因仍然是外交上的惨败，新旧政见之争处于从属地位，并非主导因素。

甲午战争后，为了扩张在远东的势力，德国屡次向清廷索取海港，但遭到拒绝。实际上，德国远东舰队司令蒂尔皮茨（Admiral Tirpitz）经过勘察认为，位于山东半岛的胶州湾最宜于建立海军基地，向德皇建议及早占领。① 德国决定采取制造事端—乘机强占胶州湾—胁迫清廷承认租借的方式，实现其建立军港的目的。为此，在访问俄国时，德皇威廉二世征得沙皇尼古拉二世对德国在胶州湾建立军港的默许。② 光绪二十三年十月初七日，两名德国传教士在曹州巨野被杀，德皇闻讯乘机命令德国舰队从吴淞口驶往胶州湾。十月二十日，德军陆战队强行登陆，抢占要隘，布置防务。清廷得知消息，急命胶州守将章高元"不可轻启兵端"。次日，总署大臣李鸿章访问俄国代理公使巴布罗甫（也作巴甫洛夫），请求俄国"相助"。十一月二十三日，俄舰队又乘此以同盟者的名义开入旅顺口，声称这是临时措施，一俟胶州事件解决当即撤退。实际上，俄国以承认德占领胶州湾为条件，暗中换取对方对占领旅大的支持；同时，又与英、日两国讨价还价，达成默契。一个月内德、俄两国兵不血刃，占领了胶州湾和旅大，令朝野上下群情激愤，枢廷和总署面临马关签约以来最大的一次考验。

面对列强利用武力威胁强占港湾的事实，总理衙门一些负责交涉的大臣却畏惧责任，不能和衷共济。自光绪二十二年（1896）九月进入总署，李鸿章一直与长期主持总署日常事务的张荫桓有分歧和矛盾，在筹措第三次大借款主导权问题上争夺激烈，致使偿期迫近，借款却迟迟不能落实。德占胶州湾后，光绪帝命翁同龢、张荫桓负责对德交涉，德国公使海靖提出六条款项。正在讨论中，李鸿章竟然将内容透露给英、俄，引起其他列强争议，招

---

① 参见《德国外交文件有关中国交涉史料选译》第 1 卷，孙瑞芹译，三联书店，1960，第 116~120 页。
② 《德国外交文件有关中国交涉史料选译》第 1 卷，第 138~139 页。

致海靖抗议,谈判一度中断。① 稍后李鸿章又不顾其他同僚反对,执意托俄署使巴布罗甫"代索胶澳",并称"我一人主意,有乱子我自当之。"② 因为李鸿章"拆局",十一月十六日,张荫桓以翁、张二人名义草拟电稿给驻德公使许景澄,称"已派某二人与海(靖)商办,此后如非该大臣之电,国家不承认云云",试图阻止李鸿章插手。但是,翁同龢以为此电"太讦直",没有采用。翁的态度如此,令张大为失望。十九日翁氏日记中说:"张君与余同办一事,而忽合忽离,每至彼馆则偃卧谈笑,余所不喻也。"③ 二人关系也发生微妙变化。十一月二十七日,李鸿章又派萨荫图赴旅顺当俄翻译,翁同龢批评李"不谋于众,独断独行!"④ 总之,在对德、对俄交涉方面,翁、李、张等总署大臣不能齐心协力、群策群力,未能及早识破俄、德勾结的阴谋,以至事态发展越来越不利。十二月初六日,翁同龢日记记:"俄巴使来晤,先以松花江章程请立刻商定,语亦极横。李相诘以旅大退兵当在何日,伊反诘胶州如何办法,言外胶若德踞,我常泊彼也,可恨,可恨!李索其暂泊照会,伊云可。是日问答多失体,余未措词。戌初乃归,愤懑之至。"⑤ 由于强占胶、旅已成事实,谈判迄无进展,清廷被迫同意俄德要求。光绪二十四年二月十四日,翁、李代表清廷与海靖签订《胶澳租借条约》;三月初六日,李鸿章、张荫桓与巴布罗甫代表中、俄两国签订《旅大租地条约》。⑥

在胶旅交涉过程中,恭王、庆王、敬信、崇礼、许应骙等总署王大臣面对敌强我弱的现实,无计可施,往往保持缄默,很少发表意见,荣禄也是如此。翁同龢日记丁酉(1897)十月二十三日记:"未初赴总署,本约各堂会议,而二邸、荣、敬皆有事不到,亦无可议。"⑦ 此后的很多会议,虽两邸群公毕集,也很少看到荣禄表达己见,至少翁同龢、张荫桓日记中看不到荣禄主动参与的影子。与此同时,为了赶在戊戌年闰三月十七日(1898 年 5

---

① 参见林文仁《派系分合与晚清政治:以"帝后党争"为中心的探讨》,中国社会科学出版社,2005,第 360~371 页。
② 高阳整理《松禅老人尺牍墨迹》,台北故宫博物院,1978,第 224~225 页。
③ 翁万戈编,翁以钧校订《翁同龢日记》第 7 卷,第 3116~3117 页。
④ 翁万戈编,翁以钧校订《翁同龢日记》第 7 卷,第 3120 页。
⑤ 翁万戈编,翁以钧校订《翁同龢日记》第 7 卷,第 3123~3124 页。
⑥ 关于德、俄与清廷谈判的详细过程,可以参见丁名楠《帝国主义侵华史》第 2 卷,人民出版社,1986,第 39~48 页。
⑦ 翁万戈编,翁以钧校订《翁同龢日记》第 7 卷,第 3108 页。

月7日）前一举偿还对日赔款，总署一直策划第三次大借款，最终在张荫桓与总税务司赫德的积极促动下与汇丰、德华两银行达成《英德续借款》。这次借款谈判是背着李鸿章，由翁、张、敬信等户部堂官主持，在秘密状态下完成的，不仅折扣高达八三扣，且以宜昌等地盐厘作抵，允税务司代征，丧失了不少利权，很快就招致舆论的抨击。① 戊戌年春，主持对外交涉的翁同龢、张荫桓、李鸿章等遭到连续参劾，其猛烈程度丝毫不亚于乙未年清议对孙毓汶、李鸿章、徐用仪的抨击。一场新的政潮开始了。

光绪二十四年三月二十九日，体仁阁大学士徐桐奏请调张之洞来京面询机宜。奏云：

> 臣窃见数月以来，俄德两国日益恣横，强踞北洋海口，要挟情形，层见叠出。英法各国群起效尤，或相争竞，皆为我切肤之患。此次德人占据胶澳各情，实中外通商以来所未有之变，只以事处万难，不得不隐忍完事。然谓德人并不侵占土地，则非也；且俄人并无端而亦索我旅大矣。将来俄人西伯利亚铁路造成，祸有不堪设想者。此正求贤共治之秋，而并非万无可为之日也。臣思待外国之道，但可令有均沾之利益，不可使有独占之权利。在枢廷、译署诸臣躬任艰难，固已心力交瘁，然事机至危，变幻莫测，尤当虚怀博访，庶几共济时艰。查湖广总督张之洞久膺沿江沿海疆寄，深悉交涉情形。闻昔年在湖北晴川阁上宴俄太子，礼仪不卑不亢。去年四月，德人遣人游历湖北，皆意存寻衅，张之洞悉察其来意，从容遣之。皇上轸念目前艰危，可否电召该督迅速来京，面询机宜。现在交涉情形顷刻万变，多一洞悉洋情之人，庶于折冲御侮之方，不无小补。②

尽管说辞委婉，但请召张之洞来京重用的用心昭然若揭。光绪帝将此折呈给慈禧后允准。闰三月初二日，电旨命张之洞来京陛见。③ 这天翁同龢日

---

① 参见马忠文《张荫桓与英德续借款》，《近代史研究》2015年第3期。
② 《大学士徐桐奏为时事日亟请召湖广总督张之洞来京面询机宜事》，光绪二十四年三月二十九日，档号03-5357-071，缩微号404-3390。
③ 《清德宗实录》卷417，光绪二十四年闰三月初二日，《清实录》第57册，第460页。

记记:"令湖督来京陛见,从徐桐请也,盖慈览后,圣意如此。"① 并告知正在病中的恭王奕䜣。关于张入京的原因,时人称,"戊戌新学之士渐起,言论过激",内阁中书杨锐等京官,"虑朝士水火,非得学有经术、通知时事大臣居中启沃,弗克匡救",遂有引张之洞入枢之议。② 当时,张之洞也认为荣禄是慈禧非常信任的重臣,就托在京的王之春向荣秘密疏通关系,意在入枢。荣禄表示:"南皮公忠可敬,无如常熟一掌遮天,两邸皆病不治事,容当缓图。"③ 尽管没有得到荣禄肯定的支持,但得知荣对翁不满的信息对张之洞亦是鼓舞。不久,在张授意下,其幕僚杨锐"乃与乔树枬说大学士徐桐,并代作疏荐张"。④

据相关资料确认,徐桐的这篇奏折是由杨锐、刘光第、乔树枬等人密谋后代拟的,⑤ 也有学者认为,张之洞对此似乎不知情。⑥ 尽管如此,张之洞联络同党掀起"倒翁"政潮的居心不可否认。闰三月初八日,安徽布政使于荫霖上疏奏弹劾李鸿章、翁同龢、张荫桓。奏折批评翁同龢"独任私智,酿成巨祸"。认为对日赔款"约定六期分还,期宽易筹,或可不至借贷,即使借贷,为数不甚巨,则所索必不甚多"。可是,翁却"惑于张荫桓之言,遽借英、德商款,全数还倭,以江苏、江西、浙江、湖北四省货厘盐厘作抵,事定之后,一纸公文责令四省督抚遵办,事前并不商量,更不问此四省以后度支如何应付"。这些言论与张之洞所说如出一辙。于荫霖建议明颁谕旨,建议"速用公正大臣",任以事权,并举荐徐桐、崇绮、边宝泉、陶

---

① 翁万戈编,翁以钧校订《翁同龢日记》第7卷,第3165页。
② 黄尚毅:《杨叔峤先生事略》,闵尔昌编《碑传集补》卷12,《清代碑传全集》下册,上海古籍出版社,1987,第1334页。
③ 蔡金台致李盛铎书,戊戌九月二十五日,邓之诚:《骨董琐记全编》下册,中华书局,2008,第634页。
④ 黄尚毅:《杨叔峤先生事略》,闵尔昌编《碑传集补》卷12,《清代碑传全集》下册,第1334页。
⑤ 黄尚毅在《杨叔峤先生事略》中提到,杨锐与乔树枬"说大学士徐桐,并代作疏荐张,得旨陛见"。(闵尔昌编《碑传集补》卷12,《清代碑传全集》下册,第1334页)原文将时间说成是伊藤博文来华之时,显然是回忆错误,但乔树枬与杨锐、刘光第皆为同乡好友,他参与其事应无疑问。
⑥ 茅海建教授认为,徐桐保举张之洞,张事先可能并不知道。闰三月初六日,张给杨锐和张彬的电报中称:"闻徐相奏请召仆入京接待德王,怪极!原奏究何措施,务速询详示。"参见茅海建《戊戌年张之洞召京与沙市事件的处理》,《戊戌变法史事考》,三联书店,2005,第186~218页;《戊戌变法的另面——张之洞档案阅读笔记》,上海古籍出版社,2014,第1章。

模、张之洞、陈宝箴"以挽国是"。① 先有徐桐请召见张之洞，随后就有于荫霖参奏李、翁、张，对盐厘作抵大加痛斥，完全是张的口气；而所荐贤员又是徐桐、崇绮、张之洞、陈宝箴等。可见，于荫霖的发难，是对徐桐荐张的默契配合，目的就是要"倒翁"和"易枢"。某种程度上说于、张、徐串通一气，也非毫无根据。但是，光绪帝见到徐折后，却做了"留中"处理。同时，命枢垣致电张之洞，迅速起程来京"有面询事件"。舆论普遍认为张此次入京，必将入枢，张本人也踌躇满志，甚至致电湖南巡抚陈宝箴、署理湖南按察使黄遵宪，询问施政大计，俨然是为主政枢、译做准备的。黄遵宪坦诚建议，到京"如入参大政，必内结金吾（荣禄），外和虞山（翁同龢），乃可以有为"。② 可见，此时，"金吾"（荣禄）的权势已经不可小觑。

但是，情况完全出乎包括张之洞在内的很多人的预料。闰三月十九日，湖北沙市意外发生民人械斗事件，冲突中放火燃及海关和日本领事住宅。日方提出抗议，翁同龢"乃与张荫桓密谋"，借办理沙市交涉为由，阻张入京。③ 当时，清政府因旅大、胶州湾事件仍在谈判之中，唯恐再生外交事端，遂于闰三月二十四日旨令张之洞回湖广总督本任，"俟办理此案完竣，地方一律安靖，再行来京"。④ 当时，张已至上海，只得返任。至此，徐桐等密谋策划的张氏入京之事搁浅。⑤

就现有资料看来，密谋阻止张之洞入京的应该是翁同龢、张荫桓和刚毅，但他们的动机各不相同。得知张之洞来京的消息后，张荫桓十分恐慌。闰三月初十日，李鸿章给李经方的信中说："徐荫轩以时事日棘，疏荐张香涛熟悉洋务，请备顾问。两宫密商，迭有电旨，催令北上。恭邸病笃，恐不能久，香涛必兼枢译……樵野恃宠而骄，闻香来，岌岌不自保矣。"⑥ 以张之洞的资历和学识，捐班出身的张荫桓自然不是对手，以沙市事件为由阻

---

① 于荫霖：《请简用贤能大臣并陈五事以救时局折》，《悚斋奏议》卷3，都门1923年刻本。
② 黄遵宪致张之洞电，光绪二十四年闰三月十六日辰刻发，酉刻到，抄本《张之洞电稿》第36册，《各省来电三（湖广）》，中国社会科学院经济研究所图书馆藏。转引自茅海建《戊戌变法的另面："张之洞档案"阅读笔记》，第255页。
③ 黄尚毅：《杨叔峤先生事略》，闵尔昌编《碑传集补》卷12，《清代碑传全集》下册，第1334页。
④ 《清德宗实录》卷417，光绪二十四年闰三月丁丑，《清实录》第57册，第234页。
⑤ 关于该问题的研究，可参考茅海建《戊戌年张之洞召京与沙市事件的处理》，《戊戌变法史事考》，第186~218页。
⑥ 《致李经方》，光绪二十四年闰三月初十日，《李鸿章全集》第36册，第177页。

张，可能出于张荫桓的建议。此时，刚毅也对张充满敌视，对地方督抚把持厘金尤有意见，在批评张氏"疏阔"、"虚掷国帑"方面，与翁立场完全一致；当然，张之洞一旦入枢译，对刚毅而言同样是有力的对手。近人称，张"生平独立无奥援，惟高阳相国李鸿藻稍左右之，李卒，政府皆不以所为为然。刚毅、翁同龢尤恶之。戊戌景帝召将内用，翁以留办教案阻之，中途折回"。① 联系到刚毅一贯仇视汉官的倾向，在阻张之事上他与翁应有默契，而且这可能是二人的最后一次合作。

翁、张等暗中阻止张之洞来京的行动，引起激烈的反弹。闰三月二十七日，即张回任谕旨颁行的第四天，大学士徐桐亲自上折严参张荫桓"奸贪误国"，言辞极为激烈，称："前因北洋重整海军，购买战舰，由伊经手，浮冒至六十万两之多。本年借英款一万万两，该侍郎假托洋商勒掯为名，八三折扣，外加使费，致我中国吃亏二千万两，该侍郎与洋商分肥入己。此等奸赃事迹，本无佐证，人言传播，断非无因。"② 要求将张监禁终身。此时的翁同龢也对张荫桓的操守开始产生怀疑，甚至不顾冒犯天颜，刻意疏远张荫桓。四月初九日，徐桐八十寿辰，翁赠诗"能扶正气调元手，不堕顽空担道肩"，极力谀颂。③ 尽管如此，翁无法撇清与张的关系。四月初十日，御史王鹏运上疏弹劾翁、张，用词更为激切：

> 近日办理外交事件，皆系翁同龢、张荫桓二人主持，其奸庸误国，狼狈相依，非立予罢斥，后患亦无法可弭……借洋款一事，李鸿章始与俄人商定借款九四扣，翁同龢、张荫桓以所扣太多不借。继则英国家愿借银无折扣，唯以三事相要，翁、张又以三事不可从不借，卒之三事皆

---

① 陈衍：《张相国传》，闵尔昌编《碑传集补》卷2，《清代碑传全集》下册，第1270页。张之洞去世后，《神州日报》刊文说："斯时，德宗皇帝已下诏变法，而先期降旨召公入都，以公为孝钦显皇后手擢之人，且为言新者领袖，既可弹压群伦，且能调和两宫故也。公闻召，行抵上海。翁同龢潜公，谓不可恃。值湖北有小教案出，遂有廷命公还任。"见苑书义等主编《张之洞全集》第12册，附录三，河北人民出版社，2000，第10732页。另，苏继祖也记述云："今春上既决意革故图新，乃召张公来京，辅翊新政，守旧大臣，恐张异己，百计阻尼，得借沙市教案令回两湖本任。时人多惋惜之……"见《清廷戊戌朝变记》，《戊戌变法》第1册，第334页。

② 《徐桐奏为特参户部侍郎张荫桓贪奸误国事》，光绪二十四年闰三月二十七日，录副奏折，档号03-5359-082，缩微号405-0027。

③ 《寿徐荫轩相国八秩》，朱育礼校点《翁同龢诗词集》，上海古籍出版社，1998，第159页。

勉许英人，而所借则英商八三扣之一万万两。夫九四扣诚多，视八三为何如？三事既以尽从，何为不借无扣之款？闻此事皆张荫桓与赫德在翁同龢私宅订立合同。洋报谓此次华借商款，该银行费银二百六十万两于中国经手之人，果谁氏耶？然则不借俄及英国之款，其故可知矣。①

言辞之间，王鹏运暗指翁、张有"朋谋纳贿"之嫌。二十一日，给事中高燮曾奏加增海关经费有失政体，称每年海关征税2100多万两，而海关经费支销即达180万两（实际已达196.8万两——引者注），尚不包括邮政局开销；海关十几处，洋员落落可数，薪水远远超过华员，赫德收入优厚，更为"欧人所艳羡"，但海关经费每年仍要新增120万两，此事由张荫桓一意主持，而户部竟不敢驳议，"不知是何心肺？"② 言辞极为尖刻。翁同龢在日记写道："高折意斥余而未明言，但指张某为主。"③ 一个月内，翁、张连续遭到弹劾，声势越来越猛烈。慈禧和光绪帝对这些情况十分明了。四月二十七日，在一片弹劾声中，军机大臣、户部尚书翁同龢被开缺回籍。五月初二日，御史胡孚宸又上疏严参张荫桓，再次指明，翁、张在英德续借款中"私分"回扣达260万两之巨，翁既开缺，如不严惩张，则无以对翁。④ 这种对张荫桓穷追猛打，与乙未年王鹏运参劾徐用仪如出一辙。所不同者，孙、徐始终同心同德，而翁、张已各怀猜忌。⑤ 慈禧对于光绪帝屡次庇护张荫桓极为不满，直接命步军统领衙门抄张荫桓家，后因满洲朝贵从中缓颊，才暂免杀身之祸。⑥ 但是，朝局就此发生根本性变化。

---

① 《江西道监察御史王鹏运奏为特参总署大臣翁同龢张荫桓权奸误国请立予罢斥事》，光绪二十四年四月初十日，录副奏折，档号03-5360-045，缩微号405-0162。按，原题"张荫恒"应为张荫桓。
② 《给事中高燮曾奏为户部筹拨巨款加增海关经费大失政体请移给聂士成练军月饷以济要需事》，光绪二十四年四月二十一日，录副奏折，档号03-6145-033，缩微号458-0326。
③ 翁万戈编，翁以钧校订《翁同龢日记》第7卷，第3181页。
④ 翁万戈编，翁以钧校订《翁同龢日记》第7卷，第3185页。
⑤ 翁万戈编，翁以钧校订《翁同龢日记》第7卷，第3185页。
⑥ 鹿传霖在戊戌年的家书中说："张荫桓几乎查抄，乃吐出借洋债分成头之二百万报效修工获免。翁六吃洋债成头并为王幼霞所劾，又以谏上带宝星、用文廷式触怒，遂被斥去。荣相本议入枢，裕代夔督直，乃有人以其与礼邸姻亲、同枢不便为辞，挤之使出，裕竟入枢。纯是一班唯诺敷衍之人，国事真不可闻……我秋间拟赴津谒晤荣相，尚未甚定。"见《鹿传霖任川督时函札》，中国社会科学院近代史所藏，档号甲170。按，该档案所收函札不止鹿任川督期间的，也包括戊戌、己亥年的信函。

翁同龢开缺的实质是再一次"易枢"。由于翁与光绪帝的特殊关系，此事显得非同寻常。翁氏开缺实际上是胶州湾事件后内外交困的形势所决定的，在这一点上，他与两年前的孙毓汶十分相似：身为中枢主持者，在舆论的攻击下，必然要承担最大的责任。况且他早已帘眷大衰。四月初十日，恭王病逝，两宫加速了对枢垣的调整。关于翁同龢开缺的原因，近代以来有过不少争论，或言出于慈禧的旨意，逼迫光绪将翁赶走；也有论者以为出自皇帝本人的决定；或言是枢垣同僚刚毅的刻意倾陷。① 上述观点虽各有所据，但似乎都有可以商榷之处。

首先，翁氏开缺并非偶然，是清廷在胶旅事件后为改变困境而采取的应对措施，需要从甲午战后清廷派系斗争的发展延续中予以观察。原本翁同龢已受到徐桐、荣禄的排挤，慈禧早已对其失去了信任，翁氏暂时得以留任枢中与恭王、李鸿藻等人坚持有关，这样做可能是为了尊重皇帝的感受。

其次，翁氏受到各种势力的攻击和排挤，已陷入四面楚歌、孤助无援的境地。徐桐、张之洞联手"倒翁"，是这次易枢的明线；刚毅在慈禧面前对翁进行倾陷；荣禄暗中也推波助澜；此外，张荫桓也可能在光绪帝面前对翁有过诋毁。

有充分的材料说明，戊戌年春张荫桓对光绪帝的影响力超过翁同龢。时论称"南海张侍郎曾使外洋，晓然于欧美富强之机，每为皇上讲述，上喜闻之，不时召见"。"启诱圣聪，多赖其力。"② 政变后梁启超也说："（张）久游西国，皇上屡问以西法新政。"③ 据张荫桓日记及《谕折汇存》，仅戊戌年正月至五月间，张氏被单独召见即达十五次之多。王照称，"张荫桓蒙眷最隆，虽不入枢府，而朝夕不时得参密汐，权在军机大臣以上"，"是时德宗亲信之臣，以张荫桓为第一"。④ 张氏不仅趋新，而且在办理外交时较为

---

① 参见戴逸《戊戌变法时翁同龢罢官缘由辨析》；俞炳坤《翁同龢罢官缘由考辨》；侯宜杰《略论翁同龢开缺原因》，上述文章均收入常熟市人民政府、中国史学会编《甲午战争与翁同龢》（中国人民大学出版社，1995）一书。此外尚有谢俊美《关于翁同龢开缺革职的三件史料》（《近代史研究》1993 年第 5 期）、杨天石《翁同龢罢官问题考察》（《近代史研究》2005 年第 3 期）。
② 苏继祖：《清廷戊戌朝变记》，《戊戌变法》第 1 册，第 331 页。
③ 梁启超：《戊戌政变记》，《戊戌变法》第 1 册，第 283 页。
④ 王照：《礼部代递奏稿》"按语"，《戊戌变法》第 2 册，第 356、355 页。

主动，较之翁氏谨慎、退缩乃至推诿，明显受到皇帝欣赏。① 当张荫桓受到言官纠参时，光绪帝命翁代为辩解，结果遭到翁的拒绝，为此皇帝十分生气。因此，翁之开缺，也被怀疑与张荫桓推动有关。

最后，翁氏开缺是慈禧和光绪帝充分商议后的结果，是对整个中枢和北洋班底进行调整的举措之一。四月二十二日，上谕命荣禄升大学士管理户部，地位更加重要，所遗协办大学士、兵部尚书由刚毅接任，崇礼接任刑部尚书、步军统领。四月二十七日，翁同龢开缺回籍，直隶总督、北洋大臣王文韶"来京陛见"，荣禄署理直隶总督、北洋大臣。又命已经北上的四川总督裕禄迅速来京陛见。五月初五日，王文韶补户部尚书，兼枢译，接替了翁的职责；五月二十三日，裕禄署理镶蓝旗汉军都统，在军机大臣上行走。新的枢垣班底组成，他们是礼王世铎、刚毅、钱应溥、廖寿恒、王文韶、裕禄。翁同龢所遗协办大学士由他的挚友孙家鼐升任。五月二十七日，电告张之洞"毋庸来京陛见"，"易枢"问题终于落幕。这次权力结构的大调整，从根本上说，原动力来自于胶旅事件后外患加深，应该是两宫协商后的结果。从种种迹象判断，令光绪帝十分遗憾的是张荫桓未能入枢，为此，他与太后可能曾有过协商。② 无论如何，枢垣人选的决定权始终控制在慈禧手中，这是无可怀疑的。

比较吊诡的是，当初严参孙毓汶、徐用仪的御史王鹏运，三年后同样对翁施以重拳。翁虽有"清流"之目，但是，王鹏运等人毫不留情，正说明翁同龢的开缺与其位居津要却贻误政事的情形有关。

翁同龢的开缺，荣禄似无主动的推动。康有为在自订年谱中提到与翁的关系时说："吾累书劝其力辞总署之差，常熟不能从。后以割胶事为罪谤所归，荣禄嗾其私人劾之，常熟卒以是逐。常熟去官后云，悔不听我言也。"③ 这段叙述夸大了他自己与翁关系的密切程度，又将荣禄说成是弹劾翁的幕后操纵者，也与事实不尽符合。因为，此时刚毅对翁的排挤早已是迫不及待了。

在翁开缺之事上，荣禄是以局外人姿态出现的。荣的升迁与翁的罢黜属

---

① 在《旅大租地条约》签订前，光绪帝召见李鸿章、张荫桓时称，总理衙门事"责成尔两人"，表明对翁已有成见。详见任青、马忠文整理《张荫桓日记》下册，第580页。
② 当时已经有传言称，张荫桓利用接待德国亲王之事"借为要重之地"，似指入枢一节。见王庆保、曹景郕《驿舍探幽录》，《戊戌变法》第1册，第501页。
③ 楼宇烈整理《康南海自编年谱（外二种）》，第32页。

于同一批职务调整。但这不能直接说明荣禄对翁有过排挤。翁本人也不认为与荣禄有关,而是将原因归于刚毅。据称,翁开缺的谕旨即由刚毅所拟,宣旨之日适为翁氏六十九岁生辰,实因"先有成见以辱之者"。①

甲午战后的枢垣,恭王、礼王虽地位较高,但事权则归诸翁同龢、李鸿藻等汉官,刚毅因资历浅显,对决策很难有发言权。平时枢臣讨论军政事宜,恭王等亦多与翁商议,刚毅常常受到冷落。刚毅偶有过失,翁氏"恒面规之",②似不留情面,缺乏同僚间应有的尊重。这些平常不易为人重视的小小过节久而久之积成了难以释怀的个人恩怨。刚毅对翁的成见,甚至带有鲜明的满汉之见。③四月二十九日,叶昌炽就听说,"虞山(翁同龢)之去,木讷令兄(刚毅)实挤之,或云与郎亭师(汪鸣銮)同一案"。④ 五月十二日,翁即将离京,孙家鼐(燮臣)、徐郙(颂阁)两位老友前来话别,孙、徐似乎向翁氏透露了什么消息,使翁显得感慨万千。他在这天的日记中写道:"晚燮臣、颂阁来话别,直至戌正二(刻)乃去,真深谈矣。余何人,仿佛谢迁之去耶?为之一叹!"⑤ 翁氏借用明朝嘉靖年间内阁辅臣杨一清用计策排挤资历深厚的谢迁,暗指自己遭到了刚毅的倾陷。⑥ 翁离京后,其侄孙翰林院编修翁斌孙向叶昌炽透露,翁之开缺,"木讷令兄(刚毅)有力焉"。⑦ 这说明翁同龢认定自己是遭刚毅排挤而罢官的。翁氏门人沈曾植《寄上虞山相国师》诗云:"松高独受寒风厄,凤老甘当众鸟侵。"又云:"睚眦一夫成世变,是非千载在公心。"⑧ 所谓"睚眦一夫"亦指刚毅。唐文治也认为翁之开缺系刚毅从中作祟。⑨

翁氏离京前,荣禄已抵达天津赴任,仍前后两次派人到翁府慰问,并赠

---

① 王崇烈:《翁文恭公传书后》,转引自谢俊美《有关翁同龢开缺革职的三件史料》,《近代史研究》1992年第3期,第279页。
② 王崇烈:《翁文恭公传书后》,转引自谢俊美《有关翁同龢开缺革职的三件史料》,《近代史研究》1992年第3期,第278页。
③ 《亲历晚清四十五年——李提摩太在华回忆录》,第240~241页。
④ 叶昌炽:《缘督庐日记》第5册,第2688页。
⑤ 翁万戈编,翁以钧校订《翁同龢日记》第7卷,第3186页。
⑥ 参见黄彰健《戊戌变法史研究》上册,第171页。
⑦ 叶昌炽:《缘督庐日记》第5册,第2718页。
⑧ 钱仲联校注《沈曾植集校注》上册,中华书局,2001,第202页。
⑨ 唐文治:《茹经堂文集》,《戊戌变法》第4册,第252页。

送厚礼，翁氏开始坚持谢绝，但最终还是接受了这位盟兄弟的馈赠，① 并于五月十一日再次致函答谢。② 可见，戊戌年春朝局中翁同龢与荣禄的关系完全不像康有为说的那么紧张。当然，这不等于荣对翁没有成见，在徐桐、张之洞等人发起的"倒翁"政潮中，荣禄也曾批评翁"一掌遮天"，实际上是支持徐、张的，只是没有更深介入而已。

二 荣禄与戊戌年武科改革

胶州湾事件后，朝野变法图强的舆论再次高涨，光绪帝深受鼓舞，开始倾心变法，戊戌维新的序幕由此拉开。以往学界对戊戌维新的研究，主要集中在四月二十三日"定国是诏"颁布到八月初六日慈禧训政为止的"百日维新"期间，其中又以康有为的政治活动为主线索。这样的取向是存在偏颇的。事实上，戊戌年春光绪帝主持下开始的改革，很多措施接续了洋务官员倡导的改革主张。胡绳就认为，光绪帝执行的其实是洋务派的路线。③ 参加戊戌年变法的不仅有康、梁这些下层官员士子，也有很多朝官。一些变法主张在"定国是诏"颁布前就已经提出。其中就包括荣禄奏请武科改革问题。

胶州湾事件后，身为朝廷重臣的荣禄，肩负军事防卫重任，同样受到了深刻的刺激。鉴于中国面临的严峻形势，荣禄提出了加强军事防卫和防御对外入侵的一整套应对措施和改革设想。这些建议与甲午战后他积极推动的军事改革是一脉相承的，且受到枢廷的重视。十二月二十五日，荣禄上折云：

……窃惟当今世局合五洲之地已成一大战国，武备之事日新月异。自英法俄德养兵之费每岁咸逾万万，外交之进退视其兵之多寡强弱以为衡，强则公法所不能拘，弱则盟约皆不可恃……奴才愚以为目前之

---

① 参见翁万戈编，翁以钧校订《翁同龢日记》第7卷，第3184、3185页。
② 翁同龢此函云："日来憧憧，觚棱之恋与邱垄之思一时并集。徂暑不得不早发。今拟趁早车直走唐沽矣。惟不得一诣衡斋握手数语为憾。修攘兼筹，昼夜无暇，惟望若时自卫以慰远怀。此行深仗康济勿念羁栖。敬上。略园相国隶台阁下。同龢顿首，五月十一日。"见孔祥吉《晚清史探微》，巴蜀书社，2001，图版插画。此信似乎没有发出，现存于翁万戈先生保存的"翁氏家藏文献"之中；或因当时政局复杂，翁氏游移再三，未能发出。
③ 胡绳：《从鸦片战争到五四运动》，《胡绳全书》第6卷（下），第562页。

策,莫如求自强。自强之策,莫如多练兵。自甲乙两年日人构衅,萃湘淮之宿将,征各路之精兵,连战辽韩,未能取胜。固由统兵将帅调度失宜,亦缘仓猝成军,教练未能应手。故有兵不练与无兵等,练不知法与不练等。前经督办军务处王大臣奏请饬臬司袁世凯创练新建陆军,挑选详慎,操练精勤。奴才前赴天津曾加校阅,其兵丁躯干彪悍,步伐整齐,洵为各军之冠。虽未经与泰西军队较量轩轾,而比之湘淮旧伍,已觉焕然改观,但人数不多,难当大敌。拟请添募若干营,以期成一大军,与提督聂士成之军扼守北洋门户。又,提督董福祥,老成宿将,智勇兼全,奴才前于光绪二十年保奏将才,奏请饬募万人驻防近畿,后剿抚甘回,卒著成效。今该提督遵旨添募四营,凑足二十营驻扎山陕一带,认真督练,借资镇抚,仍应再募十营以厚兵力,兼为策应之师。其神机营练兵处所练之马步炮队,亦不下两万余人,应由该管王大臣挑选实在年力精壮、技艺娴熟官兵若干,另为先锋营队,专备行军折冲之用,一经征调,自易成行,庶可与现练勇营各军相辅驰驱,互为联络,以期有济。至简练民团,虽不无流弊,然咸同之际大学士曾国藩实赖其力,戡定东南。拟请饬令沿海沿江各省督抚先行举办,责成绅士认真筹划,悉心经理,庶使民心固结而御外侮,仍杜苛扰以靖闾阎。倘筹划有方,教练如法,将来酌予奖叙,用示鼓励,俾得勇跃从公。

  以上各事虽非旦夕之效,然认真办理,一二年内军容自强,民心自固,通国上下,众志成城,不战而屈人之兵,此之谓也。当嘉庆十二年德主弗勒得力咸廉第三为拿破仑所败,割其国土之半,献银九万亿以与法和,于是发愤自雄,更改兵制,使全国丁男悉就兵役,越七年而合英俄奥诸国大败拿破仑,徙之荒岛,恢复疆宇,国势以强。至今各国陆兵,德为称最。俄罗斯兵制与德略同,教练稍异,但其民数既多,兵数亦广。虽商务与制造不逮英法,而各国惮之者以此。然则治国之道惟在兵力强多,无不可复之仇,无不可雪之耻。断断然已。奴才非不知财赋日绌,筹饷维艰,但积弱之余,不加振作,侵陵日甚,婪索无厌,议款议偿将无虚岁,与其拮据于日后,何如掘罗于事前?奴才忝叨恩宠,备位中枢,诘尔戎兵是其专责,伏愿圣明俯察迓言、广练兵团以济时艰而维国脉。①

这篇奏折最能代表甲午后荣禄军事制度改革的思想。首先，经过胶、旅事件的刺激，他认定外国邦交不可靠，欲自强，必须自己多练兵。其次，扩大新军练兵规模。计划袁世凯新建陆军添募若干营，与聂士成部扼守北洋门户，董福祥甘军再募十营，以厚兵力，"兼为策应之师"；神机营所练马步炮队，也应选择精壮，另为"先锋营队"，"专备行军折冲之用"；沿江沿海各省遵照曾国藩的办法，举办团练，形成全民皆兵的局面，应对列强随时可能的侵略行径。同时，明确表达了学习德国练兵制度的意愿，这是受到袁世凯练兵的影响。

荣禄在附片中建议，每省延聘兼通西法精于操练教习数十人，就地教练武童，并设立武备特科。具体做法是：

> 每省设一武备学堂，挑人学习重学、化学、格致、舆地诸学，分炮队、马队、工程队诸科，限以三年，由各省督抚详加考试，凡考列优等者作为武举人，其名数略参科场旧制，分别大省、中省、小省，各不得逾本省原额十分之五。此为武备特科。其三年一试之武科，暂准照旧举行，但须酌减旧额一半，以期相济为用。试之有效，再将旧制停罢，并将此项特科武举人咨送京师大学堂，限以三年，由兵部奏请钦派王大臣考试，分别优等者作为武进士。其名数与常年会试中额各得其半，仍恭候廷试，各就本科验其膂力技艺，询以方略，以侍卫、守备分用。届时并令各路军营，自哨长以上，均用此项武举人、武进士人员充补，俾得效力行间，以备干城之选。似此参酌中外兵制，造就人才，其用至广，其效至速。各国闻此举动，或稍戢其狡焉思启之心，于国事实有裨益，应请饬下廷臣会议奏请宸断施行。②

另一附片指出了内地制造枪炮及沿海军工厂内迁的问题。该片云：

---

① 《协办大学士荣禄奏为强邻窥伺日深时局艰危请饬令沿海各督抚广练兵团》，光绪二十三年十二月二十五日，录副奏折，档号03-6033-016，缩微号451-1304。
② 《协办大学士荣禄奏为改革武科考试旧制敬陈管见事》录副奏折，档号03-5922-013，缩微号443-3506。该折也收入《戊戌变法》第2册，第461页。

再，战舰凋零，海权全失，沿海之地易启彼族窥伺之心，现虽与英德伏尔铿厂、阿姆士船厂订造鱼雷快船，克日包送来华，以资驾驶，徒以饷项难筹，不能购订多只铁甲巨舰，是防海仍一无可恃，况制造局多在滨海之区，设有疏虞，于军事极有关系。查各省煤铁矿产以山西、河南、四川、湖南为最，又皆内地，与海疆情形不同，应请饬下各该省督抚设法筹款，设立制造厂局，其已经设有厂局省份规模未备尤宜渐次扩充，自炼钢以迄造快枪快炮，造无烟药弹，各项机器均须购办，实力讲求，从速开办以重军需。至上海制造局购有炼钢机器，因其地不产煤铁采买炼制所费不赀，以致开炉日少，似宜设法移赴湖南近矿之区，以便广为制造。若蒙俞允并请饬下各该省督抚刻日兴办，庶武备日增而国威日振矣。①

当时，朝廷上下因外祸日亟，深感变法自强之紧迫性。疏上，光绪帝即刻下旨："荣禄奏请设武备特科，参酌中外兵制、造就人才等语。著军机大臣会同兵部议奏。"② 同时，对荣禄的其他建议也做了批示："近来中国战舰未备，沿海各地易启他族觊觎。从前制造厂局多在江海要冲。亟应未雨绸缪，移设堂奥之区，庶几缓急可恃。兹据荣禄奏称各省煤铁矿产，以山西、河南、四川、湖南为最，请饬筹款设立制造厂局，渐次扩充，从速开办，以重军需。至上海制造局，似宜设法移赴湖南近矿之区等语。自系为因地制宜起见，著刘坤一、裕禄、恭寿、张之洞、胡聘之、刘树堂、陈宝箴各就地方情形，认真筹办，总期有备无患，足以仓卒应变。是为至要。原片均著钞给阅看。将此各谕令知之。"③

荣禄对改革武科的建议，很快得到了其他官员的呼应。二十四年正月初六日，给事中高燮曾也奏请选拔将才，"不拘文武，不拘已仕未仕，总以能胜将帅之任为指归，令内外三品以上大员各举所知……至京考校合格者，分别给予职官，俾为武备学堂教习，教有成效，准予超擢"。又主张"京师设武备学堂……三年学成，请钦派王大臣一体考校，分别等第，以便任使。或

---

① 《协办大学士荣禄奏请饬下各省督抚设法筹款设立厂局自炼钢铁事》，光绪二十三年十二月十五日，录副奏折，档号03-7122-086，缩微号532-1608。
② 中国第一历史档案馆编《光绪宣统朝上谕档》第23册，第376页。
③ 《清德宗实录》卷413，光绪二十三年十二月二十五日，《清实录》第57册，第405页。

充各营教习，或充哨官、营官，其颖异者令充出使大臣随员，以广闻见；卓著勋勤，乃升统带"。① 疏上，奉旨高折归入荣禄奏请参酌中外兵制特设武科片内一并议奏。② 正月二十六日，胡燏棻又上疏认为，武科拘守旧章，"未敢遽言改废，议者咸请另设武备一科，以资补救。不特两途并用，官多愈难疏通，而各省每逢乡试一次，糜费巨款万余金，亦徒多此漏卮，不若变通而酌改之，统归一辙"。并建议说：

> 拟请自本年武会试后，暂停武试一科，令各省会分设大学堂，各府厅设中学堂，各州县设小学堂，省会则延请洋教习及武备教习，府厅则于各省防军中分派武备教习一员，另延本地之文士，取其通达算学者为文教习，每学堂各置枪炮，先由州县挑选已进之武生年在二十岁上下，身体结实，躯干雄伟，并粗通文字者若干人，送入府学堂肄业，由文教习课以文义算法，由武备教习教以步武行阵，分操合操，散队整队，及枪法炮法远近之差，低昂之度，务使心手相调，神明其理，一年以后拔其尤送省学堂，合各州县所送而汇教之。俟下次乡试届期申送武闱，如法考试，其入选者作为武举人，送部会试，其入选者作为武进士，分别甲第照章录用。③

光绪帝命将胡折一并归入办理。经奕訢等王大臣遵旨会议，虽然设武备特科的建议未被采纳，但武科获准"参酌情形，变通旧制"。二月二十六日，光绪帝颁布上谕称："前据荣禄、高燮曾、胡燏棻先后奏请设武备特科、酌改章程各折片，当经谕令军机大臣会同兵部议奏。兹据该大臣等分别准驳详议复奏，并拟定大概章程，开单呈览。朕详加披阅，尚属切实可行。国家设科武备，与文事并重，原期遴拔真才，以备折冲之用。现在风气日新，虽毋庸另设特科，亦应参酌情形，变通旧制。著照该大臣等所议，各直省武乡试自光绪二十六年庚子科为始、会试自光绪二十七年辛丑科为始、童

---

① 《给事中高燮曾请设武备特科折奏为议设武备特科敬陈管见事》，国家档案局明清档案馆编《戊戌变法档案史料》，中华书局，1958，第485~486页。
② 中国第一历史档案馆编《光绪宣统朝上谕档》第24册，第11页。
③ 《胡燏棻奏请敕军机大臣会同兵部归入协办大学士荣禄奏案核议更改武闱科目事》，录副奏折，档号03-6033-089，缩微号451-1491。

试自下届为始,一律改试枪炮。其默写《武经》一场,著即行裁去。所有一切未尽事宜,暨各省应如何设立武备学堂之处,著该衙门随时奏明办理。现在时局艰难,朝廷厘定章程、专务振兴实学,武场改试枪炮亦转移风气之一端。嗣后主试王大臣及各省督抚、学政尤当加意讲求,认真考核,务在作其忠勇、开其智识。平时则严督功课,校试则秉公去取,毋得奉行日久,又成具文,致负作育人材至意。"① 这样,在荣禄首倡下,以改革武科、练洋操、设武备学堂为内容的近代军事改革,在戊戌年春又向前迈进了一步。后虽因政变爆发未能实行,但武科改革无疑仍属于新政的范畴,这是没有疑问的。

三 对康有为的疏远与敌视

事实上,荣禄对于光绪帝在新政中听信康有为而采取一些激进措施是不赞同的,特别是对改革官制等违反"祖制"的做法,更是不以为然,这一点与当时许多朝臣十分相似。然而,康、梁在戊戌政变后的宣传中,将荣斥为"顽固"大臣、扼杀改革的"凶手",加以猛烈抨击,对后世影响甚大。其实,单纯就荣、康关系而言,荣禄对康并非从一开始就严厉排斥和反对,他们之间其实没有过很深的交往。与翁同龢一样,荣禄与康也只是公开场合的会面而已,从无私人交往。康、梁在政变后极力宣扬翁对康的"赏识",同时夸大荣对康的"排挤",这些都是出于开展保皇活动的宣传需要,并无可信的事实依据。戊戌年春康有为只是一名额外主事,试图通过同乡大员张荫桓的路径,在外患急迫的背景下,设法获得光绪帝的格外恩遇,实现仕途的跨越,并实现自己的变法宏图。这种寻找政治捷径的理念在传统士大夫中比较常见。因此,在荣禄眼里,康有为充其量只是张荫桓积极保荐的一位颇有才具的同乡官员。至少开始时对这位六品主事并未太过看重。康氏著述中所言荣、康二人的关系有夸大和失实之处,需要予以考订。

所谓康有为与荣禄的一次争锋

胶州湾事件后康有为在北京的政治活动,一直得到总署大臣张荫桓的幕

---

① 中国第一历史档案馆编《光绪宣统两朝上谕档》第 24 册,第 59 页。

后支持。他又与高燮曾、王鹏运、宋伯鲁等言官联络，相互声援，形成了呼吁变法的浓厚氛围。但是，康有为试图通过本衙门代奏上书和通过翁同龢直接向皇帝疏通的尝试先后失败，最终被迫采用"买都老爷上折子"的策略，① 在张荫桓的暗中操纵下，通过高燮曾疏荐，获得总署大臣问话、代递条陈等机会，并实现上书皇帝、获得赏识的目的。在此过程中，荣禄与康有为有过一次会面。

这次会面的时间是光绪二十四年正月初三日，经张荫桓策划，康有为被约到总理衙门西花厅谈话，荣禄参加了问话。康有为在后来的回忆中说：

> 正月初二日，总理衙门总办来书，告初三日三下钟王大臣约见。至时李中堂（鸿章）、翁中堂（同龢）、荣中堂（禄）、刑部尚书廖寿恒、户部左侍郎张荫桓相见于西花厅，待以宾礼，问变法之宜。荣禄曰："祖宗之法不能变。"我答之曰："祖宗之法以治祖宗之地也，今祖宗之地不能守，何有于祖宗之法乎？即如此地为外交之署，亦非祖宗之法所有也，因时制宜，诚非得已。"廖问宜如何变法，答曰："宜变法律，官制为先。"李曰："然则六部尽撤，则例尽弃乎？"答以："今为列国并立之时，非复一统之世，今之法律官制皆一统之法，弱亡中国皆此物也，诚宜尽撤，即一时不能尽去，亦当斟酌改定，新政乃可推行。"翁问筹款，则答以："日本之银行纸币、法国印花、印度田税、以中国之大，若制度既变，可比今十倍。"于是陈法律、度支、学校、农商、工矿政、铁路、邮信、会社、海军、陆军之法，并言"日本维新仿效西法，法制甚备，与我相近，最易仿摹，近来编辑有《日本变政考》及《俄大彼得变政记》，可以采鉴焉。"至昏乃散，荣禄先行。是日恭、庆两邸不到。阅日召见枢臣，翁以吾言入奏。上命召见，恭邸谓请令其条陈所见，若可采取，乃令召见。②

---

① 梁启超在甲午战后给康有为的一封信中，曾谋划联络同志、募集重金，买通京城言官上疏，变革科举，称其为"买都老爷上折子"。参见马忠文《高燮曾疏荐康有为原因探析——兼论戊戌维新前后康、梁的政治贿赂策略与活动》，收入《晚清人物与史事》，北京师范大学出版社，2015，第199~210页。
② 楼宇烈整理《康南海自编年谱（外二种）》，第36~37页。

康氏的这段回忆将荣禄放在第一个反对变法的位置上，不过，二人是否针锋相对进行争论令人怀疑。这是政变后康氏的表述。从情理分析，对康而言，获得当政诸臣听取意见的机会十分难得，其侧重点可能是专注地介绍自己的建议。但是，还没有介绍自己的主张和见解，就遭到荣禄的"训斥"，这是不合逻辑的。翁同龢这天的日记记："传康有为到署，高谈时局，以变法为主，立制度局、新政局、练民兵、开铁路、广借洋债数大端，狂甚。"①翁氏提到康氏侃侃而谈的情景，并未有荣禄驳康的情节。张荫桓这天的日记也写道："约康长素来见。合肥、常熟、仲山见之，余与荣相续出，晤长素高论。荣相先散，余回西堂料理问答。"② 张、荣"续出"，可能是张邀荣出场的，张也未言荣、康有过争论之事。看来荣禄对康的主张并不感兴趣。所以，康自称荣禄与他首次见面就表明"祖宗之法不能变"，对其驳斥，恐不足信。

荣禄对保国会的态度

开保国会是戊戌年春康、梁在京颇有影响的活动。荣禄对康的态度，也反映在制止其亲信李盛铎参加保国会之事上。李盛铎，号木斋，系翰林院编修，经荣禄举荐，为督办军务处文案。但他与同乡文廷式（号芸阁）、陈炽（字次亮）气味相投，在京城士人中有"江西三子"之目。这年三月，康、梁组织在北京开保国会，宣传变法，李盛铎最初曾参与策划，由于李不同意邀请朝士（京官）开会，与康、梁产生分歧，没有参加开会活动。不仅如此，据说受到荣禄、徐桐的"唆使"，闰三月二十三日，李盛铎以御史身份上折请防党会流弊，意在攻康，刷洗与康、梁的关系。政变后，在荣禄的举荐下，李被任命为驻日公使。光绪二十五年五月，御史张荀鹤曾参劾李盛铎说："现驻日本使臣李盛铎，诪张为幻，上年康逆设保国会，盛铎实供其费。虑人指摘，缪为弹奏，奏草即康逆代定，踪迹诡秘，与康逆时离时合，密谋煽惑，物议沸腾。"③ 在"康案"发生后一年，还有人借保国会参劾李氏，可见李与康、梁在戊戌年关系之密切；他后来并未受到追究，应与荣

---

① 翁万戈编，翁以钧校订《翁同龢日记》第7卷，第3135页。
② 任青、马忠文整理《张荫桓日记》下册，第565页。
③ 《山东道监察御史张荀鹤折》，光绪二十五年五月十四日，国家档案局明清档案馆编《戊戌变法档案史料》，第507页。

禄、徐桐等当权者的庇护有关。①

荣禄对康有为没有好感，可能与许应骙的影响有关。许是粤籍官员，以礼部尚书兼总理衙门大臣，与康关系不谐。因为同乡的关系，许完全知晓康有为通过张荫桓在总署上书的活动，并持反对态度；而康、张通过总署向皇帝进呈书籍和条陈，又选择许应骙请假期间，将其避开，可见彼此矛盾之深。戊戌年五月康有为怂恿宋伯鲁等人攻击许守旧，曾招致光绪帝痛斥。然而，许应骙却是荣禄在总署中最为密切的同僚，② 可以肯定，荣禄对康氏的了解大部分来自许应骙。

荣禄与康有为的第二次见面

戊戌年四月二十五日，翰林院侍读学士徐致靖上折保举康有为、黄遵宪、谭嗣同、张元济、梁启超五人。③ 这是康、梁幕后策划的。④ 疏上，光绪帝命康有为与刑部主事张元济于二十八日预备召见。⑤ 而这一天恰好是荣禄任职直隶总督谢恩。光绪帝在颐和园仁寿殿不仅召见了康有为、张元济，也召见了荣禄。康与荣禄因而有了第二次见面的机会。

对于荣、康的见面，康有为在自编年谱中说："既退出，军机大臣面奉谕旨著在总理衙门章京上行走。时李合肥谢恩同下，面色大变，对我叹惜，谓荣禄既在上前面劾我，又告刚毅上欲赏官勿予，当予微差以抑之。上问枢臣以位置吾时，廖仲山将欲言请赏五品卿，而刚毅班在前，请令在总理衙门章京上行走，盖欲以辱屈我也。"⑥ 这天李鸿章因为向太后谢恩来到颐和园，据张荫桓日记，召见前一天，康曾与李鸿章、张荫桓、张元济共进晚餐。⑦ 康称李鸿章告诉他，荣禄在光绪帝前面劾康，又说荣禄告诉刚毅，如果皇帝要赏官给康，当给予微差抑之。这些情形恐不可信。大学士李鸿章为何会攻

---

① 参见马忠文《戊戌时期李盛铎与康、梁关系补正——梁启超未刊书札释读》，《江汉论坛》2009年第3期。
② 丁酉年（1897）荣、许曾共同出京查办事件；政变后许应骙改官闽浙总督，其子许秉琦被荣禄纳入武卫军幕府，都说明二人关系之深厚。
③ 参见孔祥吉编著《康有为变法奏章辑考》，北京图书馆出版社，2008，第230~232页。
④ 梁鼎芬：《康有为事实》，汤志钧：《乘桴新获》，"附录"，江苏古籍出版社，1990，第67页。
⑤ 中国第一历史档案馆编《光绪宣统两朝上谕档》第24册，第179页。
⑥ 楼宇烈整理《康南海自编年谱》，第44页。
⑦ 任青、马忠文整理《张荫桓日记》下册，第601页。

击同僚荣禄，来讨好一位新进的司官？刚毅本来仇视变法，抑制康氏亦属必然，何必还要荣禄来授意？这些都不合常理。

根据《邸抄》，这天光绪帝先后召见了荣禄、山西知府崇祥、康有为、张元济和大臣军机。① 参加这天召见的张元济曾多次回忆起这件事。他在《清宣统三年排印本康有为〈戊戌奏稿〉跋》中谈到了觐见情况，称："戊戌四月，余以徐子静学士之荐，与长素先生奉旨同于二十八日预备召见。是日晨，余至颐和园朝房谨候，长素已先在。未几，荣禄踵至，盖亦奉召入觐也。长素与荣谈，备言变法之要。荣意殊落寞，余已窥其志不在是矣。有顷，命下，荣与长素先后入。既出，余入见"。② 后来又回忆说："二十八日天还没有亮，我们就到西苑，坐在朝房里等候。当日在朝房的有五人：荣禄，二位放在外省去做知府的，康有为和我。荣禄架子十足，摆出很尊严的样子。康有为在朝房里和他大谈变法，历时甚久，荣禄只是唯唯诺诺，不置可否。召见时，二位新知府先依次进去，出来后，太监传唤康有为进去，大约一刻钟光景，康先生出来，我第四个进去，在勤政殿旁边一个小屋子里召见。"③ 时隔多年，回忆不免有误差，召见地点并非西苑，而是在颐和园勤政殿，但是，张元济的回忆内容十分平实。荣禄有大学士之尊，"架子十足"并不奇怪；康在朝房里和他、荣禄大谈变法，历时甚久，似乎也符合康的性情。而荣只是"唯唯诺诺，不置可否"，说明对康并不以为然，只是敷衍而已。张是因开办通艺学堂受到皇帝赏识的，召见之后张曾赴天津向荣禄寻求帮助，希望他资助通艺学堂。为此，荣禄致张元济称："津门握晤，藉慰阔衷。京师通艺学堂经执事邀约同志，悉心经理，风气渐开。堂中诸事，亟待扩充，需费较巨。承商一节，拟由北洋每月加增捐银五十两，自七月分起，仍交王菀生（王修植）观察代收寄京，以副雅意。"④ 从荣禄支持开学堂的态度看，也不能算作顽固人士。

当然，也有人对康有为召见的结果极为关心。五月初二日，张之洞发电给侄子张检（字玉叔），令其向黄绍箕、杨锐打听"康有为召对详情如何，

---

① 《京报（邸抄）》第117册，全国图书馆文献缩微复制中心，2003，第570页。
② 张人凤编《张元济古籍书目序跋汇编》下册，商务印书馆，2003，第1103~1104页。
③ 张元济口述、汝成等笔记《戊戌政变的回忆》，《新建设》第1卷第3期，《戊戌变法》第4册，第324~325页。
④ 《荣禄函稿底本》第5册，清华大学图书馆藏，未刊，索书号庚357/7178。

政府诸公赏识否，康与荣有交情否？派在总署，想系章京，上谕系何字样？到总署后是否派充总办？有主持议事之权否？现议变法，所急欲变者何事？张元济用何官？都下诸公、湖南京官有议论否？"① 张之洞担心康有为会得势，所以打听了很多细节，康与荣是否有交情也成为他关心的一个问题。事实上这是不可能的。

总之，政变前荣禄与康有为有过两次见面，他对康之言论不认可，视为变乱祖制，确是实情。不过，二人正面交锋的可能性很小。荣禄身居大学士，二人地位差距很大，与司官当堂辩论，与当时的官场习惯也不尽相符。康有为后来在描述与荣禄的关系时对荣禄"反对"变法的倾向多有夸大，这是必须注意的。

四　总督直隶

戊戌维新开始之际，荣禄却奉旨出任外官。数日之内，荣禄的任职出现了两次变化。先是，大学士麟书病逝，四月二十二日，荣禄升大学士，管理户部，这是麟书原来的缺分。一些论者谓这项任命是为了制约翁同龢，似是误解。原来麟书就以大学士管理户部，荣禄接任，当属正常的职务升迁。荣禄原来的协办大学士和兵部尚书由刚毅接任，刚之刑部尚书由步军统领崇礼兼任。四月二十七日，上谕将翁同龢开缺回籍，命直隶总督、北洋大臣王文韶和四川总督裕禄"来京陛见"，荣禄署理直隶总督、北洋大臣。这项任命的用意很明显，由王来京接替翁的职责，而荣禄则接替王的总督职务。五月初五日，王文韶授命户部尚书，并在军机处和总理衙门行走，完全替代了翁的职位。这一系列的人事安排显然是慈禧和光绪帝筹划的结果，当然主要体现的是慈禧的旨意。通过这次调整看，满洲大员的权势进一步加强。

外任直督的原因

荣禄出任直隶总督是与军机处调整相关联的。据说，在讨论翁氏开缺后

---

① 《致张玉叔等电》，五月初二日巳刻发，《张之洞电稿》（光绪二十五年五月至七月），中国社会科学院近代史研究所藏，档号甲182-456。按，整理者有误，根据内容，该电发于光绪二十四年。"荣"指荣禄。

枢垣的人员增补时,"太后意令荣相入值枢廷,(荣)力辞,并谓去一汉员,仍宜补一汉员",慈禧乃令王文韶入枢,改荣禄出任直隶总督。① 这种解释似有异议。若论满汉,裕禄才是与荣禄竞争的对手。也就是说,王文韶接替翁没有疑问,分歧在于裕禄和荣禄谁入枢。据鹿传霖于六月间听到的消息说,"荣相本议入枢",由裕禄代王文韶督直,"乃有人以其与礼邸姻亲、同枢不便为辞,挤之使出"。② 这种说法比较切合实际。礼王之子娶荣禄之女为妻,故有"不便"之说。从后来的情况分析,反对荣禄入枢、将之"挤出"者乃是刚毅。荣、刚甲午年同来京祝嘏而留京,就资历而言,刚毅并不能与荣禄相比。甲午十月因翁同龢力荐,刚毅捷足先登,进入枢垣。但荣禄的升擢一直超过刚毅,慈禧对荣的宠信也远在刚毅之上。二人明争暗斗,一直持续到庚子年。③ 这样说来,荣禄出任直督与刚毅排挤有关是可信的。

同时,也要看到,直隶总督列疆臣之首,历来有大学士督直的传统;李鸿章更是执掌北洋达二十多年之久,权势煊赫,不让京朝尚书。因此,荣禄以大学士出任直督,体制尊崇。更重要的是,出任直隶总督便于节制北洋各军。以往论者从帝后党争的认知模式出发,认为荣禄出任北洋出于慈禧的特意安排,是为了控制京津局势,这种说法似与实际不符,荣禄督直毋宁说是出于津沽防务的考虑。胶、旅事件后列强环伺,津沽为京师门户,派荣禄坐镇与其练兵的宗旨也相符合。另外,荣禄授大学士后,例不再兼任兵部尚书,改为管理户部事务,从制度上不能再继续统辖此前北洋各军。这个矛盾在荣禄出任直隶总督后也迎刃而解了。荣禄督直的核心是练兵,掌握军权,这从他筹划由皇帝陪侍慈禧太后到天津阅兵的计划中也

---

① 苏继祖:《清廷戊戌朝变记》,《戊戌变法》第1册,第332页。
② 鹿传霖戊戌六月家书,《鹿传霖任川督时函札》,中国社会科学院近代史研究所藏,档号甲170。
③ 据军机章京王彦威称,八月政变后,慈禧令荣禄回京入值军机处,而以裕禄调任直隶总督,刚毅"尤不快也",谓刚毅"拔一钉乃得一刺"。所谓钉者,翁;刺者,荣也。"(刚毅)自以入直在荣相之先,入对辄妄发议论,不让人。"见王彦威《西巡大事记》卷首,王彦威纂辑、王亮编《清季外交史料》第4册,第3992页。刚毅也不讳言与荣禄的矛盾。光绪二十五年己亥,刚毅奉命到江南查办事件,时人信函中透露其行踪时说:"大约刚大人在江南尚有一时,因其与荣中堂不大十分融洽,欲借此在京外住住耳。"见《金振猷致张香涛等存札二》,俞冰主编《名人书札墨迹》第23册,学苑出版社,2006,第76页。

可看出端倪。

四月二十七日，光绪帝谕令荣禄、胡燏棻，秋间将恭奉慈禧皇太后銮舆，"由火车路巡幸天津阅操，所有海光寺、海防公所两处屋宇，著荣禄迅即修饰洁净，预备一切，并著胡燏棻将火车铁路，一并料理整齐，毋得延误"。① 从这道上谕看来，天津阅兵是两宫都很重视的活动，阅操是为了检验新军练兵的成效，与甲午后荣禄主持的军事改革有直接关系。有论者以为天津阅兵出于荣禄怂恿是有一定道理的。② 总之，荣禄出任直隶总督是慈禧经过周详考虑后做出的决策，并不像康、梁事后所宣传的那样预有政治阴谋。

四月三十日，荣禄请训出京。这天那桐在日记中写道："申刻，到荣中堂处送行……酉刻到翁师处长谈时许，别泪纵横，不可道矣。"③ 翁同龢是那桐的老上司，荣禄则是骎骎大用的新权贵，那桐这天的日记不仅表露了自己的心情，也揭示了两位上司的不同命运。五月初一日，荣禄乘坐火车抵津，同日接篆。初四日，奉旨授文渊阁大学士。初七日，正式授直隶总督，兼充办理通商事务北洋大臣。五月十六日，光绪帝发布上谕，奉慈禧懿旨荣禄现已补授直隶总督，所有菩陀峪万年吉地工程，仍着会同奕劻办理。④ 可见慈禧对荣禄的信任。

荣禄出京后，存在了近四年的督办军务处也宣告裁撤。五月初九日《申报》称："恭邸薨逝，荣制军已莅直督之任，军务处无人司总。朝廷以外间军务次第敉平，遂裁撤军务处，不复简派王大臣接□。"⑤ 荣禄离京后，

---

① 中国第一历史档案馆编《光绪宣统两朝上谕档》第 24 册，第 181 页。
② 梁启超在《戊戌政变记》中说，翁同龢知道后党要在天津阅兵时废黜皇帝，但不敢明言，"惟叩头谏止天津之行，而荣禄等即借势以去之"。这种解释已在政变之后。见《戊戌变法》第 1 册，第 261 页。
③ 北京市档案馆编《那桐日记》上册，第 277 页。
④ 中国第一历史档案馆编《光绪宣统两朝上谕档》第 24 册，第 228 页。
⑤ 《神京瑶简》，《申报》光绪二十四年五月十六日，第 2 版。数日后，《申报》又报道说："京师访事人云：翁叔平相国奉旨开缺时京师传言庆王府第业已查封，言人人殊，莫衷一是。本馆以事关重大，未敢遽付报端。迨五月初六日，皇上早朝时果将加罪庆邸，军机大臣等跪求三刻之久，天颜始霁。庆邸自知罪戾，因奏称军务敉平，恭邸薨逝，荣中堂又赴任直督，军务处无人总司其事，自问才力不及，请裁撤以节虚糜。当日奉旨依议。钦此。初九日庆邸复奏称军务处设立四载，文武员弁夙夜趋公，不无微劳足录，请照寻常劳绩开单予奖，奉旨着无庸议。钦此。"见《几干天谴》，《申报》光绪二十四年五月二十六日，第 2 版。该传言称庆王获罪不确。五月初六日似是张荫桓因借款受贿问题受到训斥。

督办处只剩庆王一人，此时督办处负责的督练新军也转由直隶总督督责，确实没有存在的理由了。至此，权位已高的荣禄将督办处这个无用的空壳抛弃了。

主持直隶新政

荣禄接任直隶总督正值光绪帝积极倡导新政之际。尽管荣禄对于光绪帝听信张荫桓等新党所进行的变法并不赞同，但也不敢公开立异。五月初七日，荣禄正式补任直隶总督后，光绪帝专门发布上谕称："荣禄已补授直隶总督，并兼充北洋大臣。直隶为畿辅重地，凡吏治军政一切事宜，均应实力讲求；至外洋交涉事件，尤关紧要。荣禄向来办事尚属认真，惟初膺疆寄，情形或未周悉，务当虚心咨访，切实图维。用人一道，最为当务之急，尤须举贤任能。其阘茸不职各员弁，严行甄劾，毋稍瞻顾因循。现在时事多艰，该督谅能仰体宵旰忧勤，力为其难，不负委任也。将此谕令知之。"① 从这份上谕看，光绪帝对荣禄初任封疆，给予了很高期望，希望他虚心访查，实事求是。抵任后，荣禄就将各种情况及时奏报。五月十二日，先就到任后筹办吏治军政大概情形奏报：

> 伏查天津军旅云屯，局所林立，皆与并饷练军相关。防营除聂士成一军、袁世凯一军外，淮、练各军尚不下数十营，其中或不免有将弱兵虚之弊，现已严檄将领饬将有无老弱充数、虚冒侵蚀各积弊，确切声明。一俟复到，遴派熟于兵事之员分往逐细查验，择其尤无状者严劾之，以示惩儆，其不得力之员弁，随时立予撤换。各局司出纳者，曰支应局、曰银钱所，司营造者，曰机器局、曰制造局，筹赈局则备荒，捐输局则劝捐，军械局则存储枪械，斯皆事关重要。奴才博访周谘，或经理之员尚知洁清自好而受病在往年，或文牍胪列甚工而积弊已隐伏，非赖廉明结实之员导窾批根，骤难得其底蕴。余如厘捐、土药、水利、工程、营务、学堂、电局、船坞，或应行归并，或径予裁撤。其奏调、咨调各员，或量才录用，或撤差遣回，均俟各将经手款项清厘，再行分别办理，以杜弊混诿卸，自未便操之过急。天

---

① 《清德宗实录》卷419，光绪二十四年五月初七日，《清实录》第57册，第492页。

津为通商总汇之所，各国交涉往往先历北洋，始达总署，因应之要，尤重发端。奴才抵任以来，尚称安谧。其界邻山东之处，迭据地方官禀报民教均属相安，惟办理洋务人员必须熟谙条约公法，兼通语言文字，始可临机应变，抵制有方。北洋现有数员尚堪任使。奴才拟就水师营务处兼设洋务局，借为储才之地，不另开支经费。以上各节均俟筹办就绪，随时奏明请旨遵行。吏治之要，在办保甲以卫民生，清狱讼以纾民困。奴才现已通饬各属切实举行，严禁扰累，申明前督臣曾国藩清讼章程，严定功过，一面密饬两司道府各将该管属员加考密陈。奴才参考众论，分别贤否，据实举劾。现在时事多艰，用人最关紧要，而人才难得，知人尤难，但得贤能之员数人相为匡辅，虽繁重之区，自可不劳而理。容俟奴才虚心延纳，加意访求，果得其人，即当保荐胪陈，上备圣明采择。①

荣禄到天津后，留聘了原来王文韶的两位幕僚李葆恂（文石）、杨文鼎（俊卿），协助办理日常公务。对此，《国闻报》曾报道说："中堂到任后，以北洋事务殷繁，幕府人才必须慎重，其选方足以资臂助。兹据官场传闻已饬李文石、杨俊卿太守入幕办事。文石观察以簪缨华胄，为文章巨公，前在河南，为许仙屏中丞所激赏；俊卿太守本系李中堂任北洋时幕宾，于洋务交涉事宜最谙。"② 因北洋大臣夏季驻天津，省城保定总督府的日常公事须由可靠的幕僚负责，荣禄决定继续任用前任聘请的幕宾陈维藩（字雨樵）、娄春藩（字椒生）两人。抵任之初，便致函省署刑席陈维藩，"省署日行文牍最为繁赜，仍祈执事悉心经理，以匡不逮"。③ 从任用官员看，基本承袭了王文韶时期的格局。

荣禄刚刚到任，就发生了保定教案。五月十八日，董福祥甘军中营哨官二人进入保定北关外法国教堂，双方发生冲突，哨官被教堂中人捆绑，甘军营勇闻讯结队前往，救出哨官，打毁教堂门窗，打伤教士杜保禄等，并将教士拖至营中。案发后，法国公使照会总署，总署咨文荣禄，请饬属"妥速

---

① 《直隶总督荣禄奏为遵旨复陈到任后筹办吏治军政大概情形事》，光绪二十四年五月十二日，朱批奏折，档号04-01-01-1027-024，缩微号04-01-01-155-0584。
② 《幕府得人》，《国闻报》光绪二十四年五月初六日，第2版。
③ 荣禄：《复省署刑席陈维藩》，《荣禄函稿底本》第2册，清华大学图书馆藏，未刊。

办结"。① 二十日，上谕称："保府教堂被董福祥兵毁坏，两教士被殴，带至营中，法使已照会总署，荣禄著即赶紧办理，务须速了。省城重地，甘军勇丁，何得任意滋事，并著转电董福祥认真弹压，以后如该军别有滋闹情形，定惟该提督是问。"② 荣禄奉谕后即命直隶布政使等地方官迅速派兵护送教士回堂，并派候补道员张连芬前往保定协助办理。后又添派候补道员姚文栋（字子良）到保定参与交涉。得知杜保禄已致电法国主教樊国梁，荣禄又派幕僚胡良驹前往京城与樊直接沟通。教堂借口保定北关地势偏僻，安全不易保障，要求置换到城内，并提出与清河道旧署互换。后由胡与教士林懋俭（应为林懋德——引者注）一同前往结案。清廷担心董福祥甘军驻扎保定，"诚恐日久生衅"，六月初三日，谕荣禄"就保定省北涿州一带地方酌量移扎处所，与董福祥电商妥办。"③ 六月初九日，教堂置换完成。时任保定府知府沈家本称："教案之起，凡二十二日而事结。"④ 可见荣禄对保定教案采取了果断结案的办法。

六月十四日，荣禄向总署咨呈结案办法六条及互换教堂地段详细章程六条。据荣禄称，所有交涉由候补直隶州胡良驹赴京与樊国梁进行，并于五月二十八日在西什库教堂订立合同，互换完结。办法六款规定，同意教堂置保定城内清河道旧署，保定地方官将旧署收拾干净，"互换后由地方官护送教士移堂，并设宴款待，以昭睦谊"。赔偿受伤工人医药之费及遗失衣物款400两；滋事弁兵照中国律"持平办理"，受伤教士及被损教堂物件不再另给赔偿。⑤ 荣禄在处理保定教案问题上，虽然派员前往保定，与地方官协商处理办法，但是，另派幕僚前往京城与樊国梁交涉，态度主动，短短数日内就与樊达成协议结案；尽管将官产与教堂置换，显得有些"慷慨"，但是，荣禄认为，"今赔既少，地方官又免参处，办理甚属持平"。保定知府沈家

---

① 《保定教案请妥速办结由》，光绪二十四年五月二十三日，总理衙门档，台北中研院近代史研究所档案馆藏，编号01-12-040-02-002。
② 《著直隶总督荣禄速结保定教堂被兵毁坏一案事电旨》，中国第一历史档案馆、福建师范大学历史系合编《中国近代史资料丛刊续编·清末教案》（以下简称《清末教案》）第2册，中华书局，1998，第760~761页。
③ 《著直隶总督荣禄将甘军驻地酌量北移以免与教堂生衅事电旨》，《清末教案》第2册，第765页。
④ 徐世虹主编《沈家本全集》第7卷，中国政法大学出版社，2010，第842页。
⑤ 《咨呈商办保定教堂办法六款及互换教堂地段详细章程六条由》，光绪二十四年六月十四日，总理衙门档，台北中研院近代史研究所档案馆藏，编号01-12-040-02-004。

本则对将道署置换有异词，以为"省中业已办有眉目，何至以道署递予之耶？政令如此，可发一叹！"① 但是，对荣禄而言，曹州教案引起胶州湾事件的教训在前，况且刚刚莅任直督，所以宁愿做出较大让步，也要果断中止事态蔓延，迅速结案，以免出现意外。

事后，荣禄又致函董福祥："尊意拟在保定扎大营，而以余营分扎附近，或将新旧各队调至正定团扎，以便训练。目前暑雨尚多，道路沮洳，一时既难定议，应俟秋后由执事察度情形，奏明办理。并祈严饬各军，切勿与洋教因细事稍有滋沮转致朝廷顾虑也。"② 稍后又致函称："贵部迩来分扎各处，闻与地方绅民均能联络，约束严明，良深敬佩。秋高气爽，天色畅晴，正好督饬各军，勤加训练。三秦劲旅，移卫畿疆，壮我军容，隐维大局，长城之望，知非公莫属。"③ 劝诫之时，又诚恳鼓励。在荣禄的劝慰下，董福祥部的反教行为暂时有所收敛。

荣禄任直督只有三个多月的时间，即因政变发生回京入枢。评价这个时期的荣禄，不能离开百日维新这个大的时代背景。可以说，这三个月荣禄在光绪帝的催问下，以地方督臣的身份对直隶新政确实有所推动。五月二十九日，荣禄上保奏人才折，六月初二日抵京。奏折中写道："为政之道得人为先，事君之义荐贤为本。方今强邻交迫，伏莽潜滋，时局艰危未有甚于今日者。非得贯通中外匡时济变之才不足以宏干济，非得能耐盘错折冲御侮之士不足以寄干城。"此次奉旨保荐人才，很受外界关注，可看出荣禄眼中变法人才的标准和尺度：

> 前四川总督鹿传霖，清亮公直，守正不阿，起家牧令，洞悉民间利病。奴才前与共事西安，见其巨细躬亲，裁制果毅，在督抚中洵为勇于任事之材，若竟投闲，似觉可惜，可否录用出自圣裁。
>
> 湖南巡抚陈宝箴，操履清严，识量闳远；河南巡抚刘树堂，任事果敢，干略优长；内阁学士张百熙、瞿鸿禨，练达精明，留心时事。
>
> 直隶按察使袁世凯，质性果毅，胸有权略，统领新建陆军，督率操

---

① 关于保定教案发生和交涉过程，时任保定府知府的沈家本在日记中有详细记载，参见徐世虹主编《沈家本全集》第7卷，第838~842页。
② 《复董军门》，《荣禄函稿底本》第1册，清华大学图书馆馆藏，未刊。
③ 《复董军门福祥》，《荣禄函稿底本》第3册，清华大学图书馆馆藏，未刊。

防,一新壁垒。前太仆寺少卿岑春煊,激昂慷慨,胆识过人,不避艰险,能耐劳苦。以上二员皆生自将门,娴于军旅,著重任以兵事,必能奋勇直前,建树杀敌致果之绩。

江南道监察御史李盛铎,志趣向上,博识多闻,通达中外学问,讲求时务,洵属有用之材,倘蒙恩简畀重要,必能实心任事,裨益时艰。

太仆寺少卿裕庚,精明干练,夙著勤能,历办交涉事务,出使外洋,操纵合宜,诸臻妥协。江苏苏松太道蔡钧,心地明白,才略优长,历在南洋办理洋务,不激不随,洞中款要,能使外人折服。湖南盐法长宝道黄遵宪,气度沉凝,学有根底,考求外洋法制,言皆有物,不事浮夸。以上三员于外交事务确有心得,如蒙简使大邦,或令在译署行走,值此多事之秋,必能有所裨助。

陕西渭南县知县樊增祥,学问优赡,志节清严,听断勤能,无愧循吏之选。兵部员外郎陈夔龙,秉心公正,志趣清刚,练达精勤,临事不苟。以上二员如蒙天恩擢任司道,必能有所表现,不至随俗唯阿。①

可以看出,上述所举人员先后得到荣禄的力荐和任用,在晚清政治史上都有过不小影响。其中,文臣中鹿传霖、瞿鸿禨、袁世凯均入军机,张百熙官至尚书,李盛铎、裕庚为驻外使节,都是荣禄的亲信人物。只有陈宝箴因戊戌政变受到罢黜。在上折保举人才的同时,荣禄还附片建议遴选使才预防流弊。该片云:

再,方今各国交聘,轺车纷出,储备使才,诚为外交要政。惟使才之难,首重品学,必其立身有素,通达政体,本忠爱之忱,充专对之任,始能不辱君命,坛坫有光,非仅娴习语言文字,遂为克尽厥职也。夫语言文字虽亦使才之一端,第中国风气未开,士大夫肄此者少,大都学堂及商贾出身之人为多,此辈既未素砺风裁,又未熟谙政治,一旦滥竽充数,不独无裨于军国,抑且贻诮于远人。欲慎其选,宜得学识坚

---

① 《直隶总督荣禄奏为特保前四川总督鹿传霖等员请旨择用事》,光绪二十四年五月二十九日,录副奏折,档号03-5362-005,缩微号405-0730;《呈直隶总督荣禄保各员职名单》,附单,光绪二十四年五月二十九日,档号03-5369-065,缩微号405-2982。

卓，器局深稳之士，而又济以通权达变之才，庶几胜任愉快。现值出使需员、保荐人才之际，奴才为预防流弊、选择真材起见，是否有当，谨附片密陈，伏乞圣鉴。谨奏。①

荣禄认为用人应考虑其阅历，那些"既未素砺风裁，又未熟谙政治"的人并不适合，应选用"学识坚卓，器局深稳之士，而又济以通权达变之才"充任使节。这个建议对当时各地督抚举荐年少新学人才的倾向有批评意味。稍后，荣禄又奏京员来津襄办政务，称"北洋政务殷繁，办理中外交涉事件必须因应咸宜，整顿营务海防尤贵得人"，特调翰林院编修谭启瑞、罗长裿，吏部郎中上行走前山西河东道奭良，兵部员外郎陈夔龙，候选道杨文鼎、聂时寯等六员，该员等"熟悉洋务，讲求时事，才具操守均可信"，恳请发往直隶差遣委用。六月十一日，谕旨朱批"谭启瑞等均著准其调往差委"。② 上述六人中，杨文鼎一直在直督幕中，陈夔龙因李鸿章劝阻，留在署当差，未能来津。③ 到津者只有奭良、谭启瑞、罗长裿、聂时寯四人。而御史杨崇伊曾有意投奔荣禄，被荣以与例不符

---

① 《直隶总督荣禄奏为储备使才应选真材预防流弊事》，光绪二十四年五月二十九日，录副奏折，档号03-5369-022，缩微号405-2916。
② 《直隶总督荣禄奏请准将谭启瑞等员调往直隶委用事》，光绪二十四年六月初八日，附片，档号04-01-12-0585-134，缩微号04-01-12-111-1874。
③ 陈夔龙回忆："戊戌六月，直督荣文忠公奏调余往北洋差遣。余以公为译署长官，北洋又其久经驻节地，爰往辞公，并询直省地方情形。公一见即谓余曰：'荣相爱才若渴，君又在部宣勤，为渠器重，奏调固意中事。但我意可以勿庸。直隶我曾任二十年，地方辽阔。君在部任差，不谙民事，贸然前往，恐未见长。若以邦交而论，北洋交涉虽多，岂能多于总署？不如仍在署中效力，藉资熟手。'余唯唯。公又云：'君恐辜荣相盛情，不便辞乎？果尔，吾当为君函辞之。'余三复公言，明决可佩。如贸然而往，于地方民事不能胜任，而交涉事诚不如译署之重要。但若由公代为函辞，亦嫌突兀。天津距京咫尺，不如自往，婉言辞谢，因将此意告公，公亦谓然。翼日，莅津谒荣文忠公，聆余转述之言，即告余曰：'合肥真爽直人，意良可感，不可负之。但奏调已奉旨允准，若不前来，势须译署奏留。君速回京谒合肥，并述我意，请合肥具折奏留可也。'即日回京谒公，公曰：'即刻奏留。惟此事之原委，我尚不周知，署中僚友亦恐不悉底蕴，不如君自拟一稿送来，较为简捷。'余遵拟稿送去，公即入署伤承办缮折呈阅邸枢各堂。翼日具奏，奉旨俞允，余仍为京曹矣。事后本部尚书刚相谓余曰：'君留部，余亦得所臂助。余早拟留君，惧干荣相之怒。合肥竟能任此，诚为吾所不及。然合肥亦因人而施也，此意君不可不知。'"这段记述主要讲的是李、荣对陈夔龙的赏识，但也透露出查办事件的一个侧面。见陈夔龙《梦蕉亭杂记》，第8~9页。

婉拒。①

六月初三日，光绪帝颁谕令直隶总督荣禄赶印《校邠庐抗议》一千部送京。该书是同光时期的官员冯桂芬所著，集中体现了中体西用的稳健变法思想，是协办大学士孙家鼐推荐给皇帝的。光绪帝极为重视，或许受到康有为点评《日本国志》这种方式的影响，皇帝命在京官员对冯著签注意见进呈，于是命荣禄就近赶印。荣禄饬令广仁堂先行刷印一百部后，解送进京，六月初八日又令该堂刷印五百部，装订成书，相应派员解交军机处，代为呈进。六月十一日，又将所剩四百部印出送呈。这是供京官讨论变法的范本，官员们对冯的主张建议或驳或赞，对光绪帝产生过一定影响。

七月初六日，电旨令各地开办学堂。光绪帝寄谕荣禄："昨于初三日降旨催办各省学堂，计已电达。直隶为畿辅重地，亟应赶紧筹办，以为倡导。著荣禄迅饬各属，将中学堂小学堂一律开办，毋稍延缓。并将筹办情形，即行电奏。"② 初十日，又对各督抚设词拖延进行批评："近来朝廷整顿庶务，如学堂、商务、铁路、矿务一切新政，叠经谕令各将军督抚切实筹办，并令将办理情形先行具奏。该将军督抚等自应仰体朝廷孜孜求治之意，内外一心，迅速办理，方为不负委任。乃各省积习相沿，因循玩愒，虽经严旨敦迫，犹复意存观望。即如刘坤一、谭钟麟，总督两江两广地方，于本年五六月间谕令筹办之事，并无一字复奏，迨经电旨催问，刘坤一则借口部文未到，一电塞责；谭钟麟且并电旨未复，置若罔闻。该督等皆受恩深重。久膺疆寄之人，泄沓如此，朕复何望？倘再借词宕延，定必予以严惩。直隶距京咫尺。荣禄于奉旨交办各件，尤当上紧赶办，陆续奏陈。其余各省督抚，亦当振刷精神，一体从速筹办。毋得迟玩，致干咎戾。"③ 这道谕旨严厉批评刘坤一、谭钟麟等，可见光绪帝推行新政谕旨在各地多被置若罔闻，或借词拖延，意存观望。这道上谕自然也是警示荣禄等其他督抚。荣奉旨后，陆续将直隶境内各项新政开办情况逐一奏报。

---

① 荣禄致杨崇伊："津门握晤，藉慰阔衷。顷展惠书，知前寄一缄已邀青及。……执事抱负不凡，留心兵事，思欲及时效，足见关怀大局，报国情殷。鄙人谬肩重任，亟思得贤自助，无如执事现官侍御，非疆臣所应奏调，格于成例，未便上陈。将来倘有机会可乘，必为设法以展长才也。专泐复请台安，即希心照不宣。"见《荣禄函稿底本》第5册，清华大学图书馆藏，未刊。
② 《清德宗实录》卷423，光绪二十四年七月初六日，《清实录》第57册，第544页。
③ 《清德宗实录》卷423，光绪二十四年七月初十日，《清实录》第57册，第548~549页。

七月十六日，荣禄奏报整顿保甲联络渔团办法，拟办法四条：一曰损益旧章，二曰剔厘积弊，三曰明定赏罚，四曰严司稽察。认为四条办法均属简易可行，"应饬各州县实力遵办，不得阳奉阴违，始勤终怠。其有未尽关目或因地制宜，应由各州县量为变通，禀明办理。但期于事有益，并不遥制其权。现值时事多艰，肃清内匪，固结人心，实为目前切要之事"。七月十九日奉朱批："著严饬各属切实办理，毋得徒托空言，仍属有名无实。"① 二十一日，荣禄又奏报已租赁房屋一所，设立农工商分局，定于七月十六日开办。保定省城，各府州县，俟妥议章程，也当饬各属一体遵照，从速举行。②

八月初三日，荣禄奏报陈直隶筹办学堂将书院改为学堂等情形，首先对已经创办的学堂情况进行介绍：

> 伏查直隶于本年四月间，在保定省城创设畿辅学堂。由外府州县考选年少聪颖曾经入学者四十名，入堂肄业，作为正额；另选备取二三十名，俟有额缺，俟次请补。经费充裕，再行陆续添选。学堂正课，除经史外，兼习西国语言文字图算格致等项。天津则于光绪二十一年间，曾经创设头等学堂、二等学堂各一所。每所学生，以一百二十名为额，列为四班，分年递拔，由二等毕业者升入头等。凡经史、法律、工程、矿务、天文、算学，无不赅备，课程与京师大学堂大略相同。办理已有成效。现在奉旨将各处书院一律改为学堂，当即督饬各该司道详加筹议。

其次，对于直隶书院改为学堂的总体状况做了说明：

---

① 《直隶总督荣禄奏为整顿保甲联络渔团办理情为整顿保甲联络渔团办理情形事》，光绪二十四年七月十六日，朱批奏折，档号04-01-01-1024-070，缩微号04-01-01-154-1817。

② 《直隶总督荣禄奏为复陈设立直省农工商分局筹办情形事》，光绪二十四年七月二十一日，录副奏折，档号03-9449-040，缩微号675-0536。七月十六日，据《国闻报》报道，奉旨设立农工商分局，荣禄以"洋务局"成员为班底，设立"直隶农工商分局"，札委冀良、聂时霨、谭启瑞、杨文鼎、王修植五人"总司其事"，另外"邀请本地绅士三四人会同办理"。局址设原朝鲜公所。参见《本埠新闻》，《国闻报》光绪二十四年十月十八日，第2版。

> 保定省城，向有莲池书院，规模闳大，肄业士子甚众，应即遵旨改为省会高等学堂。其新设之畿辅学堂，改为保阳郡城中等学堂。天津为北洋大臣驻节之所，亦与省会无异。大小书院，共有六处。内集贤书院专课外省士子，辅仁、会文、问津、三取、稽古五书院，专课本地士子。膏火奖赏，除地方商民捐办外，均系官为筹给。今拟将集贤书院改为北洋高等学堂，无论本省外省士子，均准入选。会文、三取、稽古三书院，拟即归并，分别改为天津府中学堂、天津县小学堂各一所。学有成就，升入高等学堂。其前设之头等学堂，应作为高等学；二等学堂，应作为中等学，以免参差。惟各堂学生额数，碍难过多。天津人才荟萃，每月应试者不下二千人，势不能兼收并蓄。应将问津、辅仁两书院改为学堂，变通办理，令兼课中西各学。庶士子未经选入各堂肄业者，亦不致有向隅之叹，似于造就人才之意，更为周备。至学堂延聘教习，购置图籍仪器，及生徒薪膳一切用费，需款甚巨。除各书院原有经费外，不敷之数，应由奴才督饬司道设法筹拨。综计保定、天津共已设立大小学堂七处，洵足为各属倡导。其外属府厅州县，地方有繁简，书院即有大小，应饬体察情形，分别设立学堂。先行试办，由浅入深，一切功课均仍遵照京师大学堂颁行章程，认真开办。各书院原有经费，如不敷用，由地方官督饬绅民自行筹劝。①

当时，光绪帝对推动新政心情急迫，频频下达诏书督促督抚举办各项新政，言辞犀利，荣禄的上述奏报很大程度上有些疲于应对，毕竟，刚刚莅任，短时间也不会显现出实际效果的。然而，从遵从上谕的角度看，荣禄并无违抗的情节。康、梁等人称荣禄极力抵制新政的说法与实情不符。

筹备天津阅兵

天津阅兵是戊戌年四月派荣禄出任直隶总督时清廷做出的决策，计划九月两宫乘火车到天津检阅北洋各军。但是，戊戌政变以来，由于康、梁的宣传，世人多认为这是慈禧、荣禄的阴谋，计划在阅兵时废黜皇帝。学界为此

---

① 《直隶总督荣禄折》，光绪二十四年七月二十一日，国家档案局明清档案馆编《戊戌变法档案史料》，第282~283页。

有不少争论。① 从荣禄主持练兵的整个历程看，这次阅兵应属于新政的范畴内。

阅兵是军事建设的重要内容，同治帝亲政后就曾在醇王、荣禄等王大臣陪侍下检阅过神机营。甲午后编练新军，荣禄也曾在丙申年（1896）前往天津检阅袁世凯、聂士成所部新军。因此，在"明定国是"、立意学习西方之际，光绪帝陪同慈禧赴津阅兵，不仅是对荣禄练兵的一次检阅，也是对新式军事改革的一种支持。计划两宫乘坐火车从马家堡到天津，本身就有趋新意义。据文廷式称，"丁酉秋间，上意欲于戊戌春由铁路谒陵，恭邸力谏而止"。② 当时京、津之间火车开通不久，引起年轻皇帝的好奇心。当然，荣禄主张两宫出京专门检阅军队，这是前所未有之举，其中不排除有迎合慈禧外出巡幸的动机，毕竟这给辛酉政变后除祭陵外基本上无法出京的慈禧以一次巡阅近畿的机会。据说，翁同龢就反对到天津阅兵，这可能是从节省经费的层面提出的。两宫出行无疑会有巨额支出，这对财政困难的户部而言是不小的负担。③ 至于慈禧将在天津阅兵时"行废立"之说，则是康、梁政变后的政治宣传，毫无根据。

荣禄抵任后开始任命下属认真准备阅兵活动，具体负责这项重差的是张翼。张翼（1843~?），④ 字燕谋，直隶通州人，早年为醇王奕譞的侍从。因为醇王的关系，荣、张关系也很密切。戊戌时张翼以江苏候补道在直隶委用。荣禄督直后，对张十分倚重。除让他继续担任开平矿务总办这个优差，还把直隶境内的永平金矿交予其招商开办。⑤《国闻报》六月十六日报道称："本年秋间皇上奉皇太后慈舆至天津阅操。所有应行预备一切，前已由中堂札委张燕谋观察会同司道及各局、所妥筹办理。兹闻官场传说，昨日中堂又添派直隶候补道张毓藻、汪君谟、黄花农、那锡侯、徐星聚五观察，候选道王莞生、孙慕韩两观察，候补知府李少云、吴缄斋、王燕山二太守，敬谨会

---

① 参见吴心伯《戊戌年天津阅兵"兵变"说考辨》，《学术月刊》，1988年第10期；杨天石《天津"废弑密谋"有无其事》，《中华读书报》1998年7月15日，第6版。
② 汪叔子编《文廷式集》下册，第760页。
③ 梁启超：《戊戌政变记》，《戊戌变法》第1册，第274页。
④ 张翼生年是据其履历推算的，光绪三十一年（1905）其履历称63岁，按虚岁算，张翼应出生于道光二十三年（1843）。见秦国经主编《清代官员履历档案全编》第7册，华东师范大学出版社，1997，第478页。
⑤ 《本埠新闻》，《国闻报》光绪二十四年六月二十九日，第2版。

同司道分办行宫、御路操场各工程及文案支应等事，并派副将杨福同、前副将王德胜稽查各差弁事情，各员已先后赴辕谢委矣。"① 二十二日，《国闻报》又称："中堂札委司道及张燕谋观察恭办皇差已志前报。兹悉张观察等已禀请中堂即于海防公所西跨院设立'差务总局'，并请颁发关防以资信守。"② 荣禄不仅任命人员专门办理阅兵准备事项，还成立了"差务总局"的临时机构，可见重视之程度。参与办差人员包括张翼、张毓藻（莲芬）、汪瑞高（君谟）、黄建筦（花农）、那晋（锡侯，那桐之弟）、王修植（菀生）、孙宝琦（慕韩）等，还有两员武将杨福同、王德胜。七月初，又以"皇差事务紧要"，添派奭良、谭启瑞、罗长裿、杨文鼎为"差务总局"委员。③ 其中前三人是荣禄刚从京城奏调来的司员。七月初四，荣禄上折汇报天津阅兵准备情形。折云：

> 窃奴才于四月二十九日准军机大臣字寄奉上谕秋间联恭奉……皇太后銮舆由火车路巡幸天津阅操，所有海光寺、海防公所两处屋宇，著荣禄迅即修饰洁净，预备一切，并著胡燏棻将火车铁路一并料理整齐，毋得延误。钦此。奴才到津接任后，当即札饬藩运两司、津海关道、天津道，并派委江苏候补道张翼会同妥议，将一切应办事宜敬谨预备，亲诣海光寺、海防公所两处察看情形。查海光寺地方规模局促，屋宇无多，三面均为制造局房屋，形势不能开阔，且地处洼下，夏秋积潦，难为驻跸之所。海防公所局势宽敞，原有大小房屋三百余间，恭备皇太后、皇上行宫尚为合用。奴才督率司道等详细筹议，饬传工匠勘估，应将行宫殿座装修酌改，并添造文武各员朝房，由该司道等绘图贴说，奴才详加复勘，尚属周妥。至应备操场，奴才亲诣相度数处，非形势低洼即地盘狭隘，惟距行宫东北五里许宜兴埠地方高爽宽阔，南北广袤，约三里许，东西约十余里，足敷操演兵队之用，因饬营建阅武厅一所，均已择吉敬谨开工。此次皇上恭奉皇太后銮舆巡幸阅操，整军经武，无取浮文。奴才惟有仰体朝廷崇实黜华之意，督率恭办差务之司道等，就现有

---

① 《本埠新闻》，《国闻报》光绪二十四年六月十六日，第2版。
② 《皇差开局》，《国闻报》光绪二十四年六月二十二日，第2版。
③ 《皇差添人》，《国闻报》光绪二十四年七月初六日，第2版。

房屋遵旨修饰洁净，并将一切事宜敬谨预备，固不敢因陋就简，亦不敢稍涉铺张，所需经费据署长芦运司方恭钊详称长芦众商食毛践土，感沐皇仁，今逢圣驾巡幸，循案集资报效以表微忱等语。查近来该商等捐输公项实已不遗余力，兹复因巡幸差务情殷报效，洵堪嘉尚，除饬令该商等量力报效外，不敷之项，再由奴才督饬司道各局所设法筹备，所有应修桥梁道路工程，均饬调集营勇及天津工程局分段办理，免派差徭以仰副朝廷体恤民艰之至意。①

同时，又附上"行宫拟修房屋形式及海光寺原屋分别绘图贴说"进呈御览。可见办理细致。经过商议，清廷很快确定了天津阅兵的具体时间和行程。

接到荣禄的奏报，七月初八日上谕便公布了这次阅兵的行程："整军经武为国家自强要图，现当参用西法训练各军，尤宜及时校阅，以振戎行。现择于九月初五日朕恭奉慈禧皇太后慈舆由西苑启銮，诣南苑旧宫驻跸，初六日由旧宫诣新宫驻跸；初七日由新宫诣团河驻跸，初九日阅视御前大臣等马步箭，除奕劻、晋祺毋庸预备，其御前乾清门行走侍卫等或步射或马射，著先期自行报明，以备届时阅看。初十日阅视神机营全队操演；十一日阅视武胜新队操演；十五日自团河启銮，御轮车由铁路诣天津行宫驻跸，二十五日回銮。其天津应行预备各项操演，著俟驻跸南苑时听候谕旨。"②看来，两宫计划先于京城检阅神机营、虎神营后，再乘车前往天津检阅新军。

七月二十一日，为新建陆军创办武备学堂满两年，荣禄上折请照天津武备学堂成案，酌保段祺瑞等十六员请予奖叙，疏上获准。同日，又奏报长芦盐商一百二十五人，为两宫巡幸天津报效二十万两，奏请褒扬。③这是地方绅士为两宫来津先期报效用以修建行宫的款项。八月初二日，兵部尚书刚毅等对于随扈官员是否随两宫乘轮车由团城往津，抑或调取驼马扈从也特别请

---

① 《直隶总督荣禄奏为恭备秋间圣驾巡幸阅操行宫教场大略情形事》，光绪二十四年七月初四日，朱批奏折，档号04-01-18-0053-013，缩微号04-01-18-008-2765。
② 中国第一历史档案馆编《光绪宣统两朝上谕档》第24册，第314页。
③ 《直隶总督兼管长芦盐政荣禄奏报长芦盐商公同报效银两事》，光绪二十四年七月二十一日，录副奏折，档号03-5563-060，缩微号419-3193。

示，以便届时提前做好各项准备工作。① 荣禄也派人为即将随扈来津的醇王载沣提前预备"行馆"。② 八月初八日，甘肃提督董福祥奏请圣驾巡阅天津时，率部由正定开赴天津以备宿卫。③ 从上述情况看，直到政变发生的最后一刻，京津两地都在为两宫天津阅兵做周详细致的准备。这次阅兵与后来发生的政变没有必然的关联。

有稗史称，天津阅兵上谕发布后，"尤惊动都人之耳目……荣禄虽不甚赞成新政，而于改良陆军之举，则极主持。都中之顽固者，闻太后、皇帝竟欲冒险以坐火车，大非帝王尊贵之道，相顾惊骇。但太后则甚以为乐，谓己从未坐过火车，今初次乘坐，视为有趣之事"。④ 虽没有来源，这些叙述合乎情理，大致可信。荣禄既逢迎慈禧巡幸之私欲，又乘机显示练兵成就，可谓一举两得。不过，朝野也有不同声音。八月初三日，上海《申报》刊发社论，题为《谏止巡幸刍言》，以上书的口吻，劝谏光绪帝："收回巡幸（天津）之诏。改命亲王大臣知兵者，轻骑减从，详校天津水陆各军，庶几糜费节、内变息、外患消，社稷幸甚，天下幸甚！倘必以天津军事重大，非皇上亲加校阅无以振兴，则皇上出巡，留皇太后监国；皇太后出巡，命亲王大臣扈从。切勿恭泰偕巡，徒博孝名于天下后世也。"⑤ 其核心意思是反对两宫兴师动众去天津阅兵，为的是节约经费。其实，五月初，梁启超曾致信夏曾佑称"覃溪（翁同龢）以阻天津之幸，至见摈逐"。原因也是为了节省开支，⑥ 但未被采纳。从后来的情况分析，这也可能是翁氏开罪于慈禧的直接原因之一。

---

① 《兵部尚书刚毅等奏为圣驾巡阅天津请旨办理调取驼马事》，光绪二十四年八月初二日，录副奏折，档号 03-9453-025，缩微号 675-1403。
② 《致醇邸函》，《荣禄函稿底本》第 2 册，未刊，清华大学图书馆藏。
③ 《甘肃提督董福祥奏为恭遇圣驾巡阅天津拟请旨宿卫事》，光绪二十四年八月初八日，录副奏折，档号 03-9457-010，缩微号 675-1990。
④ 佚名：《戊戌政变始末》，《清代野史》第 2 卷，第 895 页。
⑤ 《谏止巡幸刍言》，《申报》光绪二十四年八月初三日，第 1 版。
⑥ 参见丁文江、赵丰田编《梁启超年谱长编》，第 121 页。天津阅兵虽未能进行，但癸卯年（1903）三月慈禧乘火车前往西陵时的奢华场景，似乎可以为此做一注脚。孟森在《记陶兰泉谈清孝钦时事二则》中披露说，为了迎合慈禧，当时的直隶总督袁世凯和芦汉铁路督办盛宣怀，"竞挥霍以买宠"，在太后车中陈设古玩等，李莲英看过后，吩咐"皇上坐车内陈设须照此，不可有毫发异"。结果，仅车厢中的陈列品即值十四五万两之多。参见孟森《明清史论著集刊》下册，中华书局，1959，第 613~616 页。

第八章 戊戌政变

戊戌年八月初六日,光绪帝发布谕旨,以生病为由,"吁请"慈禧太后训政,这就是通常所说的"戊戌政变"。慈禧以训政的形式重掌权力,朝局发生了同治初年以来的最大逆转。对于政变发生的原因,以往研究甚多,荣禄与庆王等满洲权贵于幕后策划,大致可以定论。但是,由于受到康、梁宣传的影响,论者多将荣禄视为"后党"的核心人物,镇压新党的"帮凶",加以负面评价,反而很少批评康、梁一派因决策鲁莽而导致局势恶化的举动,这样自然也不利于全面认识历史。荣禄在戊戌政变中的活动需要重新予以研究,尤其是奉旨回京后,他调和两宫,平衡新旧,努力维持时局的平稳,扮演着他人无可替代的特殊作用。总之,荣禄政变后的所作所为,并非"后党"、"守旧者"概念所能简单涵盖者。

一 百日维新后期的朝局与慈禧训政

荣禄任直隶总督期间正是光绪帝乾纲独断、积极推行新政的时期。近在咫尺,荣禄对京内的政治动态十分关注。于是,戊戌年七月底,他以疆臣身份参与宫廷密谋,推动太后训政,成为扭转朝局的关键人物。为何会做出这样的抉择,不宜单纯信从后来康、梁后来的说法,简单视之为对变法的镇压行为,而是需要考虑清朝统治阶层的整体利益和必然抉择。

光绪帝对张荫桓、康有为的信任及其与廷臣的矛盾

论者总将戊戌六月后的形势概括为"新旧斗争激烈"。其实,"新党"

"旧党"的概念十分模糊，其分野很大程度上也是政变后才被定格的。从百日维新时期的情形看，康有为、杨深秀、宋伯鲁等人频繁上书，十分活跃，是很明确的"新党"，至于与之对立的"旧党"却不很清晰。朝野大部分官员处于观望状态，即使像许应骙、文悌这样公开反对康的人，时人也未必认为他们是"旧党"，许氏甚至自认并不保守。因此，全然用新旧之争这条线索，未必能说清楚戊戌政局演变的过程。相反，更激烈的矛盾反映在光绪帝与廷臣之间，并且不断恶化，最终导致慈禧训政。从这个角度考察，才可能会对荣禄在慈禧训政中的作用有更客观的评价。

与甲午战争期间廷臣之间围绕和战出现严重分歧和权力争斗不同，戊戌年春季比较凸显的矛盾是光绪帝与廷臣之间的冲突。当然，其中有帝后矛盾的影子，但基本是以君臣冲突的形式体现出来的。究其原因，主要是在胶、旅事件后极端严峻的形势下，深受刺激的光绪帝受到总理衙门大臣张荫桓等人的影响，在行政和改革中表现出强烈的西化倾向，一些措施比较激进，引起大多数廷臣的抗拒。张氏在戊戌年春对皇帝的影响力远远超过翁同龢，正月至四月间频繁被皇帝召见，光绪帝在内政外交决策方面受到张的直接影响。特别是在三月接见来华的德国亲王亨利的接待礼仪上，年轻的皇帝与包括翁同龢在内的枢臣发生了严重冲突。张荫桓受到参劾时，翁又拒绝为张说情，也引起皇帝的愤怒。翁氏思想保守，行事谨慎，此时已无法满足年轻皇帝趋新的愿望，这也是他被开缺的原因之一。显然，在"明定国是"前，光绪帝与翁之间的冲突已经开启了戊戌年夏秋君臣冲突的序幕。

康有为对皇帝的影响也是在这种背景下开始的，而且他对光绪帝的影响是以张荫桓备受皇帝器重为前提的。康氏在胶州湾事件前后抵达京师，原本是到总署商议巴西移民事宜的，因故未成，又值胶案发生，乃上书陈述危亡，请求变法。屡遭不报，后在张荫桓策划下，以御史高燮曾保荐参见驵兵会为辞，又经张荫桓密奏，才交由总理衙门办理，从而使康获得传入总署问话和代递条陈的机会。自此，康有为开始频繁上书，影响皇帝。① 康有为的奏疏言辞大胆犀利，正好契合皇帝急于改变现状的迫切心态。康氏称"方今不变固害，小变仍害，非大变、全变、骤变不能立国也"，强调必须进行

---

① 参见马忠文《张荫桓、翁同龢与戊戌年康有为进用之关系》，《近代史研究》2012年第1期。

雷厉风行的彻底变法。又称："皇上不欲变法则已，若欲变法，请皇上亲御乾清门，大誓群臣，下哀痛严切之诏，布告天下。一则尽革旧习，与之更始；二则所有庶政，一切维新；三则明国民一体，上下同心；四则采万国之良法；五则听天下之上书；六则著阻挠新政既不奉行，或造谣惑众攻讦新政者之罪。"① 康有为特别强调守旧大臣太多，致使国政日衰，建议破格用人，擢拔小臣，委以重任，推进变法。这些主张与张荫桓向皇帝灌输的思想是相辅相成的。由于张的密荐，光绪帝虽然没有接受康御门誓众的建议，却对其激进态度极为欣赏，甚至受到鼓舞。以往论者往往抛开皇帝对张荫桓的信任，只讲皇帝对康的器重，这是偏颇的理解。何炳棣认为："荫桓引有为以戮力改革，实隐然为变法之领袖，非荫桓之先启沃君心，则维新之论不能遽入。"② 在影响皇帝决心变法的过程中，张荫桓是关键人物，而康在张的策划下扮演了急先锋的角色。当然，他有些见解比张更为激进和深刻。

戊戌年四月，经过康氏联络言官，代拟封奏，积极营造变法氛围，在朝野内外的推动下，光绪帝颁布"明定国是"诏，并冲破阻力，召见康有为与张元济。关于此时光绪帝的心态，张元济后来回忆说，皇帝"询词约数十语，旧党之阻挠，八股试帖之无用，部议之因循扞格，大臣之不明新学（讲求西学人太少，言之三次），上皆言之"。③ "大旨谓外患凭陵，宜筹保御，廷臣唯喏，不达时务……"④ 皇帝对廷臣唯唯诺诺、不明新学十分不满，这正是受到张、康的影响。

五月初二日，康有为授意御史杨深秀、宋伯鲁上疏纠弹礼部尚书许应骙"守旧迂谬，阻挠新政"，建议将许"以三四品京堂降调，退出总理衙门行走"，"解去部职，以为守旧误国者戒"。⑤ 本来已经对守旧廷臣深恶痛绝的光绪帝见到后震怒，令许明白回奏。五月初四日，许应骙复奏，对杨、宋的

---

① 《外衅危逼，分割洊至，宜及时发愤，大誓臣工，开制度新政局折》，黄明同、吴熙钊主编《康有为早期遗稿述评》，中山大学出版社，1988，第263、271页。
② 参见何炳棣《张荫桓事迹》，《清华学报》第13卷第1期（1943年3月），第185~210页。虽有材料方面的局限，该文有关张、康关系的基本观点至今仍具有代表性和典型性。
③ 上海图书馆编《汪康年师友书札》第2册，第1737页。
④ 张树年、张人凤编《张元济书札》（增订本）中册，第675页。
⑤ 《掌山东道监察御史宋伯鲁等折》，国家档案局明清档案馆编《戊戌变法档案史料》，第5~6页。

指责拒不承认，并针锋相对，暗示康氏于幕后指使，要求将康驱逐回籍。①许应骙在奏折中抨击康"夤缘要津"，暗指张荫桓，说明对张也强烈不满。这次参许事件以及光绪帝对许的严厉态度，表明了他对张、康坚决回护的态度，这大大激怒了最高当权者慈禧太后。

五月初三日，御史胡孚宸发难，纠参张荫桓在筹办英德续借款一事中受巨贿，与翁"平分"，要求严惩。在许应骙被责令明白回奏的次日，便有言官参张并非偶然。这是一次有预谋的反击。一直对张荫桓"蛊惑"皇帝不满的慈禧立刻于五月初五日清晨下懿旨，令步军统领衙门左翼总兵英年预备查抄张荫桓府宅，将其拿交刑部治罪。旋因奕劻、立山、崇礼等权贵从中缓颊，才得以转圜。②慈禧对张"专擅"的惩戒，毋宁说是对光绪帝听信张荫桓发出的严重警告。五月二十日，御史文悌又上折弹劾同僚杨深秀、宋伯鲁，指责他们联名庇党，"诬参朝廷大臣"，为许应骙抱打不平，并揭发康有为"暗营保荐以邀登进"、结张荫桓为奥援。③光绪帝并非不知张、康之间的关系，而是此时已不能容忍任何人对张的抨击。他断定此奏系"受人唆使"，指责文悌欲开台谏结党互攻之习，盛怒之下取消其御史资格，令其回原衙门行走。④对文悌的严惩，再一次表明光绪帝坚决袒护张、康的鲜明态度。因为屡遭参劾，张荫桓承受了巨大的压力，不得不格外韬晦。自六月初六日起，他便杜门休息。随后几次具疏请假，直到七月初五日才销假。

---

① 许应骙：《明白回奏并请斥逐工部主事康有为折》，《戊戌变法》第 2 册，第 480~482 页。
② 王庆保、曹景郕：《驿舍探幽录》，《戊戌变法》第 1 册，第 494 页。此次查抄之命得以收回可能与张荫桓用金钱疏通关节有直接关系。据李符曾（应为杨锐）致张之洞密函言："（五月）初四，胡公度侍御奏劾张荫桓，有借款得贿二百余万，七口改归税司经管，有私改合同事。又议增赫德薪水，每年骤至百廿万等语。慈圣大怒。次日面谕英年查抄拿问。崇礼故缓之。旋有立山出为恳求，其事遂解。闻廖仲山亦苦求于上前，尚未允。立一人最得力也。"见孔祥吉《戊戌维新运动新探》，湖南人民出版社，1988，第 80 页。张荫桓戊戌年五月二十四日日记写道："访豫甫（立山），承谕慈圣保全之意，为之感激。"任青、马忠文整理《张荫桓日记》下册，第 608 页。显然，时人所言张氏纳银免祸是有根据的，内务府大臣立山在此事中起到关键作用。
③ 文悌：《严参康有为折稿》，光绪二十四年五月二十日，《戊戌变法》第 2 册，第 482~489 页。
④ 中国第一历史档案馆编《光绪宣统两朝上谕档》第 24 册，第 233 页。据赵炳麟称，文悌被责令回原衙门行走，不啻废弃，遂授徒于龙树寺楼上。"大学士徐桐重誉之，曰：仲恭（悌字）天下正气也。"可见守旧大员对文悌的声援和支持。见赵炳麟《光绪大事汇鉴》，黄南津等点校《赵柏岩集》上册，广西人民出版社，2002，第 232 页。

张荫桓请假后，光绪帝失去了唯一信赖的大臣，只能"孤君"奋战，与每日召见的枢臣冲突渐多，朝局出现了前所未有的危机。以往论者只从包括枢臣在内的朝臣阻挠新政的角度，解释百日维新时期的新旧之争。事实上，由于受到张、康的影响，年轻的皇帝求治心切，从身边廷臣身上，更多看到的是他们"守旧"的一面，君臣之间日益缺乏信任，嫌忌丛生，对政事的处理随之出现分歧。时人描述说："凡遇新政诏下，枢臣俱模棱不奉，或言不懂，或言未办过；礼邸推病未痊，恭邸薨逝，刚相每痛哭列祖列宗，其次更不敢出头，皇上之孤立，可见一斑也。"① 醉心新政的光绪帝终日与他认为"守旧"的廷臣为伍，其焦躁烦闷的心态可想而知。邝兆江利用台北故宫博物院藏军机处光绪二十四年上谕档和现月档抄存的部分上谕原件，研究了光绪帝朱笔删改谕稿的情况，从中发现皇帝对廷臣日益不满的情绪和心态。② 六月，张元济已经明显感觉到，虽然皇帝有志变法，但是"近来举动，毫无步骤，绝非善象"。③ 廷臣对新政采取敷衍的态度，君臣矛盾越积越深，终于到了一触即发的地步。

六月底，礼部主事王照应诏言事，请求堂官代递，遭到拒绝，七月十九日光绪帝愤怒之下，将怀塔布、许应骙等礼部六位堂官"即行革职"，同时又称赞王照"不畏强御，勇猛可嘉，著赏给三品顶戴，以四品京堂候补，用昭激励"。④ 此事的根源还在于许、康冲突，以及幕后的张、康关系。这次事件从一个侧面反映了趋新与守旧之争，以往论者多予以正面评价。但是，从当时朝政运行体制的层面看，光绪帝此举显然不够理智。一道谕旨将六位礼部堂官同时罢黜，这在有清一代也是绝无仅有的事例，抛开政见偏见和各类评价的影响，单纯从政务运作的层面考虑，即欠妥当。此举虽有杀一儆百之意，但负面效果更大。从现有材料看，当时除许应骙与康有为、宋伯鲁、杨深秀有过直接冲突，可以纳入新旧冲突的范围，其他五位堂官与当时其他部院大臣比，思想到底如何更旧，也都很难证明。仅仅因为对属员的奏折有不同看法而没有及时代递，便全部丢官罢职，不免操之过急，惩罚过

---

① 苏继祖：《清廷戊戌朝变记》，《戊戌变法》第 1 册，第 336 页。
② 参见邝兆江《〈上谕档〉戊戌史料举隅》，中国第一历史档案馆编《明清档案与历史研究》下册，中华书局，1988，第 1109~1122 页。
③ 张树年、张人凤编《张元济书札》（增订本）中册，第 652 页。
④ 《清德宗实录》卷 424，光绪二十四年七月十九日，《清实录》第 57 册，第 565 页。

重。同月二十日，光绪帝又任命杨锐、谭嗣同、刘光第、林旭为军机章京，参预新政，后称"军机四卿"。这是受到康有为"超擢小臣"建议影响而做出的决断。此举使得枢臣侧目，直接威胁到军机大臣的权力。① 不仅如此，在康的策动下，开懋勤殿议政也成为光绪帝孜孜以求的努力目标，这一切在大部分大臣看来，已经严重影响到原有的权力格局和行政秩序，如何阻止事态发展成为一些大臣敢想而不敢言的头等大事。

策划慈禧训政的主谋

光绪帝在同军机大臣严重对立的情况下，雷厉风行，推动新政，引发朝局动荡。当时谣言盛行，人心惶惶。罢礼部六堂官、超擢军机四卿，已经牵涉权力结构的变动，引起很多权贵的担忧。随着形势的变化，皇帝"生病"、太后训政的一幕历史终于在这种背景下出现了。其中，荣禄与庆王奕劻是最关键的幕后策划者。

有不少私家记述称，戊戌四月慈禧放手让光绪进行变法，正是欲擒故纵之计，希望看到光绪帝的败笔，再找机会卷土重来，重新执掌权力。荣禄也被说成是慈禧此举的同谋。苏继祖曾记述说："荣相春间曾语人曰：'近日皇上大为任性胡闹，我不能与之共事，极思出京……此等话像话乎？何足以治天下也，配作皇上乎？'""六月诸守旧大臣以皇上变法，焦愁不已，多有问之荣相者。荣相笑曰：'俟其闹至剪辫子时，必有办法，此时何急哉？'"② 这些政变后出现的说法不尽可信，荣禄藐视皇帝的话尤不可信。尽管从戊戌春间慈禧、荣禄等对皇帝的做法就有异词，但是，仍是采取观望态度，还不能说是设下圈套、请君入瓮。六月，张之洞之子张权在家书中称："刘博丈（刘恩溥）言，今上变法甚急，慈圣颇不以为然。每日谕旨，慈圣俱不看，但云：随他闹去。"③ 在慈禧眼中，皇帝如同她手中的风筝，飞得再远，也

---

① 时人徐兆玮在光绪二十七年正月十三日日记中写道："翁笃斋言，四军机在办事处，大臣不敢与同案，每新政折奏下，礼王辄曰交某大人，不拆封也。处此危地，不杀身何待？其中杨叔峤最冤，然亦受康长素之惠。古人兢兢于取与之间，良有以哉！"翁笃斋即翁斌孙（号弢甫），为翁同龢侄孙。见李向东等标点《徐兆玮日记》第1册，黄山书社，2013，第271页。

② 苏继祖：《清廷戊戌朝变记》，《戊戌变法》第1册，第341页。

③ 《张权致张之洞函》，见《张文襄公家藏手札》，中国社会科学院近代史研究所藏，档号甲182-264。刘博丈，即刘恩溥。

可控制，并没有很大担忧。直到出现光绪帝一诏罢黜六堂官这样的大动作，以及突然裁撤京内衙署造成大恐慌，慈禧才意识到，一旦皇帝"乾纲独断"，她精心挑选用以辅政的军机大臣根本劝阻不住。因此，采取断然措施制止皇帝作为便成为当务之急。

荣禄、庆王等在七月下旬秘密策划慈禧训政，中止光绪帝推行新政，很大程度上也有一定的舆论基础。百日维新期间的很多变法措施缺乏制度上的衔接，引起不少京官的反对和批评。翁氏开缺后，其门人叶昌炽就在日记中称："阅邸钞，虞山师奉旨放归。朝局岌岌不可终日，如蜩如螗，如沸如羹，今其时矣。……柬蔚若，得复云：'近日号令，但恨两耳不聪，鄙人亦求瑱甚切。'"① "虞山"，指翁同龢，"蔚若"乃吴郁生之字，叶、吴均是江苏人，且为翁氏门生。从两人信函往来中透露的信息分析，叶、吴对四月二十三日开始颁布的新政"号令"并不赞同，至少他们是站在新政对立面的。开缺在籍的鹿传霖也对新政不满，称："翁去王代（文韶），仍无起色。近日竟言西学，仍空谈不求实际，时局日坏，不堪设想。"② 又称"康有为以一主事准其专折奏事，遂大肆狂谈，请宫中设十二局，改藩臬为理财、慎刑二司，裁道府，升州县为四品，准专奏等语，交议，竟不敢驳，乃以或交六部九卿会议，或请特旨允行双请因此留中未定行止"。③ 他对光绪帝如此优容康有为感到不解。大约同时，李鸿章在给儿子李经方的信中也说："学堂之事，上意甚为注重，闻每日与枢廷讨论者多学堂、工商等事，惜瘦驽庸懦辈不足赞襄，致康有为辈窃东西洋皮毛，言听计从。近来诏书皆康党条陈，借以敷衍耳目，究之无一事能实做者。"④ 李鸿章认为，枢臣皆"因循衰惫"，才力"不足襄赞"，光绪帝身边没有可依赖的大臣，只好听信于康、梁"辈窃东西洋皮毛"，致使"无一事能实做者"。如果不考虑乙未后李鸿章受到冷遇的失意心态，他对事态的分析和对当权者的批评还是比较客观的。

---

① 叶昌炽：《缘督庐日记》第 5 册，第 2687~2688 页。
② 鹿传霖家书，戊戌年五月廿七日，《鹿传霖任川督时函札》，中国社会科学院近代史研究所藏，档号甲 170。
③ 鹿传霖家书，戊戌年六月初八日，《鹿传霖任川督时函札》，中国社会科学院近代史研究所藏，档号甲 170。
④ 陈秉仁整理《李鸿章致李经方书札》，上海图书馆历史文献研究所编《历史文献》第 8 辑，上海古籍出版社，2004，第 103~104 页。

七月十四日，光绪帝接受太仆寺卿岑春煊的建议，颁布谕旨，宣布将詹事府、通政司、光禄寺、鸿胪寺、太仆寺、大理寺等衙门裁撤；同时裁去广东、湖北、云南三省巡抚，巡抚事归同城之总督兼管，河东河道总督裁并河南巡抚兼管；此外，还涉及地方冗吏的裁减问题。① 这就触及大批旧官员的切身利益。裁撤京师衙门在京城士人中反响尤大，直接关涉京官的生计。陈夔龙后来分析说："戊戌变政，首在裁官。京师闲散衙门被裁者，不下十余处，连带关系，因之失职失业者将及万人。朝野震骇，颇有民不聊生之戚。"② 见到裁撤冗署的上谕后，叶昌炽的友人"劝不必以一官为恋，别为生计"，叶氏在日记中慨然写道："然寸铁不持，安能白战？家无长物，惟破书烂帖耳。"③ 裁撤衙署导致数千人的生计突然没有着落，特别是没有考虑到平日这些在闲曹冷署苦熬的官员下一步的出路，引发的怨气和抵触是超乎想象的，这种负面效应使许多最初支持新政的官员也产生了动摇。正如时人所言，裁撤衙署后，"京师惶恐，正符将欲裁九卿六部之谣"。④ 孔祥吉认为，"整个看来，百日维新中关于官制改革的实施是不成功的。前期康有为强调新旧对立，忽视了以高秩优耆旧；后期康有为虽然已经注意到这个问题，但光绪帝又感情用事，以致激化了新旧矛盾，加快了政变的到来"。⑤ 这个判断符合当时的实际情况。

总之，戊戌年七月以后，光绪帝在推行新政过程中的一些过激措施，不仅在士林中引起惊恐，更引起许多廷臣的抵触和恐惧。因此，在罢黜礼部六堂官事件发生后，利益受到侵害和威胁的官员很快集结起来。维护自身利益的隐衷与纠正新政偏颇的现实感，使这股势力开始活跃起来。这些被目为"守旧"的官员，打着维护祖宗之法的旗号，支持太后"训政"以中止新政。在这个过程中，深受慈禧倚重的荣禄被推到了前台，而在京随时可以见到慈禧的庆王暗中布置，"最关筋节"，⑥ 善于观测风向的御史杨崇伊则再次发挥了作用。

---

① 《清德宗实录》卷424，光绪二十四年七月十四日，《清实录》第57册，第557页。
② 陈夔龙：《梦蕉亭杂记》，第76页。
③ 叶昌炽：《缘督庐日记》第5册，第2721页。
④ 苏继祖：《清廷戊戌朝变记》，《戊戌变法》第1册，第341页。
⑤ 参见孔祥吉《康有为变法奏议研究》，第308页。
⑥ 《戊戌政变实录》，邓之诚：《骨董琐记全编》下册，第634页。这是邓之诚根据政变后蔡金台致李盛铎信得出的判断。

杨崇伊在甲午战后慈禧整肃清议的活动中，几次冲锋陷阵，曾参劾强学会和文廷式，非常能迎合慈禧的心理。有资料称，训政原本就是慈禧本人的意思，只是授意杨在外操作而已。政变后有人致函盛宣怀称："闻杨崇伊纠众奏请太后亲政，以疏示李鸿章。李不肯签名。杨遂赴津，谋于荣禄。"①"另闻训政系杨崇伊密奉懿旨告各大臣奏请，初三日赴津见荣面启云"。② 据说，杨崇伊曾"两至徐桐寓所相告"，不料徐桐"引疾高卧"，置之不理。③叶昌炽则听说杨"先商之王、廖两枢臣，皆不敢发。复赴津，与荣中堂定策"。④ 上述情况细节有些差异。九月二十三日，蔡金台致李盛铎函中所记似稍详：

> ……而杨莘伯乃手训政疏叩庆邸，俱赴湖呈递。是慈意以为此等大政，必有联章，乃成规模，且须大臣言之。莘伯乃告其师王仁和。仁和以书戒之，有"无牵帅老夫"语。莘伯以已成骑虎，不能甘休。且警信日至，谓断发改衣冠，即在指日……不得已独冲入告。发时尚知会张次山等凡九人，而无一应者，遂独上之。⑤

可见，杨崇伊为训政事找过李鸿章、徐桐、王文韶、廖寿恒寻求帮助，不果；而且，拟联络张仲炘（次山）等9人联衔入告，也未成。遂与庆王联系，并往天津与荣禄定计，扮演了沟通京津、传递消息的信使。如前文所言，早在六月，杨就与荣禄联系，希望奏调其到北洋当差，因为违例，被荣禄婉拒。但二人始终保持着联络。

从种种迹象看，太后训政是庆王与在津的荣禄密谋后促成的。当时与慈禧关系密切、地位之崇隆的王公权贵，非此二人莫属。况且，推动太后训政也是唯一能制止皇帝"冒进"的途径和办法了。

---

① 佚名：《虎坊摭闻》，《上海图书馆藏盛宣怀档案萃编》上册，上海古籍出版社，2008，第176~177页。
② 《上海曾委员来电》，戊戌八月初九日戌刻发，初十日寅刻到，虞和平主编《近代史所藏清代名人稿本抄本》第2辑第77册，张之洞档案，大象出版社，2014，第664~665页。
③ 《掌广西道监察御史杨崇伊奏为沥陈廷臣交章恐误事机请旨将臣罢斥以息众口事》，光绪二十五年五月初八日，录副奏折，档号03-9447-011，缩微号674-3463。
④ 叶昌炽：《缘督庐日记》第5册，第2737页。
⑤ 邓之诚：《骨董琐记全编》下册，第632页。

除了杨崇伊，一些满洲权贵也纷纷前往天津与荣禄商议局势。由于直接材料的缺乏，准确揭示这些人的活动内幕仍有困难。据载，七月二十二日，天津有人见自京乘火车来督署者数人，势甚耀赫，仆从雄丽，有言内中即有怀公塔布、立公山也。盖自荣相莅任以来，亲友往还不绝于道，人亦不复措意。另，"京中有言立豫甫曾于七月奉太后密谕，潜赴天津，与荣相有要商也"。七月三十日，早车有荣相密派候补道张翼进京谒庆邸，呈密信并禀要事。据有见此信者言，有四五十页八行书之多。① 这些说法很符合情理。梁启超政变后也称，礼部六堂官被罢黜后，"怀塔布、立山等，率内务府人员数十人环跪于西后前，痛哭而诉皇上之无道，又相率往天津就谋于荣禄，而废立之议即定于此时矣"。② 怀、立带着慈禧的旨意前往天津与荣禄商议是可能的，但是绝无"谋废立"之事，即使训政也与"废立"有别。经过京津两处的商议，确定由杨崇伊上折请慈禧训政。这个折子在八月初三日递上。该折云：

掌广西道监察御史杨崇伊跪奏，为大同学会蛊惑士心，紊乱朝局、引用东人，深恐贻祸宗社，吁恳皇太后即日训政，以遏乱萌，恭折仰祈慈鉴事。臣维皇上入承大统，兢兢业业二十余年，自东瀛发难，革员文廷式等昌言用兵，遂致割地偿款。兵祸甫息，文廷式假托忠愤，与工部主事康有为等，号召浮薄，创立南北强学会，幸先后奉旨封禁革逐，未见其害。乃文廷式不思悔过，又创大同学会，外奉广东叛民孙文为主、内奉康有为为主，得黄遵宪、陈三立标榜之力，先在湖南省城开讲，抚臣陈宝箴倾信崇奉，专以讪谤朝廷为事，湘民莫不痛恨。

今春会试，公车骈集，康有为偕其弟康广仁及梁启超来京讲学，将以煽动天下之士心。幸士子读书明理，会讲一二次即烛其奸诈，京官亦深知其妄。偶有贪鄙者依附之，而吐骂者十居八九。不知何缘引入内廷，两月以来变更成法，斥逐老成，借口言路之开，以位置党羽。风闻东洋故相伊藤博文即日到京，将专政柄。臣虽得自传闻，然近来传闻之言，其应如响，依[伊]藤果用，则祖宗所传之天下，不啻拱手让人。

---

① 苏继祖：《清廷戊戌朝变记》，《戊戌变法》第 1 册，第 341~343 页。
② 梁启超：《戊戌政变记》，《戊戌变法》第 1 册，第 272 页。

臣身受国恩、不忍缄默，再四思维，惟有仰恳皇太后，追溯祖宗缔造之艰，俯念臣庶呼吁之切，即日训政，召见大臣，周谘博访，密拿大同会中人，分别严办，以正人心。庶皇上仰承懿训，天下可以转危为安。臣愚昧之见，缮折密陈，伏乞皇太后圣鉴。谨奏。①

此奏折前半部分将文廷式甲午倡言主战"遂致割地偿款"、与康有为"号召浮薄，创立南北强学会"、创办大同学会之事一一缕述，重点在责难文廷式；后半部分指责康有为今春以来开保国会、"进入内廷"、"变更成法，斥逐老成，借口言路之开，以位置党羽"，并风传日本故相伊藤博文"将专政柄"，故请求太后即日训政，召见大臣，"庶皇上仰承懿训，天下可以转危为安"。虽然没有明言，但主张太后通过训政中止新政的主张是很明确的。

有论者认为慈禧是接到杨的上疏才决定训政的，这是表面的看法。杨崇伊先后往天津与荣禄密谋，慈禧、庆王都是知情的，采取"训政"的办法，也是她认可的。杨的上疏，形式意义远远大于内容本身。与其说它是慈禧训政的导火线，不如说它是决定实施训政的信号。

茅海建教授利用档案材料，精确地考证出慈禧做出离开颐和园回宫的决定是在八月初三日戌时（晚上八点半至九点之间）。② 可以进一步推断，这是她收到杨氏奏折后做出的决定。此前，慈禧已知八月初五日光绪帝将在西苑接见伊藤博文，在一诏罢黜礼部六堂官事件发生后，她对皇帝是否会再一次做出越格的事情——聘请伊藤为顾问官，实在没有充分的把握，只有亲自回宫坐镇，才能放心。可以肯定，慈禧不仅决定初四日回宫，并且认为宣布训政的时机已经成熟。初五日伊藤觐见光绪帝的外事活动一经结束，便处在太后的监视之下，初六日慈禧宣布训政，并下密令逮捕康有为、康广仁兄弟。荣禄虽然在天津，但对这些密谋既是知情者，也是参与者，这是无可怀疑的。

康、梁的"围园"密谋与袁世凯"告密"

由荣禄、杨崇伊等人在秘密状态下策划的训政原本是平和的，除了捉拿

---

① 该折内容详见国家档案局明清档案馆编《戊戌变法档案史料》，第461页。
② 参见茅海建《戊戌变法史事考》，第87页。

康氏兄弟稍见紧张外，宣布训政似乎不会出现多少波澜。但事情最终却朝着血腥恐怖的方向发展，这有一定的偶然性。它与光绪帝给杨锐下达密诏，及康有为利用密诏铤而走险，劝说袁世凯"围园"密谋等一系列事件的发生有关。

有清一代皇帝给大臣下达密旨并非没有，但是，像光绪帝这样给一位并不相知的小臣下达密旨、一吐衷曲之事，似乎绝无仅有。这道密诏是引发政局突变的导火索，事情的起因仍可归结为光绪帝与廷臣关系的恶化。

光绪帝破格任用康有为、重视其上书，以及严惩文悌，都使康声名大振。但是，康对自己的处境和所获得的权位并不满意。正如梁启超对夏曾佑所言："数日之内，世界屡变，或喜或愕，如读相宗书也。南海（康）召见，面询极殷拳。而西王母主持于上，它事不能有望也。总署行走可笑之至，决意即行矣。"① 因为没能得到期许的权力和地位，康有为一度想离开京城，但这只是一时负气。其实，直到七月奉旨派往上海管理《时务报》，他始终不愿离京，一直致力于设立议政局。七月底，康、梁策划按照康乾时的祖制开懋勤殿，"选集通国英才数十人，并延聘东西各国政治专家，共议制度"。② 其实，这是遭到枢臣否定的制度局的翻版，皇帝对此很是看重。严复也得到消息说，"将开懋勤殿，选才行兼著者十人入殿行走，专预新政"。③ 选英才正是为了摈弃那些"守旧"的廷臣。很显然，在罢黜礼部六堂官、超擢王照、任用军机四卿后，皇帝仍然不满足，坚持要用新党。为此，康有为代宋伯鲁、徐致靖、王照等拟折，策划推荐懋勤殿入值人选，于二十八、二十九两天递上。不料，二十九日光绪帝抵达颐和园后，却遭到太后的严厉痛斥。次日，光绪帝召见了杨锐，并赐给他一道朱笔谕旨。这就是后来所说的"密诏"：

> 近来朕仰窥皇太后圣意，不愿将法尽变，并不欲将此辈老谬昏庸之大臣罢黜，而用通达英勇之人，令其议政，以为恐失人心。虽经朕屡次降旨整饬，而并且有随时几谏之事，但圣意坚定，终恐无济于事。即如

---

① 丁文江、赵丰田编《梁启超年谱长编》，第 121 页。
② 梁启超：《戊戌政变记》，《戊戌变法》第 1 册，272 页。
③ 中国历史博物馆编，劳祖德整理《郑孝胥日记》第 2 册，中华书局，1993，第 681 页。

十九日之朱谕，皇太后已以为过重，故不得不徐图之，此近来之实在为难之情形也。朕亦岂不知中国积弱不振至于阽危，皆由此辈所误，但必欲朕一旦痛切降旨，将旧法尽变，而尽黜此辈昏庸之人，则朕之权力实有未足。果使如此，则朕位且不能保，何况其他？今朕问汝，可有何良策，俾旧法可以全变，将老谬昏庸之大臣尽行罢黜，而登进通达英勇之人，令其议政，使中国转危为安，化弱为强，而又不致有拂圣意。尔其与林旭、刘光第、谭嗣同及诸同志等妥速筹商，密缮封奏，由军机大臣代递，候朕熟思，再行办理。朕实不胜十分焦急翘盼之至。特谕。①

这道谕旨清楚表明，开懋勤殿已经绝无可能，这位28岁的年轻皇帝已经陷入孤独无助的境地："但必欲朕一旦痛切降旨，将旧法尽变，而尽黜此辈昏庸之人，则朕之权力实有未足。果使如此，则朕位且不能保，何况其他？"皇帝已经认识到，因为太后反对，暂时不可能将"此辈昏庸之人"罢黜殆尽。他希望杨锐等新党理解他的苦衷，同时令他们另筹办法，"俾旧法可以全变，将老谬昏庸之大臣尽行罢黜，而登进通达英勇之人，令其议政，使中国转危为安，化弱为强，而又不致有拂圣意"。其实，这种想法是幼稚的，当时已经没有任何调和的余地。值得注意的是，光绪帝心目中的新党人士在这里体现出来了，即军机四卿及"诸同志"。"诸同志"应该是皇帝从新政活动中感觉出来的那些新党人物，除了康、梁，应该还有杨深秀、宋伯鲁、张元济、徐致靖、王照等，甚至刚刚被徐致靖保举到京的袁世凯，也是他心目中的"同志"。但是，光绪帝对新党人物之间的真实关系十分隔膜。四卿中杨锐在张之洞影响下极力排斥康，对与康亲近的谭、林也怀有戒心。② 王照也只是被超擢为京堂后才与康接近起来，二人政见常有分歧。显然，光绪帝是将新党视为一个密切团结的整体来看待的，这是他发出密诏的认知前提。这道密诏反映了当时慈禧对新政的态度以及皇帝不欲"拂圣意"的真实心态，看不出皇帝对太后有任何叛逆之心；可是，事后却被康有为篡改利用，引起朝局发生惊天逆转，这是缺乏政治经验的年轻皇帝根本无法预料的。

一般认为，就在荣禄、庆王等人密谋策划慈禧训政的同时，康党于六七

---

① 赵炳麟：《光绪大事汇鉴》，黄南津等点校《赵柏岩集》下册，第239~240页。
② 《杨锐致友人函》，戊戌年七月二十八日，叶德辉：《觉迷要录》卷4，光绪三十一年刊本。

月间也开始了联络袁世凯、发动军事政变的活动。① 这种说法十分流行，但与事实不符。研究该问题，不能完全听信康、梁及王照后来的解释。

据陈夔龙在《梦蕉亭杂记》中所说，戊戌七月徐致靖疏荐袁世凯并非康有为的提议，而是袁看到戊戌四月后徐氏深得皇帝信任，便想通过徐的保荐得到新的升迁。② 为此，袁通过徐世昌与徐氏之侄徐仁录联络。六月上旬，徐仁录曾往天津和小站商讨保荐袁世凯之事。③ 徐世昌日记对此有零星的记载。④ 陈夔龙是荣禄的心腹，他的这番解释应该可靠。由于这个时期康有为常为徐代拟条陈，荐袁之疏也由康代拟，由此康、袁产生联系。七月二十六日，徐致靖上疏称："袁世凯昔使高丽，近统兵旅，谋勇智略，久著于时。然而官止臬司，受成督府，位卑则权轻，呼应不灵，兵力不增，皆为此故。"因此建议光绪帝"特予召对，加以恩意，并予破格之擢，俾增新练之兵，或畀以疆寄，或改授京堂，使之独当一面，永镇畿疆"。⑤ 许多学者认为，康有为在奏折中以御外侮为掩饰，实际目的是要让袁"独当一面"，脱离荣禄的控制，独立听从皇帝调遣，以备紧急之用。康本人在政变后也毫不隐讳此意。但是，可以肯定，皇帝对康的这层"深意"并无深刻体会。

没有资料说明荣禄对于袁世凯与徐致靖的接触是否知情。但是，他对袁完全信任是毫无异议的。还有个一直被忽视的问题，那就是徐致靖保袁的同时，恰好适逢荣禄为新建陆军创办武备学堂两年卓有成效，奏请照天津武备学堂成案对段祺瑞等十六员给予奖叙。⑥ 荣禄与徐致靖几乎同时保举新建陆

---

① 有学者认为，百日维新伊始，康有为就已认为必须掌握兵权，调集军队，发动一场"尊君权"、"去太后"的军事政变。参见赵立人《戊戌密谋史实考》，《广东社会科学》1990 年第 3 期。
② 陈夔龙称："维时新政流行，党人用事，朝廷破格用人，一经廷臣保荐，即邀特简。袁热中赋性，岂能郁郁久居。倩其至友某太史入京，转托某学士密保，冀可升一阶，不意竟超擢以侍郎候补，举朝惊骇。某学士以承筐菲薄，至索巨款补酬，辇毂之下，传为笑话。"见陈夔龙《梦蕉亭杂记》，第 65 页。
③ 据张荫桓政变后回忆，徐致靖戊戌四月保荐康有为、梁启超的奏折，康氏曾酬之"四千金"，参见王庆保、曹景郕《驿舍探幽录》，《戊戌变法》第 1 册，第 492 页。
④ 徐世昌日记记载了戊戌六月徐仁录往小站见袁世凯的情况。据记载，六月初八日徐世昌至天津，初九日与徐仁录晤面"聚谈半日"。六月十二日回到小站，"到慰廷寓久谈。徐艺郛（仁录）同来，留宿营中"。此后徐又连续与仁录"畅谈"，六月十五日晨起，"艺郛冒雨行"，在小站逗留了四天。参见吴思鸥、孙宝铭整理《徐世昌日记》第 21 册，北京出版社，2015，第 10353~10354 页。
⑤ 《署礼部右侍郎徐致靖折》，国家档案局明清档案馆编《戊戌变法档案史料》，第 164 页。
⑥ 《奏为新建陆军创设武备学堂现届二年期满著有成效援案择优酌请奖叙折》，光绪二十四年七月二十一日，朱批奏折，档号 04-01-16-0256-102，缩微号 04-01-16-048-0035。

军的将帅，或为巧合？查荣禄奏折抵京的当天，光绪帝发出上谕："电寄荣禄，著传知袁世凯即行来京陛见。"① 同日，袁奉到来京电旨，并于"是日下午谒见中堂（荣禄）"。② 可见，袁世凯的入京觐见并未让荣禄感到异样。甚至可以这样说，徐的保荐同样支持了荣禄对新建陆军的褒奖。八月初一日，光绪帝召见袁世凯后，发布上谕："现在练兵紧要，直隶按察使袁世凯办事勤奋，校练认真，著开缺以侍郎候补，责成专办练兵事务，所有应办事宜著随时具奏。当此时局艰难，修明武备实为第一要务，袁世凯惟当勉益加勉，切实讲求训练，俾成劲旅，用副朝廷整顿戎行之至意。"③ 显然，光绪帝完全采纳了徐的建议。无论康有为怎样说明自己草拟的奏疏中隐含深意，实际上皇帝完全是把袁作为一个明西学的"英勇通达之人"来看待的，与杨锐、刘光第、林旭、谭嗣同、王照乃至康有为本人一样，袁是被作为新政人才而"超擢"的。因为皇帝从未对慈禧有过背叛之心，说他想借袁来控制军权也是值得怀疑的。

同样，康有为当初代徐拟折保举袁，应该是为了联络同道、广结人才；袁对于康、徐合作举荐自己的内幕也完全知情，甚至有信函致康表达谢意。④ 但是，如果说从一开始康氏便有依靠袁世凯军队的图谋，应非实情。迟至七月，康有为还在鼓动王照上折，开懋勤殿，努力为梁启超、康广仁谋取位置，⑤ 似乎还没有对形势做出严重的估计。让康临时想到利用袁兵围颐和园，应在八月初三见到皇帝"朕位且不可保"的密诏之后。

八月初二日，光绪帝在颐和园召见枢臣后，召见了新章京林旭。这一天，发布明发上谕，命康有为迅速前往上海接办官报，"毋得迁延观望"。这是皇帝在新政难以为继的情况下做出的决定，上谕中特别声明"召见一次"，为的是打消京城中所谓康随意出入宫禁的流言，很大程度上是给外界看的。在召见林旭时，光绪帝吃惊地知道，林旭并未见到七月三十日由杨锐传出去的密诏。于是，散值后的林旭匆匆找到了杨锐，并从杨锐那里抄录了这道谕旨。

---

① 《清德宗实录》卷425，光绪二十四年七月二十六日，《清实录》第57册，第579页。
② 《廉访蒙召》，《国闻报》光绪二十四年七月二十八日，第2版。
③ 《清德宗实录》卷426，光绪二十四年八月初一日，《清实录》第57册，第591页。
④ 毕永年：《诡谋直记》，《近代史资料》总63号，中国社会科学出版社，1986，第2页。
⑤ 王照：《关于戊戌政变之新史料》，《戊戌变法》第4册，第332页。

所以，康有为见到这道密诏抄件，已在八月初三日早晨。这次林旭是按照皇帝要求，将四卿及"诸同志"召集一起讨论办法，康、梁、谭、林及王照均在场，杨锐、刘光第并未参加，定稿很晚的康年谱称徐世昌也在场，并看到皇帝密诏，此说似不可信。这次商议的结果就是初三日由谭嗣同深夜访袁。可见，利用密诏，假借皇帝名义，劝袁世凯"围园捕后"，是康党在紧急情况下铤而走险的临时决策。

不过，两宫嫌隙虽日深，但慈禧对全局有足够的控制能力，这一点朝野皆知。因此，从谭嗣同夜访袁世凯的那一刻起，袁就没有将赌注押在皇帝身上。让他为难的倒是如何把自己从尴尬的境地中解脱出来，这是他回津后与荣禄反复商讨的棘手问题。

学界已经确认，八月初六日以训政为标志的政变并非袁告密引起。袁在京城并未透露"围园"密谋的半点消息。原因很简单，他不知道皇帝究竟是否介入，或者介入到多深的程度。八月初四，他可能对此事进行了打探，但没能做出确切的判断，于是，采取保持沉默、静观其变的态度，并于第二天回津。这是当时最为稳妥的做法。袁世凯将康党"围园"密谋和盘端出应该是在回到天津以后。

初四日傍晚，慈禧突然回宫，使康党进退失据。恐惧中的康有为做出了迅速出京的决定。八月初五日，康乘早班火车前往天津；而袁世凯也在请训后，与荣禄的亲信达斌一起在马家堡乘坐十一点四十分的火车离京，下午三点到达天津。据称，"圣安棚茶座在火车站，同城文武各官咸往迎迓"。① 仪式结束后，袁世凯留住天津城中，晚上拜见了荣禄。

这天晚上荣、袁见面情况，只见于袁世凯《戊戌纪略》的叙述。据袁称，他向荣禄透露："皇上圣孝，实无他意。但有群小结党煽惑，谋危宗社。罪实在下。必须保全皇上，以安天下。语未竟，叶祖珪入坐，未几佑文亦来。久候至将二鼓，不得间。只好先退晚餐，约以明早再造详谈。"② 按

---

① 《练兵大臣抵津》，《国闻报》光绪二十四年八月初六日。《直报》也报道说："袁慰亭钦宪以练新建陆军，上结主知，下孚众志；实事求是，成效昭彰。日昨奉旨开缺以侍郎候补，谢恩后于初五日请训出都，四点钟抵埠。圣安棚在火车站。同城文武俱往迎接，钦宪已饬令全队于十六日来津驻扎。只候皇上躬奉皇太后阅视秋操云。"见《侍郎旋津》，《直报》光绪二十四年八月初六日，第 2 版。王刚最早使用了这条材料。
② 袁世凯：《戊戌纪略》，《戊戌变法》第 1 册，第 553 页。

照他的说法，这天晚上因为叶祖珪、达斌（佑文）的来访，他与荣的密谈被打断，因此，没有将谭嗣同夜访之事告诉荣禄。这并不符合情理，台湾学者黄彰健曾指出："袁于初五既已开始叙述'群小结党煽惑，谋危宗社'，则荣禄一定愿知道其详细情形；即令有宾客来，也可邀袁至密室或内签押房谈话。因此袁世凯《戊戌日记》说，他于初六才告密，那是不足信的。"①王刚也推断，袁应该在这天深夜向荣禄透露了康党的"围园"密谋，而袁的亲信达斌也在场；同时，荣禄将京津两地策划训政之事也告诉了袁世凯。②这个判断应该符合实际。因为慈禧已经回宫，没有任何危险，而训政后的第一件事情就是逮捕康有为，已经在运作过程中。果然，第二天一早，慈禧以皇帝名义发布上谕，以身体欠佳为由，请太后训政。同时，下密旨捉拿康有为。一切都是按照既定计划实行的。

据袁世凯记述，初六日一早，他还没来得及赴督院见荣禄，荣禄已先来拜访，于是袁又将康党"详细情形备述"，再三强调"此事与皇上毫无干涉"。说到"诛禄"问题，荣禄"大惊失色"，两人"筹商良久"。又约袁"回署"，"复约佑文熟商"。③毕竟，此事牵涉到皇帝，虚实不知，一时难以决断。可以肯定，袁、荣此刻对抓捕康有为没有丝毫犹豫，只是对怎样才能把皇帝从中解脱出来，大费脑筋。晚上，荣禄"折简来招，杨莘伯在座，出示训政之电，业已自内先发矣"。④杨崇伊从京城返回是来禀报消息的。此时，杨可能也得知了"围园"内情。袁记，荣抚茶杯笑曰："此非毒药，你可饮之。"袁应道："惟耿耿于心寝食难忘者，恐累及上位耳。"⑤荣禄的话是玩笑话，是可信的。袁世凯已经担心自己会落上"卖主"之嫌。这时，荣、袁已知康有为漏网的消息，可能也是杨带来的。八月初七日，军机处致电荣禄在天津查拿康有为，荣派人在紫竹林、塘沽搜捕，但无成效。原来，康有为已先于初六日晚乘"重庆号"轮船赴沪。

八月初十日，荣禄奉到电旨，"著即刻来京，有面询事件"，直隶总督

---

① 黄彰健：《戊戌变法史研究》下册，第606~607页。
② 参见王刚《荣禄与晚清政局》，北京大学历史系博士学位论文，2014。
③ 袁世凯：《戊戌纪略》，《戊戌变法》第1册，第553页。
④ 袁世凯：《戊戌纪略》，《戊戌变法》第1册，第553页。
⑤ 袁世凯：《戊戌纪略》，《戊戌变法》第1册，第553~554页。

及北洋大臣事务着袁世凯暂行护理。① 荣禄在关键时刻入京，对维持朝局十分重要。从初六日开始搜捕康党，袁世凯始终都在荣禄身边襄助，从未被怀疑过，袁以按察使接护理直督自然不难理解。

二　调和两宫　缓和局势

荣禄初十日奉到电旨，十一日乘火车回京。先是，慈禧于初七日已经得知康、梁的"围园"密谋。于是从初八日清晨开始，慈禧命步军统领崇礼秘密逮捕"新党"人物，张荫桓、徐致靖、杨锐、刘光第、谭嗣同、林旭、杨深秀相继被捕，宋伯鲁、王照逃离京城，气氛极为紧张。向杨锐下达密诏的光绪帝也遭到慈禧的严厉训斥，几天里慈禧的情绪和心情可想而知。荣禄十一日回到京城，十二日被召见。次日被任命为军机大臣，同一天，清廷就做出将杨锐等六君子"不审而诛"的决定。

八月十三日杨锐、谭嗣同等六人被杀发生得非常突然。十一日，给事中高燮曾等七人联衔上奏请从速处置，② 十二日御史黄桂鋆又上折请杀张荫桓等，朝廷并未回应。③ 直到十三日午前，尚无半点消息。到了这天中午，情况骤起变化，下午四点，杨、刘、谭、林"四卿"和杨深秀、康广仁即被斩决。张之洞得到的情报说，因为"内旨追切，于午刻径由刚相奉密旨立办，措手不及"。④ 军机大臣廖寿恒在这天的日记中写道："慈圣（慈禧）忽命改康、刘、林、杨、谭、杨六人处斩。余初未之闻，及望领班缮旨，大骇。以语夔老（王文韶），错愕不胜，商之于刚、裕，皆谓无能挽回。"⑤ 照此看来，王文韶和廖寿恒事先都不知情。陈夔龙回忆，十三日早晨因有"某京堂"封奏，请毋庸审讯，"即由刚相传谕刑部，将六人一体绑赴市曹正法"。事后他才明晰内情："缘外间讹言孔多，有谓各公使出而干涉，并谓一经审问，恐诸人有意牵连，至不能为尊者讳。是以办理如此之速。"⑥

---

① 《清德宗实录》卷426，光绪二十四年八月初十日，《清实录》第57册，第601页。
② 国家档案局明清档案馆编《戊戌变法档案史料》，第466页。
③ 国家档案局明清档案馆编《戊戌变法档案史料》，第467~468页。
④ 《瞿臬司来电》，光绪二十四年八月十四日申刻发戌刻到，《张之洞存来往电稿原件》第14函，中国社会科学院近代史研究所藏，档号甲182-385。
⑤ 廖寿恒：《抑抑斋八月以后日记》，上海图书馆藏稿本。
⑥ 陈夔龙：《梦蕉亭杂记》，第17页。

所谓"某京堂",实乃国子监司业贻谷。他在十三日早晨上折,请求迅速定案,以防外人干涉。① 因为此前英、日公使已对张荫桓一案有过干预,难免不会再有外人干涉之事;② 更关键的问题是,一旦审讯过程中牵涉到皇帝,"不能为尊者讳",届时后果不堪设想,慈禧本人也深知此节,唯一果断的办法就是"不审而诛",杀人灭口。陈夔龙对此极为肯定,有"过后思之,宁非至幸"之慨叹。③

在六君子被杀这件事情上,刚毅奋勇任事,后来招致清议的咒骂。一直积极营救杨锐的张之洞就曾追问乔树枬"东海(徐桐)何以不论救,何以木讷(刚毅)一人主持?"④ 其实,主持此事的应该还有刚刚入枢的荣禄。荣禄入京伊始,便以调和两宫为责任,审四卿犹如"审"皇帝,万不可做。荣禄的门人贻谷在十三日清晨上封奏,请速定案,并非偶然,当系荣禄授意。不审而杀六君子,是荣禄入枢后与慈禧共同商议采取的断然措施。从种种迹象看,初九日,向康有为传递密诏的林旭已经被礼王传去问话,⑤ 康篡改皇帝的手谕,用来胁迫袁世凯"兵围"颐和园的事实已经得到了澄清。所以,对于"四卿"也不是一点没有"审",而是深怕牵连皇帝。荣禄等人并非不知那份密诏或抄件的重要性,只是不能再去追查下落。

当然,不管荣禄有怎样周妥的考虑,都无法制止谣言的传播。"六君子"被杀后,废立的传闻很盛,京城内外人心惶惶,外国人也显得极为关心。据赵凤昌后来回忆道,上海传言皇帝将被废黜,各国驻上海领事纷纷访问盛宣怀打探消息,盛以谣传不可信答之。赵建议此事应速电荣禄一探究竟,以免贻误大局。"次日得荣复电,决无大举"。⑥ 一些大臣将缓和两宫关系的希望都寄托在荣禄身上。八月二十一日,两江总督刘坤一致电荣禄称:

---

① 参见高燮曾、黄桂鋆、贻谷等人的奏折,国家档案局明清档案馆编《戊戌变法档案史料》,第466~469页。
② 参见王树槐《外人与戊戌变法》第3章,上海书店出版社,1998,第179~243页。
③ 陈夔龙:《梦蕉亭杂记》,第17页。
④ 《张之洞致乔树枬电》,戊戌八月十四日亥刻发,《张之洞电稿》(光绪二十五年二月至八月),中国社会科学院近代史研究所藏,档号甲182-457。按,原整理有误,该电应发于光绪二十四年。
⑤ 劳祖德整理《郑孝胥日记》第2册,第678页。
⑥ 赵凤昌:《戊庚辛纪述》,《戊戌变法》第4册,第318~319页。

"自我皇太后训政,于变法各事,应办者仍办,停者即停,措置合宜,天下欣然望治。我皇上恭己以听,仰见两宫慈孝相孚,始终无间。我公与礼邸、庆邸从中调护,永保安全,外议纷纭,无可借口,是皆社稷之福,始得有此转机。"① 在与荣禄有过沟通后,二十八日,刘坤一电奏清廷:"国家不幸,遭此大变。经权之说须慎,中外之口宜防。现在谣诼纷腾,人情危惧,强邻环视,难免借起兵端。伏愿我皇太后、我皇上慈孝相孚,尊亲共戴,护持宗室,维系民心……坤一受恩深重,图报无由,当此事机危迫之际,不敢顾忌讳而甘缄默。"② 虽然言辞闪烁,但反对废帝的意思十分明显,可能事先得到了荣禄的支持。九月二十日,刘坤一在写给工科给事中冯锡仁(字莘垞)的信中也说:"现在两宫慈孝相孚,诚为宗社苍生之福,而其枢纽全在荣相,内则设法调停,外则勉力撑持。宁国即以保家。此公解人,当见及矣。"并称:"敝处前此电奏,不好措辞,止合浑含劝谏,希冀动听。"③ 冯锡仁也是湘人,是刘坤一安插在京城中的耳目。刘坤一对荣禄在调和两宫问题上发挥"枢纽"作用十分肯定。

当时的外国人也称:"据我们所听到的,荣禄是在使用他权力以内的一切力量来缓和太后对维新党的震怒"。④ 洋人报纸在评论当时的中国形势时说:"中国人方面,一般都相信自从荣禄到北京之后,太后的行动是和缓一点了……事实上,不乏人这样相信,就是荣禄的真正意向是使光绪复辟,然后协助他把太后安置在一个适宜于她的地位上,如此他便可以获得全国青年与开明人士的赞仰,成为中国历史上最忠君的人物。"⑤ 是否想让皇帝复辟,只是外人的想象,荣禄也不可能不顾及慈禧的态度,但是保护皇帝、维护皇帝的现有地位还是他努力要做到的。荣禄的同盟者鹿传霖则对局势表示担忧。九月十七日,他在家书中写道:"荣相入枢,又统北洋各军,大臣无有才识者为之赞襄,亦大不易办到好处,况内忧方大,母子乖睽,一归俄保护,一归英保护,暗中意见参差,此等情况岂能持久?真不知成何局

---

① 八月初六日训政,此信不会写于七月,从电报中的情形分析,应是八月二十一日的。见《刘坤一遗集》第 6 册,第 2560 页。
② 《寄总署》,光绪二十四年八月二十八日,《刘坤一遗集》第 3 册,第 1415 页。
③ 《复冯莘垞》,光绪二十四年九月二十日,《刘坤一遗集》第 5 册,第 2233 页。
④ 《列强在北京》,《字林西报》周刊 1898 年 10 月 14 日,《戊戌变法》第 3 册,第 498 页。
⑤ 《最近的局势》,1898 年 10 月 14 日,《戊戌变法》第 3 册,第 495 页。按,此为《字林西报周刊》发表的文章。

面也。"① 鹿的担心不是没有道理的，也恰恰说明荣禄的艰难之处。如何选调合适人员，重振朝纲，面临很多困难。

政变发生后，很多人认为局势突变是皇帝与枢臣矛盾紧张造成的。刘坤一就说，皇帝是因为身边没有可以信赖的大臣，才被康、梁这些小臣所利用。② 这种说法也不尽然，光绪帝与廷臣的矛盾，与他所赏识的张荫桓受到整肃、不得重用有不小关系；③ 慈禧对张"蛊惑"皇帝早就深恶痛绝。"围园"密谋暴露后，张荫桓首先下狱。大学士徐桐坚决要求处死张氏，并有"不杀荫桓，此举为无名"之言。因英、日公使干预，清廷被迫发布上谕称张非"康党"，与杨锐等剔开，暂时羁押。经荣禄等人求情，革职发配新疆。④ 不久，因保举康党，礼部尚书李端棻也被革职发往新疆。此外，因参与新政先后被革职的官员有陈宝箴、陈三立、黄遵宪、江标、徐仁铸、李岳瑞等。十月，开缺在籍的翁同龢也以"荐康"之罪被革职编管。清廷在处置陈宝箴和翁同龢的过程中，荣禄曾暗中回护，见诸很多史料的记载，应属可信。

陈宝箴是戊戌时期力行新政的督抚之一。他与荣禄很早就有交游。乙未年七月，陈宝箴由直隶藩司升任湖南巡抚。抵任后筹划新政。此后，湖南在开矿、铸钱、电线、办学堂等方面成效显著，使湖南成为甲午后最有生气的省份。戊戌年六月，荣禄在保举人才时，称"湖南巡抚陈宝箴，操履清严，识量闳远"，仅次于鹿传霖之后，可见对他的器重。政变发生后，陈宝箴"复电达大学士荣禄公，讽其尊主庇民，息党祸，维元气"，⑤ 这与荣禄调和帝后、调和新旧党争的初衷是一致的。但是，政变发生后，在湘籍大员徐树铭等人的推动下，御史黄桂鋆参奏湖南新政诸人，二十一日上谕称陈宝箴"以封疆大吏滥保匪人，实属有负委任"，着革职永不叙用；陈三立"招引

---

① 鹿传霖家书，戊戌年九月十七日，《鹿传霖任川督时函札》，中国社会科学院近代史研究所藏，档号甲170。
② 《复冯莘垞》，光绪二十四年九月二十日，《刘坤一遗集》第5册，第2233页。
③ 此事张荫桓在政变后与押解官员的谈话中曾流露出蛛丝马迹。时人称张"借谋要重之地"，似是指入军机而言。见王庆保、曹景郕《驿舍探幽录》，《戊戌变法》第1册，第501页。
④ 参见马忠文《翁同龢、张荫桓与戊戌年康有为进用之关系》，《近代史研究》2012年第1期。
⑤ 陈三立：《皇授光禄大夫头品顶戴赏戴花翎原任兵部侍郎都察院右副都御史湖南巡抚先府君行状》，汪叔子、张求会编《陈宝箴集》下册，第2003页。

奸邪",一并革职。① 二十二日,俞廉三被任命为湘抚。八月二十三日,又颁布上谕:"陈宝箴昨已革职永不叙用,荣禄曾经保荐,兹据自请处分,荣禄著交部议处。钦此。"经吏部议复,按例照滥保匪人,降二级调用,系私罪,毋庸查加级记录议抵。② 荣禄当时位列中枢,为何"自请处分",原因值得分析。除了表明他丝毫不敢冒犯慈禧的卑顺心理外,或者也有列名"罪臣"以减轻京城内外对"党祸"传言恐惧的用意。

十月二十一日,清廷颁布明发上谕,以翁同龢"荐康"为由将其革职。上谕指责翁氏授读以来不称职,使皇帝未明经史大义;甲午时利用独对之利"信口侈陈,任意怂恿",致使"主战误国"。更重要的是翁氏"今春力陈变法,密保康有为","已属罪无可逭"。③ 这道谕旨是由刚毅所拟的,他不仅将康进用的责任归到翁头上,还指责翁在甲午利用"密对"的机会蛊惑皇帝主战导致局势不可收拾,这一点最合慈禧心意。据张謇当时听到的消息,翁氏之案系"刚毅、许应骙承太后之意旨,周内翁尚书于康、梁狱,故重有革职永不叙用,交地方县官编管之谕旨"。④ 刘坤一也在致友人书中说:"康有为案中诖误,内则有翁中堂,外则陈右帅(宝箴),是皆四海九州所共尊为山斗、倚为柱石者,何以贤愚杂糅至此?"⑤ 显然,张、刘二人认为翁被革职是遭人倾陷。据说翁氏如此结局还是荣禄苦苦劝说的结果。陈夔龙回忆说:"迨八月政变,康梁获罪,刚相时在枢府,首先奏言翁同龢曾经面保康有为,谓其才胜臣百倍,此而不严惩,何以服牵连获咎诸臣?维时上怒不测,幸荣文忠造膝婉陈,谓康梁如此横决,恐非翁同龢所能逆料。同龢世受国恩,两朝师傅,乞援议贵之典,罪疑惟轻。上恻然,仅传旨交地方官严加管束。"⑥ 此

---

① 国家档案局明清档案馆编《戊戌变法档案史料》,第475~476页。
② 《大学士管理吏部事务徐桐奏为遵议大学士荣禄曾保陈宝箴应请照滥举匪人处分事》,光绪二十四年九月初二日,录副奏折,档号03-9458-003,缩微号675-2226。
③ 《清德宗实录》卷432,光绪二十四年十月二十一日,《清实录》第57册,第674页。
④ 《张謇年谱》,《戊戌变法》第4册,第199页。
⑤ 《复欧阳润生》,光绪二十四年七[八?]月二十八日,《刘坤一遗集》第5册,第2230页。
⑥ 陈夔龙:《梦蕉亭杂记》,第63页。也有记述称是军机大臣王文韶力争之。唐文治《茹经堂文集》记:"我师常熟翁文恭公之被诬也,满员刚毅与公有宿怨,持之急,必欲致公于死地。康梁案起,朝议将以公成边,当是时,人人阿刚意旨,无敢言者。浙江王文勤公夔石,时为大学士,争之曰:我朝待大臣自有体制,列圣向从宽典,翁某罪在莫须有之间,今若此,则我辈皆自危矣。事乃得解。"见《戊戌变法》第4册,第252页。就当时情形而言,王与荣禄的态度应是一致的,但对慈禧有直接影响的还是荣禄。

后仍对翁一力维护。① 总之，在政变后十分复杂的环境中，守旧势力回潮，刚毅等人落井下石，荣禄在调和两宫、平复事态方面发挥了他人无法替代的作用。

戊戌年春康梁在京开保国会期间，与不少京官有过往来。政变后有言官弹及此事。京中谣言四散，风声鹤唳，很多列名者害怕被株连，十分惊恐。为了安定人心，荣禄奏明不能禁止官员与应试举子往还，只需区分是否一党，现在康党已全部惩办，再查拿其他人恐致滋扰连累，所以"现今风浪胥平，皆中堂保全善领之力"。② 故在宣布惩办康、梁等人时明谕概不株连，两广总督谭钟麟在康有为原籍查抄出康有为与许多人的秘密来往信件，清廷也下令全部烧毁，以示不予追究。清廷尽量减少对官员的株连，与荣禄的态度是分不开的。九月初六日，郑孝胥在日记中写道："闻前数日或劾严复、王修植、孙宝琦者，军机大臣为力救乃免。"③ 考虑到荣禄在直隶期间对此三人曾经十分信任，他似乎会主动援手的。

因新政原因被罢黜的官员也开始复职。八月二十八日，两江总督刘坤一致电总署，请为前礼部尚书许应骙鸣冤。电报说："从来邪正不容并立，正气固则邪气自消。前礼部尚书许应骙，首发康逆有为之奸，未蒙朝廷采纳，酿成大变，宗社几危，幸康有为阴谋败露，则许应骙忠悃宜旌。夫曲突徙薪者无功，焦头烂额者有赏，自昔相为诟病。今许应骙曲突徙薪者也，遭际圣明，安可竟从废弃？且同案获咎诸臣以次光复，独许应骙一人向隅，殊非大公之道。现在老成凋谢，而许应骙灵光岿然，伏乞俯赐慰留，立予超擢，以昭激劝而存典型。坤一区区之忱，实为扶持正气起见，是否有当，伏候圣裁，不胜悚惶待命之至。请代奏。"④ 不久，许应骙补任闽浙总督。许是荣禄所器重者，此事是否有荣禄的授意不得而知，但是，许的起用得到荣禄的

---

① 据严复致张元济的信中说，庚子慈禧抵达西安后，曾萌生杀翁泄愤之心，荣禄极力劝阻。该函称："荣仲华前用骑墙政策，卒以此保其首领。然平心而论，瑕者自瑕，瑜者自瑜。其前者之调停骨肉，使不为己甚，固无论已；即如老西，既到长安，即欲以待张南海者待翁常熟，荣垂涕而言不可。既至今年正月初六，老西之念又动，荣又力求，西云：直便宜却此獠；此虽出于为己，然朝廷实受大益，可谓忠于所事矣。"《严复致张元济函（13）》，王栻主编《严复集》第3册，中华书局，1986，第549页。该函时间系辛丑年除夕前。信中的"老西"指慈禧，"张南海"指张荫桓。
② 《胁从罔治》，《申报》光绪二十四年九月二十九日，第1版。
③ 劳祖德整理《郑孝胥日记》第2册，第691页。
④ 《寄总署》，光绪二十四年八月二十八日，《刘坤一遗集》第3册，第1415~1416页。

有力支持毫无疑问。同时，刚毅门人俞廉三也接任湖南巡抚。①

政局一变，闲居乡里的鹿传霖仕途也出现了转机。先是，光绪二十三年底，四川总督鹿传霖因主张对川藏交界的瞻对地区采取改土归流，遭到达赖喇嘛反对，清廷以办理失职为名，遂将鹿开缺。荣禄回京后，开始积极为鹿复出筹划。戊戌年九月十七日，鹿传霖在给儿子的信中称，据军机章京凌福彭（润台）处来的消息，"所裁三巡抚仍拟复回，有议以我授粤抚之说，尚未议复，只可听之"。② 所裁"三抚"指戊戌年七月裁撤的广东、湖北巡抚和云南巡抚。显然，此前荣禄与鹿已经有过联系了。稍后鹿传霖果然起复，出任广东巡抚，逐步成为庚子后影响晚清政局的另一位重要人物。

三 建立武卫军

荣禄戊戌年八月回京后提出的一项宏伟计划是创建武卫军。甲午战后强邻环伺，强租港湾，瓜分危机愈演愈烈，特别是北洋海军覆灭后，京津门户洞开，急需拱卫京师的武装力量。袁世凯编练新军正是这种形势下的产物。政变后，中外关系再度紧张，在慈禧的支持下，荣禄主持的编练新军进入新阶段，即创办武卫军。③

八月二十六日，慈禧下旨特简荣禄为钦差大臣，节制提督宋庆的毅军、提督董福祥的甘军、提督聂士成的武毅军、候补侍郎袁世凯的新建陆军，以及北洋各军（包括直隶练军、直隶淮军、直隶绿营）等，以一事权，使四军连为一气，"以收指臂相联之效"。这种体制的现实作用，是为了让回任军机大臣的荣禄有充分理由继续统帅北洋各军。荣禄领命后，以为"北洋拱卫京畿，防营众多，最关紧要。奴才承命遥领各军，事体繁重，必须在京设有公所，方足以简军实而昭慎重"。乃于北城地面租赁房间，设立北洋军务公所，并遴选妥员成立幕府，随同料理。这些人包括荫良、谭启瑞、聂时

---

① 吴永：《庚子西狩丛谈》，岳麓书社，1985，第64页。
② 鹿传霖家书，戊戌年九月十七日，《鹿传霖任川督时函札》，中国社会科学院近代史所藏，档号甲170。
③ 有关武卫军，台湾前辈学者刘凤翰的研究尤具代表性，参见刘凤翰《武卫军》[中央研究院近代史研究所专刊（38）]，台北中研院近代史研究所，1978。

寓等，费用仍由北洋支出。① 九月十五日，荣禄上奏以节制北洋各军事关紧要，恳请特简重臣会同办理。荣自称"菲材独膺重寄，抚躬自省，陨越时虞，万一贻误戎机，不特负咎甚深，抑且辜恩滋重"，故请派员会办；并表示自己"不敢因简派有人希图诿卸，置军事于不顾，仍将殚竭血诚，力图报称，随时随事和衷商办，共济时艰"。② 这样的表态可能是为了消弭外界说他"专权"的顾虑。后虽添派裕禄会办北洋军务，实权仍掌握在荣禄手中。当时，清廷财力缺乏，如何整合现有军事力量，成为荣禄治军的首选方案。

十月二十四日荣禄以练兵大臣身份陈奏练兵筹饷方案，创立武卫军的序幕拉开。该奏折称：

> 窃维自强之计，首在练兵，北洋屏蔽京师，尤关紧要。奴才奉命督师，若不统筹全局，豫为区画，临时何所措手。查北洋除淮、练各军而外，则有毅、甘、武毅、新建四军，分之各有自主之权，合之实无相维之势，一遇战阵，仍形孤立，欲求制胜之方，必使各军联为一气，然后可期指挥如意。今拟聂士成一军驻扎芦台，距大沽北塘较近，扼守北洋门户，为前军；董福祥一军，驻扎蓟州，兼顾通州一带，为后军；宋庆一军驻扎山海关内外，专防东路，为左军；袁世凯一军驻扎小站，以扼津郡西南要道，为右军；奴才另募亲兵万人为中军，拟于南苑内择地安营，督率训练。如此总为五军，声势自然联络，平日分防各要隘，一经征调，则大军云集，无秦越漠视之分，自可收指臂相联之效。③

另一奏片称：

> 再，行军之道，器械为先，各军枪炮多购自外洋，设遇决裂开衅，

---

① 《节制北洋各军大学士荣禄奏报开用关防日期等事》，光绪二十四年八月二十六日，录副奏折，档号03-6186-035，缩微号460-2158。
② 《军机大臣荣禄奏为节制北洋各军请简派重臣会同办理事》，光绪二十四年九月十五日，录副奏折，档号03-5928-047，缩微号444-1361。
③ 《军机大臣荣禄奏为北洋练兵筹饷拟定办法大概情形事》，光绪二十四年十月二十四日，录副奏折，档号03-5997-058，缩微号448-3107。

各国守局外之例，必至束手受困。现时南北洋暨湖北各省多设有机器制造等局，拟请饬下各督抚就地速筹巨款，移缓就急，督饬局员赶造新式后膛快炮，小口径毛瑟枪，务期一律，以济各军之用。军火库藏不宜设于沿海地面，当于腹地建置子药局库，以备存储，庶不至有意外之虞。至于地图形势，尤兵家所必究，各营将领于海口既不能处处亲历，图说斯为至要。拟饬北洋武备学堂选派精于测绘学生，将旧有北洋舆图分投重加考较，凡海口浅深，炮台布置，以及山川道里远近，均绘图贴说，确悉不遗，然后分颁各将领随时熟看，详细考察，于行军有所把握，庶免进退失据矣。谨附片具陈，伏乞圣鉴。谨奏。①

荣禄首先陈述了设立五军的必要性。原来的毅军、甘军、武毅军、新建陆军四军，"分之各有自主之权，合之实无相维之势"，在荣禄看来，北洋屏蔽京师，"尤关紧要"，他奉命督师，必须统筹全局，增建中军，整理北洋四军，建立灵活的指挥体系。这个练兵筹饷计划，名义上是与直隶总督兼北洋大臣裕禄共同商议的结果，实际上反映的是他甲午以来一贯的练兵主张。

荣禄在附片中强调要自筹巨款，在南北洋、湖北及各省机器局自制新式枪炮、弹药，统一规格，以装备武卫各军之用。他的这个建议立刻得到慈禧认可，颁谕裕禄、刘坤一、张之洞等尽快筹办。为此，上谕又称："所有新军饷项，除将添练新建陆军饷银四十万两拨充外，不敷之数，准由各省拨解福建船厂经费项下动用。至宋庆等各军，拱卫近畿，所关甚重，必使饷需无缺，方足以资饱腾，著户部仍按前定指拨的款，严催各省关迅即如额协解，倘有任意延宕拖欠，即由该大臣，指名严参；北洋淮练各军，合计尚有三万余人，若任其窳惰，以有用之饷，养无用之兵，殊为可惜，即著裕禄体察情形，认真裁并，仍归荣禄督饬操练，随时调遣"。② 如此不仅明确了兵饷来源，并北洋淮练各军三万人，也归荣禄统属。

按照计划，武卫中军即刻开始筹划组建。《申报》报道称："荣中堂奉命选练新军万人作为中军中营，曾奏调恩都统顺等四员襄理其事，刻已到

---

① 《军机大臣荣禄奏为各军枪炮多购自外洋请饬下各督抚筹款督饬各机器》，光绪二十四年十月二十四日，录副奏折，档号 03-5997-059，缩微号 448-3111。
② 中国第一历史档案馆编《光绪宣统两朝上谕档》第 24 册，第 546 页。

京。旋遴选营哨员弁出都招募，计募马队二千，步队八千，俟募齐后就近在南苑训练俾成劲旅。每月军粮一照甘军发给。又择定皇城外西北隅官屋一所，作为中军中营办公之所，定于十一月十六日开办。其前选之八旗童幼养育兵丁万人，奉旨派端王管理并入武胜新队训练，传言复将添选八旗幼丁若干名。"① 可知，招募过程中将此前挑选之八旗养育兵丁万人，并入端王载漪管理的武胜新队，中军兵源从其他途径另行招募。次年二月，荣禄奏请任命喀什噶尔提督张俊为中军全军翼长（庚子年三月张俊病逝，由副都统恩祥署理），陈夔龙则为总理营务处，主持招募事宜。己亥年（1899）五月，中军招募完毕。五月二十日，荣禄上奏各营旗组成及教练情况。奏折说：

> 自去冬以来，选调将领，分头招募朴实精壮勇丁，并奏调西安、青州、密云各驻防马甲壮丁，现已陆续调募到京，编立马步二十七营旗，合成武卫中军亲兵万人之数。此中军又分五路，遴选将领，分领之营哨官亦皆拣派足额，认真训练，以专责成……所有兵勇尚属一律骁健，马匹亦皆膘壮，现俱驻扎南苑。次第修盖营房，并发给旗帜、号衣、枪械子药，克日开操以冀迅成劲旅。至记名副都统荫昌所练之前路五营专习洋操，总期缓急并恃，庶收中西相辅之效。统由奴才随时督率训练，精益求精。至于全军饷项综计每年请拨银一百十六万两，嗣因洋操加饷，又请拨银八万两，先后奏蒙俞允在案。现值饷源奇绌。我皇太后、皇上不惜罗掘巨数，添练精兵，奴才渥荷天恩，凤承先志，苟能撙节，曷忍虚縻？②

在清廷财政极其困难的情况下，武卫中军在半年之内草创成军，得到了慈禧的全力支持。虽然成军匆忙，兵源较杂，只有荫昌所部五营"专习洋操"，但是当时已实属难得。从一些记载看，荣禄对军纪也十分注意。据称，六月间被招入军的青州旗兵与袁世凯所部练军勇丁因事龃龉，致使两旗之营勇激生事变，竟然"各率所部列阵以待，互放火枪，如临大敌，闻者

---

① 《神京雪雁》，《申报》光绪二十四年十二月初七日，第2版。
② 《大学士管理兵部事务荣禄奏为武卫中军亲兵已调募成军分为营旗认真教练等事》，光绪二十五年五月二十日，录副奏折，档号03-6034-066，缩微号451-1697。

为之骇然。……统帅张军门（张俊）闻之，即派亲军持令箭前往，始各纷纷散归，然已互有损伤矣。事闻于荣中堂，大为震怒，已饬张军门将两旗肇事之勇丁千余名概行裁撤，每名发给一月口粮俾作路费，赶紧回籍。营哨各官约束不严、漫无纪律，著即撤差驱逐，不准留营。于是中堂见近日中军多事，知非大加整顿不可，爰定于本月中旬亲赴南苑点名校阅"。① 有兵丁窃取南苑墙外田禾被人斥逐，至晚勇邀集多人前往报复，田主"入城至荣中堂府第控告，中堂震怒，立即发交营务处，饬张翼长传到该营营哨各官严加讯诘"。② 从这两条报道看，荣禄治军不可谓不严。

在成立中军的同时，荣禄对其他武卫各军也十分重视。戊戌年十二月中旬，荣禄前往天津检阅各军。据继武致沈家本函，荣禄十二月十八日抵达天津，"十九日赴小站，至芦台至山海关，由关径回京。过天津不停车。每处拟住一天"，二十四日回京，二十六日复命。③ 这次检阅距丙申年（1896）阅兵已有两年之隔，可视为因政变搁浅的天津阅兵的继续。此行使荣禄对各军的新进展有了基本的掌握，回京后即提出详尽的武卫军组建计划。

己亥年六月二十日，荣禄保奏武卫军出力员弁，称"奴才总领师干，仰承宸训，固不敢阻将士奋兴之气，亦不敢开仕途幸进之门，惟有按照例章，切实删减，俾各营将士知朝廷悬赏以待有功，如其效命疆场杀敌致果，酬庸之典，自不惜格外从优，庶于鼓励戎行、慎重名器之意两不相悖"。④ 聂士成、袁世凯、宋庆各部将士均得到褒奖。武卫军受到各界关注，财政投入甚多，褒奖也很频繁，有言官以为保举过于宽松，因此荣禄才有此折上达予以解释。

当时武卫各军的俸饷制度不一。袁世凯的右军薪饷最优。七月十二日，

---

① 《整饬戎行》，《申报》光绪二十五年六月二十二日，第2版。
② 《练勇不法》，《申报》光绪二十五年七月二十三日，第9版。
③ 《继武致沈家本函》，《沈家本（子惇）存札》，中国社会科学院近代史研究所档案馆藏，档号甲54。《申报》也对荣禄此次检阅活动有所报道："去年腊月十八日，节制北洋各军荣仲华中堂秉节赴津阅视新建各军，已列昨报。兹接天津访友人续函云：是月二十二日，旌节至芦台搜军事毕，即于次日驰赴开平，阅视马队。二十四日回津，二十五日返旆回京。至赴山海关校阅武毅各军，则暂作罢论矣。闻中堂莅津时遗失护身佛一尊，及知觉即派差弁由芦台迤逦至水师营务处行辕悉心寻觅，寻不得，乃饬地方官赶紧查缉，未知我佛有灵其亦情深故主否也。"见《帅节回京》，《申报》光绪二十五年正月十一日，第1版。
④ 《大学士管理兵部事务奏为遵旨酌保武卫前军出力员弁事》，光绪二十五年六月二十日，录副奏折，档号03-5933-111，缩微号444-2675。

荣禄与直隶总督裕禄就加添武卫前、后、左三军等队加饷事提出方案，将三军与武卫右军饷归一律。当初按照荣禄的设想，将淮练绿营裁并腾出的饷集有巨款，加之三军正勇之饷，可与袁军持平。但因财政困难，及裁营变故，这个设想始终未能完成。到七月，宋庆马步炮队共二十四营一哨，什长兵勇等一万七百八十四名；董军马步炮队共二十五营旗，什长兵勇等九千五百八十八名；聂军马步并工程队共三十营七哨，什长兵勇工匠等一万三千一百一十七名。按照袁军饷章，每年三军总计需款十五万八千余两拟从八月起分别照加。① 这对清廷财政而言是一笔不小的开支。

武卫五军编成后，又有三次扩军活动。先是己亥七月以淮徐为水陆要冲，命提督苏元春精练一军，归荣禄节制，定名武卫先锋军；后以苏元春编练不力，改派江西按察使陈泽霖筹募十营，驻江北操练，称"武卫先锋右军"。光绪二十六年（1900）元月命广东陆路提督张春发募勇十营，驻扎江北，为武卫先锋左军。同年三月，又命袁世凯将山东现有各营分别裁调，集成新兵二十营，增立一军，为武卫右军先锋队，官兵一万一千人。至此，荣禄节制的军队从北洋延至徐淮地区。经过一年多的扩充，到庚子义和团事变发生前，武卫军形成了相当的规模。②

荣禄以练兵起家，在政变后入枢，掌握军政大权，由于得到慈禧全力支持，创办武卫军，再一次体现了他立志练兵自强的理想。但是，受到财政因素的限制，只能就原有各军粗略组合，从战略布局进行调整安排，就军队本身的实力而言，仍然不尽理想。特别是武卫中军，军纪松懈，组成杂乱，与建军其初衷相差甚远。尽管如此，荣禄统帅武卫军的政治意义不容低估，此事对戊戌后的政局产生的影响至少可以从两方面加以总结。

第一，武卫军与神机营，特别是端王载漪掌管的虎神营，形成了一定程度上的对峙。甲午战后，清廷为了巩固自己的统治，一直努力建立一支有较强战斗力的旗兵。载漪管理的虎神营是在甲午战争后期创立的旗兵队伍——武胜新队基础上扩建起来的，其管理机制有如神机营。

---

① 《大学士节制北洋各军荣禄，直隶总督裕禄奏为会议加添武卫前后左三军等队现拟分别加饷事》，光绪二十五年七月十二日，朱批奏折，档号 04 - 01 - 01 - 1033 - 089，缩微号 04 - 01 - 01 - 156 - 1003。
② 参见刘凤翰《荣禄与武卫军》、《晚清新军编练及指挥机构的组织与变迁》，分别收录于《中央研究院近代史研究所集刊》第 6 期（1977 年 6 月）、第 9 期（1980 年 7 月）。

载漪（1856～1922），惇王奕誴次子。载漪之兄载濂，后袭贝勒，加郡王衔；弟载澜封辅国公。载漪则出嗣瑞郡王奕誌，袭贝勒，加郡王衔，光绪十九年授为御前大臣，次年进封郡王，改称端郡王。甲午战起，载漪奏请挑选精壮旗兵，派员训练，清廷允准，同时决定"俟军务大定，即行归伍"，并派载漪与兵部尚书敬信具体办理，遂"于神机营外独树一帜"，① 建立了新的旗兵队伍。乙未年（1895）二月，载漪从各旗营抽调五千官兵，并奏调健锐营翼长万福、火器营翼长永隆为全营翼长，总办练兵事宜；又从神机营拨发军火器械，户部每月支银五千两作为津贴；十一月，又将荣禄奉旨挑选的四千旗兵归并其队，一同训练，并令礼部右侍郎刚毅会同办理，后命名为"武胜新队"。② 胶州湾事件后，清廷整顿军事。戊戌年（1898）三月二十日，载漪所部武胜新队参加了慈禧与光绪帝在外火器营校场的检阅。刚毅告诉翁同龢，"武胜新队枪炮齐整，大胜神机（营），慈谕褒奖"。次日，"新队仍蒙褒谕"。③ 从中可以看出慈禧对端王的信任。为此，清廷一再拨增加兵额，武胜新队成为神机营之外又一支规模较大的八旗练兵。光绪二十五年二月，武胜新队被赐名"虎神营"，由礼部铸给印信，载漪佩带印钥，刚毅、敬信同为管理大臣，总兵力约在一万五六千人左右。④ 事实上，在庚子事变前，京城有神机营、虎神营和武卫中军三支军队护卫。

武卫中军与神机营、虎神营同为禁军，涉及荣禄、奕劻和端王载漪之间的关系。荣禄早年参与神机营创立，与庆王关系始终密切，与载漪则因为惇王的关系，多少有些隔阂；刚毅不仅有管理神机营大臣之责，也随载漪一同管理虎神营，因而得以附和载漪，暗中与荣禄争胜。甲午后刚、端关系逐步密切，刚毅积极支持武胜新队和虎神营，很受载漪倚重，颇类于荣禄因办理神机营而得宠于醇王奕譞，己亥、庚子间端、刚沆瀣一气，与荣禄立异，此为原因之一。

第二，荣禄百计筹饷，创建武卫军，志在保卫京畿，弘扬军威，对外形成了一定的威慑作用，某种程度上助长了徐桐、刚毅等一般顽固守旧者盲目排外的心理。特别是己亥年春意大利军舰强占三门湾的企图被挫败后，清廷

---

① 陈夔龙：《梦蕉亭杂记》，第 17 页。
② 参见王景泽《载漪与虎神营》，《军事历史研究》1991 年第 3 期。
③ 翁万戈编，翁以钧校订《翁同龢日记》第 7 卷，第 3171 页。
④ 参见王景泽《载漪与虎神营》，《军事历史研究》1991 年第 3 期。

朝野上下更加坚定了练兵和不惜对外一战的决心。大约同时，德国兵侵扰日照事件发生，袁世凯奉命率部移驻山东青州一带，也是对外强硬的一种表示。正如荣禄在致袁信中所言："倘德人逼人太甚，亦唯有决裂一战，兄必督师前往，以我五大军总统五君，皆绝无假［仅］有之大英雄，断不能似甲申甲午之役，可操左券。"① 九月初二日，慈禧在召见盛宣怀时也称："意大利为沙门［三门］湾的事，我很想与他打仗，他说浙江省有预备，他又不来了。"② 可见，己亥年荣禄创办武卫军的时期，也是清廷对外立场走向强硬之时，挫败意大利对三门湾的觊觎就是明证。荣禄建立武卫军的对外性是很明显的，庚子年春夏间慈禧和载漪、刚毅等人欲借助拳民盲目排外，除了迷信拳术，对荣禄练兵成效的依赖思想也是一个原因。正如论者所说，"意大利的惨败对清廷的进一步排外政策起了催化作用，仇洋的满族王公和八旗权贵纷纷弹冠相庆，更加变得不可一世"。③ 可能这种气氛也助长了荣禄自高自大、好大喜功的情绪。将这些与创办武卫军的活动联系起来考察，才能更好地认识庚子年的历史。

---

① 《荣禄致袁世凯函》，未刊，北京李观雪先生藏。
② 盛宣怀：《己亥年九月初二日奏对自记》，夏东元编著《盛宣怀年谱长编》下册，上海交通大学出版社，2004，第654页。
③ 相蓝欣：《义和团战争的起源：跨国研究》，华东师范大学出版社，2003，第99页。

第九章 己亥建储前后的党争与政争

从戊戌年（1898）八月政变发生，到庚子年（1900）四月义和团兴起，不到两年的时间内，朝局发生了自辛酉政变以后最大的逆转，以致出现了废黜光绪帝的传闻。清廷内部守旧势力回潮，京城笼罩在一片顽固愚昧的氛围中。不仅戊戌新政被中止，就连甲午前展开的洋务事业也受到干扰和清算。发生在己亥十二月的"建储"事件，更是一石激起千层浪，引起时人对局势的担忧。以往有关"己亥建储"的研究，侧重于此事与戊戌政变、庚子事件的因果关系，注重梳理事态演变的线索。① 不过，这个时期的历史呈现出的景象似乎异常复杂。政变后的满汉矛盾、新旧矛盾、因财政危急引起的中央与地方督抚的矛盾，都异常突出，并且交织在一起；列强掀起的企图瓜分中国的狂潮仍在继续，康、梁的保皇宣传深刻影响东南沿江沿海各省。在内外交困的背景下，满洲权贵荣禄与刚毅的明争暗斗，也愈演愈烈，深刻影响了朝局的走向，荣、刚矛盾是既往研究中常常被忽略的一条主线索。在军机处，刚毅虽然班秩在后，却因入枢在前，在处理军政大事时，"横出主意"，与荣禄时常发生争执。由于刚毅援引端王载漪和大学士徐桐为后盾，荣禄虽大权在握，处理朝政时不得不小心翼翼，多方周旋。明了这种状态，有助于理解庚子年出现政局动荡的深层次原因。

---

① 参见郭卫东《载漪与慈禧关系考——兼与廖一中先生商榷》，《天津师大学报》1989 年第 6 期；《"己亥建储"若干问题考析》，《北京大学学报》1990 年第 5 期；《戊戌政变后废帝与反废帝的斗争》，《史学月刊》1990 年第 6 期。

一 新旧、满汉及荣刚之争

戊戌政变后,新旧矛盾固然突出,满汉关系也出现了新的变化。一些支持新政的官员相继遭到革职、流放,朝中一些资历甚厚的汉臣同样遭到了排挤,满洲权贵的势力显著增强。这种趋势从甲午战后开始呈现,荣禄、刚毅受到重用本身就是表征之一。政变后,这种趋势更为显著。由于受到刚毅、徐桐等人的排挤和倾轧,军机大臣钱应溥称病不出,廖寿恒谨慎不言;大学士李鸿章则以七旬勋臣于寒冬十月奉命勘察黄河河工,时论为之不平。而一些被刚、徐辈视为"廉正忠诚"的官员获得进入权力核心的机遇,地方督抚的更换受到他们的影响和操控。但是,刚、徐的图谋并非一帆风顺,不时遭到荣禄、奕劻等人的抵制和反对,满洲权贵内部斗争加剧成为政变后朝局动荡的一大特点。

徐桐是政变后守旧势力的灵魂人物。戊戌年十月二十四日,慈禧召见徐桐询问大计。十一月初五日,徐桐上疏就用人问题提出看法。他认为枢臣襄赞枢密,极关拔识人才,"军机大臣实天下安危所系",并批评孙毓汶、翁同龢当国十多年来,"植党树私,不辨贤奸",贻误大局。为此,徐桐力荐礼部尚书启秀"学正才长,力持纲纪",刑部尚书赵舒翘"志虑纯正,识卓才优",仓场侍郎长萃"廉干无私,才猷卓越",三人可任军机大臣或总署大臣;又称降调四川总督李秉衡"廉正不阿,向不瞻徇情面,绅民爱戴,可令其巡阅直隶、晋、豫四省吏治,如彭玉麟巡阅长江水师故事,必能扬清激浊,吏治肃清,于风气实有裨益"。同时,徐桐又称两江总督刘坤一"年已颓废,轻听轻信,其信任上海道蔡钧尤无知人之明,南洋重寄窃恐不胜"。对于先前曾经保举过的山东巡抚张汝梅,徐桐也痛加驳斥,称其近来"行事颇蹈粉饰弥缝之习,不敢以论荐在先稍加回护"。山西巡抚胡聘之,则"办理路矿事宜,贻害地方,尤失民心";安徽巡抚邓华熙,"性耽安逸,操守平平,最重情面,洵不足膺疆寄"。所以,陈请慈禧慎选贤能,分别黜陟。① 徐桐批评的刘坤一、张汝梅、蔡钧都是荣禄信任的官员。虽然徐折被

---

① 《体仁阁大学士徐桐奏为直陈慎选贤能分别黜陟管见事》,光绪二十四年十一月初五日,录副奏折,档号03-5617-033,缩微号423-2309。

留中处理,但是,从后来的实际情况看,刚毅及其追随者始终没有放弃努力,对刘坤一、张汝梅的纠参不断,导致荣、刚之争几乎白热化。

己亥年(1899)正月十八日,翰林院侍讲学士陈秉和率先发难,参劾山东巡抚张汝梅,并辞连前往山东治河的大学士李鸿章。

张汝梅(1835~1902),字翰仙,河南密县人,咸丰末年由监生报捐县丞,后参加镇压太平军、捻军起义。因军功汇案保奏及赈务出力,光绪十七年,累升至山西按察使。二十一年正月,调任陕西布政使,四月护理陕西巡抚。同年夏秋,河湟回民起义爆发,清廷调兵遣将前往镇压,汝梅奉命督办粮台,二十三年九月,升任山东巡抚。当时德国借口巨野教案,出兵侵占胶州湾,张汝梅参与交涉,被视为熟知洋务的地方大吏,与总署大臣张荫桓等关系尤密。

陈秉和在正月十八日的参折中称张汝梅性喜逢迎,用人不当,要差优缺"悉委"私人张上达等,以至治河谬误,百弊丛生,并有办赈不实、上下欺饰等情状。又称张"最工逢迎,广通贿赂,当轴要津皆为之言事弥缝"。上谕派户部右侍郎溥良按照所奏参各节,前往山东确切查明。陈秉和同时参奏李鸿章,到山东查办河工,"馆舍器具一切穷极奢侈,日费千金;随员薪水优厚,筵宴花费至万金"。上谕称,"该抚如果极力逢迎奢华至此,该大学士即应立时参奏。当不至安然受之",显然也将李牵扯进来。陈又奏言:"此言一出,内而见忌于廷臣,外而见憎于使臣。"上谕以为"此语含混",命陈秉和明白回奏。① 二十日,陈复奏说:"臣闻户部左侍郎立山前任织造时,张汝梅以候选道办江南盐务,与立山为密交,后立山回京即为该抚耳目;大学士荣禄前任西安将军时,汝梅以陕西藩司护理巡抚,与荣禄相交甚密,至其往来交通事情暧昧,外人焉能甚知?然籍籍传闻,实有难掩众口者。"② 竟然直接将矛头对准军机大臣荣禄和户部左侍郎、内务府大臣立山,不料遭到严厉责斥。上谕称:"览奏殊堪诧异!立山前在苏州织造,张汝梅领运票盐,引地远在淮北;荣禄由西安将军于光绪二十年八月来京,张汝梅

---

① 参见《翰林院侍讲学士陈秉和奏为特参山东巡抚张汝梅等员衰颓昏愦愎诈贪婪事》,光绪二十五年正月十八日,录副奏折,档号03-5371-092,缩微号405-3419;中国第一历史档案馆编《光绪宣统两朝上谕档》第25册,第26页。
② 参见《翰林院侍讲学士陈秉和奏前参疆臣张汝梅一折言有所指遵旨明白回奏事》,光绪二十五年正月二十日,录副奏折,档号03-5371-098,缩微号405-3435。

于二十一年正月由陕西臬司简放陕西藩司，其护理巡抚则在是年四月，斯时荣禄早已在京供职。所称往来交通情密，更可不辨自明。即使近在同城，亦安见即有密交暧昧之事？"① 陈秉和在复奏中"信口捏造"，激怒了荣禄，上谕中的诘难抒发的便是荣禄的不平之气。但是，陈秉和只是受到传旨"申饬"的薄惩，我们有理由相信，他受到了刚毅的庇护。陈秉和辞连荣禄、立山并非偶然，恰恰说明荣禄、立山袒护张汝梅；从立山庚子被难的结局看，他与刚毅等人早已不谐。对于陈的所为，荣禄亲信达斌不以为然，揭露陈秉和在山东的"劣迹"，称陈"实为康党第一"，"在松筠草堂首先会同高燮曾请康有为就是他二人"。② 看来，动辄以"康党"倾陷政敌，不仅仅是刚毅之流的手段，荣禄门下同样有此谋划。

陈秉和参奏张汝梅一案，是政变后刚、荣之间第一次正面冲突。显然，陈背后的支持者除了刚毅，还有徐桐。派遣赴山东查案的户部右侍郎溥良也是刚、徐一党。二月初三日，上谕命署江宁将军毓贤任山东巡抚，张汝梅开缺听候查办。三月二十日，溥良"查办"的复奏抵京，称张在任年余，于捕务、赈务、河务办理未能尽善，虽无废弛、欺饰情形，但用人不当。为此，军机处又将戊戌年八月十九日陈秉和参劾张汝梅的折子一并抄呈，对张进行彻底清算。结果将其降二级另候简用。在这个回合的较量中，刚、徐占了上风。对张汝梅的幕僚袁保纯、黄亮臣、袁世敦等人的才具，溥良也表示怀疑，上谕命毓贤随时察看。袁保纯和袁世敦是袁世凯的叔父和兄弟，溥良的针对性也很明显。同日，根据溥良的复奏，已革山东济东泰武临道张上达、候补道黄玑等"声名甚劣"，被前任巡抚李秉衡奏参革职，后经张汝梅奏请开复，此次经溥良核实，主张维持李秉衡的建议，将张、黄等仍旧革职。于是，另一位重要人物李秉衡出现了。

实际上，在戊戌政变后，刚毅、徐桐极力推出的关键人物就是李秉衡。先翻山东之案，是为李之复出张本。这在陈秉和参劾张汝梅任用张上达、黄玑问题上已经很明确了。

李秉衡（1830~1900），字鉴堂，奉天海城人。咸同时期因军功保举知

---

① 中国第一历史档案馆编《光绪宣统两朝上谕档》第 25 册，第 28 页。
② 《达斌致荣禄函》，虞和平主编《近代史所藏清代名人稿本抄本》第 1 辑第 68 册，荣禄档，第 23、683 页。

县,指省直隶,历任州县十余年,讲求吏治,惩贪安良,被誉为"北直廉吏第一"。① 中法战争期间,以广西按察使护理广西巡抚,奉命移驻龙州,筹办粮台、转运事宜,深得两广总督张之洞倚重,称其与冯子材二人"忠诚廉直皆同,而其得人心亦同"。② 但是,李秉衡思想极为保守,战后会同邓承修办理勘界事宜时,对法态度强硬,被清廷责以"空言争执""贻误大局",曾给予革职处分,勘界事竣后才加恩宽免。不久,李以养病为由开缺。

光绪二十年(1894)四月李秉衡复出,补授安徽巡抚,未及赴任,甲午战争爆发,又改调山东巡抚,奉命筹办海防和沿海"剿匪"。身为巡抚,李"所延幕友只两人,足资办公而已;用仆从只三人,足供使令而已",被认为是"清勤直亮,实心为国,近时疆吏中罕有其匹"。③ 而鲁籍官员王懿荣却评论说:"东抚谋国,椎心呕血,自是当今纯臣第一,然一不晓洋务,二不知兵,三且不看京报,以束薪为牛羊,机局太小,不可以为滕薛大夫,然已万中选一矣。"④ 他批评李秉衡时务隔膜,可谓切中要害。乙未闰五月二十七日,光绪帝颁布上谕命各省督抚就自强策略复奏,并抄送徐桐、胡燏棻、康有为等人条陈,供督抚参考。九月,李秉衡上奏称,"自强全在得人,法制未可轻变","不必侈言变法",强调"正人心、培国脉为本",反对开学堂,讲西学。他推崇协办大学士徐桐的主张,斥责胡燏棻"舍仿行西法更无富强之术"的观点是"离经叛道"。⑤ 所以,维新人士吴樵批评说:"李建(鉴)堂颇裕如,极恶洋务,中国事皆误于此等正人。"⑥ 光绪二十三年九月,李秉衡升任四川总督,未及履任,十月发生曹州教案,德国以此为借口侵占胶州湾。德使海靖得寸进尺,要挟清廷将李秉衡革职,永不叙用。清廷被迫屈服,给予李以降二级处分。李秉衡悲愤填膺,托病辞官,卜

---

① 赵尔巽等:《清史稿》第 42 册,中华书局,1977,第 12765 页。
② 《钦差办理广东防务彭玉麟等奏折附片》,《中法战争》第 6 册,第 460 页。
③ 王清穆:《知耻斋日记》(续二),《历史文献》第 14 辑,第 283 页。
④ 王懿荣:《与张之洞》,吕伟达主编《王懿荣集》,齐鲁书社,1999,第 246 页。《论语》:"子曰:'孟公绰,为赵魏老则优,不可以为滕薛大夫。'"意为孟公绰这样的人,叫他去做赵魏那等大家的家臣长者,还能胜任有余,却不能叫他去做滕薛那等小国政繁责重的大夫。这段话是孔子批评孟公绰廉静而才短。
⑤ 《陈奏管见折》,光绪二十一年九月十六日,戚其章辑校《李秉衡集》中册,中华书局,2013,第 429~435 页。
⑥ 《吴樵致汪康年》,丙申正月廿五日,上海图书馆编《汪康年师友书札》第 1 册,第 469 页。

居河南安阳。守旧思想与仇洋情结使他成为政变后最受大学士徐桐器重的疆臣,并积极推动其复出。

己亥年正月十八日,也就是陈秉和参劾张汝梅的当日,上谕命直隶总督裕禄传旨命降调四川总督李秉衡即行来京,预备召见。因李寓居安阳,遂由河南巡抚裕长咨告。但是,李并未应时而出,而是采取观望的态度,复函以生病为由婉拒。二月初八日,裕禄据实复奏,朱批"俟病痊即行来京预备召见"。① 很快就有了重用李秉衡的呼声。三月二十一日,刚刚升任山东巡抚的毓贤上奏,参劾两江总督刘坤一,任用私人,"把持公事","吏治不修,营伍不修",厘金局、督销局等优差都是钻营者所得,"请饬下两江总督澈查,另派廉员管理"。毓贤同时奏称,李秉衡前任山东巡抚时,整顿临清关、东海关集得巨款,化私为公,"公忠体国,为守优廉,且廉洁自持,长于综核,实为督抚中不可多得之员"。② 三月二十九日,清廷发布上谕:"有人奏江南厘金半归中饱,请饬彻底清查等语。江南为财赋之区,厘金一项必须经理得人,认真综核,方于饷需有裨。若如所奏局员钻营干托,捏报多端,安望厘金日有起色?著刘坤一破除情面,将通省厘金彻底清查,如有收多报少情弊,即行严参惩办,不得任听该局员等侵欺隐匿,置国课于不顾也。原片著钞给阅看将此谕令知之。"③ 毓贤请清廷以李秉衡取代刘坤一任江督的意图未能达到。但责令刘坤一整顿江南财政的建议,则被清廷完全接受。不仅如此,很快就出现了刚毅南巡之事。四月,上谕命刚毅赴江南查办事件,主要是清查财政,包括整顿关税、厘金、盐课及招商、电报局各项事宜,目的是"剔除中饱,杜绝虚糜",将余款归于朝廷。几经搜罗,刚毅得银120万两;七月,又奉旨前往广东筹饷,④ 直到十月才回到京城。

---

① 《直隶总督裕禄奏为降调四川总督李秉衡体病状衰实难即行来京预备召见据情代奏事》,光绪二十五年二月初八日,录副奏折,档号04-01-12-0588-004,缩微号04-01-12-112-0763。
② 《山东巡抚毓贤奏为特参两江总督刘坤一庸懦昏聩据实纠参事》,光绪二十五年三月二十一日,录副奏折,档号03-5373-108,缩微号406-0580;《山东巡抚毓贤奏请饬下两江督臣清查中饱和囊厘金局员并各省疆臣仿照李秉衡整顿海关化私为公事》,光绪二十五年三月二十一日,档号04-01-12-0589-118,缩微号04-01-12-112-1809。
③ 中国第一历史档案馆编《光绪宣统两朝上谕档》第25册,第95页。
④ 参见何汉威《从刚毅、铁良南巡看中央和地方的财政关系》,《中研院历史语言研究所集刊》第68本第1份,1997年3月;王尔敏《刚毅南巡与轮电两局报效案》,《近代史研究》1997年第4期。

刚毅离京期间，李秉衡于七月抵京，据称"两宫垂询文武大吏贤否"，李"尤不避嫌怨，据实直陈"。八月，前往奉天查办事件。十月，事竣复命，"上意拟令入枢密"，阻之者谓李秉衡"入直起居不便，且性恶洋务，恐与交涉有碍。"① 阻拦者中可能有荣禄。但是，起用李秉衡是徐桐、刚毅坚定的目标。在他们的策动下，十月十六日，御史彭述再次上奏，请仿照同治十一年前兵部尚书彭玉麟奉旨巡阅长江、整顿营务之例，派降调四川总督李秉衡巡阅长江水师。彭述称赞李氏昔日护理广西巡抚时，"能以至诚至公激励将士，于主客各军苦心调和，视同一家"，且赏罚分明；如派李秉衡轻装简从，明察暗访，"五省官吏亦将闻而知惧"。② 在刚毅南巡回京不久，就有人建议李以长江巡阅使的身份，染指两江事务，虽有防外侮内患的理由，同样具有鲜明的权力争夺色彩。上谕允准，但李以从前未与讲求，无以图效，请收回成命，奉旨不准。传言召对时，李秉衡不避嫌怨，据实品评文武大吏贤劣，③ 参劾庆王奕劻、荣禄、王文韶等中外重臣，慈禧阅后"为之动容，遂留中不发"。④ 揆诸李秉衡平日与荣禄等人的关系，这些说法或有夸大，应有其事。十月二十六日，李陛辞南下，十一月初十日抵达安阳养病。十一月二十二日，上谕命刘坤一来京陛见，两江总督着江苏巡抚鹿传霖署理。这是荣禄为抵制李秉衡采取的措施，而刘坤一也以天气寒冷，请旨新年春天再北上陛见，获准。⑤ 见此情形，十二月初四日，李秉衡再次请假，也改拟开春就道南下。⑥ 李秉衡、刘坤一争夺两江的幕后活动大致如此，而背

---

① 朱祖懋：《海城李公勤王纪略》，光绪癸卯（1903）铅印本，第 6～7 页。
② 《掌山西道监察御史彭述奏为援案请派大臣巡阅长江水师事》，光绪二十五年十月十六日，录副奏折，档号 03 - 6186 - 069，缩微号 460 - 2250。
③ 朱祖懋：《海城李公勤王纪略》，第 6 页。
④ 《知新报》援引《字林西报》的消息说："今日李秉衡参劾京中各大员，甚为侃直。查所参者，一为庆王、荣禄，立党争权，目无皇上，将危社稷；一为军机大臣王文韶，年老昏庸，不知办事；一为提督苏元春，办理划界事宜，不能力争，致受法人侮辱；一为武卫中军翼长张俊，军无纪律，纵士卒骚扰，且所用军器，均旧式不能合用；一为河南巡抚裕长，贪劣不职。以上各员，均请旨查办等语。奏上，太后阅至参庆、荣处，为之动容，遂留中不发。"见《知新报》第 110 册，光绪二十五年十二月初一日，影印本（澳门基金会、上海社会科学院出版社，1996）第 1612 页。这些京朝官场秘闻，不尽确切，况且《知新报》又有保皇派的背景。尽管如此，荣、李关系不洽大致还是符合实情的。
⑤ 《恭报交卸日期折》，光绪二十五年十二月二十四日，《刘坤一遗集》第 3 册，第 1205 页。
⑥ 《巡阅长江水师降调四川总督李秉衡奏报病假届满前往长江酌定起程日期事》，录副奏折，光绪二十六年二月初二日，档号 03 - 5387 - 023，缩微号 407 - 0329。

后则是满洲权贵荣禄、刚毅、徐桐之间的较量。

事实上，伺机策动慈禧调整军机大臣人选、乘机丰满羽翼，也是刚毅、徐桐等人的既定目标。这与主持中枢的荣禄自然会产生冲突和矛盾。不过，刚毅首先排挤的是与帝傅翁同龢关系密切的两名军机大臣：工部尚书钱应溥与刑部尚书廖寿恒。钱应溥以领班军机章京起家，升任军机大臣。戊戌年春政局动荡，钱氏久病在假。是年七月，奏请续假，并请派员署缺，① 获准续假一个月。八月底假满之时，政变已经发生，局面大变，钱应溥遂疏陈"久病侵寻，有增无减，职司久旷，寝馈难安"，请求开缺调养。② 慈禧未允，特赏西苑门内乘坐二人肩舆并免带领引见，以示体恤。己亥三月初五日，钱应溥以病情难愈，再次请求开缺。慈禧温谕挽留，再赏假一月，并派御医张仲元亲往看视诊治。③ 五月初八日，钱以"枢务重地断非久病之躯所能胜任"，请予开缺。④ 由于钱的一再坚持，上谕允准开缺，但赏食半俸，以示优遇。次日，工部尚书由徐树铭补授，所遗左都御史由徐用仪补授。军机大臣则由徐桐推荐的启秀接替。各官转补的结果，一直是候补侍郎的袁世凯，得以补授工部右侍郎兼管钱法堂事务，成为实缺堂官。

另一位枢臣廖寿恒本来是翁同龢推举入枢的，因百日维新期间与皇帝亲近，为慈禧所不满。⑤ 己亥十一月初十日，因为李秉衡严参，奉旨退出军机处（详后），但仍以礼部尚书兼总署大臣。⑥ 接替他入枢的是徐桐推荐的赵

---

① 《工部尚书钱应溥奏为因病续假调理并请派员署缺事》，光绪二十四年七月二十九日，录副奏折，档号03-5363-126，缩微号405-1217。
② 《军机大臣钱应溥奏为假满病势难痊请旨开缺事》，光绪二十四年八月二十九日，录副奏折，档号03-5364-148，缩微号405-1526。
③ 《工部尚书钱应溥奏为因病请予开缺事》，光绪二十五年四月初五日，录副奏折，档号03-5374-019，缩微号406-0695。
④ 《工部尚书钱应溥奏为旧病未愈请旨开缺医调事》，光绪二十五年五月初八日，录副奏折，档号03-5375-049，缩微号406-1039。
⑤ 冯煦撰《礼部尚书廖公墓志铭》称："其（廖寿恒）入枢垣也，为翁常熟所引，常熟既以翼戴德宗，积与孝钦忤，公亦靖共守常轨，不为异己所容。常熟一摈，公遂以足疾归，而国事流失败坏，岌岌不可以矣。"见《碑传集补》卷5，《清代碑传全集》下册，第1289页。
⑥ 廖寿恒庚子年六月请假，七月初三日，许、袁被杀后，上折续假。联军进城后，出城逃难。后以留京大臣于闰八月二十日上折，请求开缺，九月初八日获准。自此离开政坛。十一月回籍。二十九年八月十五日病逝。参见《礼部尚书廖寿恒奏为病久未痊请开缺事》，光绪二十六年闰八月二十日，录副奏折，档号03-5392-018，缩微号407-1789；《江苏巡抚恩寿奏为前任礼部尚书廖寿恒在籍病故代递遗折事》，光绪二十九年九月初四日，录副奏折，档号03-5424-049，缩微号410-0158。

舒翘。

协办大学士、光绪帝的老师孙家鼐因戊戌新政期间大受皇帝信任，且参与创办京师大学堂事宜，同样受到徐桐、刚毅等人的忌恨。己亥六月初十日，孙家鼐开始请假，请派员署理吏部尚书。七月初十日，假满请求开缺调理。① 九月、十月又两次续假，慈禧温谕挽留，并赐人参。十一月二十四日，再次请求开缺，② 慈禧仍不准，虽未开缺，但直到庚子义和团兴起，均在假中，暂时远离了暗潮汹涌的京城官场。

前军机大臣、兵部尚书孙毓汶自乙未开缺后，虽慈眷不减，但其政治影响则一再减弱。政变后慈禧一度有重新起用孙氏之意，甚至派荣禄前往孙宅劝说，③ 但未果。己亥三月初九日，孙毓汶病逝，上谕命照尚书例赐恤，谥"文恪"。至此，这位频传将要复出的重量级人物彻底退出历史舞台。然而，与他一起在甲午战后从权力顶峰跌落的大学士李鸿章则又历经了新的波折。

李鸿章自光绪二十二年（1896）九月访欧回国后，奉旨入值总理衙门，遂与长期执掌总署的张荫桓发生矛盾，彼此明争暗斗，时遭排挤，处境不尽如人意。戊戌年六月，李奉命退出总理衙门，据说就与张的暗算有关。④ 政变后，守旧势力回潮，李鸿章这位洋务领袖的处境更加艰难。九月，慈禧懿旨派李鸿章为勘河大臣，会同东河总督任道镕、山东巡抚张汝梅勘察山东黄河河工。十月十七日，李鸿章出京，十月二十一日达济南，己亥二月事竣回京。慈禧派年迈的大学士冒着严寒出京治河数月，自然说明朝廷对河工的重视，但是，如吴汝纶所分析的，也"有忌者出之于外"的因素。⑤ 更何况还发生了陈秉和借参劾张汝梅攻击李鸿章之事（详前）。回京后，李推荐多年

---

① 《吏部尚书孙家鼐奏为假期已满宿疾难愈请开缺调理事》，光绪二十五年七月初十日，录副奏折，档号 03 - 5378 - 036，缩微号 406 - 1609。
② 《吏部尚书孙家鼐奏为病未痊愈假期届满自请开缺事》，光绪二十五年十一月二十四日，录副奏折，档号 03 - 5382 - 125，缩微号 406 - 2976。
③ 流放新疆途中的张荫桓在给阎迺竹的信中说："迟老（孙毓汶，号迟盦——引者注）专差计已返都下，家丁言迟有复入中书（即军机处——引者注）之说，高密曾往劝驾云。""高密"指代荣禄。见《张荫桓致成叔函》，光绪二十四年戊戌十月初七日，虞和平主编《近代史所藏清代名人稿本抄本》第 1 辑第 18 册，阎敬铭档，第 177 页。按，阎迺竹为阎敬铭之子。
④ 陈夔龙：《梦蕉亭杂记》，第 13 ~ 14 页。
⑤ 《与李季高》，十一月廿九日，徐寿凯、施培毅校点《吴汝纶尺牍》，黄山书社，1990，第 153 页。

的部属周馥为河道总督，主持治河，并与荣禄达成共识，但荣禄军机召见面保时却受到阻力。赋闲半年有余，十月二十二日，上谕命李鸿章为商务大臣，前往通商口岸考察商务。此时广东沿海保皇会活动频繁。李鸿章在家书中说："商务大臣之举，庆邸因各外埠华商公电祝慈寿，吁请归政皇上，仍图变政自强，明系康有为等煽惑，恐动摇人心，因余老成重望，出为宣播德意，笼络舆情。"① 确实，流亡海外的康有为、梁启超组织保皇会，歌颂光绪"圣德"，鼓动南洋、美洲、日本等处华侨发电"请皇帝圣安"，要求慈禧归政，影响日益扩大。李鸿章此行确实带有镇压保皇会活动，搜拿康、梁的目的。十一月十七日，上谕命两广总督谭钟麟来京陛见，李鸿章署理粤督。次日，又令各省督抚悬赏捉拿康、梁。看来，李鸿章出京确与镇压保皇会活动有关。也有说李鸿章因为感到形势严峻，在京有危险，才请荣禄襄助外放的。其实，此二事并不矛盾，在李鸿章的出处方面，庆王与荣禄应该不会有很大的分歧，至少彼此有过协调。十二月初七日，李鸿章出京，先乘火车到秦皇岛，乘轮船南下，十二月十二日，抵上海，经沪港，于十二月十七日到达广州，次日接任。这位功勋卓著的中兴之臣，此时也被排挤得无计可施，只得远离漩涡中心，求得一时的安宁。

虽不能绝对而言，但己亥年一些政治经验丰富、了解外国形势的汉族官员受到不同程度的排挤，满洲权贵用事的局面已经形成，这是庚子年清廷决策出现偏差的重要原因之一。在这个过程中，刚毅、徐桐等人与荣禄是存在直接矛盾的。荣禄关注大局，用人无满汉偏见。十一月初四日，上谕命山东巡抚毓贤来京，袁世凯署理鲁抚。这是因为毓贤任内听任义和团攻击教民的活动，招致列强反对，引起外交纠纷。袁世凯得以主政山东，也算得上是荣与刚较量的一次小胜。事实证明，此事对庚子年政局以及后来袁氏政治地位的骤升具有非同一般的意义。

二 康、梁及东南沿海反对废立、攻击荣禄的舆论

戊戌政变后还有一支力量渐成气候，对政局产生了越来越重要的影响。这就是流亡海外的康、梁保皇党人。凭借在宣传上的优势，康、梁通过

---

① 《致李经方》，光绪二十五年十一月十二日，《李鸿章全集》第 36 册，第 251 页。

《清议报》等舆论阵地，揭露慈禧、荣禄发动政变，"废除"皇帝的行径，高举"保皇"旗帜以唤起世人同情和支持。他们的宣传在东南沿海、沿江地区风靡一时。同时，上海、南京等地的维新人士和绅商，对于政变后清廷的倒行逆施十分不满，与康、梁的舆论有一定程度呼应，于是形成了批评清廷朝政的舆论氛围。特别是刚毅南巡之后，朝廷的勒抑商民行为，进一步招致江南各省商民的愤恨。己亥年底发生的"建储"事件，便与康、梁及东南沿海沿江各埠反对废立、抨击朝政的舆论有关，其中也有对荣禄的批评和咒骂。

政变发生后，因为英国、日本派人搭救康、梁等新党人士，慈禧对此深为恼怒，京城中也弥漫着浓厚的排外气氛。戊戌年九月十二日，汇丰银行北京分行经理熙礼尔给英国公使窦纳乐的信中说："据说军机处的一个成员讲的，要趁这留住北京的外国人为数很少的时机，将他们全部根除，烧毁各国使馆。我的部下昨晚尾随在一群总理衙门属员身后，听到了这种十分令人担心的交谈。……我无法断定这个建议出自军机处的哪一个成员，不过我认为不外是荣禄和刚毅之间的事。"① 这样的消息不免带来恐慌。但是，如此荒谬的想法不会出自荣禄，这是可以肯定的。很快，列强发现流亡的康有为有关变法的宣传情况不尽可信，而慈禧训政后人心安定，也未见清廷采取明显的排外政策。于是，各国开始陆续缓和与清廷的紧张关系。虽然慈禧对英、日庇护康、梁不满，仍不得不隐忍。当时谣言盛行，传言光绪帝病重，即将兴废立。九月初四日，在公使的要求下，法国使馆一名医生入宫为光绪帝诊病，并将诊断书公布于世，使皇帝病重的谣言不攻自破。十一月初一日，慈禧和光绪帝又一起在宫内接见各国驻华公使夫人，还与她们一一握手，又命庆王福晋陪同入宴，并赏座观剧等。② 在清政府的强烈要求下，日本被迫劝康有为离日。光绪二十五年二月二十三日，康有为不得不离开横滨，前往加拿大，三月初七日抵达温哥华。

抵达美洲的康有为很快得到当地华侨支持，展开了保皇活动。六月十三日，经过筹备，康有为与侨商李福基等倡导，创立保皇会，全称"保救大

---

① 《爱·盖·熙礼尔致克·马·窦纳乐》，北京，1898 年 10 月 6 日，骆惠敏编《清末民初政情内幕——〈泰晤士报〉驻北京记者、袁世凯政治顾问乔·厄·莫理循书信集（1895～1912）》（以下简称《莫理循书信集》）上册，刘桂梁等译，知识出版社，1986，第 116 页。
② 《申报》光绪二十五年十一月二十七日，第 1 版。

清光绪帝会"。二十八日,光绪帝万寿节,康亲率门人、华商等,北望行礼祝寿。又策动美洲、南洋商埠华侨,纷纷致电总署祝寿。康有为以奉有皇帝"衣带诏"为名,以忠君救国相号召,派门人前往各地活动,先后在美洲、南洋、澳洲、香港、澳门、横滨等地先后建立总会、分会,多达160多个。又以澳门《知新报》和横滨《清议报》馆为"总公司所",负责接受各埠捐款,并以二报为喉舌,宣传保皇政见。① 梁启超在《清议报》不断撰文,鼓吹光绪复辟,抨击慈禧和荣禄等满洲党。六月二十一日《知新报》刊载《论今日变法必自调和两宫始》,称两宫不和,实起于"贼臣谗间之口和贼臣篡夺之谋","实荣禄一人言而一人为之矣"。② 开始收敛了对慈禧的咒骂,而将主要矛头对准荣禄。十月初十日,慈禧万寿,保皇会又策动南洋各埠华商致电总署,名曰祝寿,实则呼吁太后"归政颐养",③ 目的在于向清廷施加压力。

康、梁主导下的保皇会,对慈禧、荣禄等极力攻击,甚至不顾事实,散播谣言,以笼络侨民,获得他们对保皇活动的支持。康氏门徒极力宣扬慈禧废帝的阴谋,报道各种消息,混淆视听。五月初一日《知新报》引用《字林西报》报道说,五月十三日"中朝另立新君,闻践位者为恭王之孙,又有为五王爷之孙者。西后恐不能复秉大权,实深焦虑"。七月初一日《知新报》译发香港《士蔑报》的报道说:"西后始倚荣禄为心腹,任其练兵,今见其弄权,恐其逼己,以庆邸亲贵,故用以抑荣禄。"甚至称慈禧"尽购康有为所著之书及奏折,览之称善"。④ 其实,此刻正是武卫中军成立之时,哪有半点怀疑荣禄的倾向?横滨《清议报》也大造舆论。⑤ 八月二十日又有消息称:"庆王之意欲皇上让位,荣禄之意欲皇上亲政,两人大相龃龉,不能相容,大约迁居雍和宫后,必须有一番争论。"⑥ 八月二十一日引用香港《士蔑报》报道:"谓得接北京消息,知西后所造之铁屋,乃所以监禁光绪帝于其中,定于本月废位,而另以一九龄童子继位,乃以西后训政,此童子

---

① 参见李吉奎《横滨保皇会事实钩沉》,广东康梁研究会编《戊戌后康梁维新派研究论集》,广东人民出版社,1994。
② 《知新报》第94册,光绪二十五年六月二十一日,影印本,第1353页。
③ 《知新报》第107册,光绪二十五年十一月初一日,影印本,第1564页。
④ 《知新报》第95册,光绪二十五年七月初一日,影印本,第1370页。
⑤ 《知新报》第89册,光绪二十五年五月初一日,影印本,第1277页。
⑥ 《清议报》第29期,光绪二十五年九月初一日,中华书局,1990,影印本,第1887页。

名溥巽，乃澜公之子。"并有光绪帝秘密派心腹太监往见日本公使求救的奇谈。① 保皇会或云据洋报言，或转载各种传言，虽无甚根据，却在东南沿海一带士林中颇有影响。

康、梁对荣禄的抨击也越来越激烈。光绪二十五年八月十一日，《知新报》（第99册）刊登了名为《杭州驻防瓜尔佳拟上那拉后书》的"杭州来稿"，书中称颂太后"圣明"，猛烈抨击荣禄，称今日中国内忧孔亟，外患交逼，根源在于"戊戌八月满汉、新旧之变"，以为当务之急是"和两宫以图自存，和两党以策自强，和四彝以求自保，若其功则必自杀贼禄始"。"奸贼大学士荣禄，强悍无识，敢为不道，包藏祸心，乘间思逞。维新不可不杀，守旧尤不可不杀。"又称荣禄有十大罪状："其一，迫皇上而幽之，是辱君也；其二，胁太后之复出，是夺政也；其三，诬康氏为大逆，是逐贤也；其四，谭嗣同等六人以无罪杀，是戮忠也；其五，穷捕志士，是祸党也；其六，推翻新政，是乱法也。其七，节制南北水路各军，甚者练亲军一万，是盗兵也；其八，恃虎俄而媚事之，是鬻国也；其九，启列强之要挟，是召乱也；其十，植私党而同恶济之，是任奸也。"② 这篇言辞激烈的所谓上书，在《知新报》上刊行，当然是为保皇党摇旗呐喊的。因为署名为"杭州驻防瓜尔佳氏"，后世认为出自近人金梁之手，此事恐属讹误，应是康、梁门徒杜撰的。③ 此文刊行后，《清议报》第28册（八月二十一日）、第29册（九月初一日）连续刊载《杭州驻防瓜尔佳氏上西太后书》，并题署"七月二十二日呈刚钦差转奏"。④ 正文中没有提到荣禄，只有"贼某"，但文末加按语说"'贼某'二字，原文系指荣禄。今特附记于此"。⑤ 就此来看，此事确为康门弟子所为。所谓呈刚毅"转奏"，也有挑唆刚、荣关系的目的。大约在此之前，天津的《国闻报》也刊载了此文，同样，隐去了

---

① 《知新报》第100册，光绪二十五年八月二十一日，影印本，第1453页。
② 《知新报》第99册，光绪二十五年八月十一日，影印本，第1434页。
③ 尽管金梁姓瓜尔佳氏，也是杭州八旗驻防，但是，没有足够的证据表明此文是金梁所作。金梁于光绪三十年甲寅中最后一科进士，原是学人本色，民国后以遗老自居。上书文气激烈与金梁平生文字风格也迥然不同。笔者以为，此文这是康、梁门徒所为，署名"杭州驻防瓜尔佳氏"，意在向世人昭示即使荣禄同族中人也视荣为"大奸大蠹"，仅此而已。换言之，如果是金梁所作，又不欲署本名而用化名，也不可能明说出旗份和驻防地的。
④ 《清议报》第28期，光绪二十五年八月二十一日，影印本，第1829页。
⑤ 《清议报》第29期，光绪二十五年九月初一日，影印本，第1893页。

荣禄的名字。看来，《知新报》、《国闻报》、《清议报》同时刊载此文，是康党精心策划的。严复看到后大发感慨。八月二十日，他在写给张元济的信中说：

> 《国闻报》论说刊者用杭州驻防瓜尔佳氏上太后书，注云七月廿二日呈刚钦差代奏，其中词语最足惊人，兄如未见，亟取观之。"中外时事，非杀贼某不可"。此所谓某者，不知所指何人，然观后文所列十款，似是当今首相；盖非首相，他人无节制南北水陆各军事也。书言其人强悍无识，敢无[为]不道，包藏祸心，乘间思逞；维新不可不杀，守旧更不可不杀。言语激烈，可谓至矣、尽矣。然试平心复观，其所指之人是否如此，则真未敢轻下断语也。以弟所闻，则不过此人与对山同日召见，在上前说过对山之不可用。人心不同，各如其面，此亦何足深恨。至后来八月十二日入枢府以后之事，则祸机已熟，所有杀逐之事，岂可遽谓皆此人所为乎？王小航尝谓太后本顾惜名义，弟于此人亦云责人既过其实，则不但不足以服其心，且恐激成祸变。千古清流之祸，皆此持论不衷者成之，可浩叹也。《国闻报》将此种文字刊列，实属造孽，可怕，可怕！弟年来绝口不谈国事，至于书札，尤所谨慎。今与吾兄遂有忍俊不禁之意，望阅毕即以付丙，不必更示他人，使祸根永绝，为祷。①

这封密信对《国闻报》转载的《上太后书》对"首相"的攻击进行了批评，认为失当。虽然没有指名道姓，明显是在为"首相"荣禄辩护。严复感到，所谓"杭州驻防瓜尔佳氏上太后书"，完全是逃往海外的康梁一派的口吻，《国闻报》与夏曾佑一直有瓜葛，刊载此文可能与《知新报》中康、梁门人有关。严复对该文如此评判荣禄并不同意："试平心复观，其所指之人是否如此，则真未敢轻下断语也。……责人既过其实，则不但不足以服其心，且恐激成祸变。千古清流之祸，皆此持论不衷者成之，可浩叹也。"这番评价还是比较公允的。在严复看来，康、梁在海外虚张声势的政治宣传令人鄙视，并评论说：

---

① 王栻主编《严复集》第 3 册，第 533~534 页。

> 每次见《清议报》，令人意恶。梁卓如于已破之甑，尚复哓哓，真成无益。平心而论，中国时局果使不可挽回，未必非对山等之罪过也。"轻举妄动，虑事不周，上负其君，下累其友"，康、梁辈虽喙三尺，未由解此十六字考注语；况杂以营私揽权之意，则其罪愈上通于天矣。闻近在东洋又与王小航辈不睦；前者穰卿，后者小航，如此人尚可与共事耶？穗卿极袒对山，弟则自知有此人以来，未尝心是其所举动；自戊戌八月政变以后，所不欲多论者，以近于打落水鸡耳。①

信中"王小航"即王照，"穰卿"即汪康年，"穗卿"是夏曾佑，"对山"代指康有为。此刻，康、梁已与流亡到日本的王照分道扬镳。在严复看来，戊戌政变的发生，康、梁轻举妄动，未必非其"罪过"也，现在反过来攻击荣禄，骂其为罪魁，实属无可理喻。

不久，与《国闻报》相关，又发生了轰动一时的"沈鹏事件"。十月十六日《国闻报》在"折稿照录"栏目中刊登了翰林院编修沈鹏《为权奸震主削民、生祸招灾，请肆诸市朝折》，并注明是"九月二十一日送至衙门抑而未上之稿"。这个折稿是沈鹏应九月初二日、初五日两次上谕因旱灾将成、诏诸臣各抒谠论而上的，所以属于应诏陈言。疏中称：

> 今大学士荣禄，既掌枢机，又掌兵权柄……伏愿皇太后皇上听曲突徙薪之谋，为未雨绸缪之策，毋使董卓曹操再见于今日……今岁大学士刚毅奉旨筹饷，到处搜括，民怨沸腾，虽其筹饷之名为力除中饱，不竭商民，然剔决搜罗，不顾大体。而不肖官吏肆意追呼；又裁撤学堂，以伤士气，省数万有限之款，灰百千士子之心……更有太监李莲英，以一宦寺，干涉朝政……请援照国典肆诸市朝。②

这就是轰动一时的"劾三凶疏"，荣禄名列其首。

沈鹏（1870~1909），字诵棠，号北山，江苏常熟人，光绪二十年甲午

---

① 王栻主编《严复集》第 3 册，第 534 页。
② 沈鹏：《为权奸震主削民、生祸招灾、请肆诸市朝折》，《国闻报》光绪二十五年十月十六日，第 1 版。

进士，选庶吉士，散馆为编修，为翁同龢的门生，与翁交往密切。翁氏戊戌罢官后，沈鹏认为权奸当道，忠良受挤，对朝局十分憎恨，故递呈翰林院掌院学士、大学士徐桐请代递，遭到拒绝。据时人孙雄称，沈鹏该疏是在内阁中书张鸿（映南）疏稿上点窜而成的。孙雄写道：

> （沈鹏）平居目击时艰，常郁郁思有所建白，同邑内阁中书张鸿，振奇士也，与君为总角交，又与翁氏有连。尝拟弹劾三凶疏稿以示君，君极称许，谓适如吾意中所欲言。因加点窜，于己亥十月呈乞掌院学士代奏。疏中大旨谓：三人行事不同，而不利于皇上则同。且权势所在，人争趋之。今日旗员之中，凡有兵柄者，即权不逮荣禄，亦荣禄之党援也；凡势位通显者，即悍不若刚毅，而亦刚毅之流亚也。而旗人汉奸之嗜进无耻者日见，随声附势而入于三人之党。时势至此，可为痛哭流涕长太息。故窃谓不杀三凶以儆其余，则将来皇上之安危未可知也。臣伏愿皇太后听曲突徙薪之言，凛滋蔓难图之意，亟收荣禄之兵权，而择久任督抚、忠恳知兵者分领其众；惩刚毅之苛暴，而用慈祥仁恕之人。李莲英阉竖小人，复何顾恤？除恶务尽，不俟终朝。如此则皇上安于泰山，可以塞天下之望矣。掌院徐相国桐骇怖其言，格不上达，君流涕长跪，再三固请，仍不允。遂将折匣置之上，拂衣出都，道出津门，有《国闻报》馆记者来访君，乞观疏稿，君坦示之。次日即登报，传布遐迩。①

张鸿是翁同龢侄孙婿，谴责小说《续孽海花》的作者，与曾朴、沈鹏均友善。沈鹏上书前后，他也在京城，沈稿据张之疏而来是可信的。据张鸿这年七月初七日写给徐兆玮的信中说："都中谣言大起，闻有内禅之说，闻之可为痛哭。但愿此言不确，则国家之福，否则弟将沥血陈疏，作鲁阳之戈。如堂官不肯代递，弟亦拂衣归里，常为农夫……"② 看来，沈鹏书稿一定与张鸿有关。当然，还有一点可以推论。张鸿、沈鹏可能看到了《国闻

---

① 孙雄：《清故翰林院编修沈君墓表》，钱仲联主编《清诗纪事》第19册，第13727～13728页。
② 李向东等标点《徐兆玮日记》第1册，第112～113页。

报》上刊载的《杭州驻防瓜尔佳氏上太后书》，后来沈折也刊载于该报，二者之间有必然关联。

沈鹏"劾三凶疏"能够迅速传播开来，主要由于《申报》的转载。十一月初七日《申报》转载了《沈编修天灾直言折稿》（即《国闻报》所刊的折稿），此外，又刊布沈的另一奏折《沈编修应诏直言折》。该折分为前后两部分，其前半部分刊载于初七日《申报》，后半部分在初八日连载完毕。《应诏直言折》历数荣禄、刚毅、李莲英"恶迹"，比《天灾直言折》更加详尽。至于此折之出处，尚无法定论。值得注意的是，十一月初三日《国闻报》又在"国闻录要"中写道："翰林院编修沈太史鹏前曾请掌院徐中堂代奏请杀大臣某某及内监某等一折，中堂不为上，复具一折，仍抑之，将再请，众乡友强其出京。不料，至津后仍折驾而回，更具一折，极言溥𫐐可继大统，掌院以其言愈言愈谬，置于不理。然外人闻之，大以为奇。"可见，沈鹏参劾荣禄等人的折稿不止一份。

沈鹏两次参奏，"直声震天下，虽格于堂官不得上，而海内外传诵，译稿通于外洋，几乎洛阳纸贵"。上海《中外日报》《沪报》皆登其文。① 因有传言此事系翁同龢幕后指使，翁氏门生和家人惊恐万分，连忙派人强送沈鹏南下回籍。十一月二十日，沈鹏回到常熟。乡人徐兆玮称："盖北山折，京师贵人皆疑翁氏耆奥成之，北山在京，翁氏举家皇骇，恐及祸。徐荫轩亦言沈某为常熟私人，此折疑出指使云。"② 徐桐、刚毅等人不仅怀疑，而且采取了实际行动。十一月十八日，在悬赏捉拿康梁的上谕中，再次声讨了翁同龢"滥保匪人"的罪责。不仅如此，与翁友善的军机大臣廖寿恒也于初十日被赶出枢垣，据说也是刚毅乘机出手。为此，同月二十三日，徐兆玮日记称："刚子良相国阅而大怒，谓出常熟所嗾也。时有旨严拿康梁，中牵涉叔平师荐康有为才胜十倍语，盖欲附会逆案以兴大狱，其心殊叵测也。此事虽与北山无涉，而适际刊折之后，迁怒不为无因云。廖仲山师退出军机，西报谓亦沈某所致，恐非事实。"③ 翁同龢在二十五日日记中也写道："连日为

---

① 胡珠生编《宋恕集》下册，中华书局，1993 年，第 693 页。
② 李向东等标点《徐兆玮日记》第 1 册，第 134 页。徐氏又云："请诛三凶之疏即格不得上，同乡挟之南旋。翁氏恐刚毅等借北山为翁党，媒孽短长，日夕防闲，使不得出境。"见徐兆玮《北松庐诗话》，钱仲联主编《清诗纪事》第 19 册，第 13726～13727 页。
③ 李向东等标点《徐兆玮日记》第 1 册，第 135 页。

沈鹏在京欲讦大臣同邑公议，逐令出京，旋天津报登其疏稿，而论者遂疑余主使。沈鹏既归，又作《辨污》一篇。于是同乡益愤，痛斥之，始允不再闹事。噫！沈一痴子耳！其人不足惜，而欲累及师门，亦奇矣哉！"① 其中充满无奈与恐惧之情。

沈鹏性格内向，因为婚姻挫折，精神抑郁，其时已患"癔症"。其疏稿固然表达了一些江南士林阶层对荣禄、刚毅等满洲权贵的不满情绪，但言辞不免偏激。时人虽对其敢言表示欣赏，但也有批评。十二月初二日，皮锡瑞在日记中写道："闻常熟太史沈朋［鹏］者上书，云三凶在朝，谓荣、刚、李莲英三人，荣兵权太重，从来未有，可谓敢言。此人乃杨莘伯之客，反复不可凭，未知是否也"。② 显然，也有人对沈鹏其人不以为然。总理衙门章京汪大燮更是讥讽"沈鹏恋阙甚殷，妄说不足信也"。③ 尽管如此，沈疏在朝野还是产生了很大轰动。因为牵涉翁同龢，又与昔日政潮相关联，形势一度也显得紧张。光绪二十六年正月二十五日，翰林院掌院大学士昆冈、徐桐上疏以"丧心病狂，自甘悖谬"，请将沈鹏革职交地方官严加管束。④ 据二十七日徐兆玮日记，沈鹏由地方官暂行看管。"荣相电云：俟奉廷寄再行提省究办。"⑤ 可见，荣禄也曾干预此事。二月初七日，沈鹏被常熟县收入监中，初七日转移苏州省狱。初九日上谕命永远监禁，"勿任与地方人等往来交结"。⑥

沈鹏事件在士林中反响极大，康有为也认为"诛奸救皇，肇其端矣"，不失时机鼓励门徒乘机加大舆论宣传。桑兵教授认为，康、梁草拟《保救

---

① 翁万戈编，翁以钧校订《翁同龢日记》第7卷，第234页。
② 皮锡瑞：《师伏堂日记》第4册，国家图书馆出版社，2009，第361页。
③ 上海图书馆编《汪康年师友书札》第1册，第813页。
④ 同时受到处分的还有翰林院编修贵铎、周锡恩，检讨吴式钊，编修陈鼎，他们或主张变法，或办理洋务，均是触犯过徐桐的翰林。见《大学士昆冈、徐桐奏为特参编修贵铎等三员心术不端衣冠败类请以一并革职事》，光绪二十六年正月二十五日，档案号03-9646-002，缩微号688-0926。
⑤ 李向东等标点《徐兆玮日记》第1册，第148页。
⑥ 《江苏布政使陆元鼎奏报革员沈鹏押解来省收禁司监事》，光绪二十六年二月二十八日，档案号03-5388-079，缩微号407-0668。光绪二十七年四月二十七日，上谕将沈鹏与陈鼎释放，但仍交地方官严加管束。对此，据说是樊增祥发挥了作用："时樊增祥为荣幕客，乡人有与增祥交善者，托其转求于荣。荣求之于太后，太后意未决。乡人乃请两江总督刘坤一专折上奏申释，荣再求之，北山乃得放归。"见钱仲联《梦苕庵诗话》，齐鲁书社，1986，第44页。

大清皇帝公司序例》即是在这种背景下完成的,保皇党人甚至专门印制《商民请慈禧归政折》,留出人名、地名、时间空白,劝说侨商填写,作为争取"民意"、请求光绪"复辟"的依据。① 可见康、梁十分重视对国内舆论的利用和影响。

三 己亥建储与庚子年初的朝局

在晚清史上产生过重大影响的"己亥建储",正是在清廷内部矛盾重重、朝野舆论中有关废立的传闻甚嚣尘上的背景下发生的。清廷内部的分歧和决策过程迄今不能明晰,但荣禄在其中的作用似乎格外重要,这一点历来无人怀疑。

光绪二十五年十二月二十四日,光绪帝颁布朱谕:

> 朕以冲龄入继大统,仰承皇太后垂帘听政,殷勤教诲,巨细无遗。迨亲政后,复际时艰,亟宜振奋图治,敬报慈恩,即以仰副穆宗毅皇帝付托之重。乃自上年以来,气体违和,庶政殷繁,时虞丛脞,惟念宗社至重,是以吁恳皇太后训政。一年有余,朕躬总未康复。郊坛宗社诸大祀,弗克亲行。值兹时事艰难,仰见深宫宵旰忧劳,不遑暇逸。抚躬循省,寝馈难安。敬念祖宗缔造之艰,深恐弗克负荷,且追维入继之初,恭奉皇太后懿旨,俟朕生有皇子,即承继穆宗毅皇帝为嗣,此天下臣民所共知者也。乃朕痼疾在躬,艰于诞育,以致穆宗毅皇帝嗣续无人。统系所关,至为重大,忧思及此,无地自容。诸病何能望愈,用是叩恳圣慈,于近支宗室中慎简元良,为穆宗毅皇帝立嗣,以为将来大统之归。再四恳求,始蒙俯允,以多罗端郡王载漪之子溥儁承继为穆宗毅皇帝之子。钦承懿旨,感幸莫名。谨当仰遵慈训,封载漪之子溥儁为皇子,以绵统绪。将此通谕知之。②

这道上谕以光绪帝的口吻说明了立端王之子溥儁为大阿哥承嗣同治皇帝

---

① 参见桑兵《庚子勤王与晚清政局》,北京大学出版社,2004,第48页。
② 中国第一历史档案馆编《光绪宣统两朝上谕档》第25册,第396~397页。

的缘由。同日，上谕命溥儁在弘德殿读书，崇绮为师傅，大学士徐桐常川照料。这就是争议不断的"己亥建储"。

这次"建储"是在舆论风传将废除光绪帝的背景下出现的。果然，十二月二十七日，上海电报局总办经元善联合寓沪各省绅商1200多人，"合词电禀"总署反对"废立"，以为"名为立嗣，实则废立"，并将电文登诸报刊。① 此事引起舆论关注。康、梁的喉舌《知新报》、《清议报》也公开宣称，立大阿哥名为立嗣，实是废立，与沪上舆论相呼应。② 在朝野纷纷谣传废立将行之际，清廷公开宣布为同治皇帝立嗣，其中的内幕究竟如何，荣禄到底扮演了何种角色，迄今很难找到确凿的材料加以说明。③ 比较常见的是荣禄的幕僚陈夔龙的记述：

> 当戊戌政变后，宫闱之内，母子之间，盖有难言之隐矣。而一班熏心富贵之徒，致有非常举动之议。东朝惑之，嘱荣文忠从速办理。此己亥冬间事也。公谏阻无效，忧惧成疾。适合肥李文忠外任粤督，行有日矣，来辞公，见公容貌清癯，曰："何忧之深也。"公谓文忠曰："南海虽边远，实一大都会，得君往，朝廷无南顾之忧。君行将高举远引，跳出是非圈外，福诚无量。而我受恩至渥，责备亦最严。近数日来，求生不能，求死不得，将何以教我？"因密语："非常之变，恐在目前。"文忠听未终，即大声起曰："此何等事，讵可行之！今日试问君有几许头颅，敢于尝试！此事若果举行，危险万状。各国驻京使臣，首先抗议。

---

① 经元善：《上总署转奏电禀（1900年1月26日）》，《苏报》光绪二十五年十二月二十七日，虞和平编《经元善集》，华中师范大学出版社，1988，第309页。
② 《论立嗣即已废立》，《知新报》第112册，光绪二十六年正月十五日，影印本，第1640页；佩弦生：《论建嗣即为废立》，《清议报》第37期，光绪二十六年二月初一日，影印本，第2377页。
③ 胡思敬称："戊戌训政之后，孝钦坚欲废立。贻穀闻其谋，邀合满洲二三大老联名具疏请速行大事。荣禄谏不听，而恐其同负恶名于天下也，因献策曰：'……臣请以私意先觇四方动静，然后行事未晚。'孝钦许之。遂以密电分询各省督臣，言太后将谒太庙，为穆宗立后。江督刘坤一得电，约张之洞合争。之洞始诺而中悔……（刘）遂一人挺身独任，电复荣禄曰：'君臣之义至重，中外之口难防。坤一所以报国者在此，所以报公者亦在此。'道员陶森甲之词也。荣禄以坤一电入奏，孝钦惧而止。"见《国闻备乘》，中华书局，2007，第92页。这段记述是典型的耳食之言，情节虽生动，但时间前后错乱，如刘坤一之言系戊戌九月所言，而此处系年于己亥，其他可想而知。故研究庚子史事似应搜罗更原始的资料为依据，不能尽以民国年间所刊笔记资料为立论根据。

各省疆臣，更有仗义声讨者。无端动天下之兵，为害曷可胜言！东朝圣明，更事最久，母子天伦岂无转圜之望？是在君造膝之际，委曲密陈成败利钝。言尽于此。"公闻之，悚然若失。翼日，以文忠语密奏，幸回天聪。闻某相国、某上公颇拟借端建不世之勋。某上公并手拟一稿，开编公然有"废立"字样，公急诃止之。上公意颇怏怏，是诚不知是何肺肠已！余事后亲闻之公者，爰书之于简端。①

据此可知，刚毅、徐桐等"一班熏心富贵之徒"欲有非常举动，东朝（慈禧）颇受鼓动，终因李鸿章的警告和荣禄的规劝而作罢。查，李鸿章出京前往广州是在十二月初七日，与荣禄的会晤当在此之前数日。陈夔龙自称"亲闻之公者"，来源有据，基本情节应该可信。荣禄从中挽救的苦心也可见一斑。李鸿章虽然未居权力核心，但是，办理外交数十年，被誉为"东方俾斯麦"，在外人中颇有声望，荣禄尊重他的看法也不意外。

另一位政坛奇人赵凤昌的解释也非一般传言可比。他认为，"荣禄之谏止其事，更仗李鸿章之危词以促其成也"。赵氏指出："戊戌以后，立大阿哥以前，西后急欲行废立。己亥，合肥在大学士任，一日法使往访，询果有此事否？外国视一国君主无端废立，决难承认。午后，荣禄往访，传西后意旨，欲探外使口气，合肥即以今晨法使言述之。合肥知都下不可居，谋出外，旋督两粤。"②看来，荣、李确曾谈到"废立"之事，荣将外国将会反对的意见转述慈禧也无疑问。更为重要的是，为了缓和矛盾，荣禄对此事做了妥协性的处理，建议慈禧先立大阿哥，徐图将来，这样，也不至于开罪于载漪等人。显然，通过立嗣，暂时化解了一场一触即发的政治动荡。无论如何，荣禄在保护光绪帝、维护大局方面的果断和见识还是值得肯定的。正如一些研究者所指出的："荣禄对慈禧太后的心理有准确的判断能力，从而能够适当地提出太后最感兴趣的建议。太后与荣禄之间的相互理解处在一个非常高的水平之上，只要荣禄在身边，慈禧太后无需直接表露内心世界的活动，就常常能达到目的……"③ 时人曾言，"毕竟荣相圣眷为优，建储定议

---

① 陈夔龙：《梦蕉亭杂记》第 9~10 页。
② 参见黄濬《花随人圣盦摭忆》下册，第 455 页。
③ 相蓝欣：《义和团战争的起源：跨国研究》，第 129 页。

以前，慈圣独召见荣相两次，则此事实荣相所赞成"。① 那么，究竟荣禄是在怎样的环境下做出劝阻慈禧的抉择，也是必须考量的问题。对此，依据近代以来流传的各种私家笔记和野史都不足以说明问题的全貌，只有借助较为原始的资料所反映的情况来加以分析。

己亥年十一月十八日，即"立储"前夕，欧阳熙写给李盛铎的信中说道：

> 本月初十日，忽奉上谕，命廖师寿恒毋庸在军机大臣学习行走，而以赵展如（舒翘）入军机。闻李鉴帅（秉衡）陛辞时，慈圣谕以枢臣皆无用，命保人才，鉴帅辞不敢，慈圣遂分询诸人才具。鉴帅于荣、王诸人，皆敷衍答应。鉴帅退告马积生云："此时不能不昧心说话。"至廖师则痛诋之。鉴帅告人云："第言此人毫无用处。"毕竟召对时作何语，无从得知，闻有"枢臣皆要钱，太后将谁与图治"之语。刚相亦力挤之，故有此番更动。说者谓是去秋余波，似亦不为妄拟。刚相回京，极诋苏熙子［子熙］（元春）畏洋人如虎，决不能办交涉事，并在慈圣前言："苏某此次到京，广为应酬，用银十万两，足见此人不能办事。"并言军机大臣皆为所用等语。退告荣相，荣相争之云："我如使钱，天日可誓。"刚云："汝虽未使钱，已为使钱者所卖矣。"②

十一月十九日，张之洞侄婿朱延熙在写给张的信中，也披露了京城政情内幕：

> 昨刚、赵二公拟请停罢大学堂，以荣相力沮而止。荣相复请添设武备学堂，已经译署议准归大学堂兼管，观此则似有扩充之意。十月慈圣万寿，海外华商公电祝嘏，并请归政，尔时枢臣隐去"归政"二字，追刚相还京，悉以面奏，于是有购逃一谕。太仓（廖寿恒——引者注）之出军机，殆亦因此。合肥粤督之授，虽为调停广州湾，究亦兼为此事。此次合肥见用，有人奏请收回成命，慈圣抵折于地，大不谓然，盖

---

① 邓之诚：《骨董琐记全编》下册，第 644 页。
② 邓之诚：《骨董琐记全编》下册，第 643~644 页。

以甲午之役，群言过也。山东义和团事，朝廷意在解散，大约可了。教士被戕一案，亦经偿抵矣。顷来召见疆臣，外间谣言又起，皆不足信。①

这两封信反映了"立嗣"前朝局的一些动态。刚毅在十月十五日回京后，与赵舒翘再次动议裁撤京师大学堂，遭到荣禄反对。但是，他将海外保皇会要求"归政"的宣传情况奏报慈禧，导致慈禧大怒，并有十九日悬赏捉拿康、梁的"购逃"之谕；廖寿恒的出枢也与此有关，可见，刚毅仍在借康、梁问题做文章，对以平衡新旧、维护大局为己任的荣禄造成极大压力。在李秉衡面劾诸臣操守之后，刚毅又抨击荣禄所信任的提督苏元春，揭露荣禄的贪墨行径。荣、刚矛盾再次激化起来。

己亥年秋间，上海已传言清廷欲行"废立"，并称朝廷曾询问两江总督刘坤一、湖广总督张之洞的意见，据说刘"正谏"，张则"骑墙"。对此，张之洞很无奈，致电赵凤昌辟谣，称"不惟未问鄂，且未问江。国家大事，任意造谣，可恨万分"。② 十一月二十二日，上谕令刘坤一来京陛见。时人也猜测与废立之事有关。在上海的孙宝瑄致友人称："江督刘公所以离任内召之故，则其根源有未敢达之于信函者。外间奇闻甚多，骇说重重，大约事关宫禁，不敢说也。至其可说之根则起于客秋之电争十二字也（'君臣之分久定，中外之口宜防'十二字也）。"③ 这些说法并无根据，却十分盛行。海外的保皇舆论与上海等地的废立传闻，乃至对刚毅、荣禄等人的攻击，不会对清廷决策毫无影响。

有足够的材料说明，刚毅极力将搜捕康、梁和打击新党视为朝廷首要大事，并借此以固宠。刚毅一直很关注康、梁的举动，奉天将军增祺向慈禧进呈《清议报》，据说就是刚毅指使的，汪大燮评论刚毅说"大有逞志一人之势，又日日骂人是汉奸"。④ 文廷式也说："因康到澳门之故，二人讪长信

---

① 《朱延熙致张之洞函》，己亥嘉平十九日，未刊，见《李鸿藻存札》（外官禀）第2函，中国社会科学院近代史研究所藏，档号甲70-11。按，近代史所藏李鸿藻档案中夹杂有不少张之洞所收书牍，此即其中一件。
② 《致上海赵竹君》，光绪二十五年十月初一日，赵德馨主编《张之洞全集》第10册，武汉出版社，2008，第18页。
③ 胡珠生编《宋恕集》下册，第693页。
④ 《汪大燮致汪康年函》，上海图书馆编《汪康年师友书札》第1册，第804页。

（慈禧）太甚。长信云宁亡大清，必诛康、梁。"① 十一月二十六日，汪大燮致康年函称："自刚回后，又常常专注拿康，危言耸论，不知有加几许，……合肥之商务两广，皆为此事，有此一事，则余事皆不暇也。"② 刚毅将已经逐渐淡化的康案重新提起，加之经元善案发，更加激怒了慈禧，确实引发了紧张的局势。"立储"正是在这种背景下发生的。

"建储"后发生的经元善案，一定程度上又加重了这种氛围。庚子年（1900）正月十五日，上谕又悬赏十万两，捉拿康、梁二人，"无论死活均可"。又下旨命李鸿章平康有为祖坟。二月十六日，总署电催。李电复，以探闻康党在港筹备，"名为新党勤王，实欲袭城起事"，"惟虑激则生变，平毁康坟似宜缓办"。③ 慈禧得电，大为不满，传旨申斥："此等叛逆之徒，狼心思逞，正复何所不至。惟地方百姓，明晓大义者多，应知顺逆。即间有被其煽惑者，该署督当设法解散，一面密饬严拿，妥筹布置，毋任酿成巨祸。至所称平毁康坟，恐致激变，语殊失当。康逆罪大恶极，如直欲乘机起事，岂留一逆坟所能遏止。该署督身膺疆寄，惟当不动声色，力遏乱萌，倘或瞻顾彷徨，反张逆焰，惟李鸿章是问。"④ 言辞极为严厉。三月初一日，李鸿章之子李经述、经迈电告，"内意甚忌'新党勤王'四字……深以缓平坟一语为不然"。并称总署大臣许景澄"嘱平坟事，得谕后可速办"，⑤ 以减少来自朝廷的压力。但是，李鸿章仍采用拖延的方式消极抵抗。在办理经元善案的过程中，盛宣怀致电李鸿章，极力希望"与荣相商酌办法"，⑥ 一则设法使盛本人免责，二来此事牵涉"废立"问题，只有由荣禄介入，才能平息宫廷风波。在处理两宫关系问题上，荣禄的作用似乎无人可以替代。

宣布"建储"后，清廷对此举引发的恐慌和混乱也并非没有察觉。为此，也采取了一定程度的补救和缓和措施。这可能与荣禄的献言有关。己亥

---

① 《皮锡瑞日记》第4册，第104~105页。
② 上海图书馆编《汪康年师友书札》第1册，第812页。
③ 《复译署》，光绪二十六年二月二十六日午刻，《李鸿章全集》第27册，第21页。
④ 《附译署来电》，光绪二十六年二月□□日，《李鸿章全集》第27册，第21页。按：时间应为二十七日。
⑤ 《附北京李经述等来电》，光绪二十六年三月初一日午刻到，《李鸿章全集》第27册，第25页。
⑥ 《附京都盛京堂来电》，光绪二十六年正月二十三日酉刻到，《李鸿章全集》第27册，第9~10页。

年十二月二十八日，也就是经元善案发生的第二天，清廷以奉慈禧懿旨的形式，发布上谕："明年皇帝三旬寿辰，应行典礼著各该衙门查例具奏。"旋奉懿旨，"所有应行典礼，著查照咸丰十年成案办理"。① 二十九日，又颁布明发上谕："明年朕三旬寿辰，允宜特开庆榜，嘉惠士林。著以明年庚子科为恩科乡试，次年辛丑科为恩科会试，其正科乡会试，著递推于辛丑壬寅年举行，用示行庆作人，有加无已至意。"② 光绪帝三旬万寿举行典礼并开恩科，都是向世人表示，光绪帝仍然得到维护，并无"废立"的危险。

因为传言盛行，一些朝臣对于是否应该向"建储"发贺折也游移不定。庚子年正月初七日，驻英公使罗丰禄致函李鸿章询问究竟，李复电称："朝政肃清，建储无废立之说，当共喻之。"③ 罗询问溥儁立储是否需要上贺折，李认为，"为毅皇立阿哥，并无太子之名，似不应贺。康党造言生事，鼓惑各埠愚民，嚣然不靖，借以敛资，实为乱根"。④ 并命罗设法交涉，将康逐出新加坡。庚子（1900）正月十一日，张之洞也致电钱念劬解释说："立嗣乃本光绪五年懿旨上谕，京师并无他说，各使馆亦俱安静。康党造谣煽乱，诬诋慈圣，各报妄传，深恨仆之攻驳康学，故于仆极口诬诋，谓京城有大举，鄙人已允，骇愕已极。中国体制，岂有一外臣与秘谋之理。"⑤ 与李鸿章一样，他坚定认为"废立"之说乃是康党造谣。同样，他对上贺折一事也在观望之中。正月十七日，张之洞致函护理陕西巡抚端方，询问"贺立嗣折，尊处拟何时发？是否须候部文？"⑥ 看来，地方督抚尽管努力为朝廷辟谣，推为康党造谣，但是，对于"建储"之事如何应对，本身也很困惑，毕竟，这是在清廷内部矛盾重重的背景下出现的前所未有的大决策，既不能不置可否，也不敢介入过多，"己亥建储"就在这种混沌状态渐渐沉寂下来。

庚子年春间的京师官场，因"立储"的影响，端王载漪地位骤升，刚毅、徐桐、崇绮积极结纳，京师一片守旧气氛。二月，闲居京师的毓贤调补

---

① 中国第一历史档案馆编《光绪宣统两朝上谕档》第 25 册，第 405 页。
② 中国第一历史档案馆编《光绪宣统两朝上谕档》第 25 册，第 406 页。
③ 《寄伦敦罗使》，光绪二十六年正月初一日申刻，《李鸿章全集》第 27 册，第 4 页。
④ 《复伦敦罗使》，光绪二十六年正月初七日已刻，《李鸿章全集》第 27 册，第 6 页。
⑤ 《致东京钱念劬》，光绪二十六年正月十一日申刻发，《张之洞全集》第 10 册，第 37 页。
⑥ 《致端方电》，庚子正月十七日亥刻发，《张之洞电稿》（光绪二十四年八月至二十五年七月），中国社会科学院近代史研究所藏，档号甲 182－95。

山西巡抚；同时，山东巡抚由袁世凯补授，李鸿章正式接任两广总督，东南互保时代的督抚格局大致底定。

荣禄因皇帝万寿获赐御书匾额，并授内大臣。这年春天，荣禄因身体原因一直请假休养。在此期间，他精心筹办的另一件事情是与溥伦联姻。溥伦之原配为叶赫那拉氏，已故，系慈禧之弟佛佑之女。① 二三月间在那桐的联络下，荣禄侄女瓜尔佳氏与溥伦再续婚姻，并通过慈禧指婚的形式得以完成。② 荣禄连续请假，有论者以为他是躲避。但是，从王文韶、那桐的日记看，他确实患病较重。三月二十八日，王记云："荣相足疾大发，两日未入直，（先已陆续请假二十日，销假才七日也）。下午赴园寓候之，情形甚为狼狈，拟再请假十日，属告同人。"③ 四月初一日又记："荣相足疾剧甚，请假十日。"④ 那桐在日记中说，四月十二日，荣禄病情仍未减轻。⑤

然而，就在荣禄居家养病期间，义和团反教活动从山东开始蔓延至京畿地区，焚杀教民的活动也越来越激烈。教会和各国公使向总署提出交涉，但是，在清廷排外护拳的政策倾向下，这些交涉毫无实质结果，事态终于发生突变。尤为严重的是，荣禄病假期间，刚毅等人在处理民教和对外关系上的偏执和失误，直接造成了事态失控的后果。而海外保皇派等反对废立、批评"建储"的舆论，引起慈禧不快，这些都埋下了她在庚子事变中一度对外宣战的动因。

---

① 《爱新觉罗宗谱》第 2 册，甲一，学苑出版社，1998，第 2~3 页。
② 参见北京市档案馆编《那桐日记》，第 335~339 页。
③ 袁英光、胡逢祥整理《王文韶日记》第 1007 页。
④ 袁英光、胡逢祥整理《王文韶日记》第 1007 页。
⑤ 北京市档案馆编《那桐日记》，第 341 页。

第十章　庚子事变

光绪二十六年的庚子事变导源于山东、直隶的义和团运动，引发八国联军侵华战争，最终致使慈禧、光绪两宫出走，逃往西安，江南半壁河山因东南督抚与各国领事签署"互保"协议而暂得安宁。荣禄在庚子时期的表现和活动一直是学界重点关注的问题，学界曾有不少争论。[①] 有关荣禄在镇压拳民、围攻使馆、谋求与公使议和方面的举动，近代以来的私家记述差异很大，评价各异，需要利用官方档案和更原始的日记、书信等资料进行考订，才能准确把握庚子事变中荣禄的真实处境和活动。

一　义和团兴起与清廷的应对

义和团运动是甲午战后深重的民族危机在下层民众中激起的反应，突出表现为民教冲突。那时，不少外国传教士和倚仗洋教堂势力的教民，恃强凌弱，为非作歹，官府都置而不闻，于是在山东各地首先爆发了义和团运动。义和团的成员最初由当地习拳习武的下层民众组成。他们的行动是自发的仇外反抗斗争。由于没有先进社会力量的引导，其中也有笼统排外、迷信愚昧、组织松散等落后因素。

庚子年三四月间，义和团向直隶以及京津一带发展，沿路人数骤增，成分也越来越复杂，到处发生焚烧教堂、杀死教民、拆毁铁路等事件，行动逐

[①] 有关庚子义和团和八国联军侵华问题的研究和争鸣情况，参见苏位智、刘天路主编的《义和团研究一百年》（齐鲁书社，2000），也可参阅本书导言部分。

渐失去控制。此时，义和团打出了"扶清灭洋"的旗号。面对急迫的形势，清廷内部出现分歧，军机处中荣禄主张镇压，而刚毅建议"劝导"，并为慈禧采纳。不到十天，大批义和团民进入京城，京师形势开始失控；同时，外国军舰在大沽口外的聚集也越多，造成事实上的外部压力。清廷霎时处于腹背受敌的境地。

先是，光绪二十五年（1899）十二月十一日，清廷曾颁布上谕称："近来各省盗风日炽，教案叠出，言者多指为会匪，请严拿惩办。因念会亦有别。彼不逞之徒结党联盟、恃众滋事，固属法所难宥。若安分良民，或习技艺以自卫身家，或联村众以互保闾里，是乃守望相助之义。地方官遇案不加分别、误听谣言，概目为会匪，株连溢杀，以致良莠不分，民心惶惑。是直添薪止沸、为渊驱鱼，非民气之不靖，实办理之不善也。"为此，要求以后"地方官办理此等案件，只问其为匪与否、肇衅与否，不论其会不会、教不教也"。① 这道上谕要求地方官对地方滋事"持平办理"，清廷所以采取这种态度，就是受到载漪、刚毅、毓贤等人的影响。对此，各国驻京公使极为敏感，视为朝廷对"暴民"的支持。驻京公使先后在十二月和新年正月、二月三次向总理衙门提出抗议，要求清廷颁布新的谕旨，明确禁止大刀会和义和团的活动。② 总理衙门始终未予正面回复。二月初十日，列强以自卫为由，调遣兵船开往大沽，进行恐吓。也正是在这个时期，山东、直隶地区的拳民活动迅速蔓延，三月间，保定、涿州、天津等近畿都有拳民活动。③ 到四月中旬，拳民活动规模越来越大，官员完全失去对地方秩序的掌控。四月二十四日，派去讨伐拳民的清军营官杨福同被杀；四月底，拳民又焚毁了芦汉铁路丰台、长辛店一段及其附属设施。④

义和团涌进津京和驻京公使强烈抗议之际，荣禄一直在病假中，对朝政的参与十分有限。三月初二日，林懋德副主教致函荣禄，要求速剿拳民。⑤

---

① 《清德宗实录》卷447，光绪二十五年十二月十一日，《清实录》第57册，第1014页。
② 参见胡滨译《英国蓝皮书有关义和团运动资料选译》，中华书局，1980，第4、9、13页。
③ 《梅统领、张道来屯》，光绪二十六年二月二十三日亥刻到；《总署来电》，光绪二十六年三月十七日亥刻到，林学诚：《直东剿匪电存》，北京大学历史系编《义和团运动史料丛编》第2辑，中华书局，1964，第88页。
④ 按，卢沟桥当时称为"芦沟桥"，故称"芦汉铁路"。
⑤ 《林懋德札》（一），杜春和、耿来金、张秀清编《荣禄存札》，第388页。

三月初八日，樊国梁致函，也请清廷尽快剿杀拳民，保护教民。① 四月，樊国梁再次致函荣禄称："阁下既位居首相，权制众军，何不及早谋诸总署，将此邪党丑类，剪锄根株，以谢天下，更待何时哉！大凡物不得其平则鸣，本主教之所以屡渎台端者，实出于情急不得其平故也。"② 主教的呼吁仍属于以往的护教行为，但是，官员们的上书和紧急电报，让荣禄无法再置身事外。

四月下旬，署理直隶按察使廷雍上书荣禄，陈说处置义和团的紧迫性和棘手之处，反映了不少清朝官吏的态度。该禀文称："窃照义和团民起自山东，蔓延直境，由去秋至冬，凡有拳教寻衅一切情形及拟请办法，雍曾于上年十一月二十八日缕晰开具节略禀陈钧鉴矣。伏查此项拳民，以持符念咒能避枪炮为言，以仇教为名，到处易于煽惑，借此敛财，势衰则已经殃及百姓；势甚则不免自成一家，深为地方之隐忧，亟宜设法靖清。惟纠缠棘手难于见功者，为我中堂陈之：查拳匪之首要来无定宗，去无定果，非股匪可比，凡遇其煽惑聚众，其中真正拳匪不过数人，而被胁乡愚动有千百，因此不能议剿，仅用歼厥渠魁、胁从罔治之法，而匪首暗地诡计，未必当场出头，所以各处聚众屡屡，而获首者寥寥，每值官兵一到，愚民尚聚未散，而匪首竟先远扬，此拳匪与平民难分之实在情形，办理棘手者一。所拟办法第一要慎选牧令认真禁止，设法民教始能相安，否则一波未平一波又起，久必激成互斗，不可收拾。"③ 二十三日，荣禄将其转送总理衙门。

五月初一日，拳民拆毁琉璃河、长辛店一带的铁路，并及电杆，④ 保定至京师电报首先中断。从四月二十九日到五月初一日，盛宣怀连续向荣禄电告芦汉铁路被拆毁和洋人技工遭到攻击的消息。五月初二日起，荣禄几次上奏，请求采取剿办措施，奏称"持平办法不但于拳民之中当分良莠；而且于匪民之中当分首从，此不易之理"。但他在奏片中说：

---

① 《樊国梁札》（一），杜春和、耿来金、张秀清编《荣禄存札》，第386页。
② 《樊国梁札》（二），杜春和、耿来金、张秀清编《荣禄存札》，第387页。
③ 《民教寻衅愈出愈奇须筹正本清源办法以消巨患由》，光绪二十六年四月二十三日，总理衙门档，台北中研院近代史研究所档案馆藏，编号01-14-001-02-017。
④ 曙西复依氏、青村杞庐氏：《都门纪变百咏》，阿英编《庚子事变文学集》上册，中华书局，1959，第119页。

惟近闻拳会中颇有会匪、游勇、盗贼之类，借习拳之名，以逞其为匪之技者，如焚抢教堂，拆毁铁路，拒捕官兵等事。若不严拿重惩，其害胡底，今各国使馆深为惶惧，法使欲调洋兵入京，以资保护。若洋兵果来，其害又甚于拳匪。窃思严禁匪类，原系应办之事，并非虐民媚洋，仍应遵上年谕旨；但论其匪不匪，不问其会不会，会而不匪，虽会何伤，若既为匪徒，例应严办，而况冒拳名以张匪势乎！拟请明降谕旨，通饬各该管地方官，遇有拳会，分别良莠，禁谕兼施。如定兴、涞水已成之案，则歼除首要，解散胁从，倘有托名拳会，安心为匪，甚或戕害人命，扰乱地方者，一经拿获讯实，立置重典，决不宽贷。如此分别办理，则匪徒之技穷，洋人之口塞，我办我匪，彼兵即可不来，而京师亦获安堵矣。①

初三日，荣禄派武卫中军提督孙万林统带马步五营，驰赴丰台；又派记名总兵王明福统带卫队三营，驰赴马家堡驻扎弹压。② 同日，荣禄亲自前往马家堡逐一查看。"据车站头目及民人等佥称，天未明时，居民工匠等纷纷议徙；幸各军到来，人心始定。"受到影响的赴津火车也于午刻开行。随后，又与武卫中军署理翼长恩祥、内阁侍读学士陈夔龙乘坐火车前往丰台，看到该处机器厂、电报局、火车房材料厂、洋人住房均被焚烧，烟火尚燃，火车、铁轨均尚无恙。遂饬驻扎各军，认真保护，妥为弹压。如有匪徒滋扰，即行拿获，就地正法。考虑到卢沟桥一带尚觉空虚，荣禄又将已抵丰台之直隶练军移扎驻守。③

五月初六日，义和团将高碑店以北电线铁路全部焚毁，盛宣怀急电，以保定以南方顺桥等处被烧，涿州拳众占城竖旗，保定岌岌可虑。荣禄遂令聂士成即刻驰赴保定省城，居中调度，相机进剿。④ 然而，荣禄积极调军保护铁路和镇压匪徒的安排，引起慈禧等人不满。初七日，颁布上谕称："有人奏，拳匪滋事，地方官办理不善，请旨惩处，并陈管见一折，等因，钦此。同日又准军机大臣字寄，面奉谕旨，近畿一带拳民聚众滋事，并有拆毁铁路

---

① 《查拳教滋事片》，《荣禄集》，《近代史资料》总54号，第31~32页。
② 《涞水定兴一带拳教滋事片》，《荣禄集》，《近代史资料》总54号，第31页。
③ 《拳匪滋事分拨队伍弹压片》，《荣禄集》，《近代史资料》总54号，第32~33页。
④ 《高碑店以北电线铁路焚毁片》，《荣禄集》，《近代史资料》总54号，第35页。

等事。迭次谕令派队前往，保护弹压。此等拳民，虽属良莠不齐，究系朝廷赤子，总宜设法弹压解散。该大学士不得孟浪从事，率行派队剿办，激成变端，是为至要。钦此。"① 据随手登记档，荣禄面奉谕旨：解散义和拳，万不可剿，交北洋公所领去。②"解散义和拳，万不可剿"就是慈禧命荣禄遵守的原则。

荣禄奉旨后，初八日复奏："臣跪诵之下，钦悚莫名，查拳民练习拳勇，本属乡愚；嗣因游勇会匪窜迹其间，以致良莠不齐；及至聚众滋事，焚毁铁路，事起仓猝。当五月初一日警报纷传，计筹万全，自不能不有备无患。臣每派营员前往弹压，必谕以设法解散，切勿孟浪，不啻三令五申。……臣审度事机，权衡轻重，总期查拿首要，解散胁从，万不敢孟浪从事。"③ 此后，对"剿办"拳民之事开始更加谨慎。初十日，上谕派刚毅、赵舒翘前往涿州晓谕拳民。在这一轮决策中，刚毅的主张受到慈禧采纳。

荣禄受到责备后，不再坚持继续"剿办"拳民，这使他身边的下属和同僚，非常着急。荣禄的幕僚樊增祥，反复向荣禄提议及早剿灭拳民。他在密信中说："拳匪事不知董、赵入对作何议论。闻爽秋（袁昶）云俄使有折入告，渠所言可谓中肯，亦可谓忠于我国。顷苏弁来言，海船不通，渠拟由驰驿回，窃谓海口已封，可骇之至。刻宜先剿涿匪，示以威棱，以夺匪气而止洋辞，若再俄延，不堪设想矣……"④ 查，拳民占据涿州城是四月二十九日，召见董福祥是五月初三日，当时，海口已被洋人封锁，形势十分危急。在另一封信，樊增祥说得更加直白："……我不用兵则洋兵必至，洋兵一至，玉石不分，吾民受害岂堪设想？是打拳匪正是爱百姓，此理甚明。慈圣当能见醒。诗曰：'发言盈廷，谁能执其咎。'函丈居此位，处此时，但当为朝廷挽危局，不必与糊涂人论是非，我心无他，疑谤何恤？天下后世自有公道也……"⑤ 但是，荣禄没能做到。

十二日，许景澄又致函荣禄禀报铁路损毁情况，称自五月初七日夜黄村车站被焚后，初九日张燕谋（冀）京卿亲偕唐绍仪专车赴杨村，会同功亭

---

① 中国第一历史档案馆编《义和团档案史料》上册，中华书局，1979，第 116 页。
② 中国第一历史档案馆编《清代军机处随手登记档》第 154 册，第 150 页。
③ 《再奏涿州拳众占城竖旗可否进剿片》，《荣禄集》，《近代史资料》总 54 号，第 36 页。
④ 虞和平主编《近代史所藏清代名人稿本抄本》第 1 辑第 68 册，荣禄档，第 117 页。
⑤ 虞和平主编《近代史所藏清代名人稿本抄本》第 1 辑第 68 册，荣禄档，第 118～119 页。

（聂士成）军门沿途查看修理，行至中途，遭遇拳民被迫折回；而郎（廊）坊、落垡两处，也先后焚毁。"昨日又据马家堡站长电称，初十晚二、三钟时，有匪徒烧毁压道机器土房，机器亦小损，其电气车路时有游人将石块填阻。""丰台站长电称今申又焚道房两截，并将旱桥一管道夫砍伤旋毙。"许景澄写道："惟京津一路，所有关外新路借款，月息六、七万两，全仰给于此。现在此路非但猝难接通，京站亦难保全。聂军在杨村阻匪，不能前进，情形岌岌，焦灼万分。为此再行沥陈，伏乞中堂通筹设法。"① 此刻，荣禄已奉"勿得孟浪"的谕旨，亦保持缄默，毫无作为。

同样，东南督抚得知拳民毁路的消息后，通过各种渠道，表达坚决剿办的主张。五月初四日，湖广总督张之洞致电荣禄和直隶总督裕禄，主张对毁路拳民"即行剿办"。他在电报中说：

> 此乃借闹教而作乱，专为国家挑衅。且铁路与教堂何涉，可见实系会匪，断非良民。若滋闹不已，恐豫东义和团匪徒闻风响应，剿抚均难，且各国必以保护教士教民为词，派兵自办，大局将难收拾。况近畿之地，乱匪横行，尤于国威有损，于交涉他事关碍甚多……洞为大局起见，难安缄默，故敢抒其管见，不仅为芦汉铁路也。尚祈鉴原，俯赐裁酌。②

五月初七日，盛宣怀致电李鸿章称："洋兵入京保护使馆，清议主抚，养痈成患，各国生心。宣已电奏，赶紧责成聂提肃清畿辅，并请岘帅、香帅电奏请剿。师宜切实敷陈，荣相、王相甚明白，但须借疆吏多持正论，以破迂谈，九重乃可定见。"③ 盛宣怀期望李鸿章也能像刘、张一样，奏请剿拳。但是，李的态度十分冷淡。次日复电："拳匪拆路百二十余里，修费何出？将来各处效尤，路恐不保。清议不以铁路为然，正快其意，时事尚可问乎？

---

① 《许景澄札》，光绪二十六年五月十二日，杜春和、耿来金、张秀清编《荣禄存札》，第2页。
② 《致总署、荣中堂、天津裕制台》，光绪二十六年五月初四日申刻发，《张之洞全集》第10册，第52~53页。
③ 《附盛京堂来电》，光绪二十六年五月初七日申刻到，《李鸿章全集》第27册，第46页。

似非外臣所能匡救。"① 这里的"清议"似指徐桐等排斥洋人和洋务的顽固分子，李的表现完全是局外人的姿态。

盛宣怀仍寄希望于荣禄。十一日，荣禄复电（卦电）："匪事办法今已明降谕旨，复派刚相赴保定一带宣布解散。如不行，即一意主剿云。"盛宣怀很快将这个消息电告李、刘、张。② 李鸿章认为，"刚、赵分途晓谕，恐仍无济"。③ 五月十二日，刘坤一也致电直隶总督裕禄，建议"先清内匪，次杜外患。若剿抚无定见，蔓延难图，各国从而干预，大局不支，惟公（裕）与荣相熟计之。"④ 这时，荣禄已经遵循上谕，等待刚毅、赵舒翘的宣抚效果，不打算与裕禄"熟计之"了。

五月十七日，李鸿章致电刘坤一："刚、赵奉命宣慰，各国哗然，知无剿意。赫德飞电告急，姑据以电奏。适津北电断，未知日内达否？即早定计，善后已难商办，大局危甚。"⑤ 次日，安徽巡抚王之春致电李鸿章，询问"师门如何补救"，建议"迅速敷陈"，⑥ 李复以"内意主抚，电奏无益"。但是，李鸿章认为，"荣（禄）拥兵数万，当无坐视。群小把持，慈意回护，必酿大变，奈何"。⑦ 他将希望寄托在"拥兵数万"的荣禄身上。但慑于慈禧、载漪等人的压力，荣禄并未出面力谏。

五月初一日，京城与保定的电报线中断；五月十七日，天津以北电线也中断，从此东南督抚与京城之间的联系受到很大影响，被迫采用马拨传递公文；同样，京城公使馆与津沪领事及军官之间的联系也中断。⑧ 在谣言盛行的背景下，很快造成恐慌。西方列强早已虎视眈眈，大沽口外的外国军队迅

---

① 《复盛京堂》，光绪二十六年五月初八日巳刻，《李鸿章全集》第27册，第46页。
② 《附上海盛京堂来电并致江督鄂督》，光绪二十六年五月十二日午刻到，《李鸿章全集》第27册，第47页。
③ 《寄上海盛京堂》，光绪二十六年五月十二日未刻，《李鸿章全集》第27册，第47页。
④ 《复裕寿山制军》，光绪二十六年五月十二日，《刘坤一遗集》第6册，第2561页。
⑤ 《复江督刘》，光绪二十六年五月十七日申刻，《李鸿章全集》第27册，第49页。
⑥ 《附皖抚王来电》，光绪二十六年五月十八日巳刻到，《李鸿章全集》第27册，第49页。
⑦ 《复皖抚王灼帅》，光绪二十六年五月十八日巳刻，《李鸿章全集》第27册，第49页。
⑧ 赫德在庚子年十月（1900年11月）撰文回忆说："最后一列火车于9日（按：指6月9日，即阴历五月十三日，下同）驶离马家堡车站，最后一份电报于10日（五月十四日）发出，15日（五月十九日）出发的特派邮差没能够到达天津，所接到的来自天津的最后一封信是16日（五月二十日）发出而于18日（五月二十二日）收悉的。"赫德：《北京的使馆——一次全国性的暴动和国际事件》，赫德：《这些从秦国来——中国问题论集》，叶凤美译，天津古籍出版社，2005，第10页。

速集结，积极备战，准备前往京城解救"使臣"；而东南督抚对远在千里之外的京城决策毫不知晓。清廷上下将全部注意力放在了从大沽口登陆的各国军队上，外患压境，"借拳攻洋"已是箭在弦上。

二 联军入侵与清廷宣战

五月上旬，大批拳民逐渐涌入京城，形势骤然紧张。十一日，荣禄与庆王前往颐和园，劝说两宫回城，十三日两宫回到西苑。此时，慈禧已派刚毅前往保定一带宣布解散拳民。五月十四日，西摩尔联军组成，并准备开往北京"救使"。这一天，清廷调整了总理衙门的人员组成，命端王载漪管理总署，并新增派礼部尚书启秀、工部右侍郎溥兴、内阁学士兼礼部侍郎衔那桐为总署大臣，并声明现在时事艰难，"不准固辞"。① 次日，端王上密折，请辞，称："受恩深重，遇事何敢固辞，惟奴才素有肝疾，以致两足酸痛，时发时愈，医治总未见效。查总理各国事务，责任綦重，并时有会晤事件，须觌面相商，似非病躯所可从公，恐偶值疾发，未能即时进署，设有遗〔贻〕误国事，咎将何辞？奴才愚憨性成，见识浅鲜，于交涉事宜，更所未谙，特因大局攸关，故不敢不据实密陈。"② 这是递给慈禧的密奏。于是，慈禧又颁布谕旨："昨派端郡王载漪管理各国事务衙门，该郡王差务繁重，未能常川进署，如该衙门遇有紧要事件，仍著随时会商。钦此。"③ 庆王虽然没有被赶出总署，已经不受信任。当时，京津电报已经中断，京城内外弥漫着紧张混乱的气氛。清廷内部在决策问题上出现了严重的偏差。荣禄虽对形势的认识比较冷静，但缺乏慈禧的信任，只能服从旨意，行为谨慎。

（一）荣禄与四次御前会议

五月十五日，前往火车站迎候联军的日本驻华使馆书记生杉山彬被董军

---

① 《著载漪管理总理各国事务衙门等事上谕》，光绪二十六年五月十四日，中国第一历史档案馆编《义和团档案史料续编》上册，中华书局，1990，第596页。
② 《端郡王载漪奏为肝病加身不堪赴任事》，光绪二十六年五月十五日，录副奏折，档号03-5389-171，缩微号407-1191。
③ 《著载漪随时会商总署紧要事件事上谕》，光绪二十六年五月十五日，《义和团档案史料续编》上册，第596~597页。

戕杀。杉山彬被杀后，总署派人往日本使馆道歉。同时，荣禄立即采取措施控制局面，力图避免中外决裂。他力排众议，建议调李鸿章重新回京掌握外交，意图挽救。慈禧接受了其建议。次日，清廷意识到问题的严重性，发布上谕要求认真保护使馆："著荣禄速派武卫中军得力队伍即日前往东交民巷一带，将各使馆实力保护，不得稍有疏虞。如使馆眷属人等有愿暂行赴津者，原应沿途一体保护，惟现在铁路未通，若由陆遄行，防护恐难周妥，应仍照常安居。俟铁路修复，再行察看情形，分别办理。"① 因刚毅离京到涿州观察拳民情况，清廷对义和团的剿抚争论暂时搁置，但是，拳民焚杀教民的活动并未停止，京城秩序陷入混乱。五月十九日，清廷令步军统领衙门、神机营、虎神营、武卫中军会同大臣巡查街道，分驻九门监督启闭，② 以控制局面。

与此同时，停泊在大沽口外的外国军舰早已开始准备进军津沽。因此，此时，京津电报通信彻底中断，铁路交通也中断，天津外国人与京城公使馆失去联络，外国军队大举北上。与东南督抚急迫的呼吁相比，真正影响清廷决策的却是津沽的紧张形势。列强的侵略，不管出于何种理由，清廷都不能不予以坚决阻击。

五月二十日，拳民纵火焚烧前门大栅栏地区商铺，大火蔓延，商业繁华地段毁于一旦，火势延及正阳门，形势变得更加混乱。按照恽毓鼎所说，"未刻忽然奉谕旨"，命王公、贝勒、大学士、六部九卿伺候召见。未刻已在下午2时左右，大栅栏大火可能是促使慈禧叫大起的原因之一。恽毓鼎日记记："旋于西苑仪鸾殿召见诸臣，询问大计，集约四十余人。太后问京城扰乱，尔等有何见识，各据所见，从速奏来。群臣纷纷奏对。后命枢臣暂留，群臣咸退。"③ 根据后来的上谕，这次见起的王公大臣有礼王世铎、庆王奕劻、讷勒赫、恭王溥伟、醇王载沣、魁斌、庄王载勋、端王载漪、那彦图、载滢、载濂、贝勒载润、荣禄、昆冈、刚毅、王文韶、立山、崇绮、启秀、敬信、崇礼、廖寿恒、徐用仪、赵舒翘、松溎、裕德、怀塔布、崇光、溥善、英年、溥良、景沣、那桐、溥兴、寿耆、联元、崇寿、葛宝华、陆润庠、陆宝忠、陈学棻、溥静、陈秉和、朱祖谋、秦绶章、黄思永、贵昌、孚

---

① 中国第一历史档案馆编《光绪宣统两朝上谕档》第26册，第134页。
② 《石涛山人见闻录》，《义和团运动史料丛编》第1辑，第75页。
③ 《恽毓鼎庚子日记》，《义和团运动史料丛编》第1辑，第50页。作者后来的笔记《崇陵传信录》称召见时有一百多人，应系误忆。

琦、铁良、刘永亨、袁昶、许景澄、荣惠、曾广汉、会章、恽毓鼎、张亨嘉、吴廷芬等，总计 70 余人。① 曾有学者讨论刚毅是否参加，从种种情况看，会议是午后开的，刚毅应该已经回京，故名字见于上谕。这次会议对义和团的剿抚和对列强的和战问题，展开了争论。

这次召见的情形留下来的可信文献非常稀少。有说法认为，这次御前会议上慈禧决定对外宣战，是因为荣禄呈上了外国要求太后"归政"的照会，而这个激怒慈禧的"照会"是江苏粮道罗嘉杰提供的。也有研究者认为并无"照会"之事。关于此事，比较常见的是李希圣《庚子国变记》的记载："是日，召见大学士六部九卿入议，太后哭，出罗嘉杰书示廷臣，相顾逡巡，莫敢先发。"② 李并未参加会议，这应是他事后听说的。恽毓鼎《崇陵传信录》的记述更是生动，称："罗遣其子扣荣相门，云有机密事告急，既见，以四条进。荣相绕屋行，彷徨终夜，黎明遽进御。太后悲且愤，遂开战端。"③ 这段记述也是事后听说的，将慈禧决定宣战直接归结于罗的"照会"。不过，近年出版的恽氏日记，当日并未记述此事。④ 从比较可靠的材料来看，罗嘉杰向荣禄提交情报之事确曾有。庚子六月，许景澄写给张之洞的信中说：

> 溯自拳民蔓布畿甸，自涞水而涿州，四月杪遂毁保定铁路，五月毁及京津之路，荣相颇主持兵剿，适以足疾在假，云门力赞之。而其时邸藩及诸大老积愤洋人教民凌辱太甚，群快为义，日张文告禁止，而日益横行都市。自五月望后遂有焚杀京城教堂之变；至二十日荣相得江苏粮道罗家（嘉）杰密称闻洋人将要求四事，此函遽以进呈，于是抚团攻洋之议遂决。是日派澄偕侍郎那桐迎前商阻续调进京之洋兵，次日行至丰台，为团众所拦折回（几罹凶刃）。⑤

许景澄是当时接近决策中枢的官员，他与荣禄的幕僚樊增祥（号云门）

---

① 中国第一历史档案馆编《光绪宣统两朝上谕档》第 26 册，第 133 页。
② 《义和团》第 1 册，第 12 页。
③ 《义和团》第 1 册，第 49 页。
④ 参见《恽毓鼎庚子日记》，《义和团运动史料丛编》第 1 辑，第 50 页。
⑤ 《许竹篔致张文襄之洞函》（抄件），庚子六月二十三日，《张之洞等函札》，中国社会科学院近代史研究所藏，档号甲 182-487。

联系密切，了解不少内幕。在拳民毁路进京的情况下，荣禄主张兵剿的态度十分肯定；也肯定五月二十日荣禄进呈了所谓的照会"四事"，只是内容未详及。许景澄似乎对荣"遽以进呈"的行为不很赞同。从时间看，荣禄递上罗嘉杰提供的"四事"，应该在早晨军机见起时，这天慈禧召见了军机、庆王和端王，应该是同时召见的。① 高枬在日记中也说："荣相初与某某等争论不胜，适接江苏候补道某函，言洋人已定四条，有天下兵马钱粮归其掌管，政府要干预。荣相得此函，送入，将以恫骇沮其谋，转而归剿办之议也。不料送入，遂大怒决裂。"② 其中"某某"或指端王辈，"候补道某"即罗嘉杰（应是实缺道员）。现在看来，罗嘉杰提供的应该是一种情报性质的消息。荣禄递上去的本意是为了让慈禧等人感受到形势严峻而采取缓和策略，不料适得其反，反倒坚定了慈禧排外的决心，"于是抚团攻洋之议遂决"。

关于这份"照会"的内容，文献记载不一。张之洞的坐探委员巢凤冈六月初三日从德州发回的电报称："闻各使出四款，一归政；二粮税归彼管；三佛爷无论在宫在海，应用洋兵保护；四各国准参谋政府事。请旨，上主和，佛主战，董军戕毙德使，长安街将开仗。"③ 这些消息也是打探来的，有些细节未必准确，其中也有"归政"一说。荣禄向慈禧提交过情报，并引起太后动怒，大概可以肯定。

在这次大起上，荣禄沉默无语，因为他比局外人更了解慈禧的想法。会后，军机大臣暂留，做出了两个决定。第一，责成刚毅、董福祥对义和团"一面亲自开导，勒令解散；其有年力精壮者，即行招募成军，严加约束，以备折冲御侮之资"，并称朝廷"原可宥其前愆，以观后效"。另一方面，又称"究竟该拳民临敌接仗，有无把握，世铎等须细加察验，谋定后动，万不可孟浪从事"。④ 第二，命荣禄"速派武卫中军得力队伍，即日前往东交民巷一带，将各使馆实力保卫，不得稍有疏虞。如使馆眷属人等有愿暂行赴津者，原应沿途一体保护，惟现在铁路未通，若由陆道行，防护恐难周

---

① 参见孔祥吉《奕劻在义和团运动中的庐山真面目》，《近代史研究》2011年第5期。
② 《高枬日记》，近代史资料编辑室编《庚子记事》，中华书局，1978，第156页。
③ 《德州巢委员来电》，庚子六月初三日亥刻发，初六日未刻到，虞和平主编《近代史所藏清代名人稿本抄本》第2辑第79册，大象出版社，2014，张之洞档案，第664页。恽毓鼎《崇陵传信录》的记载略有差异，参见《义和团》第1册，第49页。
④ 《义和团档案史料》上册，第145~146页。

妥，应仍照常安居，俟铁路修复，再行察看情形，分别办理"。① 同时，命令马玉昆即日统带所部马步各队，星夜迅速赴京，"毋许片刻延误"。② 又令湖北提督张春发、江西臬司陈泽霖，迅速带队赴京听候调用。③ 同时，电召巡阅长江水师大臣李秉衡来京。清廷采取了一面保护使馆，一面命令各路队伍迅速进京勤王的决策。

当时，先决定派总署大臣许景澄、那桐前往马家堡以南，阻止洋兵入城，并照会俄国公使格尔思，"如不听命，则立调董军拦阻，再不服阻，则决战"。④ 据那桐日记所记，深夜（子初）他与许景澄带着随员塔克什纳（字穆庵）、联芳（字春卿）等三人，出朝阳门，暂住官厅。次日一早，赴马家堡发报，中午到丰台，遇到义和团，"到塔儿寺烧香焚表毕，归路到倒影庙住宿"，并未见到洋兵。二十二日一早回城，先到端府虎神营营署见端王，然后再见荣禄，说明情况。⑤ 可见，尽管端王一派强势，但是，许、那对荣禄仍然很尊重。对于派员阻挡洋兵，荣禄本来就不以为然，从许景澄给樊增祥（身云主人）的信中可见一斑：

> 今日叫大起儿，王、贝勒等谓须派员迎挡洋兵，商令勿入城，挡不住则令董军挡之。当奉旨令景澄及那琴轩桐去，即晚带翻译出城。略园（荣禄）相私谓明料挡不住，然令董军出手，则结了（用北音读。董骄蹇已极，不受节制，素持联拳灭洋为说，近端邸极袒右之——引文原注）。弟言我等自必竭力商挡，至董军一层，还请中堂通筹。揣略相亦有说不出的苦。弟惶惑无计，阁下务必代筹感佛、阻端、助庆之法，庶可将董军硬办一节消化，冀存苞桑之一线，如进言，但据弟述商挡硬挡办法，以下则由阁下发议为宜，至祷，匆促不尽欲言。⑥

---

① 《义和团档案史料》上册，第144~145页。
② 《清德宗实录》卷464，光绪二十六年五月二十日，《清实录》第58册，第76页。
③ 《清德宗实录》卷464，光绪二十六年五月二十日，《清实录》第58册，第77页。
④ 《袁昶乱中日记》，《义和团》第1册，第338页。
⑤ 北京市档案馆编《那桐日记》上册，第345~346页。另，《袁昶乱中日记》二十二日也称："今晨复命，未叫起，以情乞荣相代奏。"见《义和团》第1册，第339页。
⑥ 见《袁昶乱中日记》，《义和团》第1册，第338页。据现有研究，袁昶此日记有过点窜，但这封许景澄给樊增祥的信，似是原件。当时，袁昶几次将日记抄录寄给张之洞，作为情报传达给张，许致樊的信应该是袁昶抄录过来的，"用北音"一句评语，可能是袁在抄稿上做的点评和备注，供张之洞参考用的。

这封信是许景澄奉命出城前往阻挡洋兵之时，写给荣禄的幕僚樊增祥的。显然，许、荣私下里已经有所交流，荣禄认为"明料挡不住"，还要派人去挡，不过是为董军出手制造理由，但他也无法阻止。许景澄也感到荣禄有"说不出的苦"，仍请荣设法消解派董军"硬挡"的决策，并请樊增祥谋划"感佛（慈禧）、阻端（载漪）、助庆（奕劻）之法"，尽量避免与洋人开战。这封短信反映了荣禄、许景澄等官员焦虑无奈的心情。

促使慈禧做出对外强硬的决策，与五月二十日发生的大栅栏大火也有关系。这场超级大火无疑加重了当时的紧张气氛。面对京城混乱不堪的局面，荣、庆与端、澜意见不合，已经公开了。据说，"贝子、贝勒皆大哭，非哭烧杀之起于京师，乃哭昨日上谕之将拿团也"。①荣在内谩骂曰："这些王八旦，要把义和延入京，谓其能打洋人，闹得如许烂。"王文韶曰："现在但须先清内匪。"荣曰："一言难尽。"荣调董扎万寿山。董不听调，言面奉谕旨扎城门，且以言抵荣。② 荣禄任步军统领数十年，对京城地面的安全十分敏感，已经预感到局面将失控。所以，这天慈禧做出命武卫中军保护使馆的决定，可能出于荣禄的请求，只有他亲自操控此事，才能放心。

在第一次御前会议后，又接连叫过几次"大起"。恽毓鼎日记称五月二十一日，慈禧再次召见王公亲贵大臣九卿；又据《荣庆日记》是日记："奉旨入西苑，起已下，闻决定备战，及立玉甫等再往说外国。"③ 据恽毓鼎称，召集诸臣入内已在申刻，即傍晚6时左右，召对于仪鸾殿。因为列强占领大沽的消息此刻已经传到京城，所以慈禧的情绪极为激动，"复谕云：'现在是他开衅，若要将天下拱手让去，我死无面目见列圣！就是要送天下，亦打一仗再送！'群臣闻之悲愤，大半皆决战议，端郡王、侍郎溥良言之尤力。太后复高声谕云：'你们诸大臣均听见了！我为的是江山社稷，方与洋人开仗。万一开仗之后，江山社稷仍不保，尔等今日均在此，要知我的苦心，不要说是我一人送的天下！'臣等咸叩首言：臣等均同心报国。先面派徐用

---

① 《高枬日记》，近代史资料编辑室编《庚子记事》，第146页。
② 《高枬日记》，近代史资料编辑室编《庚子记事》，第146页。
③ 谢兴尧整理《荣庆日记》，西北大学出版社，1986，第39页。

仪、立山、联元往使馆，谕以利害，若必欲开衅，即可下旗归国。三臣先退，复谕荣禄布置战事，群臣始退。"① 从恽氏转述慈禧言论的语气看，她已经听不进去任何不同意见了。

此后又连续两天叫大起。荣禄仍无法影响慈禧的态度。荣庆日记称："五月二十二日，入西苑静候，仍有起，只荣、王两相陈和战方略，今始知大臣之不易。"二十三日记："仍预备，未召见。闻廊坊已开仗，陈仲相条陈以散拳民，并以无与各国一齐开衅之理，仲相答以子之言，我之心也。若再分辩，视为叛逆矣。洒泪而散。"② 按，第三次、第四次召见群臣是在二十二、二十三日两天，荣庆此处有误。③ 荣、王两相指荣禄、王文韶；仲相即荣禄（字仲华）。荣禄已经不敢再劝阻慈禧了，自称"若再分辩，视为叛逆矣"。可见其艰难处境。时郭曾炘（字春榆）以光禄寺卿充军机章京，其子郭则沄后来在《庚子诗鉴》中说："方正阳门火盛，有旨召大学士尚侍京堂翰詹入对，咨大计。先公官光禄卿，蒿目感愤，手草封事濒千言，命小子（即郭则沄——引者注）缮竟，赍以进。荣文忠公见之，语先公曰：'君言诚正，然吾辈叨居迩列，徒效龙比，于事何益。意不若居中图补救也。'"④ 这里所述与荣庆所记一致。在荣禄看来，此时一再阻谏，毫无裨益，不如居中设法挽救，以求实际。当然，荣禄与许景澄、袁昶等人一样，对载漪等权贵的所作所为也是敢怒而不敢言。

恽毓鼎记述二十三日会议时写道："未刻，复奉旨入见，急驰入城。申刻，召对于仪鸾殿。太后力决战议，诸臣有虑拳民法术难恃者，太后谕：'法术虽难尽恃，人心自有可凭；此时若再失了民心，真不能为国了。'即传谕：限各国使臣二十四点钟内起身出京。又面派载润等加意捍卫宫墙，不必下班，即赏内膳房饭食，载润等谢恩，诸臣皆退。"⑤ 下午3时，总署发出致各国公使照会，以大沽口各国水师遽有占据炮台之说，首先开衅，现在京城拳会纷起，人情浮动，"贵使臣及眷属人等在此使馆情形危险，中国实

---

① 《恽毓鼎庚子日记》，《义和团运动史料丛编》第1辑，第50页。恽氏这一天的记载与《崇陵传信录》所记大体一致。参见《义和团》第1册，第48~49页。
② 谢兴尧整理《荣庆日记》，第39、37~38页。
③ 荣庆庚子五六月日记是后来补写的，所以时间有些错乱。所言五月二十三日未召见，应属于误忆。参见谢兴尧整理《荣庆日记》第41页说明。
④ 龙顾山人：《庚子诗鉴》，《义和团史料》上册，第43页。
⑤ 《恽毓鼎庚子日记》，《义和团运动史料丛编》第1辑，第51页。

有保护难周之势",令所有公使及眷属人等 24 小时内启行前往天津。① 刚毅与荣禄等商议,拟派署顺天府丞陈夔龙与武卫中军护卫出京。② 其实,由于电报线路中断,被困京城的外国使馆人员并不知各国海军索占炮台之事。各国公使接到照会后,看法不一,紧急磋商后,才于晚 7 时拟就一个联合照会给总署,表示 24 小时时间紧迫,且京津交通阻隔,盗匪充斥,除非清政府承诺没有危险才能接受。③ 二十四日早晨,德国公使克林德偕翻译柯达士前往总理衙门商议撤离事宜,出东交民巷,行至东单牌楼时,被虎神营士兵开枪射杀。这后来成为辛丑交涉的重要问题之一。

实际上,二十三日上谕已命直隶总督裕禄,以事机紧迫,兵衅已开,"该督须急招义勇,固结民心,帮助官兵节节防护抵御,万不可畏葸瞻顾,任令外兵直入"。④ 命招抚义和团抗击联军。二十四日下午近 4 时,照会规定的 24 小时时间已到,董福祥甘军和武卫中军开始炮击使馆。有私家笔记说:"(谕旨)遂令董福祥及武卫中军,围攻交民巷,荣禄自持橄督之,欲尽杀诸使臣。炮声日夜不绝,屋瓦自腾,城中皆哭。"⑤ 荣禄是否亲自督阵,还须考订。但是,可以肯定的是,当时清廷已经决定对外开战,武卫中军参与围攻使馆势在必行,绝非荣禄所能阻止。这一天,清廷寄谕各省督抚,"应各就本省情形,通盘筹画,于选将、练兵、筹饷三大端,如何保守疆土,不使外人逞志;如何接济京师,不使朝廷坐困,事事均求实际。沿江沿海各省,彼族觊觎已久,尤关紧要。若再迟疑观望,坐误事机,必至国势日蹙,大局何堪设想。是在各督抚互相劝勉,联络一气,共挽危局。"⑥ 这是对疆臣提出的备战要求。而此刻,直隶总督裕禄在拳民聚集数万人的情况下,"势不得不从权招抚,以为急则治标之计",匆忙招抚义和团,与清军联合抵御外国侵略军。⑦ 中外开战已成定局。

---

① 《照会》,光绪二十六年五月二十三日,《义和团档案史料》上册,第 152 页。
② 参见陈夔龙《梦蕉亭杂记》,第 88~89 页。
③ 《庚子使馆被围记》,《义和团》第 2 册,第 234~235 页。
④ 《军机处致直隶总督裕禄上谕》,光绪二十六年五月二十三日,《义和团档案史料》上册,第 153 页。
⑤ 李希圣:《庚子国变记》,《义和团》第 1 册,第 16 页。
⑥ 《军机处寄各省督抚上谕》,光绪二十六年五月二十四日,《义和团档案史料》上册,第 156 页。
⑦ 《直隶总督裕禄折》,光绪二十六年五月二十四日,《义和团档案史料》上册,第 158 页。

二十五日，清廷发布宣战诏书，表达"与其苟且图存，贻羞万古，孰若大张挞伐，一决雌雄"的决心。① 又以天津义和团会同官军助剿获胜，一改"攻剿"为"联络"，令各省"招集成团，借御外侮"。② 同时，派左翼总兵英年、署右翼总兵载澜会同刚毅"办理义和团事宜"，正式招抚京师的义和团；又派载勋、载澜负责卫护京师，督饬官兵"严密防守"，京城地面，由裕德等八名都统、副都统率队各按地段昼夜巡查，加强防卫。很快，在清军猛烈进攻下，奥地利、荷兰使馆被焚毁，附近的中国通商银行也被焚烧。③ 二十六日，清军对东交民巷和西什库教堂的进攻更为激烈。戌刻，慈禧与光绪帝从西苑回到紫禁城。④

对于形势的恶化和宣战后的情形，六月初二日袁昶在给张之洞的信中禀报说：

> 此事误于北洋大臣、步军统领、顺天府、五城，揣摩圣意，事前毫无防范。（五月）十七日以后，拳民在禁城突起滋事，天潢贵胄、弘德师保，力主借拳灭洋，钳荣相、庆邸之口，并造谣云：义和拳入禁城，先杀四人通洋者，荣相、庆邸、崇礼、竹筼，于是钳口结舌，而宣战之旨决矣。东交民巷十一国使，洋兵只四百十余人，分之西什库四十名，顺治门内三十名，孝顺胡同各处三十名，则各使馆只三百人。自二十三日下午发照会，各使限二十四点钟下旗出京，某即令甘军攻打，东长安街一带化为战场……⑤

"天潢贵胄、弘德师保"指载漪、载澜、徐桐、崇绮，"竹筼"即许景澄。看来，五月十四日慈禧命载漪管理总署，已经是对庆王、崇礼等总署大臣不信任了，甚至有人造谣荣禄等"通洋"，对主和大臣进行警示和威胁，这些都使荣禄等人不得不有所退避。可是，情况并非如慈禧、载漪等人想象

---

① 《上谕》，光绪二十六年五月二十五日，《义和团档案史料》上册第163页。
② 《军机处寄各省督抚上谕》，光绪二十六年五月二十五日，《义和团档案史料》上册，第163页。
③ 《关于北京自1900年6月20日至8月14日发生的事件的报告》，胡滨译《英国蓝皮书有关义和团运动资料选译》，第263页。
④ 北京市档案馆编《那桐日记》，第346页。
⑤ 《袁忠节公手札》，商务印书馆，1940年影印本。按，五城应指五城巡城衙门。

得那么顺利。进攻使馆尚未取得多少成效,京城秩序却发生更大混乱。东城繁华地带的商铺、官宅屡遭兵勇抢劫。虽然屡经上谕命步军统领处置,始终未能奏效。五月二十七日,"奉旨严拿抢掠各兵勇,即行正法……总统荣中堂派员拿住兵勇十一人,假冒兵勇二十三人,均就地即可正法。虽有此办法,兵勇抢掠如旧,未见稍减"。① 同日,清廷命庄王载勋和协办大学士刚毅"统率"义和团,并派左翼总兵英年、署右翼总兵载澜会同办理,加强对团民的管理,以期"该团众努力王家,同仇敌忾"。② 总之,对外宣战后,清廷既要面对来自津沽的外国侵略军,又陷入京城混乱局面带来的潜在危险中,腹背受敌,措置难行。此时,包括慈禧在内的清廷高层统治者才感到问题的严重性。六月二十二日,荣禄写给叔父、四川总督奎俊(字乐峰)的信,详述了拳民入京过程及与载勋、载澜等亲贵争论的情况:

> 乐叔大人台览:六月廿一日接奉手书,敬悉一切。时事如此,可为痛哭!侄自三月间即病手足,病不能行动,共请假廿日。勉强销假,六日复犯,更重,又请假四十日。迨至五月初十日力疾出去,而拳匪已闹到[到]处杀教焚堂。假中曾七上禀片,皆以赶紧剿办、以清乱萌,而杜外人借口;均为枢廷诸人以多事为词,竟将一切办法置之不理,皆不报。后来竟抬出廷寄,谓该大学士勿得猛浪云云。是以销假那日,见诸公大闹,诸伧皆无言以对。召对时,亦将他们误事之言详细言之,诸王、贝勒大声疾呼,主战者亦怯,谓不可知。拳民每战必溃,今日"八〇〇一"始觉不足恃矣……此事始于端王,继而诸王贝勒各怀心意,从中有犯浑不懂事理,皆以上意为顺,故在殿廷大声急呼。"八〇〇一"、"八〇〇二"尚在后[曰]:奴才等近支子孙,总以社稷为重,若不战,白白给他们,断不能甘心。故众口一词,坚意主战,皆以侄为怯,况现统重兵,如是之伧。至于略有言须斟酌事理、不可以一国而敌十数国者,则谓乱政,竟敢当着上头,大为喊叫;其不成事体,亦所未有。故庆王尤不敢出语。而拳民竟有以他为汉奸,几欲攻其府第(其中竟有以去腊之事不平者),亦有人使之耳。

---

① 《石涛山人见闻录》,《义和团运动史料丛编》第1辑,第79~80页。
② 《上谕》,光绪二十六年五月二十七日,《义和团档案史料》上册,第176页。

真可谓自古少有之事，田舍亦无能为力矣。人心大变，竟许多不可测者，岂非天乎？①

据前辈学者考订，"八〇〇一"、"八〇〇二"应代指庄王载勋、贝勒载澜。"田舍"二字应指荣禄。② 从信中看，起初，荣禄是主张对拳民坚决剿办的，但为枢廷诸人"置之不理"，并以廷寄戒其"不得孟浪"。荣禄销假是五月初十日，他自称销假那天，"见诸公大闹，诸伧皆无言以对"。信中也说明，庆王处境也很危险，被诋为"汉奸"；有人甚至指使团民"攻其府邸（其中竟有以去腊之事不平者）"。所谓"去腊之事"应指"己亥建储"。荣禄点滴的记录中，似乎透露出一些信息：在"建储"问题上，庆王与端王有歧议，而荣禄与庆王则立场一致。然而，事态发展出乎预料，荣禄"亦无能为力矣"，只知感叹"人心大变"，形势莫测了。

（二）荣禄与"东南互保"的关系

五月十七日至五月二十八日间，京津形势瞬息万变，京城和东南督抚之间的联系却因为电报中断，依赖旧有的驿站文报传递奏折，速度十分缓慢。一定程度上说，这个时期清廷发布的上谕大部分没有实效性，因为各地督抚无法及时了解中枢的决定，等到数日后得知，京城的情况又有新的变化了。同样，京城对于东南督抚的彼此联络和应对也基本上无从知晓，正是在这种背景下，盛宣怀等人策动与各国在沪领事商议，达成了"东南互保"的协议。

有关"东南互保"研究较多，在一个特定的时期，原本矛盾重重的东南督抚捐弃前嫌，暂时团结起来，完成了保卫半壁江山的使命。刘坤一、张之洞都是资历深厚的疆臣。袁世凯和盛宣怀在甲午前已经建立了

---

① 《荣禄致奎俊函》，光绪二十六年六月二十二日，《义和团运动史料丛编》第1辑，第138～139页。

② 20世纪50年代前辈学者整理资料时认为，"田舍"可能是荣禄的"自称密语"。（《义和团运动史料丛编》第1辑，第139页，注释1）另，蔡钧致荣禄的一封信中也提到"前承我田舍主人俯念……"。见杜春和、耿来金、张秀清编《荣禄存札》，第366页。可见，"田舍"确指荣禄。不过，笔者以为，荣禄并无"田舍主人"之类的字号，可能是"略园"的"略"字竖写时像"田舍（各）"两字，故用于密信中。此事承王刚博士提示，兹略做说明。

密切关系，盛是李鸿章得力的助手。盛宣怀年长袁世凯 15 岁，且与袁的叔父辈同为淮系僚属，向来以父执自居，后来也"谦光下逮"，与袁世凯结为盟兄弟，可见私交之笃。可以发现，"东南互保"期间，袁、盛之间的电报私密性重，而刘、张之间则多是官面话。这是我们研究"东南互保"时必须注意的。

有说法认为，刘坤一、张之洞、盛宣怀等定计进行"互保"，曾得到了荣禄的支持。郭则沄（龙顾山人）《庚子诗鉴》称："互保之约，东南诸帅实取决于荣文忠，故庚子五月间电旨有云：'此次之变，事机杂出，非朝廷意料所及，大局安危正难逆料，沿江沿海各督抚惟当相机审势，极力筹维。'寻又有旨：'衅端已开，收拾难料，命各省保守疆土，接济京师，联络一气，共挽危局。'曰'相机审势'，曰'保疆挽危'，与'互保'用意正相针对。当各省派员议约于沪，沪道亦有今日订约系奏明办理之宣言。足证是举主于中枢，不得谓群帅专擅也。"又云："先公（郭曾炘）因请于文忠，凡仇外诏旨，概免属草，其间剿伪拳、护外使、饬督抚相机保境诸诏，则先公主之。适东南各省有订约互保之举，阴取决于文忠，其往复电，胥由先公与东抚展转代达。此事外间罕有知者。"① 郭则沄称"东南互保""阴取决"于荣禄，"主于中枢"不尽符合事实；或因其父郭曾炘时为军机章京，为荣禄所信任，故有此论，意借荣禄为乃翁事溢美。后王树枏撰《郭文安公神道碑》也云："拳民之变，公（郭曾炘）草谏书，未及上，密言于文忠公荣禄，画东南疆吏互保之策。"② 这里为郭曾炘溢美的倾向更是明显。郭则沄认为，东南督抚实行"东南互保"并未"违背"上谕，也非"专擅"，这是有一定道理的。但"互保"达成协议前后，确实找不到荣禄明确支持的有力证据。

首先，东南督抚因利益纠葛和派系纷争的因素，并非铁板一块，彼此关系也十分复杂，荣禄对东南事务的态度一直比较谨慎。从当时情况分析，刘坤一、张之洞因争夺两江总督产生的伤痕尚未完全愈合。江苏巡抚鹿传霖一直与洋务大员盛宣怀关系不谐，政变发生后，称盛为"匪人"，骂张荫桓为

---

① 龙顾山人：《庚子诗鉴》，《义和团史料》上册，第 43 页。
② 王树枏撰《郭文安公神道碑》，卞孝萱、唐文权编《辛亥碑传集》，团结出版社，1993，第 695 页。

"大汉奸",其思想与张之洞也迥然有别。① 长江巡阅使李秉衡则与刘坤一暗中较劲,关系一直紧张;大学士李鸿章倡导的联俄策略在旅大事件后破产,戊戌七月被赶出总署,政变后又以高龄奉旨办理河工,胸中积郁甚深;闽浙总督许应骙则与荣禄私交较深,对江、楚局势采取默默观察的态度。李秉衡与张之洞虽早年有旧,此刻也已暗生隔阂。盛宣怀、袁世凯原本都是李鸿章手下的洋务人才,甲午后李失势,盛与张之洞结合,开办铁矿和铁路,以枢中翁同龢、王文韶为奥援。袁世凯则通过李鸿藻的引荐,与新权贵荣禄建立联系。凡此种种表明,庚子四五月间的东南督抚的政治倾向和人脉关系非常复杂,他们对时局的应对也表现出很多差异,主要集中在"东南互保"与"北上勤王"两种倾向上。情形如此复杂,荣禄的态度谨慎也就在所难免。

五月二十一日清廷发布上谕,命各地"各就兵力饷力,酌派得力将弁,统带数营,星夜驰赴京师"。② 奉旨后,各地督抚颇有积极筹备北上"勤王"者,东南督抚中江苏巡抚鹿传霖尤为积极,二十六日,他奏请带同江西按察使陈泽霖一军北上,并举荐李秉衡率领湖北提督张春发管带的武卫先锋左右军迅速入都。③ 李秉衡在江阴筹防时,欲阻各国船舰,刘坤一切实劝阻,与李"意见相左,甚棘手"。④ 当时,刘坤一、张之洞主持的"东南互保"正在协商,刘为此分别致电李、鹿,"力任保护,稳住各国,暂保长江,以期

---

① 鹿传霖在戊戌年八月十四日致六儿家书中说:"武备学堂差得否,听之。至电报局则不相宜,盛宣怀系匪人,不犯伊委员也。今朝局又一大变,慈圣忽然发怒,拿办康有为,竟被脱逃。仅获其弟,于是太后亲政,仍如垂帘时,所有近来新奇之政以后必又变更。康党宋伯鲁已拿问,并参议新政之杨、谭、林、刘四人亦拿问。今又叫荣相入京,命袁世凯暂护直督(已升候补侍郎)。又盛宣怀铁路经费暗借俄法之款,英人知之,大怒,要我中国铁路五条均归英修(一由汉口至广东,一由河南到山西,其余三条尚不知其详),英已与俄在海参崴开仗,俄小败。闻又将在黄海外开仗,现张荫桓又力主背俄改归英保护,圣意已允,故合肥出总署,张因贡巨款修工,亦得慈圣欢心。此人一大汉奸,不除终是后患。现大沽口外,有英兵轮数支,是否备与俄战,抑果系保护中国则不得而知。总之大局已危,特迟早不定。今闻已停止幸津,则暂时尚不即乱。……中秋前一日父谕。"见《鹿传霖任川督时函札》,中国社会科学院近代史研究所藏,档号甲170。此时,鹿传霖仍赋闲家居,对京津情况的了解不尽准确,但是,对盛、张的评价可见其基本倾向。
② 《军机处寄各省督抚上谕》,光绪二十六年五月二十一日,《义和团档案史料》上册,第147页。
③ 《江苏巡抚鹿传霖折》,光绪二十六年五月二十六日,《义和团档案史料》上册,第167~168页。
④ 《江宁刘制台来电》,庚子五月二十六日未刻发酉刻到,虞和平主编《近代史所藏清代名人稿本抄本》第2辑第79册,张之洞档案,第594页。

北事转机",希望将重心放在江南。① 三十日,败退出天津城的裕禄自德州致电张之洞:"大沽失守,铁路被据,东西洋八国调兵入口,日有所增,数已三四万,此间兵单饷绌,极力抵御,四五日内恐即不支。禄微躯诚不足惜,惟天津如失,直隶、京师大局即去。我公体国公忠,务望克日派兵救护。事在呼吸,不可稍迟。千万千万。"② 裕禄期盼张之洞等速派救兵北上勤王,但此刻,张、刘等东南督抚已经无暇北顾,更多关心的是长江中下游的稳定。直到从保定总督府转发来的上谕和荣禄致各督抚的电报,才坚定了他们将"东南互保"维持下去的决心。对于这些情况,荣禄是完全了解的,他不可能介入这样复杂的局面中。

其次,荣禄在庚子五月间很少与东南督抚有直接联系,特别是电报中断的情况下,"东南互保"的具体情况不可能事先与荣禄有沟通。当时,荣禄与载漪等人关系紧张,被目为"汉奸",他与外界的联络极为谨慎。尽管李鸿章、刘坤一、张之洞、盛宣怀、袁世凯等连篇累牍,致电"荣中堂"和庆王,强调剿拳民和保护外人的重要性,但是,荣禄基本未予回复。为了取得与京城的及时联系,张之洞还请直隶布政使廷杰在保定代为聘订侦探委员,探听京城消息随时电禀。③ 他曾两次致电荣禄,请保定的直隶布政使廷杰代收,再派人送到京师。五月二十六日,廷杰回电禀告:"初次寄荣相电于二十三日到京,人已回,京保文报尚通。"④ 另电云:"二次转荣相电,昨戌初到,亥正专弁赴都,约今晚可投。"⑤ 看来,荣禄似乎收到了张的电报,但是,均未回复。据李岳瑞称,五月十九日(应为十七日)前后李鸿章接到赫德电报言都中事急,致电荣禄"力言外衅不可开,拳党不可信,语颇忤荣意,自此电遂绝。仅日接项城山东来电,藉知京中消息而已"。⑥ 五月

---

① 《复李鉴帅》、《复鹿中丞》,光绪二十六年五月二十五日,《刘坤一遗集》第6册,第2564页。
② 《德州裕制台来电》,庚子五月三十日午刻发申刻到,虞和平主编《近代史所藏清代名人稿本抄本》第2辑第79册,张之洞档案,第616~617页。
③ 《致保定廷藩台》,光绪二十六年五月十七日戌刻到,《张之洞全集》第10册,第56页。
④ 《保定廷藩司来电》,庚子五月二十六日巳刻发酉刻到,虞和平主编《近代史所藏清代稿抄本》第2辑第79册,张之洞档案,第600页。张之洞致荣禄第一次电,见《张之洞全集》第10册,第58页。
⑤ 《保定廷藩司来电》,庚子五月二十六日戌刻发二十八日子刻到,虞和平主编《近代史所藏清代名人稿本抄本》第2辑第79册,张之洞档案,第601页。
⑥ 李岳瑞:《悔逸斋笔乘》,《清代野史》第4卷,第1773~1774页。

二十五日，山东巡抚袁世凯也致函盛宣怀称，"十日来作三书，专送荣相，均无复"。① 荣禄对于东南督抚的吁请电报置若罔闻，恰恰说明了他的处境艰难，急于自保。直到五月二十九日才致电刘坤一等，一吐胸中委屈。

原来，五月二十五日，由张之洞起草并经各督抚同意，沿江钦差、督抚八人会衔电奏"请剿匪，并安慰各国，请其停战妥议"。② 这份电报由长江巡阅使李秉衡领衔，李鸿章、刘坤一、张之洞、许应骙、王之春、于荫霖、俞廉三等七人会衔。二十六日，李鸿章接到驻英公使罗丰禄和驻日公使李盛铎的电报，虽然大沽开战，但都中使馆无恙，仍有讲和余地，于是致电总署请代奏，称："敢冒死恳求，勿任董军妄动，但能保住使馆，尚可徐图挽回，否则大局不堪设想。"③ 因考虑到道路梗阻，为了确保电报顺利到京，在盛宣怀的安排下，当时该电报由上海发到山海关军营，再派人赴京，将一份送总署，一份送荣禄，再请代奏。五月二十九日，荣禄接到东南督抚联衔电报和李鸿章宥电，"派文委员持署来译，学生译出，委员持去"，④ 应该是这天进呈慈禧了。当日，颁布谕旨：

> 李鸿章、李秉衡等各电均悉。此次之变，事机杂出，均非意料所及。朝廷慎重邦交，从不肯轻于开衅，奏称中外强弱情形，亦不待智者而后知。团民在辇毂之下，仇教焚杀。正在剿抚两难之际，而二十日各国兵船已在津门力索大沽炮台，限二十一日两点钟交付。罗荣光未肯应允，次日彼即开炮轰击，罗荣光不得不开炮还击，相持竟日，遂致不守，却非衅自我开。现在兵民交愤，在京各使馆甚危迫，我仍尽力保护。此都中近日情形也。大局安危，正难逆料，尔沿海、沿江各督抚惟当懔遵迭次谕旨，各尽其职守之所当为，相机审势，竭力办理，是为至要。钦此。⑤

---

① 《致督办铁路大臣盛宣怀电》，光绪二十六年五月二十五日，《袁世凯全集》第5卷，第492页。
② 《致苏州李钦差、鹿抚台》，光绪二十六年五月二十五日亥刻发，《张之洞全集》第10册，第66页。
③ 《寄东抚袁慰帅》，光绪二十六年五月二十六日午刻发，《李鸿章全集》第27册，第64页。
④ 《石涛山人见闻录》，《义和团运动史料丛编》第1辑，第82页。
⑤ 中国第一历史档案馆编《清代军机处电报档汇编》第2册，第172~173页。

这是中外开战以来，清廷首次对各地督抚正面解释中外构衅原因，并流露出尽力保护使馆和命各督抚相机审视、各尽其守的期待。这道谕旨多少透露出清廷可能调整对策的信息。军机处将该谕旨由兵部六百里加急递到保定，三十日亥刻，直隶布政使廷杰以电报转发刘坤一等，六月初一日，东南督抚奉到了这道上谕。在发出该上谕的同时，荣禄又通过廷杰转去他给刘坤一的一封回电：

> 来电敬悉。以一弱国而抵各数强国，危亡立见。两国相战，不罪使臣，自古皆然。祖宗创业艰难，一旦为邪匪所惑，轻于一掷可乎，此均不待智者而后知也。上至九重，下至臣庶，均以受外人欺陵，至此极处。今既出此义团，皆以天之所使为词。区区力陈利害，竟不能挽回一二。后因病不能动转，假内上奏片数次，无已勉强力疾出陈，势尤难挽。至诸王贝勒、群臣入对，皆众口一词，谅亦有所闻，不敢赘述也。且两宫诸邸左右，半系拳会中人，满汉各营卒中，亦皆大半。都中数万，来去如蝗，万难收拾。虽两宫圣明在上，亦难扭回，天实为之，谓之何哉。嗣再竭力设法转圜，以图万一之计，始定在总署会晤，冀以稍有转机。而是日又为神机营兵将德使臣击毙，从此事局又变。种种情形，千回万转，笔难尽述。庆邸、仁和尚有同心，然亦无济于事。区区一死不足惜，是为万世罪人，此心惟天可表，恻恻。我朝深仁厚泽，惟有仰列圣在天之灵耳。时局至此，无可如何，沿江海势必戒严，尚希密为布置，各尽其心。①

这封电报也是五月二十九日发出，由马拨送到保定，五月三十日亥刻再由保定发电，六月初一日午刻到江宁。刘坤一很快转发张之洞等督抚，并称"顷荣中堂来电系用明码，望饬电局切勿泄露，免滋口实。至祷"。② 荣禄的这封电报似与那道上谕有直接关联，他将清廷内部围绕和战问题的分歧和阵线分野都讲得很清楚："区区力陈利害，竟不能挽回一二"；"两宫诸邸左

---

① 《南洋刘大臣来电》，光绪二十六年六月初五日申刻到，《李鸿章全集》第 27 册，第 94～95 页。
② 《江宁刘制台来电》，庚子五月三十日亥刻发六月初二日亥刻到，虞和平主编《近代史所藏清代名人稿本抄本》第 2 辑第 79 册，张之洞档案，第 633 页。

右,半系拳会中人";"庆邸、仁和(王文韶)尚有同心,然亦无济于事","虽两宫圣明在上,亦难扭回,天实为之,谓之何哉?"最后期待"沿江海势必戒严,尚希密为布置,各尽其心",寄希望于刘坤一等人对东南半壁河山的权力维持,因为对于荣禄等人来说,京津局势已经焦头烂额,东三省危险在即,江南已是鞭长莫及了。

六月初一日,刘坤一密电荣禄,仍请直隶布政使廷杰"照录原码,专马星夜飞送"。电文称:

> 荣中堂钧鉴:奉复电,读竟痛哭!时局如此,已无可言。但各国增兵八九万,会合猛进,不入京城不止。此时救社稷,安两宫,公宜早为之计,迟则无及。万望保重柱躬,与庆邸共担大事。总之,须出面议款,万不可用"迁"字诀,逼成瓜分之势。德使已矣,其余各使,尤须赶紧严护无损。若再有失,将来之祸,有万不忍言者,求为城下之盟,不可得矣。此间联络各省共筹保疆之策,尽此心力,不敢谓确有把握也。①

该电承诺联络各省共保疆土,同时希望荣禄"与庆王共担大事",主动出面议款,"万不可用'迁'字诀"。看来,刘坤一对荣禄退避拖延的心理也有一定认识。同日,刘、张又会衔致电端王载漪,沥陈危急:"伏求王爷上念祖宗缔造之艰,下慰万姓瞻依之切,早定大计。此时各国公使尚未出京,及早与议停战;一面催李鸿章进京面授方略,保社稷,安两宫。"这份电报是请袁世凯收到后"飞马专送"京城的,在刘、张看来,不能只将希望寄托在荣禄一人身上,也要向载漪等王公亲贵献言,虽不敢期待说服端王,"冀收万一之效",②但这种努力是不可放弃的。同样,刘坤一又致电李鸿章,建议李与各国先期联络,启动和议。电报说:"杏荪(盛宣怀)电想达览。合观荣电,确有此情。电致外部一节,非公重望,威信四夷,不能有济,祈迅赐裁行。"③李答复:"荣、庆尚不能挽回,鄙人何敢担此危局。各

---

① 《寄廷方伯》,光绪二十六年六月初一日,《刘坤一遗集》第6册,第2568页。
② 《寄袁慰廷中丞》,光绪二十六年六月初一日,《刘坤一遗集》第6册,第2568~2569页。
③ 《附南洋大臣来电》,光绪二十六年六月初四日申刻到,《李鸿章全集》第27册,第90页。

国兵日内当抵城下，想有一二恶战，乃见分晓。"① 李鸿章执意不愿担当与各国外交部沟通，似乎等着看兵临城下的恶果，以教训朝中的排外势力。六月初三日，刘坤一又通过廷杰向庆王、端王发电，请极力设法保全各国公使。② 六月初五日，东南督抚接到由保定转来的五月二十五日的宣战诏书，形势又有逆转。六月初七发廷寄给袁世凯称："现在中外业经开战，断无即行议和之势。各直省将军、督抚平日受恩深重，际此时艰，惟当戮力同心，共扶大局。谨守封圻，惟尔之功，坐失事机，惟尔之罪。功多有厚赏，不迪有显戮。各将军、督、抚等务将'和'之一字先行扫除于胸中，胆气自为之一壮。一面迅即奏报，务各联络一气，以慑彼族之骄横，以示人心之固结。朕于尔将军、督、抚不得不严其责成，加以厚望也。将此由六百里加紧各谕令知之。"六月初十日袁收到后，即刻电转各督抚。③ 清廷在议款问题上稍有松动，又转为严厉的主战的声音。另一方面，六月初三日清廷致电给各驻外公使，解释朝廷的决策缘由，并令各驻外公使向本国做出解释，可是，十五日直隶布政使廷杰才将电报传递出来。④ 朝廷或战或和，决策矛盾，令督抚无所适从。各督抚经商议后，六月十八日，两广总督李鸿章、湖广总督张之洞、福州将军善庆、四川总督奎俊、安徽巡抚王之春、护理陕西巡抚端方联衔致电庆邸、荣禄、王文韶，请求救使，电报由袁世凯以六百里排递送到京中，交给荣禄。

其文曰：

> 庆王爷殿下、荣中堂、王中堂钧鉴：各国最忌伤使，攻津洋兵续调大队，俱以救使为言。罗使电外部言，若害各国使臣，要政府抵偿。吕使电：德主闻戕使甚怒，派铁舰四、快船一直取北京。裕使电：外部言，若伤各国使馆人员及商民，要政府抵命。上海英总领事电：奉外部电，如各国公使及各色西人受伤害，必将其罪归于北京主谋之人。语极凶悍，实堪发指。德主及德领事来电：如能救出各国西人，每人赏银一

---

① 《复南洋刘岘帅》，光绪二十六年六月初五日申刻，《李鸿章全集》第27册，第94页。
② 《寄廷方伯》，光绪二十六年六月初三日，《刘坤一遗集》第6册，第2570页。
③ 《附东抚来电》，光绪二十六年六月初十日，《李鸿章全集》第27册，第107页。
④ 参见《附上海转保定来电并致高盛将军督抚各国驻使》，光绪二十六年六月十五日亥刻到，《李鸿章全集》第27册，第119~120页。

千,费用俱由德主给等语。彼各国既合为一气,公愤救使,其锋甚锐,必须于各国续调之兵未到以前,设法保护,及早善处,方可灭其凶焰,于战事并无所妨,于大局实有裨益。伏读五月廿九日谕旨,现在京城使馆仍尽力保护。又阅六月初三日电谕各出使大臣,现仍严饬带兵官照前保护使馆各等语。仰见圣谟广运,威德兼施。天津于犯顺之洋兵,自应力加攻击,以彰圣武。京城于束手之公使,自可格外保护,以广皇仁。但既有德使之变,京津电报不通,各使久无音耗,洋人皆疑各使已死,举国哗然,同声谋我。初七日电致英、俄、日三国书,而彼使无信,尤滋疑虑,且启别国猜忌。为今计,宜将各使保护安全,加以抚慰,一面补致美、法、德国书,一面令各使将国书之意分电本国,方可释然,于事有济。关系至巨,惟赖钧座主持。应否将此电婉为奏陈,或将各使来电字面略改浑涵,统祈裁酌,不胜急迫之至。李鸿章、善联、刘坤一、张之洞、奎俊、袁世凯、王之春、端方同肃。①

六月二十日,袁世凯将此折缮发,派人送往北京,荣禄应该收到此件,但并未回复。除了联络不便和荣的处境艰难这两个原因外,津京形势瞬息万变,东南督抚的建议大多缺乏针对性,或者不具可行性,荣禄所做的只是根据具体情况,尽力挽回局面。此时,京城内部的情形也有新的变化。

(三)武卫军炮击使馆与荣禄谋和活动

毫无疑问,荣禄曾指挥武卫军炮击使馆。自五月二十五日宣战诏书颁布后,董福祥甘军和武卫中军与拳民进攻使馆和西什库教堂的行动断断续续,东交民巷一带变成一片焦土;同时,京城内外秩序混乱,抢掠事件频发。屡有传言称义和团要焚毁总理衙门,经庆王、端王与庄王协商,派数百名团民来署"保护";而神机营、武卫中军和团民不断进攻英国使馆。六月初九日,"闻神机营调出大炮十尊,西什库六尊,东交民巷四尊",②其激烈程度可想而知。关于清军炮击使馆的情况,赫德曾有精细的统计,这位曾有着长

---

① 《南洋刘来电并致鄂川督闽将军东皖陕抚》,光绪二十六年六月十八日,《李鸿章全集》第27册,第127~128页。
② 《石涛山人见闻录》,《义和团运动史料丛编》第1辑,第84页。

期写日记习惯的英国绅士，在使馆解围后写的文章中，比较精确地统计了使馆遭到炮击的时间。他写道：

> 从6月20日（五月二十四日）开始，清军在四周筑起封锁线把我们团团围住，除了在7月21日（六月二十五日）和27日（七月初二日）之间两三次收到少许馈赠的蔬菜之外，再没有得到过中国政府提供的任何东西……6月20日至25日（五月二十四日至二十九日），6月28日（六月初二日）至7月18日（六月二十二日），7月28日（七月初三日）至8月2日（七月初八日），8月4日（七月初十日）至14日（七月二十日），我们一直遭受武装攻击，枪炮声日夜不断，来复枪子弹、加农炮弹、克房伯炮弹就从皇宫前的城门上、皇城墙上、我们周边的多处很近的据点，倾泻到各使馆，清军从四面八方攻击我们。至于6月26、27日（五月三十日、六月初一日），7月19日至27日（六月二十三日至七月初二日）的停火是不是中国政府下的令，我们不得而知，但是，其他时段里的开火，肯定是政府下令的……①

这段文字是战后所写，赫德夸大情况、追究清廷主战责任的居心不可否认，但所述大致属实。这样激烈的战斗环境下，很难想象荣禄阻止炮击使馆的可能性；而实际上，即使荣禄想要阻止恐怕也不会有效，何况他有汉奸"嫌疑"，也不敢公开这样做。

在进攻使馆问题上，有记载说荣禄暗示炮兵将领张怀芝向空中或使馆外空地放炮，避免集中于使馆，借以保护洋人。② 这种说法大致可信。六月十二日，叶昌炽也听说："荣相悬停攻牌，大书高揭，而兵团熟视无睹，攻之益猛。盖朝廷之威令已不能行矣。"③ 可见，形势已经失控，荣禄根本无法控制武卫军。

吴永后来听说的情况是："京城方面以荣禄总师，立调武卫中军及董福祥所统甘军，率拳匪多人，围攻使馆及西什库教堂。一时枪声震耳，嘣腾如

---

① 赫德：《北京的使馆——一次全国性的暴动和国际事件》，赫德：《这些从秦国来——中国问题论集》，第24~25页。
② 参见李岳瑞《春冰室野乘》，山西古籍出版社，1995，第135~136页。
③ 叶昌炽：《缘督庐日记》第5册，第3150页。

连珠。""围攻使馆久不下,众意稍懈。荣相见大势弗顺,已迂回改道,隐与使署通消息;或称奉诏送瓜果蔬菜,至东交民巷口,听洋人自行取入;一面设法牵制兵匪,使不得急攻。"① 吴永在西行途中接触过很多朝中要员,一些情节可能有夸大之处。但是,关于荣禄先奉命攻使馆、继则"迂回改道"的说法应是实情,这在当时也是形势所迫。

庚子六月,天津的战事却节节败退,联军逐渐西进,京城人心惶惶。即使载漪、刚毅等纵容拳民、主张围攻使馆的顽固大臣,也开始预感到情况不妙,陷入手足无措的窘境,荣禄的先见之明显现出来。清廷内部的关系也开始出现一些微妙变化。天津失陷前后,慈禧太后也陷入歇斯底里的境地。据说,六月十五日召见枢臣时,太后训斥:"外国要你们脑袋,知之否?"众皆无言。荣禄曰:"脑袋不碍事,只要于朝廷有益,就与两个脑袋也不要紧。但恐与脑袋后仍无益耳。"② 就连一贯唯唯诺诺、谨慎保身的礼王世铎,也开始讥讽同僚刚毅。据黄曾源称:"攻使馆不下,刚毅自知祸不旋踵。时兵部郎中恩良病故,刚毅闻之曰:'恩老爷能替国家办事,怎么好好就死耶?像我又何以不死?'时天津失守,裕禄自戕,刚大沮丧,礼亲王戏之曰:'中堂之团安在哉?'刚扬目视之曰:'到此光景,尚戏弄哉!'"③ 二十日,传言"昨日宫内哄者,以闻津警,将西行。荣相恳止曰:'出去更险。'"④ 荣禄劝阻慈禧出京被采纳,说明随着形势的恶化,慈禧也开始听从荣禄的一些建议。而且,那些曾与荣禄立场严重对立的亲贵,也感到必须依靠荣禄才能收拾局面。六月二十二日,荣禄在给奎俊的信中写道:

> 端王进攻西什库教堂,董军攻各使馆,旬余日均未下。现在他们都知道不容易,已晚矣。侄现仍竭力保护各使臣无伤,尚可作将来转圜地

---

① 吴永:《庚子西狩丛谈》,岳麓书社,1985,第19~20页。
② 《高枬日记》,近代史资料编辑室编《庚子记事》,第153页。
③ 黄曾源:《义和团事实》,《义和团运动史料丛编》第1辑,第136页。另有资料称:"连日荣中堂在军机处肆口痛骂,谓'一班浑旦,将事弄糟,此时叫我一人作难'云云。礼王在旁痛哭,谓刚云:子良,你何不上法打他。刚自恨只病不死(时刚多病,不敢请假),我亦不知如何了局。"见《某人致某人函》,张黎辉辑《义和团运动散记》,《义和团史料》上册,第254页。从种种情况看,荣禄当庭痛骂同僚确有其事。
④ 《高枬日记》,近代史资料编辑室编《庚子记事》,第155页。据赵舒翘日记,六月初七日,慈禧即有西迁之意。见王步瀛编《赵慎斋年谱》(节录),《义和团史料》下册,第754页。

步；否则长驱直入，势将灭国矣。岂不恸哉！幸各使尚未死。昨好容易拿住一汉奸，令其送信，以通消息。总算以拳民攻击为词，好在各使亦怕到极处，求救不得，得着侄信，感激万分，即请不必开枪炮。现在已阻住不相攻（月之十八日事也）。昨又活捉一鬼，侄赶紧送回，以全和好……现在惟有竭力维持，能做到缓兵之计，免得灭国，再作计较耳。侄一人支持大局，危矣哉。昨日在上痛哭流涕，亦惟有以死报国，上亦大哭。"八〇〇一"（载勋）云："汝可不可死，汝欲死是不如我死，全仗汝救国救民，为祖宗计。""八〇〇二"（载澜）云："汝系救社稷之臣，万不可死"，亦大哭。而同事诸伧，亦无言可说。诸伧固不愿意，然又未便深说者。①

也许刚毅、载勋等人未必言出由衷，但实际情况对荣禄重新获得参与决策十分有利。应该看到，虽然荣禄一度受到载漪、刚毅等人的排挤，但是，同为满洲权贵，他们的根本利益是一致的。进入六月以后，进攻使馆已经骑虎难下，甘军和武卫中军奉旨围攻使馆虽不能因为荣禄等人异见而中止，但荣禄通过意外事件试图开启与使馆谈判的努力，也得到过载漪、刚毅等人支持。荣禄信中所谓"拿住一汉奸，令其送信，以通消息"之事，就得到了载漪等人的支持。这个"汉奸"实为一名叫金四喜的教民。天津失陷后，荣禄积极谋求与各公使建立联系，但苦于无法打开僵局。金四喜被抓获后，荣禄即刻令其充当信使，与各公使迅速建立联系。

关于荣禄利用"奸细"传递消息、打开僵局、与驻京公使建立联系之事，外国人的记载也有反映。据称，六月十八日金四喜被俘后，被带到荣禄在皇城的指挥部，再带着庆王等交给他的信函返回使馆，信中建议外国公使分批搬进总理衙门以便保护。也有外人说，信的落款是以端王领衔的。考虑到当时端王负责管理总理衙门，可能也知道此事。② 赫德回忆说："大概在7月16日（即六月二十日），有一个信使回来了，他出去时曾被抓住并被押送大中国统帅荣禄跟前，然后被遣返使馆，带回一封非正式的'庆亲王等'

---

① 《荣禄与奎俊书》，《义和团运动史料丛编》，第138~139页。按，引文中"侄"原为"姪"，现一律改为"侄"。
② 路遥主编《义和团运动文献资料汇编·英译文卷》下卷，山东大学出版社，2012，第407~408页。

的短笺。这样公使们开始和总理衙门大臣信件往还。……（信中）邀请公使们总理衙门去躲避，称每人可以带 10 名随员，都不得带武器，但是，想到可怜的克林德的命运，这个邀请当然不能接受。另一封还是要求公使们离开北京去天津，也没有被接受。"① 此后，金姓教民又几次往返传递信函，打开了双方联系的渠道。六月二十日，总署派人给美国公使康格送来一份美国国务院的密电；二十一日，"荣禄的两个部下带来了荣禄的一封信和他的名帖，信上说荣禄正命令中国军队停火。下午 6 点真的停火了"。二十二日，被围困的使馆首次得到日本人传来的确切，聂士成战死、天津失陷等消息。同日，荣禄派一名总理衙门章京，向洋人保证"设法弄到《京报》并供应冰块、水果和鸡蛋等等。他说电报联络中断，但保证试着代外国公使向各国政府发去电报，同时，也表达了中国政府对于给中外关系造成困难的义和团的忧虑"。② 七月初一日，"皇太后派人给英国公使送来冰块和瓜果。总理衙门也特意给赫德爵士送去类似的东西和面粉，想请他代表中国作为中外之间的调停人"。③ 从上述情况看来，利用金四喜与使馆讲和，是清廷最高决策层的一致决定，是慈禧、端王支持的，并非荣禄个人的行为，慈禧等已经试图通过赫德作为联系人启动与各国公使的接触。当时计划由清军将公使护送到天津，借此阻止联军进军京城。

荣禄很快将通过金四喜建立与使馆关系的事情告诉给袁世凯。六月二十七日，袁世凯致电李鸿章等东南督抚：

> 顷接京官二十二夜书，十七日〔十八？〕中军拿获使馆送信调兵人，荣相奏请，用此人遗书慰问各使。英使复称，各使无恙，均愿太平。嗣派总署员文瑞往晤，各使均出见，未损一人。拟明日奏请，先送食物，再商派孙万林队伍送赴津。御河桥南洋兵守，北甘军守，彼此均

---

① 赫德：《北京的使馆——一次全国性的暴动和国际事件》，赫德：《这些从秦国来——中国问题论集》，第 22 页。
② 路遥主编《义和团运动文献资料汇编·英译文卷》下卷，第 410 页。关于停火时间，也有细微的不同。明恩溥称，六月二十二日（7 月 18 日），由于窦纳乐与一位清军将领达成一项停火协议，"这些条款的文字被送交给了军机大臣荣禄"。结果，下午 4 时就出现了总署章京文瑞来到使馆之事。见明恩溥《动乱中的中国》，路遥主编《义和团运动文献资料汇编·英译文卷》上卷，第 145 页。
③ 路遥主编《义和团运动文献资料汇编·英译文卷》下卷，第 414 页。

停枪炮云。荣相从中周旋,极为难。①

这个电报使苦于不知京城实情的督抚意外得到让他们欣慰的消息,特别是各使"未损一人",尤令李、刘、张等宽心不少。七月初一日,盛宣怀致电询问,"未知送使消息是否云门(樊增祥)来信?"袁答曰:"送使系荣函。"② 盛、袁之间一问一答的两封电报透露出一个绝密的消息:"京官二十二夜书"居然是荣禄的来信,这一点袁世凯并未告诉李、刘、张等督抚,只是被问及时才告诉了盛宣怀。看来,荣禄对袁有嘱咐,只需知道实情,而不必让外人知道消息来源,说明他依然谨慎。此外,上述荣禄致奎俊的书信也写于二十二日,可能是他感到事情有所转机,才怀着希望将有关消息透露给袁、奎。

荣禄嗣子良揆民国时期回忆此事说:

> 先文忠公于光绪二十四年入主枢要,并总武卫中军兼节制武卫各军,素受知遇,能言人所不敢言。二十六年拳匪起于畿南,文忠公即以剿办为请,因格于群议,未蒙报可。及该匪党阑入京师,围攻使馆,中外震骇,公于病假之中仍七上奏片,乞请剿办乱党,保护各国使馆,以安大局,均不报可。旋奉廷寄,责以不准孟浪从事,盖隐全之也。当是时,群议都以为吾华受外国欺陵至于极点,今即出此义拳,皆以为天之所使,以助吾华也。符和者复神奇其说,浸感上听。慈圣聪明,并未为所蒙蔽,只以盈庭聚论,众口一词,无以制止耳。日下乱象炭炭,不可终日,权要恣睢于上,团众纷呶于下,圣旨不能下达,言臣喋若寒蝉。公孤掌难鸣,蒿目时艰,知难回挽,已立志待殉矣。忧心君国,衷怀不能一时安。会武卫军偶获间谍名金四喜者,已问斩矣。临刑时其发中落下字片一纸,审之知为驻京英、俄、德、法、美五国使臣联名与外界通消息者。监刑人当令停缓,并将其事禀报董福祥(原注:武卫后军统帅)。董福祥上报于文忠公。公立命将其人提至案前亲讯之,得其实

---

① 《致调任直隶总督李鸿章等各将军督抚电》,光绪二十六年六月二十七日,《袁世凯全集》第5卷,第662页。
② 《督办铁路大臣盛宣怀来电》、《致督办铁路大臣盛宣怀电》,光绪二十六年七月初一日,《袁世凯全集》第6卷,第6页。

情，贷以不死，而善遣之，并密令此人向各使臣通讯。声明我政府极愿保护各国使馆及侨民之安全，惟各国军队如果到京时，首对两宫安全必须尊重，次则满城人民身命亦须保护为交换条件。其人去后复来，陈述各使臣情愿照办此意。公于次早力疾入朝，不计自身利害（原注：当时有主正论者，权要即斥为汉奸，生命异常危险，公已类濒于危矣），恳切面奏，感动天听，故有慰问各国使臣、保护侨民之上谕。嗣并由此人输送挤［济？］接各使馆粮米、瓜果等食品，中外感情略见和善。迨联军入都，地方未遭甚大糜烂，和议未遇意外难堪者，实因有此双方心照之议于先也。①

这篇说明不厌其详，充满为乃翁辩解的意味，不过，对金四喜事件的前因后果描述得最为清楚，特别是提到金是董福祥派人送到荣禄处的。看来，当时董、荣之间的沟通不像一些资料说的那样不畅，董对荣禄也是充分尊重的。另据资料，参与此事的还有南书房的翰林，徐琪致张亨嘉信中也称："午间缮致英一信（信由荣相带去，言明日方能送去），言为保护移居事。"② 可见，给英国使馆的信是南书房翰林所写。这封信应该是以庆王领衔的名义发给英国人的。在荣、庆等人的努力下，形势出现了一些缓和。七月初八日，清廷颁布明发上谕："叠经总理衙门王大臣致函慰问，并以京城人心未靖、防范难周，与各使臣商议，派兵护送前往天津暂避，以免惊恐。即著大学士荣禄预行遴派妥实文武大员，带同得力兵队，俟该使臣定期何日出京，沿途妥为护送。倘有匪徒窥伺抢劫寻事，即行剿击，不得稍有疏虞。各使臣未出京以前，如有通信本国之处，但系明电，即由总理各国事务衙门

---

① 良揆：《光绪庚子年拳匪扰乱中北京五国使臣联名与外界通消息之书片纪事》，1936 年 8 月，杜春和、耿来金、张秀清编《荣禄存札》，附录四，第 422~423 页。按：这段文字是良揆为清军从金四喜辩发中搜获的"书片"写的一段说明，此书片应为英文。良揆写道："故此书片可为拳乱和议中之最要关键。设文忠公（荣禄）未获此书片，即无由与各使臣互通意见，而慰问各使臣之上谕亦无由颁下，各国联军到都后，地方糜烂之程度亦不堪想象矣。余近时翻捡文忠公旧牍，偶得此书片，知为拳乱过程中重要证牍，急另保藏之。又恐日久无人悉其颠末，漫不经意，一任湮灭，遂嘱照像者将其前后两面印若干份，并记其原委事实，分赠朋侪之留心史事者。如此分存较广，则此牍之真相，庶不致湮没乎！"这里有为荣禄溢美的意味。见同上，第 423 页。
② 《徐琪致张亨嘉函（二）》、《徐琪等与张亨嘉书》，《义和团运动史料丛编》第 1 辑，第 144 页。

速为办理，毋稍延搁，用示朝廷怀柔远人，坦怀相与之至意。"① 袁世凯在七月初八日接到此谕，很快转发各督抚。② 但是，在京公使得知联军即将抵京，且猜测转移天津无法保障安全，甚至怀疑是清军诱敌的计策，所以坚决予以拒绝。这样，荣禄极力想启动的议款活动很快就夭折了。

三 京城陷落后荣禄的抉择

正当荣禄与使馆联络接洽期间，七月初一日，率兵北上勤王的巡阅长江水师大臣李秉衡抵京，慈禧连续召见三次，面询机宜，命李帮办武卫军事务，节制张春发、陈泽霖、万本华、夏辛酉四军，抵抗联军。一时京师主战气氛再起。初三日，曾反对与列强开战的吏部左侍郎许景澄、太常寺卿袁昶被杀。事前，荣禄曾向慈禧谏阻无效，又请求大学士徐桐援手，不料遭徐峻拒。③ 十二日，天津失守后退至杨村的直隶总督裕禄兵败自杀。十七日，慈禧又降旨将兵部尚书徐用仪、内阁学士联元及已革户部尚书立山处死。同日，率兵抵抗联军的李秉衡因武卫军溃败，羞愤交加，也在张家湾自尽。

七月二十日，联军抵达北京城下，发动进攻。七月二十一日凌晨，慈禧携光绪帝仓皇出逃，扈从左右的主要是载漪、载澜、刚毅、赵舒翘等王公和官员。很久以来，外界对荣禄未能随扈的问题有过很多推断，因为这涉及京城失陷后荣禄的被动处境以及随后西赴行在的种种曲折，与当时朝局及议和问题密切相关，同样值得重新考察。

自天津失陷后，清廷一直试图与列强建立沟通的渠道，说服联军中止进军北京；但这种考虑显然是徒劳的，后来经过荣禄与使馆建立的短暂联系，虽允诺将使馆人员转移到天津，但没有取得公使们的认同。对使馆的围攻时断时续，形势的恶化已经无可避免。

据军机大臣赵舒翘日记云，七月十六日，慈禧定西迁议。"二十日，召

---

① 中国第一历史档案馆编《光绪宣统两朝上谕档》第 26 册，第 240 页。
② 《致调任直隶总督李鸿章等暨各将军督抚电》，光绪二十六年七月初十日，《袁世凯全集》第 6 卷，第 68 页。
③ 据载，为了救徐用仪，荣禄曾亲自拜访徐桐，请其劝说慈禧，岂料徐桐答曰："君尚欲假作好人？我看此等汉奸，举朝皆是，能多杀几个，才消吾气。"见陈夔龙《梦蕉亭杂记》，第 33 页。

见数次，已定暂避之计。晚间，庆王、端王、荣相又阻不行。并派予同夔石、阴芝往使馆讲和，是陷入危局，予拟力辞。二十一日卯刻，洋兵攻紫禁城甚急，皇太后、皇上仓皇出走。予奔回寓所，草草收拾行李，赶赴行在。"① 赵舒翘披露出的情节是，二十日晚间，庆王、端王、荣禄共同阻止慈禧西行，并派赵与王文韶、启秀（颖芝，也作阴芝——引者注）前往使馆讲和，但是，赵舒翘拒绝了。此事后来荣禄在奏折中有交代："是时大局尚未糜烂，窦使（英国公使窦纳乐）复函于次日九点钟在馆恭候会晤。及该大臣启秀、赵舒翘等恐其扣留，不敢往晤，托词有差不及前往，又函复之，至二十日夜间又复迁延，遂有二十一日之变。"② 可见，赵日记所言不虚。二十日，庆、端、荣一致坚持反对慈禧西行，除了安全因素，可能还有一点，唯恐庚申之变的重演。咸丰十年英法联军进攻津京，咸丰皇帝逃往热河，结果发生圆明园被焚的惨剧，此次一旦两宫离京，很可能会导致京城混乱升级。这也就可以解释为什么二十一日清晨慈禧、光绪离开时，荣禄与庆王没有随行，可能前一天慈禧已经与庆、荣达成一致，暂不离京。所以，当慈禧突然改变主意逃离皇宫时，不仅荣、庆不在场，军机大臣礼王世铎、王文韶、启秀也不知情。

关于二十一日清晨荣禄入宫的情况，军机章京继昌的记述可为参考。继昌称："二十一日早，敌兵攻东华门，荣相策马带小队四十名，自御箭亭东向宁寿宫而来。时礼邸等将往见起，甫行至景运门，守门护军惊骇相告，疑敌已入禁内，荣相带勇败走，亟掩景运门及乾清门，逾刻探悉无事，荣相缓步至军机处，云进内觅澜公议事，东华门已派勇往御。少憩，同礼邸等再往宁寿宫，预备召见。未至，太监迎告曰：驾已行矣。荣即由苍震门夹道赶赴，礼邸等回抵军机处，各匆匆散归。皇太后亦误闻敌兵入内，虽传不及召对，仓皇手携大阿哥，皇上、皇后相从，澜公及太监一人随侍，步出神武门。仅有澜公及李莲英内侍车三辆，分而乘之，奔西直门而去。"③ 继昌应该是当天入值的领班章京，所记比较可靠，看来，荣禄和礼王都是按照前一天约定去军机处的，荣禄甚至要找载澜议事。没有料到，慈禧已经临时决定

---

① 王步瀛编《赵慎斋年谱》（节录），《义和团史料》下册，第754页。
② 《大学士荣禄折》，光绪二十六年八月初七日，《义和团档案史料》上册，第530～531页。
③ 继昌：《拳变纪略》，《义和团史料》下册，第561页。按，引用时标点有调整。

出逃。就此看来，荣禄未能随扈是偶发事件，并非慈禧对他已不信任。① 两宫出逃时，另一位军机大臣王文韶也事先不知情，是后来赶上行在的。荣禄自己后来奏报说：

> 窃本月二十一日，奴才荣禄闻我皇上恭奉皇太后圣驾西巡后，与奴才崇绮在禁城内相见大哭，共以为外洋欺我至于此极，真所谓翻天覆地，变出非常。凡属臣子，报仇雪耻固属刻不能忘，而豺狼之心恐犹未餍，最须加意。昨已有旨令马玉昆带兵扈从。奴才荣禄本拟收拾残卒，竭力巷战，誓扫贼氛。惟时见城中四处火起，喊杀之声大振，居民拥挤奔逃，知事不可为。然闻銮舆在外，未敢经守小节。当与奴才崇绮驰出西直门……取径卢沟桥、长辛店。②

按照荣禄奏折所说，他本拟"收拾残卒，竭力巷战"的，知道事不可为，且銮舆在外，"未敢经守小节"，于是与崇绮一起逃出西直门，经卢沟桥、长辛店，逃离京城。七月二十六日，荣禄与崇绮抵达保定。

七月二十六日到九月二十日近两个月的时间，荣禄何去何从一直是影响时局的关键问题。围绕这个问题，行在的载漪、刚毅和李鸿章、刘坤一、张之洞、袁世凯等东南督抚都很关注，而荣禄本人更是审时度势，不断改变策略。时人曾评论说："两宫途次有诏，派留守大臣荣文忠居首，盖端、刚辈犹忌之，不使随扈。时荣已经出都，既不敢违旨，又察之外人以武卫军尝攻使馆，亦不满于己，故徘徊中道者良久。其云收集军队者犹托辞也。迨端、刚等罢枢直，荣知朝纲已正，始驰赴行在，协筹善后之策。"③ 这段评论大致准确，但没有看到东南督抚在此过程中发挥的作用。荣禄逃出京城后抵达保定，可以通过电报与东南联系，但西行途中的两宫行踪不定，荣禄却无法与行在取得及时联系。

---

① 孔祥吉先生认为，慈禧逃离京城之危难时刻，奕劻相随，而荣禄却未能随行，说明她对荣禄已不信任。参见孔祥吉《奕劻在义和团运动中的庐山真面目》，《近代史研究》2011 年第 5 期。这种说法似乎还要商榷。当时形势急迫，慈禧离京很突然，军机大臣未能随行的不止荣禄一人，恐与信任与否无关，完全是偶然因素造成的。
② 《大学士荣禄等折》，《义和团档案史料》上册，第 484 页。
③ 龙顾山人：《庚子诗鉴》，《义和团史料》上册，第 82 页

七月二十三日，两宫逃离北京抵达怀来时，虽不知道荣禄的下落，仍谕令荣禄与徐桐、崇绮均着留京办事，"所有军务地方情形，随时奏报以慰廑系。其余应行随扈各员速赴行在。将此谕令知之"。① 此时，荣禄也不知两宫的确切行踪，他与崇绮、董福祥在城外会合后联衔上奏，拟派董福祥率兵前往追赶护驾，荣禄本人与崇绮则先到保定，召集整顿队伍，养复锐气，恭候谕旨，再相机进取。② 二十五日，行在又寄谕荣禄、徐桐等："前因英窦使有各使在京、和局较易转圜之语，并据函订王大臣等于十九日往谈，嗣因事务倥偬，未及前往，即有二十一日之变。现在局势大坏，只此一线可以援为向议之据。著荣禄、徐桐、崇绮彼此熟商，迅速设法办理。"③ 也就是说，这次将与洋人续接开议的责任交给荣禄等人了。二十六日，荣禄抵达保定后，先以"由六百里飞咨署山西巡抚李廷箫、署陕西巡抚端方，迅速出省恭迎皇太后、皇上圣驾"，并令多带米面食物，敬供御用；同时札知山西臬司升允，酌带马队两旗、步队一营，迅由涿州、涞水一带，翻山取道，将应解户部之京饷银六万两，铁路经费银五万两，一并解呈行在，保证两宫供应。这样做是为了向慈禧表达忠诚和履行职责。④ 正是此时，荣禄却接到辅国公载澜来函，并抄寄英年口传七月二十二日谕旨：命派董福祥速带马步十数营，星夜前赴行在随扈。⑤ 这与荣禄的想法不谋而合，但是，留京办事却非荣禄所愿意。

　　荣禄抵达保定后，心绪极坏。据叶昌炽日记称："闻日人以荣相不能死，不能守，又不能扈跸以出，焚其邸第。"⑥ 府邸被焚，华丽的略园荡然无存，对荣禄也是不小打击。他始终保持缄默，连刘坤一也不曾联络。刘氏抱怨说："荣相有住保数日再赴行在说，亦无一字南来，奇极。"⑦ 二十八日，荣禄获知被派留京办事的谕旨。但是，让荣禄想不到的是，这时东南督抚也建议他与李鸿章一起参加议和，以尽快恢复京城秩序。八月初一日，李

---

① 中国第一历史档案馆编《光绪宣统两朝上谕档》第26册，第266~267页。
② 《大学士荣禄等折》，《义和团档案史料》上册，第484页。
③ 中国第一历史档案馆编《光绪宣统两朝上谕档》第26册，第268页。
④ 《大学士荣禄等折》，光绪二十六年七月二十八日，《义和团档案史料》上册，第493页。
⑤ 《大学士荣禄等折》，光绪二十六年七月二十八日，《义和团档案史料》上册，第493~494页。
⑥ 叶昌炽：《缘督庐日记》第5册，第3199页。
⑦ 《江督刘来电》，光绪二十六年八月初二日到，《李鸿章全集》第27册，第227页。

鸿章致电行在，请添派庆王、荣禄和刘坤一、张之洞同为全权大臣，参与议和。① 当时，只有日本表示愿意与清廷谈判，日本外相青木周藏提出荣禄等人参与议和，李鸿章遂据以上奏。张之洞也赞成荣禄主持议和，八月初四日，他致电李鸿章说："西幸旬余，尚无办法，诚恐大局溃决。补救之法，似不外迅与议约。荣相幸在保，能电奏留之否。庆邸大约随扈。如允派庆，太原到保，至速须八日。"② 同日，刘坤一接到山西臬司来电，得知两宫已经到达山西阳高县，大约初六七日就到太原了；并电告说："荣、崇由保来文，即日督队到晋，京饷解行在。"③ 看得出，荣禄打算督队前往山西行在。但是，他的愿望未能实现。

由于消息隔绝，八月初四日，荣禄才奉到七月二十五日命他与徐桐、崇绮与英使彼此熟商、迅速设法办理交涉事宜的上谕。但是，八月初二日，崇绮已在绝望中自缢身亡。荣禄对办理交涉并不愿意，于初七日复奏，表示原来与窦纳乐商议者为停战议和、保全京师、免惊圣驾之事，如今京城沦陷，銮舆西巡，形势大变："奴才非怯也，反复思维，刻下非但无从措手，更难援为向议之据。"同时将交涉的责任全部推给李鸿章。其奏折继续说：

> 昨于护督臣廷雍处见大学士李鸿章来电，有不日赴津之语。是李鸿章既奉全权之命，一切议和之事，均应责成该大学士一手经理。奴才忝领师干，实难兼顾。且自定州以迄获鹿、井陉、固关各要隘，节节均须设防。奴才虽已饬总兵张行志、姚旺、何得彪等驰往驻扎，尤须亲到布置。经营防务，正所以拱卫行在，自难分身参与和议。事有专责，非奴才所敢意存推诿。圣明在上，区区苦衷，谅蒙鉴察。一俟奴才将沿途防务布置周密，即驰赴行在，瞻觐天颜，以纾犬马恋主之忱。④

---

① 《调补直隶总督李鸿章折》，光绪二十六年八月初一日，《义和团档案史料》上册，第508页。
② 《致济南袁抚台、上海李中堂、盛京卿、江宁刘制台》，光绪二十六年八月初四日辰刻发，《张之洞全集》第10册，第147页。
③ 《江督刘来电并致盛、聂、王、松、张、绰、奎、德、许、善、刘、松》，光绪二十六年八月初五日到，《李鸿章全集》第27册，第237页。
④ 《大学士荣禄折》，光绪二十六年八月初七日，《义和团档案史料》上册，第530~531页。

显然，荣禄以布置驻防、实难兼顾为由，不愿意参与议和，而是急于前往行在。他于初八日率部前往获鹿，视察沿途布防情况。可是，该折于八月十三日才抵达到阳明堡（属山西代州）行在。而此前，李鸿章根据日本外相青木周藏的建议，已经奏请添派荣禄会办议和事宜。八月初七日，行在致电李鸿章表示同意。谕云："已命庆亲王奕劻星驰回京，会同该大臣商办，一切事宜著仍遵前旨，乘坐轮船，迅速来京，会同庆亲王力挽危局。所请添派荣禄等一节，所见甚是。著即派刘坤一、张之洞随时函电会商，荣禄现办军务，著俟该大臣到京后，体察情形，再行请旨。"①

荣禄对于留京办事本不愿意，现在奉旨会办议和，更非所愿。据八月十三日袁世凯给李鸿章等人的电报称："顷接荣相十一日自正定来书，谓同崇、徐留京，系照例事，无留守议和字样。拟赴行在，免夜长梦多。现事已至此，总以停战议和为急要。现在办法，惟有按李相所奏办理，或可转危，否则，期于必亡而后已云。"② 言辞中流露出十分无奈的心态。

两宫到太原后，专门下诏，痛剿义和团，同时，寄谕荣禄迅回保定，称："兹据李鸿章迭次电请，添派王大臣会办款议。除已命庆亲王奕劻星驰回京，并与刘坤一、张之洞函电互商外，即著添派荣禄会同办理，并准其便宜行事。该大学士如已赴获鹿，著即迅回保定，俟李鸿章到京后，妥为商办。大局所关，安危系之，存亡亦系之。该大学士为国重臣，受恩最深，当不忍一意借词诿卸也。"③ 上谕反复督饬，荣禄也只好改变赴行在的想法，同意按照李鸿章的安排参加议和。为此，袁世凯致电李："顷接荣相十二日函，谓傅相请添派，自无辞理。但里边无人主持赞襄，掣肘堪虑。拟先至获鹿小住布置，即赴太原云。据达斌来书，述荣拟在获鹿少候，如奉旨派议，仍回保。现愿和甚坚，断不能再持前议等语。"④ 看来，荣禄虽有到"里边"参与枢垣决策的想法，但屡奉旨意，不能违抗，已经打算北上议和。只是东南督抚对于慈禧的决策和态度毫无把握，"里边无人主持"反倒引起他们的

---

① 《军机处寄全权大臣李鸿章电旨》，光绪二十六年八月初七日，《义和团档案史料》上册，第530页。
② 《致全权大臣李鸿章督办铁路大臣盛宣怀两江总督刘坤一湖广总督张之洞电》，光绪二十六年八月十三日，《袁世凯全集》第6卷，第317页。
③ 《清德宗实录》卷468，光绪二十六年八月十四日，《清实录》第58册，第147页。
④ 《致全权大臣李鸿章电》，光绪二十六年八月十五日，《袁世凯全集》第6卷，第325页。

担忧。李鸿章认为，荣相"所虑极为周密，内廷无人主持，必多掣肘"，但希望荣禄以各国谓围攻使馆有董军，"恐涉嫌疑"，自请返回行在。①

八月十五日，荣禄奉到命其前往天津与李鸿章会议的上谕，次日奏报称："已驰至平定州，相距太原仅止三站，故仰恳天恩，准奴才驰赴省城，恭聆训诲，俾遂瞻依之忱。再驰回保定，亦不致多延时日。"但是，他奉旨会办议和，只得分清缓急，拟先与奕劻、李鸿章等悉心筹划，妥慎办理。"但能释彼族一分要挟，则国家或可少一分艰窘。断不敢因循退避，有负生成。"② 从奏折看，荣禄已经做好参与议和的准备了。但是，督抚们却深感内廷无人赞襄，遇事易遭掣肘，于议和活动极为不利，开始全力策划荣禄回行在之事。十七日，李鸿章致电荣禄称：

> 慰廷来电：接十二日尊函，谓内廷无人主持赞襄，必多掣肘，拟由获鹿赴晋，深佩荩筹周密。前但据日本来电奏请添派，公即奉旨，尽可以各国谓团攻使馆有甘军在内为词，恐涉嫌疑，请暂留行在。盖各国既将其所以愤恨之故大声叫破，是旋乾转坤仍在圣明内断于心，如深宫默念，倾危宗社是谁所为即办谁之罪，或议亲、议贵，分别轻重，则开议后亦有词可措。鸿不能趋行在面陈，又非奏牍所能尽言。读公五月三十日寄各督抚公电痛哭流涕，忠贯金石，辅翊两宫，再造社稷，仍不能不仰望于公。务请速赴行在，披沥独对，以冀挽回圣听，国脉存亡，实系乎此。并乞随时电示，庶使开议稍有把握。③

这是李、荣在京城失陷后首次联络，李鸿章劝荣速赴行在，密陈机宜，内外合作，尽快扭转形势。李认为添派荣议款是据日本来电奏请的，建议由荣禄自己奏请因率军围攻使馆，"恐涉嫌疑，请暂留行在"。十九日，李电告刘坤一："昨已密电荣相，请速赴行在，独对密陈，如能先发制人，免滋多口，未知办到否。"次日，又将此消息电告张之洞。刘坤一对此非常兴

---

① 《复东抚袁慰帅》，光绪二十六年八月十六日午刻，《李鸿章全集》第 27 册，第 279 页。
② 《大学士荣禄折》，光绪二十六年八月十六日，《义和团档案史料》上册，第 567 页。
③ 《寄荣中堂》，光绪二十六年八月十七日，《李鸿章全集》第 27 册，第 285~286 页。

奋，复电称："由荣入手，必可无坚不摧，钦佩曷极。"① 然而，二十日，荣禄得到行在十七日上谕，令护理陕西巡抚端方传旨，荣禄"著仍遵前旨迅速赴京，会同奕劻、荣禄商办开议"。② 这说明行在果真有人不愿意他回到太后身边。袁世凯也告知李鸿章："顷接荣相二十日函，称中途先奉旨保护畿辅，继奉旨会办全权，不敢请留。已由平定州折回，约二十二可抵保定。请转电中堂，先与各国说明保护，方可入京。"③ 二十三日，荣禄又致函袁世凯，认为"武卫溃乱，国人病诉，方责令保卫京畿，势不能回，行在亦不愿意回。即回亦未必能主持。敌果攻保定，尤难回。会奏之请，恐无益有损"。④ 二十六日，又通过盛宣怀致电李鸿章，称："刻下惟有先与庆邸晤商为第一要义，但禄应何日赴津、赴京，敬候筹复，祈先通知各国，并由尊处派妥员来保迎护为叩。"⑤ 情况越来越复杂，荣禄对是否回行在也显得有些犹豫。

但是，端王入枢的消息使情况变得急迫起来。先是，八月初七日，慈禧命端王入枢，载澜充御前大臣。消息传来，东南督抚感到情况不妙。枢中无人主持，局面将无法打开，他们开始私下策划新的入枢人选。八月二十二日，李、刘、张、袁四督抚联衔出奏，请求将载漪、载勋、刚毅、载澜、英年、赵舒翘六人"革职撤差"。⑥ 数日后，刘坤一致电李鸿章，认为"枢廷、译署务须得人，方可惩前毖后"，"现在两宫孤立无助，即请尊处商之庆邸，僭请以张香帅（之洞）、奎乐帅（俊）入政府，以陶子芳（模）署两湖，王芍堂（之春）署四川，并以杨子通（儒）、盛杏荪（宣怀）入总署，当可得力"。这一番人事安排，牵扯面不小，但是，不仅张之洞力辞，盛宣怀也自认"忧谗畏讥，任事太勇，一切见解不合时宜，此次不克随侍北上，实因不敢与闻交涉，译署尤非所宜，断不敢入"。⑦ 这种情况下，推动荣禄

---

① 《江督刘来电》，光绪二十六年八月二十日到，《李鸿章全集》第27册，第297页。
② 《附端护陕抚来电》，光绪二十六年八月二十日到，《李鸿章全集》第27册，第299页。
③ 《致全权大臣李鸿章电》，光绪二十六年八月二十三日，《袁世凯全集》第6卷，第368页。
④ 《致两江总督刘坤一湖广总督张之洞督办铁路大臣盛宣怀电》，光绪二十六年八月二十四日，《袁世凯全集》第6卷，第380页。
⑤ 《盛京堂转荣相来电》，光绪二十六年八月二十六日到，《李鸿章全集》第27册，第306页。
⑥ 《全权大臣李鸿章等折》，光绪二十六年八月二十二日，《义和团档案史料》上册，第590～591页。
⑦ 《盛京堂来电》，光绪二十六年八月二十八日到，《李鸿章全集》第27册，第311页。

返回行在就显得可行而必要。

闰八月初一日，盛宣怀电告李鸿章，"请荣赴行在，刘、张以外愿列衔者尚多，当拟电奏商办。各国闻端邸入枢，离题愈远。鄙见宜约荣相入京，将各国为难处尽情吐露，再赴行在据实独对，方有力量。各帅会奏似可先发。师何日赴通，须电示"。① 初二日，上谕将载漪军机大臣撤去，又将刚毅、赵舒翘"议处"。同日，命前去勤王北上的江苏巡抚鹿传霖入值军机处。② 初七日，李鸿章回复盛宣怀时认为，"刚、赵果撤，枢辅非荣回不可"。③ 初八日，荣禄也向行在奏报了自己此刻北上京津面临的困境：

> 奴才自上月折回保定，瞬已经旬，抚念时局，五中焦灼。本拟迅即入京。惟前准奕劻函称，京城暂归外国管辖，须俟各国保护，始能出入。昨闻李鸿章二十六日业已到津，当与电商，奴才即赴天津，约同一路进京，复派员专函往询。昨准李鸿章复电，转商保护，俟面商各国，再电。嗣又接复函：以奴才添派会办款议，仅日本知之，今商日本，令其打报回国保护，然一国亦不能作主，是以迟迟。现在事机如此，纵着急亦系枉然。况旱路不能行，须由水路赴通州，仍须候信再来为要。等语。奴才保定坐守，忧心如焚，无如各国尚未商妥，奴才亦未便贸然前往，惟有等候李鸿章信来，如各国俱认保护，再行设法入都，以免另生枝节。④

荣禄对自己滞留保定的原因进行了解释。其实，此时，他已经与李鸿章等达成默契。次日，李致电行在："各使以围攻使馆有甘军、武卫中军，系荣禄所部，不肯接待保护，恐有险，可否特召回行在当差？"⑤ 到头来，还是由李鸿章奏请将荣禄召回行在。这个电报与荣禄所奏相表里，为荣返回行在提出了充分的理由。

东南督抚一面积极推动荣禄回到行在，同时就"惩凶"问题开始沟通

---

① 《盛京堂来电》，光绪二十六年闰八月初一日巳刻到，《李鸿章全集》第 27 册，第 316 页。
② 第一历史档案馆编《光绪宣统两朝上谕档》第 26 册，第 320 页。
③ 《复盛京堂》，光绪二十六年闰八月初七日巳刻，《李鸿章全集》第 27 册，第 324 页。
④ 《大学士荣禄片》，光绪二十六年闰八月初八日，《义和团档案史料》上册，第 661 页。
⑤ 《李鸿章致行在军机处电》，光绪二十六年闰八月初九日，陈旭麓、顾廷龙、汪熙主编《盛宣怀档案资料选辑之七·义和团运动》，上海人民出版社，2001，第 287 页。

意见，特别是参劾董福祥之事。几经商议，初十日，刘坤一、张之洞、袁世凯等计划联衔电奏参奏董福祥，并由袁草拟电稿：

> 窃惟此次肇衅误国之由，董福祥不能辞咎，平日大言欺人，自谓足以敌洋，五月半间首戕洋官，六月以后专攻使馆。其军半与拳匪勾通，拳匪焚杀，董军劫掠，狼狈相倚，残毒京城。既不听大学士荣禄节制，并不遵谕旨调遣，及外患日急，大沽、天津、北仓诸军苦战数旬，伤亡殆尽，河西务诸军虽然溃败，究属见敌，惟此欺罔跋扈之董军，并未列队迎截，出城后即大掠，满载驱之而西，京畿人民言之切齿。闻该军随扈太原尚有二十余营，又闻车驾因欲幸陕，特调马安良一军，此必董福祥乘国家危急之时，妄言回军能战，冀以广树党羽，挟制朝廷。查回性狼鸷，向不驯良。董福祥所部半系回兵，马安良所部尽系回兵。西安回民素多，甘省向系回薮……臣等合词迫切密陈，谨电。由护陕西抚臣端方缮折驰递，伏祈圣鉴。臣刘坤一、张之洞、善联、袁世凯。卦亥。①

刘坤一致电袁世凯称，电奏中有关"武卫军攻使馆各语，似与荣相有碍。其全权旋请旋撤，亦碍体制。不若由傅相据外人言入奏，回晋可办议，幸陕则中变，较为切实动听。荣相则以要件须面奏赴行在。最要刚、赵既去，不致再有梗阻。又圣意必欲幸陕，高深难测。鄙见总须将外人尊崇两宫之意陈明，此节即可由荣相面达"。②闰八月十三日，上谕令寄谕荣禄前来行在入值办事；并称："本日已有旨令荣禄前来行在入直办事。该大学士所统之武卫中军，著归李鸿章节制调遣。保定地方紧要，外人窥伺不可不防。李鸿章未出京以前，即著廷雍暂行接收统带。妥为布置。"次日，行在收到荣禄的奏报：

> 窃奴才于本月初八日曾将在保定专候李鸿章信来，如果各国俱认保护，再行设法入都，以免另生枝节，附片奏明在案。兹于十三日准李鸿

---

① 《与两江总督刘坤一湖广总督张之洞等会衔电奏》，光绪二十六年闰八月初十日亥刻发，《袁世凯全集》第6卷，第458页。
② 《两江总督刘坤一来电并致湖广总督张之洞督办铁路大臣盛宣怀》，光绪二十六年闰八月初十日，《袁世凯全集》第6卷，第456页。

> 章专派易州直隶州知州窦以筠赍来密函称：顷据前署日本公使内田康哉由京来称，各国使臣云，围攻使馆即奴才所部各营，议定不准接待，前此日本外部不知细情，是以商请奏派，即有此议，非一国所敢保护，应请暂缓来津，等语。并函称：伊等即不肯保护接待，若遽行入都，恐有意外之险，又附寄新闻纸一条，中有不准奴才与奕劻、李鸿章会议之语，并据窦以筠面述，李鸿章所言，各使既以围攻使馆系奴才所部各营，自必不肯保护，若勉强前进，其险莫测。且闻德国新来统兵瓦帅，以德使被戕，深为怀恨，现在不肯与李鸿章前来会晤，其心殊为叵测。并令告知奴才，不宜驻扎保定，以避其锋。缘津、京密通保定，彼或借口剿匪为名抵保，势必与奴才为难。且刻间与各国正欲开议之际，尤不能以兵相拒，致启各国疑忌。是久驻保定，不惟无益，且恐事机于大局有碍，仍以驰赴行在为是各等语。
>
> 奴才伏念变起非常，不能补救万一，上纾宵旰之忧，实属惭悚无地。今各使以围攻使馆之嫌，不肯保护接待，其心叵测。在奴才一死不足惜，特恐因奴才而掣动全局，贻误殊非浅鲜。反复思维，更证以李鸿章之言，既不能久居保定，又不能前往津、京，惟有趋谒行在，叩觐天颜，稍申犬马恋主之忱。奴才具有天良，非敢稍存规避，实以事当万难，关系重大，与其贻患于将来，不如见几于此日。奴才于拜折后，拟即出省，取道正定及彰德、卫辉一带，由豫入秦，迎折西上。是否有当，谨恭折密陈，伏乞皇太后、皇上圣鉴，训示。再，附粘李鸿章寄来新闻纸一条，敬呈御览，合并陈明。谨奏。①

至此，几经周折的荣禄前往行在问题终于有了圆满的结果。十六日，荣禄电告袁世凯，"既不接待，去亦无益，已据合肥函告情形十四日具奏，并自请驰赴行在，于十六日启程，由正定取道彰德，由豫入秦，迎折西上。倘能于途次奉准合肥之奏，即赴行在，则甚妙矣"。② 此刻，他对于自请回枢也没有顾虑了。

---

① 《大学士荣禄折》，光绪二十六年闰八月十四日，《义和团档案史料》下册，第679~680页。
② 《致督办铁路大臣盛宣怀电》，光绪二十六年闰八月十六日，《袁世凯全集》第6卷，第493页。

对于荣禄入枢主政，督抚也有顾虑。十九日，袁世凯致盛宣怀电报说："荣相与千里（按，指董福祥）有旧。荣素热肠，恐至秦手软。顷专书讽以大义。岘帅（刘坤一）与荣交亦深，可否亦作书言之，或再约奎（奎俊）作书。"① 可见袁世凯与张、刘、李、盛等频繁磋商的情形。就在此时，刚毅死于山西，② 荣禄重返行在主政显得更加迫切。二十日，清廷重新就议和大臣做了宣布："奉旨：庆亲王奕劻著授为全权大臣，会同李鸿章妥商应议事宜，刘坤一、张之洞均著仍遵前旨会商办理，并准便宜行事。该亲王等务当往还函电熟商，折衷一是，毋得内外两歧，致多周折。是为至要。"③ 荣禄被从议和大臣中剔除。

但是，列强对荣禄指挥武卫中军进攻使馆之事并未就此平息。早在八月，德国驻汉口领事禄理玮就因武卫军进攻使馆对荣禄参与和谈表示异议。张之洞辩解说："荣力阻开衅，曾苦奏七次。拳匪太多，各军皆有，武卫中军新募人杂，其中难免有通匪妄为者，实非荣意。"④ 此后种种传闻不断。八月中旬，英国公使窦纳乐得知荣禄将参加议和的消息后，毫不犹豫地表示反对，并报告给国内。⑤ 闰八月二十六日，刘坤一得悉联军将荣禄与刚、董并论，骇极，拟致电庆王和李鸿章向各使及联军"为荣剖白"，并请张之洞

---

① 《致督办铁路大臣盛宣怀电》，光绪二十六年闰八月十九日，《袁世凯全集》第6卷，第504页。
② 一般文献对于刚毅在西行途中病死的情形不得其详，或有言其死于闻喜境内，似误。据何乃莹奏报："臣于太原起程之日，见大学士刚毅病体缠绵，诚恐途次无人照料，因相约同行，十九日行抵侯马镇，病势益剧，赶紧代为延医调治，刻下稍有转机。一俟就痊，即当同趋行在。"见《都察院左副都御史何乃莹奏报照料大学士刚毅病情暂留山西侯马镇缘由事》，光绪二十六年闰八月二十三日，录副奏折，档号03－5391－121，缩微号407－1707。据此可知，两宫从太原起程时，刚毅已经病重。闰八月二十四日，他在侯马病死，何乃莹代递遗折并奏称："昨因大学士刚毅病势沉重，暂留侯马驿（镇）照料，当经附片陈明。连日延医调治服药，颇有微效，不意廿四日寅刻陡觉痰涌气喘，遂即口授遗折，嘱为代递。并以幼子玉麟托臣带赴西安馆师课读，竟于巳刻出缺。所有衣衾棺椁经臣会同崇祥暨曲沃知县王廷英妥办含殓，尚属周备。现于二十七日移柩平阳县城内，择庙暂停。臣即定于是日起程趋赴行在。"见《都察院左副都御史何乃莹奏为大学士刚毅病故代递遗折事》，光绪二十六年闰八月二十四日，录副奏折，档号03－5391－138，缩微号407－1736。
③ 中国第一历史档案馆编《清代军机处电报档汇编》第2册，第233页。
④ 《附鄂督张来电并致江督东抚盛京堂》，光绪二十六年八月初六日到，《李鸿章全集》第27册，第240页。
⑤ 《窦纳乐爵士致索尔兹伯理侯爵电》，1900年9月10日发自北京，胡滨译《英国蓝皮书有关义和团运动资料选译》，第214页。

联名。该电称：

> 庆王爷、李中堂钧鉴：阅盛京堂转孙钟祥电，有联军询及荣相、刚、董，上能严办，或可止兵等语，甚为骇异。荣相虽统武卫军，而庇匪攻馆，实非其意。当拳匪初起时，荣相主剿，奏请七次未允，六月初有电可查，曾经登报，中外共知。董福祥坚不任剿，致酿此变。维时京、津鼎沸，举国若狂，上有擅权之王公，下有跋扈之将领，同侪排挤，几蹈危机。荣相孤掌难鸣，苦心调护，始终以保使为要。兵匪攻馆不下，将用开花大炮，荣相坚阻乃止。是荣与刚、董居心行事，迥不相同，何能相提并论？且行在政繁，枢垣责重，荣相尚知大体，正思赖以斡旋。各国要索人数日多，转虑不能办到。如果荣实袒匪，亦难却外人之请。无如荣、刚水火，前事具存。在朝廷宜惩真祸首以明是非，在各国亦以办真拳党乃为公允。务请王爷、中堂向各公使及联军剀切为荣剖白。若将孙钟祥电入奏，亦请勿列荣名。坤一与荣非有所私，事体所在，更未可将政府在前诸人概行劾罢，致行在乏人办事，转令真误国者借以幸免。关系至巨，伏候钧裁。①

袁世凯也致电诸人，"救使事荣相实冒险出力，厥功甚伟，断不可没。此人亦断不可少。请杏公图之"。② 张之洞对刘坤一所拟电稿表示认可，又添加不少内容，加强说服力："致邸、相为荣剖白电，洞愿列名。'坚不任剿'下拟添'有意挑衅害国'六字。'若狂'下拟添'董军助匪攻馆，荣相持令禁止，董不听，立杀其差官两员，此事各使在京，可查。拳党谓荣相为汉奸四人之一，此语京城士夫皆知'五十字。'所私'下拟添'洞与荣素不相识'七字。请裁酌速发。"③ 刘、张、袁对于维护荣禄声誉和地位的重要性有近乎一致的共识。九月十七日，刘坤一在电报中说："攻使馆实是董

---

① 《两江总督刘坤一来电并致湖广总督张之洞督办铁路大臣盛宣怀》，光绪二十六年闰八月二十六日，《袁世凯全集》第6卷，第538~539页。
② 《致湖广总督张之洞两江总督刘坤一督办铁路大臣盛宣怀电》，光绪二十六年闰八月二十七日亥刻发二十八日巳刻到，《袁世凯全集》第6卷，第547页。
③ 《湖广总督张之洞来电并致两江总督刘坤一督办铁路大臣盛宣怀》，光绪二十六年闰八月二十七日，《袁世凯全集》第6卷，第550页。

军，各国所最恨。若诿为非其所得自主，试问主者荣相乎，抑朝廷乎？恐益难办理，更虑迫我以必不能行之事。请杏翁速电傅相密复枢府，此节关系太重，两宫万不可自行引咎。"① 这里已经将话说得很明确了，荣禄和朝廷都不能承担主使攻打使馆的责任，否则会遭到列强的要挟，只能董"自主"所为。

荣禄抵达西安后，也收到了李鸿章的来信：

> 朝廷惩前事之倾危，鉴先几之忠谠，定必倾心以待，伫闻造膝之陈。当日肇祸诸臣，或逃或死，仅存者亦如槁叶，秋至自零。台端重入，领袖枢垣，仁和、定兴两公，并有笙磬之雅，可无掣肘之患，深以为慰。弟到京后，与庆邸晤商一切。现各国新旧使臣将次到齐，便可订期开议，要挟之巨，固不待言。拳匪遍地滋扰，骤难爬梳。无饷何以养兵？内患外忧，同为棘手。吾曹渥被深恩，际兹厄运，惟有共矢愿力，冀补艰危，成败利钝，固所不计耳……联军已据保定，闻将逾正定而西。昨复电请速办祸首，庶可阻其西犯。董犹拥兵在近，必须妥为布置，以免肘腋之虞。回銮尚未有期，中外同深仰望。所盼台旌早入，前席先筹，诸待斡旋，曷胜企祷。②

信中对荣禄返枢充满期待。信中"仁和、定兴"指枢臣王文韶和鹿传霖。九月十八日，判断荣禄即将抵达行在，刘坤一也致电荣禄请劝说两宫尽快回銮，称："公此行，存亡系之。千万于召对时，切实密奏，坚持此义，无论如何，勿为他说所动。否则真误到底，后悔莫追。坤一言尽于此，报国在是，报公亦在是。"③ 其意殷殷，令人感怀。

总之，从八月初酝酿荣禄留京参与谈判，再到建议荣禄前往行在主持枢垣，这个变化过程中，东南督抚对荣禄期望甚殷，对政局的影响也最为关键；这也是各督抚在京城失陷后最具共识的时刻。此后，因为中俄交涉问题

---

① 《两江总督刘坤一来电并致湖广总督张之洞督办铁路大臣盛宣怀》，光绪二十六年九月十七日，《袁世凯全集》第 7 卷，第 89 页。
② 《李鸿章札》，光绪二十六年九月初四日，杜春和、耿来金、张秀清编《荣禄存札》，第 3~4 页。按时间推算，此信应该在荣禄抵达西安后收到。
③ 《寄荣中堂》，光绪二十六年九月十八日，《刘坤一遗集》第 6 册，第 2594 页。

以及李鸿章在议和谈判中的专断，刘坤一、张之洞与李鸿章的分歧越来越大，甚至彼此上奏争辩，引起朝野关注；同样，在东南督抚推动下回枢的荣禄，抵达西安后，重新掌控大权，事事秉承慈禧旨意，在惩凶问题上庇护董福祥，令刘坤一等大为失望。《辛丑条约》签订前后，西安行在与京城钦差大臣之间的关系成朝野关注的焦点，东南互保中形成的督抚势力逐步分化瓦解，荣禄调节其中，开始扮演新的角色，朝局又出现了新的变化。

第十一章　从主政西安到返回京城

慈禧、光绪自七月二十一日逃离北京，经过大同、太原，虽然东南督抚屡次联衔呼吁尽早回銮，惩办元凶，开启议和，但是，在载漪、刚毅等人怂恿下，慈禧唯恐不能得到列强的宽恕，坚持巡幸西安。九月初，两宫抵达西安，直到第二年八月回銮。偏安一隅的行在朝廷，面临内忧外患的压力，再次宣布实行新政，向京城和东南发号施令，暂时维持着统一政令。两宫抵达西安后，拳变时期的军机班底彻底更换，回到西安的荣禄，因为礼王未能随扈，成为实际的领枢军机大臣，后礼王出枢，荣禄打破辛酉政变后亲王领枢的惯例，成为名副其实的首辅，直到光绪二十九年三月去世，其权力可谓达到顶峰。陈夔龙称："文忠初命议款，继命赴秦，仍直军机。和约签字，固由两全权因应咸宜，而文忠造膝密陈，委曲求全，厥功尤伟，外廷不得而知也。回銮后，奏设政务处，百废待举。不幸鞠躬尽瘁，希踪武乡。"① 这样特殊的地位，既为荣禄带来无上的荣耀，也让他面临巨大的压力和责任。

一　庇护董福祥

庚子年闰八月十六日荣禄离开保定，经正定、彰德、卫辉，由潼关进入陕西，九月二十日到达西安。至此，在整整三个月后，荣禄重新回到慈禧身

---

① 陈夔龙：《梦蕉亭杂记》，第50页。

边,入参枢密。此时,军机大臣只有荣禄与王文韶、鹿传霖三人。① 他很快成为主持大局的核心人物。

荣禄的到来可谓恰逢其时。九月初,八国联军在直隶四处出兵抢掠,并进攻张家口、保定,扬言要扩大战事,继续西进。为了阻止洋兵的军事活动,李鸿章向行在提出迅速回銮,并"惩凶",以缓和紧张局势。李鸿章不断将列强要求严惩载漪、毓贤、董福祥等人的条件奏报,慈禧却认为洋人要求的处分过重,迟迟不松口,命奕劻、李鸿章再与列强辩驳。行在的意见引起东南督抚的异议。张之洞很不以为然,致电刘坤一、袁世凯,请向荣通融:"请两帅分致荣电,最要先发荣电,再议其他,不然,万言无益。会奏自不可少……陕已转圜,荣能助力,可望有二三分功效。若荣亦愦,大局全翻矣,何论转圜乎。致荣电务恳其劝上忍气,不可顾虑面子,不可代臣下受累,不可再讲磋磨。我自坚持,人自进兵,虽催不理。此系正其误两宫、祸宗社之罪,非媚敌人。"② 袁世凯则认为,既要期待荣禄的努力,外臣的联奏也很有必要:"荣相面折廷争非所长,如外臣会奏,善能解说,赞成此奏,必有益。"③ 看来,袁世凯深知荣不善"面折"而更愿意在外臣会奏时间接帮腔的性格特点。果然,荣禄回到西安的第三天,行在就公布了对"祸首"惩办的上谕:

> 端郡王载漪,著革去爵职,与已革庄亲王载勋,均暂行交宗人府圈禁,俟军务平定后,再行发往盛京永远圈禁;已革怡亲王溥静,已革贝勒载滢,著一并交宗人府圈禁;贝勒载濂,业经革去爵职,著闭门思过;辅国公载澜,著停公俸,降一级调用;都察院左都御史英年,著降二级调用;前协办大学士吏部尚书刚毅,派往查办拳匪,回京奏复,语多纵庇,本应从重严惩,现已病故,著免其置议;刑部尚书赵舒翘,查办拳匪,次日即回,未免草率,惟回奏尚无饰词,著革职留任;已革山

---

① 两宫抵达太原时,端、刚罢职,军机大臣王文韶曾独对两旬之久。见龙顾山人《庚子诗鉴》,《义和团史料》上册,第81页。
② 《湖广总督张之洞来电并致两江总督刘坤一督办铁路大臣盛宣怀》,光绪二十六年九月十七日,《袁世凯全集》第7卷,第89~90页。
③ 《致两江总督刘坤一湖广总督张之洞督办铁路大臣盛宣怀电》,光绪二十六年九月十九日酉刻发亥刻到,《袁世凯全集》第7卷,第91页。

西巡抚毓贤，在山西巡抚任内，纵容拳匪，戕害教士教民，任性妄为，情节尤重，著发往极边充当苦差，永不释回。①

上谕宣布了对载漪、载勋、毓贤等人的惩办措施（刚毅病故，免议），对被视为最大祸首的董福祥却毫无提及。同时，军机处给奕劻、李鸿章的电报中称："惟董福祥碍难骤撤兵柄，遽予处分……自应从缓筹办。此意似可开诚布公，婉告各使，务释其疑，免致朝廷为难。"② 处分庇拳的王公官员，不仅没有达到外国公使和东南督抚要求的程度，而且对"祸首"董福祥搁置不议，这完全是慈禧的旨意。荣禄深知这会引起东南督抚的不满。九月二十七日，荣禄又专门致电李鸿章进行解释，电报说：

> 二十日抵行在，二十二日婉切上陈。幸赖两宫圣明，严纶立降。虽未诛戮一人，而被禁被遣者永无释期，与死何异，似可平友邦之愤怼，启款议之端倪，然臣力亦竭矣。平情而论，两宫为天下忍辱亦云至矣。况乘舆播迁，京畿涂炭，圣容憔悴，宗庙倾危。惟望执事持悔祸惩凶之诏，亟与议款止兵，得早一日开议，两宫早一日获安，社稷苍生早一日蒙福，切盼切盼。至于回銮一节，款议一定，车驾立旋，如其未定而自入虎穴，资其挟制，不惟两宫不肯出，即臣下亦何忍言。董事详函不赘云。③

显然，荣禄非但没有说服慈禧，反而开始站在慈禧一边劝说钦差和督抚了。他希望李鸿章与其他督抚体谅慈禧苦衷，尽力与列强辩驳，维护朝廷尊严和权力，这使东南督抚颇为失望。二十八日，李鸿章致电军机处，做出了强硬的表示：

> 二十二日电旨敬悉。另旨催臣等克日开议，勿再迟延，曷胜惶悚。

---

① 《上谕》，光绪二十六年九月二十三日，《义和团档案史料》下册，第771~772页。
② 《军机处致全权大臣奕劻李鸿章电》，光绪二十六年九月二十二日，《义和团档案史料》下册，第771页。
③ 《盛京堂转荣相来电》，光绪二十六年九月二十七日到，《李鸿章全集》第27册，第408页。

查各使责难肇祸诸臣,一律从严,并欲先行办结后再开议。屡次辩论,始允将此条附入应议款内办理。俄、日、美尚可理喻,余则骄横。臣等仅凭笔舌相争,应付本属棘手。各使自行公商十余次,又因请示外部,不无耽延。而于祸首诸人未肯松劲,今奉旨圈禁四人,各使意虽未惬,犹可据理以争,徐图转圜。其余诸人罪止闭门思过、降调、革留、极边当差,原属法外之仁,各使必执一律从严之说来相诘问。现在洋兵未撤,动辄生衅。倘欲自往办理,又蹈廷雍覆辙,不特议款稽延,必致枝节横生,全局糜烂,臣等何能当此重咎,不敢不预为陈明。现惟催定开议日期,相机磋磨,力图补救。如其始终坚执,臣等受国厚恩,但知以保卫宗庙社稷、皇太后、皇上为重,再行据实请旨办理。至荣禄等电称,董宜缓图,容向各使婉商,另立专条。能否允办,仍无把握,谨此电陈。再,溥静业经病故,合并声明。祈代奏。奕劻、李鸿章。①

次日又寄电荣禄：

有电详悉。勘两电奏当寓目,均系实情,执事虽已竭力,仍望披沥恳陈。所称被禁、被遣,永无释期,与死何异。彼族多疑,谓难凭信。昨德使晤谈,上年允将李秉衡降调,永不叙用,旋即起用,今且优恤。告以端、庄等朝廷为难,实办不到死罪。彼谓将来只可自办。又,英、俄、法、美使照会,董于近日祸事最为首要,应即行逐退,且疑执事始终袒护。昨拟另立专条,殊无把握。总之,各国政府既授权于该使合力谋我,和议难成,且虑别生枝节。事势危急,务望诸公慎重图之,力回天听,以维大局为幸。②

李鸿章对于荣禄抵达行在后,完全站在慈禧立场上为肇祸之臣讲情,很不以为然,在给盛宣怀的电报称荣"颇自居功,圆媚可鄙"。③

---

① 《寄西安行在军机处》,光绪二十六年九月二十八日申刻,《李鸿章全集》第 27 册,第 412 页。
② 《寄西安行在军机处荣中堂》,光绪二十六年九月二十九日午刻,《李鸿章全集》第 27 册,第 414~415 页。
③ 《寄盛京堂》,光绪二十六年十月初二日辰刻,《李鸿章全集》第 27 册,第 419 页。

但是，上谕仍不松口，三十日电旨称："奕劻、李鸿章勘电悉。事机紧迫，所不待言。惟来电词意尚欠详明，现既商列款开议，其所索各条是何端倪，曾否见询，有无万不能行之事。该亲王等责重全权，自应据实密奏，一面相机审势补救，得一分是一分。总之大局攸关，款议可成不可败，两害取轻，是在该亲王等惟力是视，朝廷不能遥制也。"十月初四日，盛宣怀转给李鸿章。① 同日，荣禄复电奕劻、李鸿章说：

> 已另有旨不为遥制。各国请将董逐退，自应酌办。现所统三十营已减三分之一，而骄将悍卒密迩行在，遽撤兵柄，彼诚无异志，其部下或虞激变。拟请予革留处分，先令带队回甘，以明逐退之意，徐作良图。且甘民亦感董，建有生祠，悍军愚民均可虑。当此危迫万分，弟何至袒一将而妨大局，苦衷当可共谅。祈速电复，以便力请照办。再，朝廷既许便宜行事，万急之际，自应实做全权二字，以就款局切要等语。乞秘之。②

从措辞上看，密电是一并发给诸督抚的。在惩办董福祥的问题上，荣禄显得十分为难，唯恐引起董部激变。袁世凯对此似乎很是理解，次日就致电刘、张、盛等人，从中调节："先驱董回甘，再作良图，已有办法。邸、相能实做全权，更有办法。"③ 袁世凯知道，荣禄抵达后，对于沟通朝廷与东南督抚意见做了不少疏通，尽管不尽如人意。十月初六日，荣禄致电袁世凯称："时局本万难措手，非不力办。千里（董福祥）勇丁已减三分之一，更拟请以带队回甘，以符庆、李来电逐退之意。总之，万不能袒一将而妨大局，苦衷当为剖白共谅。"④ 袁将该电立刻转发刘、张等。十月初六日，李鸿章致电荣禄，指出："各国严办祸首，经弟等屡向辩论，现德、法、英仍坚持一律从严之说，未肯松劲。俟开议时，谨遵懿亲不加刑之谕，与之力

---

① 《盛京堂转西安来电》，光绪二十六年十月初四日午刻到，《李鸿章全集》第27册，第421页。
② 《荣中堂来电》，光绪二十六年十月初五日到，《李鸿章全集》第27册，第423页。
③ 《致督办铁路大臣盛宣怀两江总督刘坤一湖广总督张之洞电》，光绪二十六年十月初五日，《袁世凯全集》第7卷，第126页。
④ 《致督办铁路大臣盛宣怀两江总督刘坤一湖广总督张之洞电》，光绪二十六年十月初六日，《袁世凯全集》第7卷，第129页。

争,有济固妙,否则仍据实请旨。至专办毓贤,谓可撤兵就款,实无把握。事机万紧,弟等自当实做全权二字,维持宗社幸甚。至应议各款,尚无确实条目,俟照会到日,当即电达。"① 电文的语气仍很强硬。

荣禄袒护董福祥一事,已不限于与督抚之间的争执,士林也有传闻。沈曾植在家书中称:"端、庄处分,洋人已满意,独注意毓、端、董三人,而朝廷决不肯办董,荣相还朝又创董宜羁縻之说,此事诚不能料其究竟如何耳。"② 看到行在对董处置拖延不办,督抚决定再次采用联衔会奏的办法向朝廷施加压力。初八日,诸督抚委托袁世凯草拟弹劾董福祥的电奏,袁发给诸人讨论。该电云:

> 查董福祥以盗魁投诚,荐擢专阃,迭荷殊恩,为从来武臣所未有。宜如何忱心国是,共体时艰。乃自统兵以来,训练漫不经心,纪律毫不讲究,恣意骄慢,徒托大言,谬谓提其步卒可灭洋人,用其刀矛可胜枪炮。廷臣以其貌似勇鸷,语近忠愤,每为推重。董福祥益肆横无忌,专挑敌衅,不顾大局。前年在保定府滋扰教堂,嗣在卢沟桥哄闹铁路。赖大学士荣禄严加训饬,随时约束。董福祥怙非不悛,阳奉阴违,但欲擅主战之美名,竟罔恤国家之利害。本年夏间,拳匪方炽,原属溃池盗弄,扑灭甚易。乃董福祥附和煽惑,助为声势,诸王大臣因有依恃,遂坚信拳匪,轻敌列国。在诸王大臣,少长京师,未谙军旅,民之情伪,兵之凶危,或难洞悉。董福祥身任专阃,久历戎行,讵不知乱不可长,敌不可玩?何竟欺罔误国至此。是衅端之开,实由董福祥酿之。且戕害日员,发难既始于董福祥,围攻使馆,构兵又成于董福祥。迨战事方殷,并未督队迎敌,京师危陷,又不扼要死守。不知平日所谓尽灭洋人者何在?所谓制胜枪炮者又何在?犹复首先纵兵,乘乱抢掠,鱼肉居民,荼毒缙绅,遂至纪律荡尽,各营效尤,不可收拾。大学士臣荣禄再四申禁,反复告诫,董福祥始终跋扈,不遵节制,逞其兵忿,任意诿卸。洋兵甫过通州,董福祥即率队出城,大掠而西。凡官绅之车辆,商贩之驼骡,无论在家在途,悉被甘军搜掳。或载所劫货物,或载所掠妇

---

① 《寄荣中堂》,光绪二十六年十月初六日,《李鸿章全集》第27册,第426页。
② 沈曾植:《海日楼家书》(54),庚子十月初一日,《历史文献》第6辑,第218页。

女,几于一兵一车,一卒一驼,招摇数百里,众所共见,人尽切齿。迄今诸京官因无车坐困,不能奔赴行在者,靡不痛恨于甘军。该军掳掠之暴,焚杀之惨,甚于洋兵,过于盗贼,由京师至保定,由保定至正定,数百里内,几无人烟。又闻董福祥曾奉旨随扈,乃竟恝置不顾,满载先行。迨荣禄追及涿州,苦口勉谕,始肯赶往迎驾。按其行为,俨若不复知有君国,但欲构衅煽乱,以遂其抢掠之计者。董福祥身肇巨变,意图苟免,辜恩负义,令人发指……如不从严惩办,何以服天下之人心,杜列国之口实。说者谓大敌未解,不宜加罪统将。似也。不知董福祥一军,将骄卒顽,但知纵掠,何能御敌。留之实无裨军事,弃之正足伸国法。说者又谓杀敌致果,每至见忌敌国。亦似也。不知宋庆、马玉昆等与洋兵角逐月余,先后歼毙洋兵不下万人,其战甚力,其守甚苦,各国何以不指名请惩?足见洋人所恨,固不在敢战之将也。委以董福祥肇衅酿祸,任性妄为,致使宗社倾危,乘舆播迁,廷臣颠沛,士民涂炭,大局败坏,流毒甚烈,不但为天下各国所共愤,抑且为列祖列宗之罪人。合无仰恳宸衷独断,先将董福祥兵柄分撤,依次从严治罪。天下幸甚,宗社幸甚。①

这封电奏不厌其详,备述董福祥所部戊戌年五月在保定滋扰教堂及庚子年四五月间焚毁铁路、围攻使馆的种种行为,以此作为对董重惩的依据。初十日,袁又致电诸督抚:"闻董恩眷未衰,关中情形,亦难详知。如少拟办法,或未合时宜,或未当上意;多拟办法,奏内又嫌琐屑。似不如在会奏之先一二日,由宁、济各拟办法二条,不可雷同,电荣相预择。追奏到相机为之,较周到。总之,董不患无办法,只患在不肯办耳。非先将其罪状说透不可。再,陕探董现止二十营旗,不足万人云。"② 刘坤一也认为,董福祥必须严办。他赞同袁世凯的办法:"此系预拟,董军调开后,续劾之件,似可指请将董正法,择纯实之将分统,明降谕旨,以安兵心。请香帅酌添,电约各省为祷。此时以催调董最要。顷致荣相电曰:'款局迄未开议,各国屡请

---

① 《致两江总督刘坤一湖广总督张之洞督办铁路大臣盛宣怀电》,光绪二十六年十月初八日午刻发初九日午刻到,《袁世凯全集》第7卷,第137~138页。
② 《致督办铁路大臣盛宣怀两江总督刘坤一湖广总督张之洞电》,光绪二十六年十月初十日,《袁世凯全集》第7卷,第145页。

严惩祸首，嫉董尤甚，闻已预备哀的美敦书。若待书列，必是请全办十一人，不允则立致决裂。不若趁书未到，先将董酌予处分，调回甘肃，由全权告知各国，商酌先行开议。'"① 刘将给荣禄的电报转发袁氏，为的是让袁进一步发挥作用。很快，袁世凯又致电荣禄：

> 闻十国公请逐董迄无复文，势将决裂等语。前读歌电，拟令董回甘，今或又有变局。惟法、德近逼三晋，英、法、德窥伺长江，大局危急。时值隆冬，和议久延，奉、直、吉、江四省官民，被兵蹂躏，冻馁流离，每日死亡者，讵可数计。闻之痛心。如各国再扰长江，糜烂何堪。设想中堂断不袒一将而妨大局，朝廷尤不至惜一人而损生灵。即董亦何妨舍一身为数百万官民请命，请速图之。倘因明发措词为难，或浑言其任性妄为，纪律废弛，先降旨斥逐，再设良策。②

在刘、袁等督抚的反复申辩下，清廷被迫将董革职留任。十三日荣禄致电刘坤一等，称"庆邸、傅相电，谓十国先后照会，应将董驱逐远离，不得仍在朝廷左右，并请严予处分，调离行在。明降谕旨，以释各使之疑。昨已奉旨将董革职留任，其所部各军现已裁撤五千五百人，并著带其亲统各营克日驰回甘肃矣。缘陕甘军民附之者太众，势不得不暂为羁縻，徐图安置。此意执事自当洞澈也。"③ 但是，督抚仍认为对董的处理不够严厉，刘坤一、张之洞联衔致电行在军机处称：

> 坤一等窃谓此次议款，当握定不失自主之权为第一要义。赏功罚罪，中朝自有权衡，本非外人所得干预。肇祸诸臣纵匪滋扰，贻害国家，得罪于宗庙社稷；乘舆播迁，备尝艰险，得罪于皇太后、皇上；大局贻危，生灵涂炭，得罪于天下臣民；围攻使馆，妄杀洋人，得罪于海

---

① 《两江总督刘坤一来电并致湖广总督张之洞督办铁路大臣盛宣怀》，光绪二十六年十月十一日戌刻到，《袁世凯全集》第7卷，第147页。
② 《致两江总督刘坤一湖广总督张之洞督办铁路大臣盛宣怀电》，光绪二十六年十月十一日亥刻到，《袁世凯全集》第7卷，第148页。
③ 《大学士荣禄来电并致两江总督刘坤一湖广总督张之洞督办铁路大臣盛宣怀》，光绪二十六年十月十三日，《袁世凯全集》第7卷，第153页。

外诸国。种种罪戾,擢发难数。即令诸臣自思,当亦无颜再生于尧、舜之世;即无各国要索,当亦不能幸逃于祖宗之法。圣朝忠厚,两宫仁慈,或念其随扈微劳,不忍遽置重典。似不宜令其再窃高位,再误国是。拟请断自宸衷,明降谕旨,将载澜、赵舒翘、英年一并革爵、革职。刚毅查办拳匪,语多纵庇,虽已病故,仍请革职。毓贤、董福祥情节最重,法无可贷,请治以应得之罪。董福祥现在调回甘肃,或俟抵甘后,再行惩治。伏候圣裁。一面速发国书,切商各国,迅发训条,和平开议,或冀早就范围。与其待彼书到,迫以必办,损我国体,何如趁书未到,先行自办,伸我大权。事机危急,诸臣罪有应得,坤一等不敢徇外人之好恶,不敢不为朝廷整纪纲,谨冒死沥陈。请代奏。刘坤一、张之洞。①

经过刘、张等督抚的不懈呼吁,董福祥被革职,率部五营返回原籍。至此,行在与督抚的纷争才暂告一段落。此时,荣禄已非落难时期依托东南督抚寻求出处的流浪大员,而是重获慈禧信任、主持全局的砥柱之臣。他处处听从慈禧的旨意,在惩办董福祥问题上表现得最为典型。

关于荣禄与董福祥的关系,曾任总署章京的李岳瑞评价说:

> 庚子之变,人皆以祸首蔽罪福祥,顾此当为福祥恕者。排外之举,本由荣禄主持,福祥既蒙荣卵翼之恩,自不得不听其发纵指示,此亦情理当然,无足深咎。福祥之谪,在其围攻使馆时,不肯尽力耳。盖自津、沽既失,聂军覆没,福祥亦明知联军不可力敌,而又不愿下心俛首,自表无能。因迁延使馆之外,弗肯尽锐攻击,以阴俟宫廷之转圜。此其用心虽巧,然诸国使臣竟获无恙,后来和局开议,不至无可借手。则即此一念,而国家之蒙其荫庇者亦不少矣。或曰:"福祥之迁延,亦荣禄阴教之。"此亦理之所宜有者。②

---

① 《刘制台来电并致袁抚台、盛京堂》,光绪二十六年十月十三日亥刻到,《张之洞全集》第10册,第229~230页。
② 李岳瑞:《悔逸斋笔乘》,《清代野史》第4卷,第1784页。

按照李岳瑞的说法，荣禄与董福祥都有明攻暗保使馆的心思，想通过拖延时间等待宫廷转圜，他们可能有过同谋。寡不敌众，岂止荣禄一人明晓？董福祥长期领兵打仗，不可能对敌我力量的悬殊对比毫无认识。荣、董当时对围攻使馆态度基本一致，可能正是荣禄后来极力为董辩护的根本原因。

二 回銮前荣禄的处境

荣禄在西安主政时期，清廷颁布明发上谕，宣布实行"新政"。在此问题上，荣禄有推动之功，然而，由于客观因素的制约，新政始终没有积极的进展，各地财政困难，行政拖沓，毫无起色，从中也很难看到荣禄的影响。相反，朝野对他的非议却此起彼伏，或牵连庚子旧事，或与当时人事纠葛相关，也是一个值得关注的问题。

光绪二十六年十二月初十日，行在发布改革上谕，表示要更法令、破锢习、求振作、议更张，实行"新政"，并批驳戊戌年康有为"之谈新法，乃乱法也，非变法也"，意在"拨乱反正"，唤起朝野各界的普遍支持。当时"逞凶"争议暂告结束，此举固然出于朝野上下对严峻局势的认识和东南督抚的积极推动，同时也有向列强表明朝廷"趋新"的目的。上谕略谓：

> 世有万古不易之常经，无一成不变之治法……盖不易者三纲五常，昭然如日月之照世；而可变者令甲令乙，不妨如琴瑟之改弦……总之，法令不更，锢习不破；欲求振作，当议更张。著军机大臣、大学士、六部、九卿、出使各国大臣、各省督抚，各就现在情形，参酌中西政要，举凡朝章国故，吏治民生，学校科举，军政财政，当因当革，当省当并，或取诸人，或求诸己，如何而因势始兴，如何而人才始出，如何而度支始裕，如何而武备始修，各举所知，各抒所见，通限两个月，详悉条议以闻。再由朕上禀慈谟，斟酌尽善，切实施行。①

毫无疑义，荣禄是此次新政的发起者之一。易顺鼎致张之洞电称，"闻

---

① 中国第一历史档案馆编《光绪宣统两朝上谕档》第 26 册，第 460~461 页。

出圣意,荣相赞成。"① 据军机大臣鹿传霖对张之洞所言:"变法一诏,菘(鹿传霖)与略(荣)建议,上亦谓然。至应如何变通,总期实事求是,决无成见。……然腐儒固执,宵小不利,阻挠必多。将来想有助略相(荣禄)极力主持,惟当切实行之,逐渐变之……"② 这里将荣禄支持举办新政的态度说得很清楚。不仅如此,这份谕旨即出自荣禄的幕僚樊增祥之手。

光绪二十七年(1901)三月,行在设立督办政务处,作为办理新政的"统汇之区",派庆王奕劻、大学士李鸿章、昆冈、荣禄、王文韶、户部尚书鹿传霖为督办政务大臣,刘坤一、张之洞"遥为参预";同时再次督促各省督抚就实行新政的具体措施各抒己见,"迅速条议具奏,勿再延逾观望"。③ 当时,庆王、李鸿章、昆冈均在京,政务处实际由荣禄负责。但是,政务处没能做到在整体上对新政有所设想,真正成为新政变法纲领性文件的却是两江总督刘坤一和湖广总督张之洞联衔的《江楚会奏变法三折》。

刘、张所上三折包括《变通政治人才为先遵旨筹议折》、《遵旨筹议变法谨拟整顿中法十二条折》、《遵旨筹议变法谨拟采用西法十一条折》及《请专筹巨款举行要政片》。这些折件先后于五月二十七日和六月初四、初五日由南京发往西安。八月二十日,慈禧发布懿旨:"刘坤一、张之洞会奏整顿中法、仿行西法各条,事多可行;即当按照所陈,随时设法择要举办。各省疆吏,亦应一律通筹,切实举行。"④ 这些改革包括:设文武学堂,酌改文科,停罢武科,奖劝游学等。整顿中法十二条包括崇节俭、破常格、停捐纳、课官重禄、去胥吏、去差役、恤刑狱、改选法、筹八旗生计、裁屯卫、裁绿营、简文法等。采用西法十一条包括广派游历、练外国操、广军实、修农政、劝工艺、定矿律、路律、商律、交涉刑律,用银元,行印花税、推行邮政、官收洋药、多译东西各国书等。《请专筹巨款举行要政片》则筹划了各省在支付巨额赔款、财政困难的情况下筹办新政经费的途径和方向。⑤ 这些新政措施,与乙未年自强上谕启动的改革是一脉相承的,其中开

---

① 《易道来电》,二十六年十二月二十二日酉刻到,《张之洞全集》第10册,第251页。
② 《辛丑正月初十日鹿尚书来电》,《张之洞电稿》,中国社会科学院近代史研究所藏,档号甲182-209。
③ 中国第一历史档案馆编《光绪宣统两朝上谕档》第27册,第50页。
④ 中国第一历史档案馆编《光绪宣统两朝上谕档》第27册,第188页。
⑤ 关于新政筹办情况,参见李细珠《张之洞与清末新政》,上海书店出版社,2003,第80~105页。

办学堂、停办武科、裁绿营、练外国操、定矿律等措施，都是荣禄曾经提议和参与的；从这个层面上说，庚子新政与戊戌前清廷的改革是相延续的。但是回銮之前，新政尚出于筹办状态，因财政困难，事事举步维艰。时人分析说："仰见朝廷求治之心惟日孜孜，而中外应变之人实属寥寥。时事如此，凡有血气者，谁不流涕而长叹哉！然观各省督抚，或窘于财，或乏其助。即江、鄂二督，亦不过就题敷衍，决未见任劳任怨，生面别开。袁宫保徒具一片热肠，孤立无援。其余中外臣工，皆不作出位之思。"① 这种情形下，也就很难看到荣禄对新政有什么影响了，更何况其身体状况和心绪都不佳。

主政西安期间，荣禄因为足疾经常请假。军机大臣王文韶、鹿传霖、瞿鸿禨常常到荣寓所商议政务。王文韶日记对光绪二十七年正月、二月荣禄休假情况有所反映：

> 正月十四日 荣相足疾大发，本日未能入直。
> 正月十六日 荣相勉强趋直，仍未能入对，午初散直。
> 正月十七日 本日荣相仍未能入直。
> 正月十八日 荣相请假五日，散直后往视之，备述病状，甚难堪也。
> 二月初二日 荣相勉强趋直，仍未能入对也。
> 二月初三日 荣相勉强入对，跪起均需扶掖也。②

虽然患病，荣禄对政务仍显得十分尽力。此时，俄国拉拢李鸿章，企图在公约谈判之外，先与中国达成协议，表面上将东三省交还，实则通过其他条款侵占东北的各项权益。李鸿章执迷不悟，坚持与俄签约，其袒俄倾向受到张之洞、刘坤一等督抚的严厉批评。就连庆王也对李鸿章的独断专行极为不满，请行在设法裁断。他在给荣禄的信中说：

> 合肥极盼东约早成，以为他事可以迎刃而解。殊不知各国环伺，已有责言，若竟草草画押，必致纷纷效尤。合肥更事之久，谋国之忠，弟夙所钦佩，独中俄定约一事，不免过有成见。即以近日电奏而论，大都

---

① 《某焕章札》，光绪二十七年二月日，杜春和、耿来金、张秀清编《荣禄存札》，第77页。
② 袁英光、胡逢祥整理《王文韶日记》下册，第1017~1019页。

于会衔发电后抄稿送阅，弟亦无从置词。其前后电陈不无矛盾，谅在朝廷洞鉴。当此时局岌岌，弟膺兹艰巨，原不必苟为异同，致烦宸廑。惟此事画押与否，关系中国安危，亦何敢随声附和，徇一国而触各国之怒。昨于庚午电奏，单衔密陈，惟盼朝廷权衡利害，慎重施行。刻东约（指中俄围绕东三省的条约谈判——引者注）断难处定，弟惟催促各使早议公约，仍与合肥和衷商办。但恐奉职无状，或此后会衔电奏中，语句稍有未当之处，不妨由执事请旨申饬，庶几共知儆惧，不敢草草从事，于议款确有裨益。弟虽同受诃谴，所不敢辞。区区愚悃，谅蒙鉴及。①

庆王在信中批评了李鸿章的独断专行和固执己见。二月初三日，安徽巡抚王之春也致电西安，对中俄签约表示反对。② 由于受到多方反对，李鸿章与俄方达成的协议未能获准。王文韶日记二月初五日写道："东三省俄约，东南各督抚力争不宜画押，上为所动，今日全权奏请画押，坚不允准。画不画均不能无害，而其害之重轻亦实见不到底，是以荣相亦不敢力持，惟拟旨力从婉转而已。"③ 可见，在刘、张、袁等人的强力反对下，李鸿章与俄国达成的协议未能通过，对此荣禄也十分谨慎，不敢力持。

二、三月间，荣禄仍不能正常入值。据王文韶记，二月初八日，"荣相仍以起跪不便，不能上去"。三月初一日，"荣相足疾旋愈旋发，今日勉强趋直仍未能入对，午初二刻散直"。三月十六日，"荣相未入对，巳正二刻散直"。④ 当时京城的谈判仍在进行，西安行在也在筹划新政事宜。正在这时，却发生了礼科给事中王鹏运严参荣禄之事。三月二十八日，王鹏运上疏称荣禄"狡滑性成，劣迹昭著，请圣断早申，立予罢斥"。王折云：

大学士荣禄狡猾性成，力小任重，近年以来内执朝权，外握兵柄，其倚畀之隆，为我朝三百年来所未有，宜如何实心任事，仰报朝廷。乃

---

① 《奕劻札》（3），光绪二十七年，杜春和、耿来金、张秀清编《荣禄存札》，第12页。
② 参见王之春《发西安电》，（辛丑）二月初三日，赵春晨等点校《王之春集》（1），岳麓书社，2010，第74~76页。
③ 袁英光、胡逢祥整理《王文韶日记》下册，第1019页。
④ 袁英光、胡逢祥整理《王文韶日记》下册，第1019~1023页。

自去年事变之兴，该大学士俯仰其间，毫无补救，然犹可谓为庄亲王载勋等所持，不能自主。其所统武卫中军入卫京师，竟听其肆行杀掠，熟视无睹，浸假其家亦为其部下所掠，此其庸懦无能，不谙将略，已可概见。尤可怪者，大驾恭奉慈舆西幸，该大学士既不间关随扈，又不效死京师，携眷逃亡保定。逮奉命留京办事，迟回观望，畏葸不前。久之始奔赴行在，以任将相之重臣而仓皇失据至于此。该大学士素以文祥自待，未免颟泛名贤矣。及赴行在以后，复不自请重惩，乃靦颜入居政地，倘能力图晚盖，亦可稍赎前愆。近观其所荐达，则平日培植私人之见依然未改，其他裨赞可想而知。新放山东督粮道达斌为其内亲，而躬卫其家出京者也。新放安徽凤颍道樊增祥、陕西潼商道谭启端，其武卫军之僚佐也。然果才德出众，赞画有力，原不妨破格录用。昔年曾国藩、左宗棠所甄拔以共功名者，非其故人即其僚吏，天下未尝退有后言。今达斌等才德何长，赞画何在，特以濡呴扶持、相从患难，遂不惮以朝廷名器为其酬谢之资，使当世节遴之士疑效力公朝不敌奔走私门之便捷，将群以媚宠为得计，其何以作士气而救时艰？凡此三端皆劣迹昭著，天下所共见共闻者，若其贪狡之谋，非臣耳目所接，不敢妄有所陈，方今国步维艰，正赖辅弼得人，始可徐图补救。若犹以非才久居要地，天下事岂堪再坏哉？臣岭海孤生，使非关系至重，何敢讥弹贵近，自蹈危机？伏乞圣断早申，立与罢斥，于大局必有裨益，天下幸甚。①

王鹏运是当时非常有名的言官，乙未、戊戌曾经参劾孙毓汶、翁同龢等军机大臣，这次对荣禄的参劾言辞同样很激烈。折中所参武卫军溃败抢掠之事，早受病诟；培植私人，荐举达斌、樊增祥幕僚也是实情，但慈禧对荣禄

---

① 《礼科给事中王鹏运奏为大学士荣禄狡滑性成劣迹昭著请圣断早申立与罢斥事》，光绪二十七年三月二十八日，录副奏折，档号03-9646-024，缩微号688-0989。另，当时在奉天任职的满洲官员廷宪在家书中说："明华亭竟放臬司。前在奉合盛元已告说，伊备赂谋奉尹，今以奉未定改臬，可谓巧宦至极。抑何侥幸至此，无他，荣仲华处钻狗洞而已。恩益堂到兵部，晚在兄八年之后，今漕督矣。无他，庆邸之亲家故也。然益堂家无人，亦本自不同流凡，然此由援系非以人故，可以知近来用人之道矣。"见《廷宪致九弟函二十五件》（九），光绪二十七年十月初三日，《义和团档案史料续编》下册，第1672页。按：明征，字华亭，光绪二十七年九月由道员迁升江西按察使；恩寿，字益堂，同年九月由江宁布政使升漕运总督，尚未赴任，十月又改任江苏巡抚。此函所说荣禄、庆王用人唯亲、政以贿成的情形可为王鹏运参奏佐证。

一力庇护，将王折留中，也未对王鹏运加罪。这与当时特定的环境有关。

荣禄此时行政十分谨慎。据吴永称，辛丑五月他自湖北等省催饷回到西安时，受张之洞之托，拟向慈禧陈奏废除大阿哥之事，事先请示荣禄。吴永写道："荣时方吸烟，一家丁在旁装送，闻予所述，但倾耳瞑目，作沉思状，猛力作嘘吸，吐烟气卷卷如云雾，静默不语。吸了再换，换了又吸，凡历三次，殆阅至十余分钟，始徐徐点首曰：'也可以说得。尔之地位分际倒是恰好，像我辈就不便启口。但须格外慎重，勿卤莽。'"① 此事虽小，可见荣禄处事之特点。

因为健康原因，经荣禄推荐，瞿鸿禨入枢学习行走。据王文韶日记，四月初九日，"子玖（瞿鸿禨）来久谈，本日有旨在军机大臣上学习行走，以初到大略情形告之"。同时，荣禄足疾一直未能痊愈。以下是王日记反映的五月以后荣禄的病情及请假情况：

> 五月初六日，午初散直，荣相足疾又发，偕子玖往视之。
> 五月初九日，荣相请假五日。
> 五月十一日，午初二刻散直，偕滋轩、子玖问荣相病，并商要件。
> 五月十四日，荣相销假，巳正三科散直。
> 六月初十日，荣相调管户部。
> 六月十三日，入对二刻，巳初散直。荣相足疾陡发，偕滋、玖两公往视之，并商要务。
> 六月十四日，荣相通融第二日，入对二刻五分，巳正二刻散直。
> 六月十五日，巳初散直，偕子玖诣荣相处商件……是日荣相通融第三日，滋轩亦患腹疾未入直，召对只余与子玖两人，亦从来未有也。
> 六月十六日，荣相请假五日。
> 六月二十一日，偕同人往视荣相病，大致向愈，惟尚未能行走，本日续假五日。
> 六月二十五日，花衣第一日，荣相面请销假，跪起均费人力也。巳正一刻散直。②

---

① 吴永：《庚子西狩丛谈》，第 82 页。
② 参见袁英光、胡逢祥整理《王文韶日记》下册，第 1028~1033 页。

七月初三日，礼邸世铎到行在请安，有旨开去军机大臣差使，补授御前大臣，① 荣禄成为名副其实的首席军机大臣。礼王改授御前大臣，地位仍旧尊崇，但实权顿消。荣禄首开咸丰朝以后非亲王主枢的特例。

三 返回京城与自请罢斥

随着局势平静，几经拖延的回銮问题也得以确定。八月二十四日，两宫自西安启行。二十七日，荣禄之子纶厚病死途中，年仅 17 岁。王文韶记："以六十有六老翁只此一子，忽遭不测，情何以堪，见面提及，慈圣亦深嗟叹，谕促令料理一切，即赴行在，聊以国事排遣忧伤云。"② 可见慈禧对荣禄非常关心。因回銮途中不便停顿，乃特留西安知府胡延（研孙）为之料理。③ 幕僚樊增祥也致函荣禄表示慰问：

> 夫子当念天下之事大，慈圣之恩深，设使值无事之秋，吾师婴此奇□，虽悲伤致疾，而于国事无大害也。今当播迁未定，慈圣所倚重，中外所仰望者，惟吾夫子一人，即政府同事三公，一切擘画皆取决于函丈。若函丈以少华（按：纶厚，字少华）之故不能自抑，勿论忧能伤人也。但使神明惝恍，于大计不克主持，又或卧阁时多，不能朝夕入对，天下事何堪设想？自去年奇变以后千辛万苦，方期转危为安，若因夫子家运牵连，致国运不能遽转，是使我少华贤弟既伤亲意又负国恩，渠在九原，何能瞑目。故曰函丈爱国必欲爱身，爱身即所以爱少华也。④

可见当时荣禄的精神状态。八月二十八日，电旨，令庆王来开封迎驾。九月初二日，荣禄赶上两宫銮驾，销假入值。但足疾又加重，十四日，"荣相以感冒牵动足疾仍未能入直"。十七日，"看荣相病并商公事，足疾渐瘳，明后日当可勉强入直矣"。二十一日，"往看荣相，伤悼之怀郁结弥甚，劝

---

① 袁英光、胡逢祥整理《王文韶日记》下册，第 1034 页。
② 袁英光、胡逢祥整理《王文韶日记》下册，第 1040 页。
③ 吴永：《庚子西狩丛谈》，第 97 页。
④ 《樊增祥致荣禄函》，虞和平主编《近代史所藏清代名人稿本抄本》第 1 辑第 68 册，荣禄档，第 130~132 页。按，原信署"初七日"，从内容判断，应是辛丑年九月初七日所写。

其挣扎入直,以分忧思"。① 荣禄就是在身心健康都不利的状况下缓缓返回京师的。

九月二十七日,钦差大臣、大学士李鸿章病逝。王文韶奉旨署理钦差大臣,先行回京,协助庆王办理交涉。上谕又命袁世凯署理直隶总督。有论者称命袁署理出于李鸿章的遗折,这种说法十分流行,但与事实不符。当时,袁世凯在东南互保活动中声誉鹊起,并赢得列强的好感。袁世凯署理直督,应该与荣禄支持有直接关系。在开封,十月二十日,慈禧废除大阿哥名号,立即出宫,赏给入八分公衔俸,这也是东南督抚极力主张的,荣禄从中也做过工作。据吴永描述,溥儁出宫时,"涕泪滂沱,由荣中堂扶之出门,一路慰藉,情状颇觉凄切"。② 睹此情景,或有"成也萧何败也萧何"之感。十月二十八日,光绪帝以奉慈禧懿旨的形式,发布上谕封赏大臣:

> 现在大局渐定,回京有期。奕劻、李鸿章会同妥议和约,转危为安;荣禄保护使馆,力主剿拳,复能随时赞襄,匡扶大局;王文韶协力同心,不避艰险;刘坤一、张之洞、袁世凯共保东南疆土,尽心筹画,均属卓著勋劳,自应同膺懋赏。庆亲王奕劻著赏食亲王双俸;大学士荣禄著赏戴双眼花翎,并加太子太保衔;王文韶著赏戴双眼花翎;两江总督刘坤一著赏加太子太保衔;湖广总督张之洞、署直隶总督袁世凯均著赏加太子少保衔。已故大学士李鸿章著再赐祭一坛,伊子李经迈著以三四品京堂候补。③

在所有奉赏官员中,只对荣禄有"保护使馆,力主剿拳"的定性词句,显然是针对洋人怀疑而发的。十一月二十八日,两宫乘火车抵达马家堡,入城,未正进宫。④《申报》报道当时的情况时说:"直隶总督袁慰帅新蒙黄马褂之赐,为皇帝前驱,皇帝端坐黄轿,舁以八人,左右皆有步兵拥护;荣仲华相国则策骑随皇太后凤辇。"⑤ 荣禄以武将的姿态,骑马扈从,伴随慈禧

---

① 袁英光、胡逢祥整理《王文韶日记》下册,第1043~1044页。
② 吴永:《庚子西狩丛谈》,第121页。
③ 中国第一历史档案馆编《义和团档案史料续编》下册,第1233~1234页。
④ 袁英光、胡逢祥整理《王文韶日记》下册,第1054页。
⑤ 《译东报所登两宫回銮记》,《申报》光绪二十七年十二月十四日,第1版。

身边，这无疑是在向世人表明自己恩宠不减。观看两宫仪仗入城的赫德说："皇太后彬彬有礼，向拥挤在前门城楼上观看入京情况的外国人点头微笑。"① 二十九日午初，两宫在乾清宫西暖阁召见王公百官。② 十二月初七日，荣禄请假15日。其间，荣禄之侄又与崇礼之女完姻。③ 十二月二十一日，销假入值。④ 当天，荣禄上疏沥陈下情，恳求开去重要差使，"以散员供职"，"守拙养疴"。奏疏云：

> 奴才荣禄跪奏为沥陈下情恭折仰祈圣鉴事。窃奴才猥以庸愚备位枢密，荷蒙皇太后、皇上眷遇之厚，倚畀之隆，异数殊施，至优极渥。私衷惴栗，深惧辜负恩知。誓竭血诚，力图报称，而才识短浅，无补时艰。上年祸乱猝乘，痛深创巨，贻忧君父，尤属罪无可辞。伏思古之大臣有因日食星变而立请罢斥者，况奴才身当重寄，乃于扰攘之际，莫展一筹，既未能消患于几先，又不克扶颠于临事。匡救无术，亟应上疏自劾，稍赎重愆。徒以世变方殷，国家多难。奴才受恩深重，何忍于大局未定辄萌退避之思，致违尽瘁之义。兹幸皇太后、皇上励精图治，转危为安，銮舆还京，光复旧物。薄海内外欢欣鼓舞，咸谓保邦制治，日月重新，我圣清万年有道之长复基于此。奴才虽至无状，亦思殚精毕虑，翊赞升平。倘展寸长，借图晚荩，蹈汤赴火，固所弗辞。即顶踵捐糜，不足仰酬高厚。是奴才一息尚存之日，皆尽忠报国之年，决不敢自外生成，希图诿卸。第当大难甫平之后，人心望治之秋，庶政百为，纷然待理，而奴才职掌太重，经画难周，实功寡而过多，愧智小而谋大，加以年齿渐迈，老病侵寻，虑事常疏，岂能胜任？虽圣主俯垂体谅，曲予优容，而奴才自顾衰庸，时虞陨越。与其勉肩艰巨，贻误于将来，曷若披沥腹心，陈情于此日，合无吁恳天恩逾格俯准开去奴才各项重要差使，但令以散员供职，俾得守拙养疴，不至素餐尸位，仍当随时随事补过效忠。则奴才之责任稍轻，即圣明之矜全更大，感戴鸿施，益无既极，不

---

① 陈霞飞主编《中国海关密档——赫德、金登干函电汇编》第7卷，中华书局，1996，第306页。
② 谢兴尧整理《荣庆日记》，第50页。
③ 袁英光、胡逢祥整理《王文韶日记》下册，第1055页。
④ 袁英光、胡逢祥整理《王文韶日记》下册，第1056页。

胜瞻顾徬徨悚息待命之至。谨缮折沥陈下悃，伏乞皇太后、皇上圣鉴训示。谨奏。①

疏上，光绪帝奉懿旨勉励："大学士荣禄奏沥陈下情恳请开去各项重要差使一折。该大学士公忠体国，谨慎小心，久为朝廷所信任。上年拳匪之变，众口纷呶，该大学士独能坚持定见，匡扶大局，厥功甚伟。今虽时事粗定，而元气大伤，除弊更新，百端待理，正当同心戮力、共济艰难。宫廷振厉不遑，孜孜求治。该大学士受恩深重，更何忍置身事外，独使宵旰忧劳？揆诸鞠躬尽瘁之义，于心安乎？所请著不准行。"② 十二月二十四日，特旨荣禄授文华殿大学士。满洲官员廷宪讥讽说："荣相假退自固，全是自作文章，真又是今贾似道矣。"③ 或许廷宪对荣禄素有成见，言辞如此激烈，但就此事而言，确实说到了问题的实质，反映了一部分人的观感。另一方面，诗人易顺鼎对荣禄则是恭维再三：

伏从邸抄得读十月二十八日及十二月二十一日上谕，诚欢诚忭，欣慰莫名。天语煌煌：一则曰保护使馆，力主剿拳；一则曰坚持定见，匡扶大局。嗟夫！以吾师之伟烈精忠，而尚不免于群疑众谤。非两宫圣哲，孰能知其甘苦，为之表明？周公金縢之誓，乐羊中山之书，无以逾此。受业恭读之余，盖不禁喜跃，而继之以感泣也。自康、梁余党散布海内，数年以来，天下几无真是非。即如此次拳匪之乱，斡旋补救，皆全仗吾师一人。而上海报馆犹复肆口诋諆，盖康党欲借此以图报复，汉奸欲借此以媚外人耳。试问使馆之保护，谁保护之？非吾师设法缓攻，不用大炮，而又暗中接济，则使馆何能瓦全也。试问东南大局之保全，谁保全之？虽刘、张两帅保全之，而非有吾师之密电、密信不能也。试问中原一带之保障，谁保障之？虽袁帅保障之，而袁帅固吾师之及门高足，亲传衣钵者也。试问俄约之力阻，谁力阻之，虽刘、张两帅力阻

---

① 《荣禄奏为沥陈下情恳开去重要差使折》，光绪二十七年十二月二十一日，台北故宫藏军机处档折件，编号146859。
② 《义和团档案史料续编》下册，第1289页。
③ 《廷宪致九弟函二十五件》（一五），光绪二十七年十二月二十六日，《义和团档案史料续编》下册，第1677页。

之，而非吾师之赞助主持不能也。①

易顺鼎曾赋诗恭维荣禄在戊戌政变中的功绩，有"昔年只手挽狂澜，弭患萧墙辟异端"之句。② 此函更是极尽恭维之意，恰恰说明很多人对荣禄在庚子事变中态度和作为并不满意。荣禄本人私下里也对亲信有所表白。当时传言荣禄与外国使臣暗通款曲，并受洋金巨万，荣禄致裕庚函中说："兄又身统五军，举朝皆欲效忠致命，只以统兵之人言不可战，则祸且不测。其时已有谣诼，谓兄受洋金巨万，孤危愤切，一无可言。于无策中画策，惟有保全使馆，为后来议和之地，非为纳交外人，实为天下国家留一线转圜地步也。七月下旬乘舆北出，兄恐外兵追击，乃设疑阵，乃麾军往南，以乱敌谋而设疑阵。不图扈从诸人利兄之出，竟不容赴晋朝天，中间留滞畿南，备尝艰楚……"③ 其中充满了委屈的语气。曾长期在北洋供职的严复向张元济分析时局，就荣禄与王文韶（仁和）的情形做了解释，他写道：

> 荣仲华前用骑墙政策，卒以此保其首领。然平心而论，瑕者自瑕，瑜者自瑜。其前者之调停骨肉，使不为己甚，固无论已；即如老西，既到长安，即欲以待张南海者待翁常熟，荣垂涕而言不可。既至今年正月初六，老西之念又动，荣又力求，西云：直便宜却此獠。此虽出于为己，然朝廷实受大益，可谓忠于所事矣。尝谓荣、王二相之不同，一则非之可非，刺之可刺，故尚有一二节可以称道；而仁和则纯乎痛痒不

---

① 《易顺鼎致荣禄函》，杜春和、耿来金、张秀清编《荣禄存札》，第 164 ~ 165 页。易顺鼎（1858 ~ 1920），字实甫，号哭庵，湖南龙阳人。幼有"神童"之目，17 岁乡试中式，候补道员，曾在张之洞、刘坤一幕府中供职，与樊增祥关系尤密。庚子十一月，樊增祥将外放，张之洞致电鹿传霖，推荐易顺鼎接替樊入荣幕。电报云："云门外放，略园幕中需才，渠候回銮赴任不能甚久，公似可荐易实甫入幕，渠通达晓事，才笔敏赡，可与云门媲美。不惟助荣公，并可引为己助，既广见闻，且资其文笔议论也。"同时致电樊增祥称："台旌将发，府主需才，阁下何不荐实甫？此事自助，将来接办，渠识通才赡，必能有益。"见《致鹿传霖电》、《致易观察转樊云门观察电》，庚子十一月廿九日，《张之洞电稿》（光绪二十六年十月至二十七年六月），中国社会科学院近代史研究所，档号 182-75。张之洞的目的是希望易顺鼎继樊之后进入荣禄幕府，成为自己耳目。但是，荣禄并未接受易氏，只以"诗人"待之。参见王飙校点《琴志楼诗集》，上海古籍出版社，2004，前言；陈松青《易顺鼎研究》，湖南人民出版社，2011，第 109 页。
② 《上略园相国四首》，王飙校点《琴志楼诗集》，第 705 页。
③ 李朋：《荣禄与义和团》，《文史资料选辑》134 辑，第 163 页。李朋系荣禄嗣子良揆之婿。

关，以瓦全为政策。幸今天下之开报馆、操报政者多浙人耳。不然，仁和之毁固当在刚、赵诸人上也。且近来学官皆以此老为师资，故天下靡靡，愈入于不救。外示和平，而中则深忌……总之，回銮将一月，而新机厌然；来岁新春，即有一二更动，亦将为其所可缓，缓其所必急，以涂塞天下耳目而已。思与足下谈宴而不可得，遂复琐叙，以供一览，想同此浩叹也。①

信中"老西"指慈禧。严复对于荣禄在调解两宫关系、营救翁同龢之事上的表现非常赞赏，荣禄虽用"骑墙政策"保得首领，但是，"非之可非，刺之可刺"，尚有一二节可以称道者，这与张元济甲午时称其"尚有血性"大约意思相同；反倒是王文韶，"纯乎痛痒不关，以瓦全为策"，"外使和平，而中则深忌"。王文韶和荣禄督直时，严复曾为他们的僚属。他的这番评论自有主见，并非随波逐流，比易顺鼎一味恭维也胜一筹。事实上，直到荣禄病逝，朝野对他的指责和讥讽一直不断。尽管如此，荣禄依然是与慈禧一起经历生死患难的重臣，受到的恩遇有增无减。

四 荣禄病逝与时论评价

刚刚回到京城的荣禄，为了缓和武卫军围攻使馆对洋人造成的影响，积极与外国使节联络。廷宪披露说："荣之近日，除日奔鬼境取媚求容之外，亦绝无别举动。阖京城人民全如在睡梦，究莫测朝廷意之所向也。"② 所谓"日奔鬼境取媚求容"系指与洋人的频繁联络，这里廷宪是从负面意义发论的。据濮兰德称，"荣禄拜会了各国驻华公使并受到很好的接待。"③ 无独有偶，《申报》也对荣禄宴请外人的宴会有所报道："正月十七日，荣仲华相国恭请驻京各使臣在东华门外东厂胡同，筵宴并征召福寿班诸伶登台演剧，直至夜间三点钟许始握别散归，中外联欢，亦升平之盛事也。"④ 各国驻华

---

① 《严复与张元济函》，王栻主编《严复集》第3册，第549页。
② 《廷宪致九弟函二十五件》（十七），光绪二十八年正月，《义和团档案史料续编》下册，第1680~1681页。
③ 《致约·奥·珀·濮兰德》，北京，1902年2月1日，《莫理循书信集》上册，第216页。
④ 《中外联欢》，《申报》光绪二十八年正月二十八日，第1版。

公使并非忘记了荣禄统帅武卫军进攻使馆的事实,而是,需要从现实外交出发,重新调整与荣的关系,正如有人指出的那样:"对荣禄或对义和团骚乱负有重大责任的其他官员表示公开敌视态度,那是不策略的"。① 在见好洋人问题上,慈禧的态度与荣禄完全一致。她接见外国使节,频频向洋人示好,甚至当众为各国使节泼墨挥毫,"作擘窠书福寿大字十数幅",颁赐外使,表达亲近。②

由于反教引发的庚子变乱给荣禄带来了惨痛的教训,他对教案变得十分重视。二月,河南泌阳县教案起,荣禄疏陈民、教相安之策,略言:"闹教之案,层见叠出,总由中国人心日漓,多借入教为名,横行乡里,细故微嫌,倚势构讼。地方官又于案情曲折,不能详切辨明,致使教士执先入之言,听断成偏重之势,平民被抑,众怒难犯。加以教堂赔款,无非摊派地方,疆吏责诸有司,有司敛诸百姓。闹教之罚愈重,仇教之怨愈深。故一案未结,一案又起。星星之火,可以燎原,所关匪浅。亟当惩前毖后,正本清源。拟请敕下外务部,与驻京总教士樊国梁婉切筹商,妥订规条,通行各教士,一体照办。并行知各省督抚,通饬各属遇有民教交涉之案,持平审断,不得偏倚,庶几民、教相安,邦本自固矣。"③

荣禄还在这年春天接见了传教士李提摩太。这位传教士后来评价说:"在能力方面,与我所见到的其他中国人相比,他更像李鸿章:头脑清晰,思维敏锐。"荣禄还建议李提摩太与另一位军机大臣鹿传霖会面。④ 七月,经慈禧指婚,荣禄之女配与醇亲王载沣。王文韶日记七月十八日记:"荣相之如夫人刘氏,昨军机大臣面奉懿旨赏给正一品封典为正室,又荣相之女指婚醇亲王载沣,本日过礼,散直后同人偕往道喜。"⑤ 因女儿为侧福晋刘佳氏所出,经此懿旨,地位得以提高。亲贵指婚本属政治联姻,将荣禄之女指

---

① 《约·奥·珀·濮兰德来函》,上海,1902年2月12日,《莫理循书信集》上册,第217~218页。
② 瞿鸿禨:《圣德纪略》,谌东飙点校《瞿鸿禨集》,湖南人民出版社,2010,第157页。瞿鸿禨还写有《各国使臣觐见,奉诏游宴,咸与观慈禧太后亲书长寿字,字大逾丈,立御案前挥翰自如,诸使臣莫不惊服,均被赐一幅归》诗云:"王会冠裳飨燕开,珠宫奎璧下蓬莱。外臣鹄立惊殊遇,亲见槐眉洒翰来。"可见慈禧取悦洋人的做派。见《瞿鸿禨集》,第44页。
③ 王钟翰点校《清史列传》第18册,第9081页。
④ 《亲历晚清四十五年——李提摩太在华回忆录》,第298页。
⑤ 袁英光、胡逢祥整理《王文韶日记》下册,第1079~1080页。

第十一章 从主政西安到返回京城 | 321

婚醇王载沣，再一次说明荣禄与醇王府的密切关系，以及慈禧对他的笼络和宠信。然廷宪对此次指婚却别有解释，他在家书中写道：

> 京中见人不多，而底蕴均不可问。至朝政尤可虑。自两宫未回，诸国已力诋荣。上谕屡次设辞为之开脱（不过荣的走狗而已），护庇可谓用尽心力矣。而又虑及国中后患，前以醇邸久已定亲，而太后召见醇邸母，忽出荣女，立逼使定之。其母不敢辞，而先定者将何以处之，绝不顾虑……意恐太后万岁后，皇上有积怨之心，故先结援系也。近来新政不闻，所以深谋远虑，全在此等事。①

信中所说朝廷对荣禄百般庇护确是实情，"走狗"之谓或指经荣禄提携在军机处供职的同僚（如王、鹿、瞿等）；载沣是否被逼退婚，再与荣禄女儿联姻，尚缺乏确凿的旁证。但是，荣禄通过联姻来固宠的意图是不可否认的，此举的长远考虑也符合情理。当时，舆论也很关注此事。《申报》称："闻之京师友人云，荣仲华相国之女公子前蒙皇太后懿旨拴婚为醇亲王福晋，已于七月十八日行纳采礼，择吉八月二十九日之夜成婚，先一日致送妆奁。"②七月二十八日，崇文门监督肃王被替换，由庆王、荣禄接替。荣禄再获优差，再次表明慈禧对他的恩宠。有关壬寅年（1902）的政局，十二月，梁士诒（字燕荪）家书中曾有一段概括，颇中肯綮。信中写道：

> 太后锐意维新，主媚外以安天下。惟所任非人，习于所安，对于守旧泄沓诸臣，意存瞻徇，不肯决意淘汰。皇上韬光养晦，遇事不发一言。枢垣用人之权，荣仲华相国主之。荣有足疾，于政治上无所可否，皆迎合后意，而黜陟之宗旨，不无同己异己之见也。王夔石相国有聋疾，而又遇事诈聋，鹿芝轩、瞿子玖两尚书颇操行政之权，鹿多执拗，瞿好挑剔，两有不解之时，王相国解之。鹿、瞿、王不相能之时，荣相国又能以一言解之。此近日四军机之大略也。要之，近日非不锐意维

---

① 《廷宪致九弟函二十五件》（十六），光绪二十八年正月初一日，《义和团档案史料续编》下册，第1679页。
② 《醇邸婚期》，《申报》光绪二十八年八月二十二日，第1版。

新，而内外诸臣有血性者甚少，每下一诏，多粉饰敷衍，一味塞责。此由于无人才，而人才之不出，由于赏罚之不明、不公、不严，此则用人者之咎也。①

从最高统治者慈禧到枢臣，无不媚外以安天下，光绪韬养不言，群臣泄沓不振作，新政焉能有所成效？地方情形也不乐观。庚子后的刘坤一年老体衰，江南新政也少见成效，江宁布政使吴重憙致函荣禄，称刘"只以年高心慈，耳软面软，为人挟制"。② 二十八年九月，刘坤一出缺，上谕命张之洞再次署理两江。江苏巡抚恩寿以为，"香帅莅任半载，凡所建树，悉出公忠；惟近按之，于'切实'二字未能作到"。③ 并批评张之洞"务名而不务实，计利而不计害；所行之法则恃器而不恃心，所用之人则为私而不为公"，"两江责任綦重，非威望卓著，素善将兵者，不足以膺此巨任"。④ 癸卯二月，清廷决定由魏光焘接任两江，此时荣禄已在病中。汉学家巴克斯（白克浩司）写给莫理循的信中说：

> 慈禧太后想授张之洞以两江总督实缺，但是荣禄和袁世凯竭力谏阻，所以最后任命了魏光焘。谁都不明白袁世凯为什么如此反对张之洞，但是，我猜测，他这样做是为了讨好他的庇护人和盟兄弟荣禄。慈禧太后已经决定在她七十岁生日举行一次"恩科"殿试之后发布一道政令，永远废除现行的考试制度（科举）。这道政令已经起草好，准备在元旦公布，但最后被荣禄否决掉了……荣禄函盼醇亲王出任军机大臣，但是，慈禧现在还没有批准。有些关于慈禧太后健康的谣言，看来并不属实。⑤

---

① 《梁士诒家书》，光绪二十八年十二月，凤岗及门弟子编《梁士诒年谱》，广东人民出版社，2014，第40~41页。
② 《吴重憙札》光绪二十八年，杜春和、耿来金、张秀清编《荣禄存札》，第188~189页。
③ 《恩寿札》（八），光绪二十八年九月，杜春和、耿来金、张秀清编《荣禄存札》，第187~188页。
④ 《恩寿札》（四），光绪二十八年九月，杜春和、耿来金、张秀清编《荣禄存札》，第183~185页。
⑤ 《埃·巴克斯来函》，北京，1903年2月19日，《莫理循书信集》上册，第243页。

这位后来曾编造《景善日记》的汉学家对京城消息十分灵通，他对朝局的了解可能较其他外人更透彻。特别是荣禄期望载沣入枢的想法，十分符合情理。这是荣禄进一步固位的最佳选择。当然，张之洞未能任职两江与其一贯的"虚掷公帑"的作风有关。时人称："南皮到江，举动阔大。恩（寿）有私电与荣、庆，言江南财力恐不敷南皮一年挥霍，如张久任南洋，彼即告辞云云。立言危悚，政府颇为所动。"① 果然，张之洞第二次署理两江的时间很短暂。

荣禄身体一直多病。经庚子一役，妻、子于奔波流离之中先后病死，而苦心经营的武卫军除袁世凯部外均一败涂地，毕生事业也跌至极点，加之舆论对其庚子武卫之患非议不断，这些因素都使荣禄身心疲惫，身体状况逐步恶化。从同僚王文韶日记光绪二十八年壬寅所记荣禄的请假、销假情况可以看出当时的实际情况。

　　二十八年正月二十一日　昨今两日荣相患头疼未入直。
　　二月十三日　荣相足疾发，未入直。
　　二月十四日　偕同人看荣相，此次病发较剧，因病又触动丧明之痛，对之恻然。
　　二月十六日　荣相请假五日，有应商要件偕滋（鹿）、玖（瞿）两君往晤之，未能多谈也。
　　七月十一日　是日荣相未入直。
　　九月十一日　荣相给假四日。
　　九月十五日　荣相销假。
　　九月二十四日　荣相未入直。
　　十月十三日　本日荣相旧恙大发，未入直。
　　十月十五日　偕子玖问荣相病，将向愈矣。
　　十月十七日　荣相病又蔓延，仍未能入直。
　　十月二十四日　午后偕子玖往看荣相，再养三四日可以入直矣。
　　十月三十日　奎俊自川回京。荣相病又反复。

---

① 《张缉光致汪康年函》，壬寅十一月初六日，上海图书馆编《汪康年师友书札》第 2 册，第 1797 页。

十一月初六日　荣相销假。

十一月二十八日　是日，荣相足疾又发，未能入直。

十一月三十日　荣相请假五日。

十二月初三日　问荣相病，并商定内阁京察等第，座久之。

十二月初五日　荣相续假。

十二月十一日　下午问荣相病，十五假满可以入直矣。

十二月十七日　荣相销假，入对三刻。①

尽管请假时间多，慈禧仍旧对他信任如故。据称，"双火公（荣禄——引者注）腿疾大作，深居府第，半月不上班，惟在第遥制枢务，亦不告假。特命不须请假，真异数也"。②光绪二十九年正月初十日，光绪帝在乾清宫宴请诸臣，荣禄也亲往参加。③这是荣禄最后一次参加朝廷的公开活动。

二月二十一日（3月22日）是荣禄的生日。赫德在致金登干的信中说："今天是荣禄生日，他今年68岁。虽然他的痛风病时好时发，可从外貌上看，却不像报上所说的那样快死了。他大概还能再干上十来年，他肯定是当前最有权势的人，只要太后在世，他将一直如此。康有为诱使皇帝给太后设下圈套，是他和袁世凯救了那位老夫人，她对此无限感激。"④这是在中国工作了几十年的一位洋客卿对荣禄的经典评价，道出了荣禄仰慈禧鼻息的真实样态。赫德判断荣禄身体健康并未恶化，与实际情况不符。关于荣禄诊病的情况，当时报章报道说："北京函云荣中堂政躬违和，近尚未痊，由伦贝子保荐日本军医莳田君为之诊视。据云症系两足臃肿，而左膝关节时痛，故起居甚为不便，但非不治之疾，约三礼拜后即可告痊。日来莳田君仍常往复诊云。"⑤看来，西医也介入了治疗，但疗效甚微。三月初四日，荣禄以病久未痊恳暂解枢务：

---

① 袁英光、胡逢祥整理《王文韶日记》下册，第1061、1063、1064、1079、1085~1096页。按，个别内容有概括和删节。

② 《张缉光致汪康年函》，壬寅十月二十二日，上海图书馆编《汪康年师友书札》第2册，第1822页。

③ 谢兴尧整理《荣庆日记》，第59页。

④ 陈霞飞主编《中国海关密档——赫德、金登干函电汇编》第7卷，第493页。

⑤ 《荣相病状》，《同文沪报》光绪二十九年二月廿八日，第2版。

奴才荣禄跪奏，为奴才病久未痊恳恩暂解枢务免旷要职恭折仰祈圣鉴事。窃维中枢要地，为庶务总汇之区，我皇太后、皇上日理万机，枢臣检校奏章，钦承谕旨，精神耳目偶一疏忽则丛脞因之，任至重也。奴才于二十四年八月蒙恩内召备职枢垣，责巨才轻，夙夜祗惧，惟是渥承殊遇，敬念时艰，不敢不勉竭愚诚，力图报称。而自揣精力年逊一年，纵曲荷夫优容，已常虞乎陨越。上年十月足疾屡发，于冬深始愈，今春夙恙复作，增减不时，未克照常供职，自二月初十日假满后瞬又兼旬肿痛，稍瘥仍觉艰于步履。虽复仰蒙温谕，令俟病痊入直，毋庸再展假期。在圣慈高厚之恩，无微不至，而臣子靖共之义，一息难安。夫古之大臣有舆疾趋朝、力筹军国者，效忠之志，虽病犹勤。乃奴才久婴痼疾，岂惟无补论思，即奔走之劳亦多闲缺，旷官废职，昕夕彷徨。现在朝廷锐意振兴，百端待理，若以病躯久当要地，必至耽延贻误，负咎滋深，再四踌躇，惟有吁恳天恩开去军机大臣差使，庶职任较简，则心力易周。感荷矜全，实无既极。奴才受恩深重，有生之日皆报国之年，倘此后从容调养，精力渐充，断不敢稍耽安逸，自外生成，迫切陈情，无任屏营待命之至。所有奴才病久未愈，拟恳暂解枢务缘由，谨恭折沥陈，伏乞皇太后、皇上圣鉴训示。谨奏。①

三月十四日，递遗折：

奴才荣禄跪奏，为天恩未报病在垂危伏枕哀鸣仰祈圣鉴事。窃奴才前因患病，上劳宸廑，时遣看视，叠蒙赏赐药品食物，体恤周至。嗣因病久未痊，奏恳暂解枢务，钦奉谕旨"著安心调理，毋庸开去军机大臣差使，并不必拘定假期，一俟病痊，即行入值。钦此。"仰聆温语，感激涕零。旬日以来服药调理，病情时增时减，自十三日丑刻后气喘痰壅，神思昏迷，至本日清晨，精神益觉不支，自揣无生理。伏念奴才猥以庸愚，久蒙倚畀，叠承恩眷，度越寻常。际此时事艰难，方思勉竭愚诚，裨补万一，虽久婴痰疾，犹冀调治复痊，稍效涓埃之报。乃病入膏

---

① 荣禄：《奏为病久未痊恳暂解枢务由》，光绪二十九年三月初四日，台北故宫藏军机处档折件，编号154800。

育，势成不起。追思五十年来驰驱中外，才轻任重，福薄灾生，图报无期，拊膺自痛。南望舻棱，五中摧裂。方今强邻环伺，伏莽未清，财匮民穷，亟需补救。伏愿皇太后、皇上简任贤能，振兴庶务，惩前毖后，居安思危，新政之当举者必以实力推行，成宪之当遵者毋以群言淆惑，善求因革之宜，驯致富强之效。奴才赉志以没，饮恨无穷。未能效犬马于今生，犹冀报衔结于来世。悾悾愚忱，不胜呜咽。谨口授遗折，恭缮呈递，伏乞皇太后、皇上圣鉴，谨奏。①

是日，荣禄病逝。《申报》对荣禄死亡情况的报道非常细致："文华殿大学士荣仲华相国薨于位，饰终恩旨已于本日恭列报端。兹阅西字报云：顷得京师来电，悉相国于华历本月十四日午前上下钟越四十六分时因病出缺，是夜十一下钟时大殓。按相国患痛风之症已三月，于兹迩复心脏损坏，血不流行，加以发气喘，以致撒手西归，享寿六十有八云。"② 此时，两宫出京谒陵，正在保定。遗疏入，谕曰：

朕钦奉慈禧端佑康颐昭豫庄诚寿恭钦献崇熙皇太后懿旨，文华殿大学士军机大臣荣禄，公忠亮达，才识闳深。由荫生起家，荐陟正卿。历任总管内务府大臣、将军、总督，恪恭匪懈，擢登揆席，翊赞纶扉，竭力尽心，调和中外，老成持重，匡济时艰。近因患病请假，并请开去要差。朝廷倚畀正殷，谕令安心调理，方冀病瘥入直，克享遐龄，长资辅弼。忽闻溘逝，震悼良深！荣禄著先行加恩照大学士例赐恤，赏给陀罗经被，派恭亲王溥伟带领侍卫十员，前往奠醊，赐祭一坛。予谥文忠，追赠太傅，晋封一等男爵。入祀贤良祠。赏银三千两治丧，由广储司发给。其余饰终典礼，再行降旨。③

又奉上谕："朕钦奉懿旨，已故大学士荣禄，翊赞纶扉，适在时事艰难之日，尽心经画，献纳周详，有为中外所不及知者。朝廷倚畀之殷，相须綦

---

① 荣禄：《病危口授遗折谢恩折》，光绪二十九年三月十四日，台北故宫藏军机处档折件，编号152308。
② 《相国骑箕》，《申报》光绪二十九年三月十七日，第2版。
③ 中国第一历史档案馆编《光绪宣统两朝上谕档》第29册，第67页。

切。本年正月因病给假,迭经降旨慰问。方冀调理就痊,长资辅弼。乃以医药罔效,遽致不起。披览遗章,拳拳于国计民生、用人行政,追念前劳,曷胜怆恻!昨已加恩赐恤赐祭,派员奠醊,予谥文忠,追赠太傅,晋封一等男爵,入祀贤良祠,赏银治丧。著再加恩于灵柩发引前一日,赐祭一坛。生平事迹,宣付国史馆立传。任内一切处分,悉予开复。伊嗣子员外郎良揆,著加恩以四五品京堂候补,用示笃念荩臣有加无已之至意。"① 其子良揆,后任太常寺少卿。

三月十五日,赫德给金登干的信中说:"大学士、慈禧太后的特殊助手和心腹荣禄这位大人物昨晨逝世,终年68岁。庆亲王立即被召参与现在保定府的朝廷。有人说当时让他出来,是为了要军队攻打我们;另一些人说是为了把官场局面整顿一下。总之,荣禄的消失将影响许多人,但是,尽管他是个大人物,归根到底也只不过是个狂妄自大的人,没有了他,全部工作仍会照常进行。"② 同日,在保定随扈的庆王补授军机大臣,赫德评论说:"荣禄的去世对慈禧太后将是个打击,不过由庆亲王来接替应产生有益的影响,尽管人们说他是个懦弱的人。"③ 赫德所预料的荣禄后的政局与庆王的个性确实有着重要的关联。懦弱的奕劻最终听信袁世凯,北洋势力日益强大,成为荣禄死后主导政局的重要力量。

荣禄病逝之际,革命风潮已经日渐高涨。虽然清廷对其予谥晋爵,追赠太傅,入祀贤良寺,赏银治丧,遣员致祭,国史立传,凡是大臣例得之恩

---

① 北京大学图书馆藏佚名《感蹉跎主人日记》对荣禄病逝发引情形也有记载:三月十四日:"微阴,早上门,得荣相噩耗,予谥文忠,派恭亲王溥伟带领侍卫十员赐奠。少顷,庆邸至行宫,า府中内眷乘轿六乘促然而至,人心颇觉惊慌。午间向各处询问,始知京中相安,并无意外之虞,惟往来谣言,致动人疑。午后方知庆亲王系廷寄唤来,特简军机大臣,外人不知其详,致生疑议。"四月十八日:"荣相本日伴宿,前往看视送圣,人亦甚多。"四月十九日:"清早至东四牌楼看荣相发引。"该日记收在《杂钞》二十册之一,北京大学古籍部藏,索书号X/088/0089(本资料承尚小明教授提供,特致感谢!)另,《申报》也报道:"京师访事友人云:荣仲华相国薨逝后,家属择于四月十九日举襄,暂厝朝阳门外东岳庙,盖去岁相国夫人殁于西安灵榇回京,就东岳庙暂停,迄未安葬,以故今者相国亦停柩庙中,俟择期一同下窆也。是日相国之柩由东四牌楼至朝阳门,沿途所经之处各署堂司人员之设筵公祭者络绎不绝,灵榇以六十四人舁之,御赐各物皆用黄亭安置,鼓乐仪仗,簇簇生新,两旁观者密若堵墙,亦可谓恩荣备至矣。"《相国举襄》,《申报》光绪二十九年五月初六日,第2版。
② 陈霞飞主编《中国海关密档——赫德、金登干函电汇编》第7卷,第504页。
③ 陈霞飞主编《中国海关密档——赫德、金登干函电汇编》第7卷,第504页。

恤，无不应有尽有。但是，舆论中却有不少严厉的批评声音，尤其是在上海为核心的东南沿海一带。三月十六日，《中外日报》发表社论《论荣中堂》，文章言辞犀利，不啻是对荣禄一生功过的一次点评。社论说：

> 自戊戌以后，中朝大官为环球所指目者，莫过于荣中堂一人。今者荣中堂死矣，然荣死而中国之前途，亦几乎与之尽死。则实恨其死之已迟，而未可遽以其死为幸也。按：戊戌政变之举事极仓促，太后实以荣为谋主。证据确然，人所共知，无烦赘述。其后荣即居中用事，以大学士入军机兼兵部尚书，节制北洋各军。其后设立武卫五军，即畀以总统之任，兵权、政权皆在其手，为本朝所未有。己亥年刚毅奉命南下，实欲搜括巨款，以为起事之备，荣实与为表里。荣任练兵，刚任筹饷，同为中朝所倚任。然刚狠而愎，荣险而狡，故权力半在荣掌握中，其声势之胜，刚犹不能及也。荣既以辅佐太后推翻新政，挠乱国是，故时论多嫉之；而自又招权纳贿，贪得无厌，为政治之大蠹，故尤为人所訾议。暨乎庚子年拳匪乱起，荣实主持其事，而阳若置身事外。迨察知拳匪不足恃，乃又与使馆通馈遗，示殷勤，以为日后解免地步。然其纵容之实据，凿凿可指，无可遁饰也。及联军入京，两宫出狩，荣随驾西奔，颇虑不得自全，意颇惴惴。然其后开议和约，纵拳诸王大臣皆被外人指索，受国家严谴，一一不稍贷，惟荣独得无恙，而于辛丑回銮时，犹得与袁、刘、张诸公同被恩旨、受殊赏。夫以荣之劣迹昭著，为人所公忿如彼，外人指索罪犯，纤悉不遗如此，而荣居然身名俱泰，岂果其智足以自全哉？特以太后于荣特有同心同德之谊，故于颠沛流离之中，犹倚为心腹肱股之寄；内外诸大臣又将恃为奥援，以仰博太后之宠眷。故当各国公使指索最急之时，诸臣无不尽其心力为荣游说，此所以论其罪状，万无可解免之理，而居然得无恙也。自是以后，朝廷大权惟荣实操之，自余诸人，备员而已。荣亦颇惧外人之尚有后言，清议之足畏，乃始取戊戌所行之新政，一一请朝廷降诏，晓喻臣工，重复举行，然行之期年，终于无效，则以文至而实不至，不足以感动天下故也。而其招权纳贿，更甚于前日，惟以聚敛为急务，唯恐不足于财。去岁一年所入数颇不赀，故尤为政治之大蠹。综计此数年来国事之败坏，每况愈下，惟荣实尸其咎，此故天下之公论矣。论者因戊戌之役荣为主谋，故曰恐其

有日暮途穷、倒行逆施之举。去岁荣以其女许字醇邸，人尤疑之，而外人论及已革端王及董福祥之踪迹，亦颇牵连及荣，疑其有通谋情事。虽未必尽然，而下流之地，众恶所归，抑亦足为殷鉴也。今者荣既死矣，使继其后者，能取其所为改弦而更张之，未尝不可为万一之补救。然自荣当国后，中国之元气已被其剥削殆尽，虽使管、葛复生，亦颇难以措手。而在朝诸臣，受其衣钵转相效法者，尚不乏其人，以挽回国运则不足，以戕贼国脉则有余。是则荣之死，亦未必为中国之幸也。①

这篇文字出于维新党人夏曾佑之手，大体代表了甲午后兴起的维新、立宪知识分子对荣禄的基本评判。对戊戌到庚子时期荣禄的活动再次做了剖析，很多看法入情入理，并直言不讳地批评和讥讽了荣禄。朝野对荣禄的功过评价差别如此之大，三月二十日《申报》以《荣仲华相国薨逝感言》为题，再次发表社论，予以申说。社论说：

夫九重则眷注极隆，万姓则谤讪丛集，是岂贤奸之果无良评，是非之不易剖别哉？窃为平心论之，以荣之身秉国钧，不为不久，其内窥朝廷之意旨，外据政府之威权，于以行贿营私卖官鬻爵，其事诚未必能免，惟既事涉暗昧，苞苴之竞进，外人亦何能深知？且在朝诸大臣亦谁是能正直无私、廉洁自好者？故以是为荣罪，苟九原有知，亦未必果能心服。然则荣果无可讥乎？曰是乌得而无讥？夫庚子拳匪之乱，倡之者端、庄二王，和之者刚毅、赵舒翘诸人，一时朝野上下，咸有举国若狂之势。卒之联军入都，人民涂炭，翠华西幸，宗社几墟。中国国势由此一蹶而不复振，事极之危可谓至矣。然试思当此之时，掌钧衡而握兵柄者非巍巍赫赫之荣相乎？以彼得君之专，擅权之重，于事变初起之始，苟能悉心匡救，何难弭乱于未萌。即皇太后皇上惑于谗言，误信奸邪，为忠义，荣果持得失利害之说，慷慨而陈，君心亦必能悔悟，万一难回天听，亦宜抗疏殿陛以去就争之。夫如是方足为与国休戚之大臣，而乃计不出此，一味□忍，依阿迎合骄王之意，忠良被戮则不知救，乱民纵横则不知禁，坐使激怒外人，酿为千古未有之奇变。呜呼！非荣之咎而

---

① 见杨琥整理《夏曾佑集》上册，上海古籍出版社，2011，第57~58页。

谁尸其咎哉？要而言之，荣之为人大率阴柔而谲诈，其技在善伺人主之喜怒，而又能结纳朝贵，交通权阉，以故皇太后信任特深，不数年间竟得擢登揆席。当拳匪作乱之日，在荣亦未必不知若辈之不足有为，各国之不可启衅，徒以端、庄之势既盛，不得不附和于其间，而恐受外人他日之责言，于是与各使馆稍通馈遗，借表殷勤之意，窥其肺腑，不过欲借此为长保富贵之谋。果也，和议既成，外人索办罪魁，荣竟得以幸免，其首鼠两端之术，不亦大用之而大效哉？

这番评论对甲午战后荣禄与政局关系做了基本评判，认为荣禄对局势的恶化负有直接的责任，将其视为"阴柔谲诈""善伺人主""谋求富贵""首鼠两端"的政客官僚而加以贬斥。就当时《申报》的影响，这篇社论的威力可想而知。

四月初十日至十一日，《中外日报》又连载夏曾佑撰《荣禄表微》，七月二十二日，又刊发其《论荣禄不死则近事当何如》一文。这两篇文字言辞更加激烈，借着评价荣禄的机会，抨击了戊戌政变以来慈禧和荣禄推行的各项政策，称"班固有言'自古以来乱臣贼子，未有如莽之甚者也'，以荣较莽，祸且十倍"，将荣禄视为王莽式的人物。[①] 这次批评比三月十六日的社论严厉得多，完全承袭了康、梁的口吻，有鲜明的反清革命的政治倾向。荣禄刚刚死去，东南地区的舆论便连篇累牍，对清廷褒扬重臣的做法讥讽嘲笑，并公开评议荣禄的历史罪责，这本身已经预示着王朝权威的式微。光绪三十四年（1908）十月，光绪帝和慈禧太后相继病逝。三年后，推翻清王朝和封建帝制的辛亥革命终于爆发了，由荣禄庇护成长起来的一代枭雄袁世凯，大显身手，促成了清帝逊位和民国肇始。此时，荣禄已经死去八年了。

---

① 见杨琥整理《夏曾佑集》上册，第59页。

结 语

荣禄是近代史上发挥过显著作用的清朝重臣。从甲午战争后到庚子事件前后，他主导编练新军，统带武卫五军，以大学士管理部务，位居首席军机大臣，气势煊赫，权倾一时。他参与了戊戌政变、己亥建储、庚子事变等晚清重大政治事件，在清朝统治集团中处于举足轻重的地位。他又是一位十分复杂的历史人物。死后清廷极力褒扬他的功绩，有论者甚至称他堪与同治中兴名臣"相酹"，而诋之者则斥之为国家"罪人"，口诛笔伐，不遗余力。纵观荣禄一生，与晚清政局的变迁和走向密切相关。可是，由于相关历史文献十分零散，而且往往相互抵牾，过去对这样一位重要而复杂的历史人物缺乏较为系统的研究。本书力求细心搜罗散见各处的有关原始材料，梳理荣禄一生的行为逻辑和思想历程，特别是同他有关的复杂人脉关系，从晚清政局的大背景下，考其得失所在，尽力还原历史事件和场景，以避免简单化的评价。事实上，要做到这一点并不容易。通过研究，我们对荣禄一生经历的认识可简要概述如下。

一 家世背景和政治联姻与荣禄的崛起

荣禄在晚清的崛起首先得益于其家世背景。他所隶属的满洲正白旗在八旗中属于"上三旗"，地位较崇，任官机会也优于"下五旗"。他的祖父统帅军队、战死疆场，伯父和父亲作为总兵在同太平军作战时双双战死，受到朝廷的格外褒奖，咸丰皇帝明谕优恤，赞誉瓜尔佳氏为"世笃忠贞"。荣禄正是借着这种祖荫进入官场，并一直得到皇帝拔识。

与宗室和满洲贵族结姻也是荣禄维持和保障家族地位和本人权势的政治手段。荣禄继室萨克达氏为御前侍卫熙拉布之女，与咸丰皇帝元妃萨克达氏（咸丰未登基前已殁）为本族。萨克达氏病逝后，荣禄续娶宗室灵桂之女爱新觉罗氏。荣禄长女为礼亲王世铎子诚厚之妻；而贝子溥伦之原配为慈禧侄女，后病逝，经慈禧指婚，又娶荣禄侄女瓜尔佳氏为继室。更具政治意义的是，庚子回銮后，慈禧将荣禄幼女指婚给醇王载沣，后生育了宣统皇帝溥仪。这些联姻关系，无疑是巩固其权势的有力保障。

二 醇王对其政治生涯的影响

身为满洲权贵，荣禄与醇王奕譞、恭王奕䜣、惇王奕誴、礼王世铎、庆王奕劻、端王载漪的关系亲疏远近不同，对其政治生涯的影响至关重要。荣禄与醇王年龄相近，在创办神机营时，备受醇王赏识，奉命统率使用洋枪的威远马步队，镇压捻军、马贼等，获得知兵的盛誉。醇王是慈禧太后的妹夫，特别受到慈禧信任。荣禄得到慈禧宠信、充任内务府大臣，也都有赖醇王的推引和支持。终其一生，荣禄与醇王的交谊最深。甲午战争爆发后，荣禄获得督办军务和练兵大权，则得力于复出后恭亲王的大力支持。醇王、荣禄与端王的父亲惇王奕誴的关系历来不甚融洽，这种积怨到庚子前后载漪势力凸显时有了显现；武卫军扩展与虎神营发展中，已经存在荣、端的较量；军机大臣刚毅为了与荣禄对抗，也刻意攀附端王，一定程度上加剧了荣、端矛盾。荣禄与礼王世铎为亲家，二人关系一直密切；他与庆王的关系始终融洽，庆王虽然管理神机营，并督办军务，但是很少介入荣禄主持的西式练兵事宜；荣禄对庆王主持的外交决策也十分尊重，很少立异，彼此军事、外交各负其责，这种局面一直持续到庚子回銮以后。

三 与文祥、李鸿藻的关系

荣禄仕途的发达除了攀附醇王这一重要因素外，还有当时手握重权的军机大臣文祥和李鸿藻的鼎力提携。荣禄升迁户部员外郎，受到肃顺排挤后，又以开缺候选道员参加京城防卫，这些都是文祥主持的。辛酉政变后，文祥充任管理神机营大臣，又援引荣禄投效营务，才使荣禄有机缘接近醇王奕譞，奠定他日后飞黄腾达的基础。李鸿藻是继文祥后在枢中支持荣禄的关键人物。甲午战争爆发后，荣禄回京后的出处也经李氏精心策划。李、荣交谊对晚清朝局影响尤大，李鸿藻死后，荣禄任用的汉员多以李氏门生故吏为主，如鹿传霖、吴重熹、张人骏、袁世凯、瞿鸿禨、张百熙等都出自李鸿藻门下。某种程度上，文祥—李鸿藻—荣禄是清季权力关系中比较清晰的一条人脉线索。相比而言，翁同龢与荣禄的关系则过于表面化，且时有暗中倾轧的迹象。

四 甲午战争改变了荣禄的境遇

荣禄受到清廷重用的初期，主要投身神机营练兵和陵差活动，基本上服务于宫廷事务，长期扮演着内务府大臣等内廷近臣的角色。中间一度受到冷遇。光绪十三年复出后，或任都统，或出为将军，仍然侧重旗籍事务。但是，甲午战争的爆发改变了荣禄的命运。这场战争导致恭王复出，翁同龢、李鸿藻再次进枢，而另一位满洲官员刚毅也开始进入权力核心，使甲申易枢以来的朝局发生重大改变。为应对危局，荣禄再任步军统领，特别是奉旨充任督办军务大臣，介入练兵、修建铁路、对外交涉等重要决策，获得了几乎与军机大臣同等的权力。他的政治活动空间开始超越先前的旗务系统，得到全新拓展。甲午战争后期，因为和战争议，汉族大臣间发生严重分歧，李鸿章、孙毓汶、徐用仪、翁同龢、汪鸣銮、吴大澂、文廷式等官员在战后，或开缺，或投闲，或遭到慈禧猜忌，汉人势力都受到严重削弱；而荣禄、刚毅、徐桐、崇礼等满洲权贵的势力乘机得以增强。从满汉力量的消长看，甲午战争是一个重大的转折点。庚子年满洲贵族专权局面的出现，实导源于甲午战后权力格局的变动。

从中央与地方的权力格局看，荣禄通过督办军务处编练新军，实际上开始扭转自咸丰末年湘系、淮系兴起后地方督抚控制军权的局面。甲午战后，清廷以自强为名，直接掌握练兵大权，乘机将长期被李鸿章等汉族督抚把控的军权收归中央。这是荣禄逐步谋划完成的。从胡燏棻定武军易帅、袁世凯小站练兵，到戊戌年荣禄出督直隶、统领北洋各军，再到创建武卫军，自始至终，荣禄都将军权牢牢控制在手中。这是清季罕见的现象，明显具有满洲贵族加强集权的意图。尽管庚子武卫军的惨败使荣禄的远略未能实现，但是，中央练兵的机制被固定下来。后来袁世凯编练北洋六镇，也是在练兵处的统一规划下完成的。慈禧之后载沣等满洲亲贵排挤、打击袁世凯的目的之一，便是革黜其军权。只是在慈禧和荣禄死后，孱弱无力的载沣、载涛等少年亲贵面对羽翼丰厚的袁世凯已显得无能为力了。由此看来，宣统时期的满洲贵族专权与荣禄的谋略是一致的。

五　荣禄与甲午后新政变法的关系

在晚清的变法过程中，荣禄长期被视为"后党"、"顽固派"，这与政变后康、梁的宣传有关。另一方面，学界长期将康、梁的活动作为甲午战后改革的主流线索来研究，忽略了清廷自身推行的实政改革。[①] 陈寅恪曾说"当时之言变法者，盖有不同之二源，未可混一论之也"；"至南海康先生治今文公羊之学，附会孔子改制以言变法。其与历验世务欲借镜西国以变神州旧法者，本自不同"。[②] 而清廷推行的变法正是通常所说"中体西用"（洋务派）的改革轨辙。荣禄、陈宝箴、张之洞都属于"借镜西国以变神州旧法者"，他们在不同程度上也是改革者。

传统说法认为，甲午战争的失败宣告了洋务运动的破产，这是从不进行制度变革、改革就没有根本出路的角度提出来的。但也要看到问题的另一面：正是甲午战败的强烈刺激，激发了朝野上下变革图强的精神，使得原来只有少数大臣、督抚倡导兴办的洋务新政，在甲午战后变为清廷自上而下的全局性决策，以练兵、开矿、修路、兴办学堂为核心的实政改革也得以较大规模地陆续铺开。但由于清廷的腐败无能和财政匮乏，这些未能取得多少成效。荣禄编练新军正是在这种背景下开始的，属于清廷实政改革的首要内容。

已有学者指出，以往常将整个戊戌变法只说成是康、梁鼓吹的维新运动，或局限在戊戌那年的百日维新这短暂的时期内，其实，这并不能还原变

[①] 有关甲午战后清廷实政改革的总体研究，可参见张海荣《甲午战后清政府的实政改革（1895～1899）》，北京大学历史系博士学位论文，2013。

[②] 陈寅恪：《读吴其昌撰梁启超传书后》，《陈寅恪集·寒柳堂集》，三联书店，2001，第167页。

法维新的全貌和复杂过程。甲午后光绪帝推行自上而下的变法,是在《马关条约》签订、朝野普遍要求改革的呼声中开始的,乙未五月的"自强诏书"正是其标志;而戊戌年的"百日维新",则是胶州湾危机后光绪帝试图加快变法步伐的一次尝试,二者是相联系的,忽略这一点有违于历史真相。① 对荣禄的练兵成效视而不见,反视其为"顽固"派,很大程度上就是以康、梁变法的激进标准衡量其他改革思想和路径的结果。

政变后荣禄不仅练兵、筹饷,在保存京师大学堂等问题上与刚毅等的斗争一直持续,有限地维护了一些改革成果。换言之,清廷的改革并未因为政变发生而全然停止,在守旧势力异常强大的形势下,荣禄在不触动旧的封建体制的前提下,仍在设法维护和推动实政改革。正因为如此,庚子十二月西安的"新政诏书"才有所接续。可以说,乙未年五月"自强诏书"、戊戌年四月"定国是诏"和庚子十二月"新政诏书",三者是有密切关联的。这也是对甲午战后的荣禄进行客观评价的认知前提。

荣禄与戊戌政变的关系一直是学术界激烈争论的焦点问题。荣禄通过策动慈禧训政,来达到中止光绪帝推行激进改革的目的,这个事实是无可怀疑的。从这个意义上说,他是政变的主谋之一。关于政变细节和原委,因为档案材料的充分使用,学界研究已很充分。但是,长期以来我们对戊戌变法的失败原因简单地归结于慈禧、荣禄等人的扼杀,而对康、梁一派过于脱离实际、急躁鲁莽的做法缺乏分析,而把一切新政全部归结于康、梁的倡导,也不尽符合事实。更何况,荣禄在政变后积极调和两宫,极力保护光绪帝,避免事态恶化,庇护新政官员,并继续维护和推动某些新政,当时得到很多积极的评价。对此,也不可尽信康、梁之言,将荣禄完全一笔抹杀。

六 荣禄与己亥建储前后的政局

从戊戌年八月政变发生到庚子年五月义和团事件爆发,近两年的时间里,荣禄与刚毅的矛盾与权力冲突是清廷内部十分突出的一条主线,学界以往多侧重对"己亥建储"的背景和过程做出一些解释,或者强调康、梁海

---

① 关于这个问题的讨论,可参阅闾小波《论"百日维新"前的变法及其历史地位》,《学术月刊》1993年第3期。

外保皇活动的影响，很多情形并不清晰。比较充分的资料显示，政变后徐桐、刚毅等密结端王，积极推动守旧官员李秉衡的复出，试图取代刘坤一为两江总督；围绕山东巡抚的更换也与荣禄暗中较量；徐桐、刚毅等以剔除积弊为名，责令轮船招商局、电报局等洋务企业报效巨款，招致东南绅商的不满；刘坤一、张之洞、盛宣怀等地方官员被迫联络荣禄以求庇护。这些政治态势与庚子五月出现的清廷"联拳抗洋"的决策和"东南互保"的达成都有因果关系。同时，也可以看到，己亥建储的发生与康、梁保皇活动及东南士绅反对废立的舆论压力密切相关，在处理两宫关系问题上，荣禄意在调和，宁人息事；刚毅则借用康党之案，迎合载漪，排除异己。荣禄在庚子年春间的长期病假"休养"与这种斗争格局有关。刚毅、载漪等人对朝政的影响力增大，从而左右了义和团事件前后的中枢决策。

创建武卫军是荣禄生平最重要的功业，这是他鉴于北洋海军丧失、京津防卫空虚，出于捍卫京畿而采取的重大决策。但是，由于财政拮据以及朝局的影响，在庚子事件中，武卫军并未能有效发挥抗击外来侵略的作用，更有甚者，武卫中军还乘机劫掠商民，造成恶劣影响，这完全出乎荣禄意料之外，也成为后来遭到世人诟病的重要原因之一。

七 庚子事件中的荣禄及其与慈禧的关系

学界对荣禄的研究大部分都集中在庚子时期。荣禄在庚子义和团兴起后，匆忙销假治事，但始终秉承慈禧旨意，不敢越雷池半步。虽然主张"剿办"拳民、保护铁路，但慑于载漪等权贵的淫威，处处委曲求全，显得首鼠两端，这是他在庚子义和团时期的基本处境。荣禄指挥的武卫中军最初奉命保护使馆，围攻开始后，武卫中军也曾参与。荣禄对东南督抚谋划的"东南互保"是同情的，但是，没有证据说明他曾直接参与过密谋；尽管他与刘坤一、张之洞等人在大局认识和对外态度上近乎一致。事实上，由于电报中断，他在京内苦撑待变，且受到载漪等人排挤，小心翼翼，与东南督抚的联系十分谨慎。京城沦陷前，荣禄曾设法开启与公使馆的和议，但未能成功。总体看来，八国联军侵华战争开始后，事态危急，和战两难，在使馆谈判问题上，载漪、刚毅等人也对荣禄有所支持。围攻使馆期间，董福祥也并未完全脱离荣禄的统辖。相反，京城陷落后，随扈西行的载漪、端王等人又开始排挤荣禄，百端阻止其前往行在，力图继续掌控朝政，最终在东南督抚策划下，荣禄才得以抵达行在。刘、张、袁等督抚还对武卫中军围攻使馆之事向列强进行声辩，期望各国不再追究荣禄。但是，抵达西安的荣禄，重掌枢垣，很快故态复萌，一切秉承慈禧之意，袒护载漪等人，又引起李鸿章等督抚的不满。《辛丑条约》的谈判就是在这种权力格局中逐步完成的。

八 荣禄病逝及其后的政局

西安时期的荣禄达到了他权力的巅峰。清廷颁布明发上谕，宣布进行"新政"，在此问题上，荣禄有推动之功，然而，由于客观条件的制约，王朝已经面临末日，新政始终没有多大的进展。各省财政枯竭，行政拖沓，诸事毫无起色。而统治阶级内部矛盾重重，中央与地方关系日趋紧张，各地抗捐抗税活动此起彼伏，社会矛盾日益复杂。身为首辅，从中很难看到荣禄为扭转局面的努力。相反，朝野对他的非议却此起彼伏，或牵连庚子旧事，或与当时人事纠葛相关。回到京城后，为了缓和外人对武卫军围攻使馆造成的影响，荣禄加强了与外国使节的联络。他虽然主持朝政，却病情日重，时常请假。经过庚子之变，武卫军惨败，妻子亡故，荣禄遭受不小的精神打击。办事拖沓，因循依旧，任人唯亲，政以贿成，受到朝野的批评。这也是后来其历史形象不佳的原因之一。在他病逝后，时论对其功过评价较多。与清廷的褒扬不同，南方舆论对其多持批评讥讽，这与当时革命思潮兴起的背景有直接关系。荣禄死去八年后，辛亥革命爆发，清王朝终告倾覆，统治中国几千年的君主专制制度也宣告结束。袁世凯——这位在荣禄庇护下力量得以发展膨胀起来的一代枭雄，凭借北洋军阀的雄厚势力，成为影响民初政局的关键人物。

参考文献

一 未刊档案、官书、资料汇编

北京大学历史系编《义和团运动史料丛编》第1、2辑，中华书局，1964。

陈旭麓、顾廷龙、汪熙主编《盛宣怀档案资料选辑之七·义和团运动》，上海人民出版社，2001。

故宫博物院明清档案部编《义和团档案史料》，中华书局，1979。

国家档案局明清档案馆编《戊戌变法档案史料》，中华书局，1958。

胡滨译《英国蓝皮书有关义和团运动资料选译》，中华书局，1980。

路遥主编《义和团运动文献资料汇编》，山东大学出版社，2012。

戚其章主编《中国近代史资料丛刊续编·中日战争》，中华书局，1992~1999。

秦国经主编《清代官员履历档案全编》，华东师范大学出版社，1997。

《清实录》第40~58册，中华书局，1986。

孙瑞芹译《德国外交文件有关中国交涉史料选译》第1卷，三联书店，1960。

台北故宫博物院图书文献处藏军机处档折件、宫中档，传包传稿。

台北"中央研究院"近代史研究所档案馆藏总理衙门清档。

王彦威纂辑、王亮编《清季外交史料》，书目文献出版社，1987。

虞和平主编《近代史所藏清代名人稿本抄本》第1辑，大象出版社，

2011。

虞和平主编《近代史所藏清代名人稿本抄本》第 2 辑，大象出版社，2014。

赵尔巽等：《清史稿》，中华书局，1998。

朱寿朋编《光绪朝东华录》，中华书局，1958。

中国第一历史档案馆藏军机处录副奏折、朱批奏折、户科题本、电报档、军机处随手登记档（据国家清史编委会数字资料网：中华文史网，http：//www.qinghistory.cn）。

中国第一历史档案馆编《义和团档案史料续编》，中华书局，1990。

中国第一历史档案馆编《咸丰同治两朝上谕档》，广西师范大学出版社，1998。

中国第一历史档案馆编《光绪宣统两朝上谕档》，广西师范大学出版社，1996。

中国第一历史档案馆编《清代军机处电报档汇编》，中国人民大学出版社，2005。

中国第一历史档案馆、福建师范大学历史系合编《中国近代史资料丛刊续编·清末教案》第 2 册，中华书局，1998。

中国社会科学院近代史研究所近代史资料编辑室编《庚子记事》，中华书局，1978。

中国社会科学院近代史研究所《近代史资料》编辑组编《义和团史料》，中国社会科学出版社，1982。

中国社会科学院近代史研究所《近代史资料》编辑组编《近代史资料》总 54、63、86 号，中国社会科学出版社，1980 年代。

中国史学会主编《中国近代史资料丛刊·戊戌变法》，上海人民出版社，1953。

中国史学会主编《中国近代史资料丛刊·洋务运动》，上海人民出版社，1961。

中国史学会主编《中国近代史资料丛刊·中日战争》，上海人民出版社，1957。

中国史学会主编《中国近代史资料丛刊·义和团》，上海人民出版社，1957。

二　文集、笔记、书信

阿英编《庚子事变文学集》，中华书局，1959。
陈康祺：《郎潜纪闻初笔二笔三笔》，中华书局，1984。
陈夔龙：《梦蕉亭杂记》，北京古籍出版社，1982。
陈霞飞主编《中国海关密档——赫德、金登干函电汇编》，中华书局，1990~1996。
谌东飙校点《瞿鸿禨集》，湖南人民出版社，2010。
崇彝：《道咸以来朝野杂记》，北京古籍出版社，1983。
邓之诚：《骨董琐记全编》，中华书局，2008。
杜春和、耿来金、张秀清编《荣禄存札》，齐鲁书社，1986。
高阳整理《松禅老人尺牍墨迹》，台北故宫博物院，1978。
顾廷龙、戴逸主编《李鸿章全集》，安徽教育出版社，2008。
郭则沄：《十朝诗乘》，张寅彭编《民国诗话丛编》，上海书店出版社，2005。
何刚德、沈太侔：《话梦集·春明梦录·东华琐录》，北京古籍出版社，1995。
赫德：《这些从秦国来：中国问题论集》，叶凤美译，天津古籍出版社，2004。
胡思敬：《国闻备乘》，上海书店出版社，1997。
胡珠生编《宋恕集》，中华书局，1993。
黄濬：《花随人圣庵摭忆》，中华书局，2013。
孔祥吉编著《康有为变法章奏辑考》，北京图书馆出版社，2008。
李红英：《翁同龢书札系年考》，黄山书社，2014。
《李鸿藻存札》，未刊，中国社会科学院近代史研究所藏，编号甲70、70-11。
刘体仁：《异辞录》，中华书局，1988。
《鹿传霖任川督时函札》、《退轩主人函稿》，未刊，中国社会科学院近代史研究所藏，编号甲170、170-1。
罗惇曧：《罗瘿公笔记选》，山西古籍出版社，1997。

骆宝善、刘路生主编《袁世凯全集》，河南大学出版社，2013。

骆惠敏编《清末民初政情内幕——〈泰晤士报〉驻北京记者、袁世凯政治顾问乔·厄·莫理循书信集》（1895~1912），刘桂梁等译，知识出版社，1986。

戚其章辑校《李秉衡集》，中华书局，2013。

钱仲联校注《沈曾植集》，中华书局，2001。

《荣禄函稿底本》，未刊，清华大学图书馆藏。

荣孟源、章伯锋主编《近代稗海》第1辑，四川人民出版社，1985。

上海市文物保管委员会编《康有为与保皇会》，上海人民出版社，1982年。

上海图书馆编《汪康年师友书札》第1、2、3册，上海古籍出版社，1986、1987。

《上海图书馆藏盛宣怀档案萃编》，上海古籍出版社，2008。

上海图书馆历史文献研究所编《历史文献》第6、8辑，上海古籍出版社，2004。

《沈家本（子惇）存札》，未刊，中国社会科学院近代史研究所藏，档号甲54。

盛宣怀：《愚斋存稿》，沈云龙主编《近代中国史料丛刊续编》第13辑，台北，文海出版社，1975。

涂晓马、陈宇俊点校《樊樊山诗集》，上海古籍出版社，2004。

汪叔子编《文廷式集》，中华书局，1993。

汪叔子、张求会编《陈宝箴集》，中华书局，2002~2005。

王栻编《严复集》，中华书局，1986。

吴庆坻撰，刘承干校，张文其、刘德麟点校《蕉廊脞录》，中华书局，1990。

吴永口述，刘治襄记《庚子西狩丛谈》，岳麓书社，1985。

谢俊美编《翁同龢集》，中华书局，2005。

徐珂：《清稗类钞》第2册，中华书局，1984。

徐凌霄、徐一士：《凌霄一士随笔》，山西古籍出版社，1997。

徐寿凯、施培毅校点《吴汝纶尺牍》，黄山书社，1990。

许指严：《十叶野闻》，中华书局，2007。

叶德辉：《觉迷要录》，光绪三十一年刊本。

易宗夔：《新世说》，山西古籍出版社，1997。

于荫霖：《悚斋奏议》卷3，都门1923年刻本。

俞冰主编《名人书札墨迹》，学苑出版社，2006。

虞和平编《经元善集》，华中师范大学出版社，1988。

苑书义等主编《张之洞全集》，河北人民出版社，2000。

张人凤编《张元济古版书目序跋汇编》，商务印书馆，2003。

张树年、张人凤编《张元济书札》（增订本），商务印书馆，1997。

张廷银、朱玉麒主编《缪荃孙全集·笔记》，凤凰出版社，2013。

《张文襄公家藏手札》，未刊，中国社会科学院近代史研究所藏，档号甲182-264。

《张之洞存来往电稿原件》，未刊，中国社会科学院近代史研究所藏，档号甲182-385。

《张之洞等函札》，未刊，中国社会科学院近代史研究所藏，档号甲182-487。

《张之洞电稿》，未刊，中国社会科学院近代史研究所藏，档号甲182-75、182-95、182-209、182-456、182-457。

赵春晨等校点《王之春集》，岳麓书社，2010。

赵德馨主编《张之洞全集》，武汉出版社，2008。

赵树贵、曾丽雅编《陈炽集》，中华书局，1997。

中国科学院历史研究所第三所主编《刘坤一遗集》，中华书局，1959。

朱育礼、朱汝稷校点《翁同龢诗集》，上海古籍出版社，2009。

庄建平编《晚清民初政坛百态》，四川人民出版社，1999。

三 传记、日记、年谱、回忆录

A. W. 恒慕义主编《清代名人传略》，青海人民出版社，1990。

《爱新觉罗宗谱》，学苑出版社，1998。

北京市档案馆编《那桐日记》，新华出版社，2006。

卞孝萱、唐文权编《辛亥碑传集》，团结出版社，1993。

蔡少卿整理《薛福成日记》，吉林文史出版社，2004。

丁文江、赵丰田编《梁启超年谱长编》，上海人民出版社，1983。

凤岗及门弟子编《梁士诒年谱》，广大人民出版社，2014。

劳祖德整理《郑孝胥日记》，中华书局，1993。

李提摩太：《亲历晚清四十五年：李提摩太在华回忆录》，李宪堂、侯林莉译，天津人民出版社，2005。

李向东等标点《徐兆玮日记》，黄山书社，2013。

李宗侗、刘凤翰：《李鸿藻年谱》，中华书局，2014。

廖寿恒：《抑抑斋八月以后日记》，上海图书馆藏，稿本。

刘庆华编著《满族家谱序评注》，辽宁民族出版社，2005。

楼宇烈整理《康南海自编年谱》（外一种），中华书局，1992。

溥仪：《我的前半生》（全本），群众出版社，2007。

《清代碑传全集》，上海古籍出版社，1987。

清华大学图书馆科技史暨古文献研究所编《清代缙绅录集成》第20册，大象出版社，2008。

任青、马忠文整理《张荫桓日记》，中华书局，2015。

荣禄：《诰封一品夫人先继妣颜扎太夫人行述》，刘家平、苏晓君编《中华历代人物别传集》第51册，线装书局，2003。

荣禄编《世笃忠贞录》，光绪年间刊本。

史晓风整理《恽毓鼎澄斋日记》，浙江古籍出版社，2004。

沈祖宪、吴闿生编《容庵弟子记》，刊本，1913。

汤志钧：《戊戌变法人物传稿》（增订本），中华书局，1982。

唐烜：《留庵日钞》，未刊，中国社会科学院近代史研究所藏，档号甲143。

王凡、汪叔子整理《姚锡光江鄂日记（外二种）》，中华书局，2010。

王钟翰点校《清史列传》，中华书局，1987。

翁万戈编，翁以钧校订《翁同龢日记》，中西书局，2012。

吴剑杰编著《张之洞年谱长编》，上海交通大学出版社，2009。

吴思鸥、孙宝铭整理《徐世昌日记》，北京出版社，2015。

沃丘仲子：《近代名人小传》，中国书店出版社，1988。

夏东元编著《盛宣怀年谱长编》，上海交通大学出版社，2004。

谢海林整理《张佩纶日记》，凤凰出版社，2015。

谢兴尧整理《荣庆日记》，西北大学出版社，1988。

徐世虹主编《沈家本全集》第7卷，中国政法大学出版社，2000。

许同莘编《张文襄公年谱》，台湾商务印书馆，1969。

袁英光、胡逢祥整理《王文韶日记》，中华书局，1989。

佚名：《感蹉跎主人日记》，未刊，北京大学图书馆藏，索书号 X/088/0089。

张方整理《翁曾翰日记》，凤凰出版社，2014。

朱祖懋：《海城李公勤王纪略》，光绪癸卯铅印本。

四 报刊

《邸抄》（京报）

《国闻报》

《清议报》

《申报》

《同文沪报》

《知新报》

《中外日报》

五 研究著作

宝成关：《奕訢慈禧政争记》，吉林人民出版社，1990。

蔡乐苏、张勇、王宪明：《戊戌变法史述论稿》，清华大学出版社，1999。

常熟市人民政府、中国史学会合编《甲午战争与翁同龢》，中国人民大学出版社，1995。

陈寅恪：《陈寅恪集·寒柳堂集》，三联书店，2001。

崔运武：《中国早期现代化中的地方督抚：刘坤一个案研究》，中国社会科学出版社，1998。

戴玄之：《义和团研究》，北京大学出版社，2011。

丁名楠：《帝国主义侵华史》第2卷，人民出版社，1986。

董丛林：《晚清社会传闻研究》，人民出版社，2007。

冯尔康：《清代人物传记史料研究》，天津教育出版社，2005。

冯天瑜、何晓明：《张之洞评传》，南京大学出版社，1991。

高阳：《清朝的皇帝》，上海三联书店，2004。

高中华：《肃顺与咸丰政局》，齐鲁书社，2009。

关晓红：《晚清学部研究》，广东教育出版社，2000。

侯宜杰：《二十世纪初中国政治改革风潮》，人民出版社，1993。

胡绳：《从鸦片战争到五四运动》，《胡绳全书》第6卷，人民出版社，1998。

胡绳武主编《戊戌维新运动史论集》，湖南人民出版社，1983。

胡玉远主编《春明叙旧》，北京燕山出版社，1999。

黄彰健：《戊戌变法史研究》，上海书店出版社，2007。

贾小叶：《晚清大变局中督抚的历史角色——以中东部若干督抚为中心的研究》，上海书店出版社，2008。

金冲及：《二十世纪中国史纲》，社会科学文献出版社，2009。

孔祥吉：《康有为变法奏议研究》，辽宁人民出版社，1988。

孔祥吉：《戊戌维新运动新探》，湖南人民出版社，1988。

孔祥吉：《晚清佚闻丛考——以戊戌维新为中心》，巴蜀书社，1998。

孔祥吉：《晚清史探微》，巴蜀书社，2001。

孔祥吉：《清人日记研究》，广东人民出版社，2008。

孔祥吉、村田雄二郎：《罕为人知的中日结盟及其他——晚清中日关系史新探》，巴蜀书社，2004。

李剑农：《中国近百年政治史》，商务印书馆，2011。

李细珠：《张之洞与清末新政》，上海书店出版社，2003。

李细珠：《地方督抚与清末新政——晚清权力格局再研究》，社会科学文献出版社，2012。

廖一中、李德征、张旋如等编《义和团运动史》，人民出版社，1981。

林华国：《历史的真相——义和团运动的史实及其再认识》，北京大学出版社，2002。

林文仁：《南北之争与晚清政局（1861~1884）——以军机处汉大臣为核心的探讨》，中国社会科学出版社，2005。

林文仁：《派系分合与晚清政治：以"帝后党争"为中心的探讨》，中国社会科学出版社，2005。

刘凤翰：《袁世凯与戊戌政变》，台北，传记文学出版社，1971。

刘凤翰：《武卫军》，台北中研院近代史研究所，1978。

刘凤翰：《新建陆军》，台北中研院近代史研究所，1967。

路遥、程歗：《义和团运动史研究》，齐鲁书社，1988。

马忠文：《晚清人物与史事》，北京师范大学出版社，2015。

茅海建：《戊戌变法史事考》，三联书店，2005。

茅海建：《戊戌变法史事考二集》，三联书店，2011。

茅海建：《从甲午到戊戌：康有为〈我史〉鉴注》，三联书店，2009。

茅海建：《戊戌变法的另面："张之洞档案"阅读笔记》，上海古籍出版社，2014。

孟森：《明清史论著集刊》，中华书局，1959。

祁美琴：《清代内务府》，中国人民大学出版社，1998。

戚其章主编《甲午战争九十周年纪念论文集》，齐鲁书社，1986。

钱仲联：《梦苕庵诗话》，齐鲁书社，1986。

桑兵：《庚子勤王与晚清政局》，北京大学出版社，2003。

石泉：《甲午战争前后之晚清政局》，三联书店，1997。

苏位智、刘天路主编《义和团研究一百年》，齐鲁书社，2000。

汤志钧：《乘桴新获——从戊戌到辛亥》，江苏古籍出版社，1990。

汤志钧：《戊戌变法史》（修订本），上海社会科学院出版社，2003。

王明灿：《奕𫝈研究》，高雄，复文图书出版社，2008。

王守中：《德国侵略山东史》，人民出版社，1988。

王树槐：《外人与戊戌变法》，上海书店出版社，1998。

王维江：《"清流"研究》，上海书店出版社，2009。

王晓秋：《近代中日启示录》，北京出版社，1987。

王晓秋主编《戊戌维新与近代中国的改革——戊戌维新一百周年国际学术讨论会论文集》，社会科学文献出版社，2000。

王晓秋、尚小明主编《戊戌维新与清末新政——晚清改革史研究》，北京大学出版社，1998。

王玉棠：《刘坤一评传》，暨南大学出版社，1990。

夏东元：《盛宣怀传》（修订本），南开大学出版社，1998。

相蓝欣：《义和团战争的起源：跨国研究》，华东师范大学出版社，2003。

萧功秦：《危机中变革：清末现代化进程中的激进与保守》，上海三联书店，1999。

徐彻：《慈禧大传》，辽海书社，1994。

杨天石：《近代中国史事钩沉——海外访史录》，社会科学文献出版社，1998。

苑书义：《李鸿章传》（修订本），人民出版社，2004。

张海鹏：《追求集：近代中国历史进程的探索》，社会科学文献出版社，1998。

赵立人：《康有为》，广东人民出版社，2012。

中国第一历史档案馆编《明清档案与历史研究——中国第一历史档案馆六十周年纪念论文集》，中华书局，1988。

庄练（苏同炳）：《中国近代史上的关键人物》，中华书局，1988。

六　论文

程明洲：《所谓〈景善日记〉者》，收录于吴相湘，李定一，包遵彭编纂《中国近代史论丛》第 1 辑第 7 册，台北，正中书局，1956，第 230～248 页。

戴海斌：《东南督抚与庚子事变》，北京大学历史系博士学位论文，2009。

戴海斌：《"误国之忠臣"？——再论庚子事变中的李秉衡》，《清史研究》2011 年第 3 期。

戴海斌：《也说义和团运动中的奕劻》，《近代史研究》2013 年第 1 期。

戴玄之：《许（景澄）、袁（昶）三疏真伪辨》，《大陆杂志史学丛书》第 2 辑第 5 册，台北，大陆杂志社，1967，第 78～84 页。

戴玄之：《董福祥上荣中堂禀辨伪》，《大陆杂志史学丛书》第 1 辑第 7 册，台北，大陆杂志社，1960，第 181～191 页。

丁名楠：《景善日记是白克浩司伪造的》，《近代史研究》1983 年第 4

期。

董佳贝：《两种袁昶庚子日记的比较研究》，《近代史研究》2014 年第 1 期。

杜春和：《从〈荣禄存札〉看辛丑条约的签订》，《历史档案》1984 年第 4 期。

冯云英：《清代八旗都统简论》，《满族研究》1999 年第 4 期。

冯永亮：《荣禄与戊戌变法》，《清华大学学报》1998 年第 3 期。

高心湛：《荣禄与庚子事变》，《许昌师专学报》1993 年第 4 期。

郭卫东：《载漪与慈禧关系考——兼与廖一中先生商榷》，《天津师大学报》1989 年第 6 期。

郭卫东：《"己亥建储"若干问题考析》，《北京大学学报》1990 年第 5 期。

郭卫东：《戊戌政变后废帝与反废帝的斗争》，《史学月刊》1990 年第 6 期。

郭卫东：《戊己庚辛年间东南督抚对清室帝位的干预活动》，《江海学刊》1991 年第 3 期。

何炳棣：《张荫桓事迹》，《清华学报》第 13 卷第 1 期，1943 年 3 月。

何汉威：《从刚毅、铁良南巡看中央和地方的财政关系》，《中央研究院历史语言研究所集刊》第 68 本第 1 份，1997。

金冲及：《清朝统治集团的最后十年》，《近代史研究》2011 年第 6 期。

孔祥吉：《奕劻在义和团运动中的庐山真面目》，《近代史研究》2011 年第 5 期。

孔祥吉、村田雄二郎：《翁同龢为什么被罢官——张荫桓与日本公使矢野文雄密谈理读》，《光明日报》2003 年 10 月 14 日。

邝兆江：《〈上谕档〉戊戌史料举隅》，收入中国第一历史档案馆编《明清档案与历史研究》下册，中华书局，1988。

李鹏年：《一人庆寿举国遭殃——略述慈禧"六旬庆典"》，《故宫博物院院刊》1984 年第 3 期。

李守孔：《光绪己亥建储与庚子兵衅》，《中国近代现代史论集》第 13 编，台湾商务印书馆，1986。

李守孔：《八国联军期间慈禧归政德宗之交涉》，《中国近代现代史论集》第 13 编，台湾商务印书馆，1986。

李文海、林敦奎：《荣禄与义和团运动》，《义和团运动与近代中国社会》，四川省社会科学院出版社，1987，第 539~574 页。

李毅：《荣禄与戊戌变法》，《华南师范大学学报》1987 年第 2 期。

李永胜：《〈戊戌纪略〉的刊布与张謇的君宪情结》，《近代史研究》2015 年第 2 期。

廖一中：《论载漪》，《天津师大学报》1983 年第 4 期。

林华国：《庚子围攻使馆事件考》，《历史研究》1991 年第 3 期。

林文仁：《由沈、荣之争看影响晚清政局演变的两个因素》，《史学集刊》1996 年第 4 期。

刘春兰：《荣禄与晚清军事》，台湾政治大学硕士学位论文，2000。

刘凤翰：《荣禄与武卫军》，《中央研究院近代史研究所集刊》第 6 期，1977 年 6 月。

刘凤翰：《晚清新军编练暨指挥机构的组织与变迁》，《中央研究院近代史研究所集刊》第 9 期，1980 年 7 月。

罗志田：《革命的形成：清季十年的转折》（上），《近代史研究》2012 年第 3 期。

闾小波：《论"百日维新"前的变法及其历史地位》，《学术月刊》1993 年第 3 期。

马忠文：《翁同龢、张荫桓与戊戌年康有为进用之关系》，《近代史研究》2012 年第 1 期。

马忠文：《戊戌时期李盛铎与康、梁关系补正——梁启超未刊书札释读》，《江汉论坛》2009 年第 3 期。

马忠文：《从朝野反响看翁同龢开缺前的政治倾向》，《南京大学学报》2013 年第 2 期。

茅海建：《戊戌政变的时间、过程与原委——先前研究各说的认知、补正、修正》，《近代史研究》2002 年第 4、5、6 期。

毛以亨：《所谓景善日记——批评之批评》，《大陆杂志史学丛书》第 2 辑第 5 册，台北，大陆杂志社，1967，第 35~44 页。

施渡桥：《晚清首次整军练兵的思想与实践述评》，《军事历史研究》1996 年第 3 期。

王尔敏：《刚毅南巡与轮电两局报效案》，《近代史研究》1997年第4期。

王刚：《荣禄早期生平考（1836～1879）》，《历史教学问题》2013年第1期。

王刚：《荣禄与晚清神机营》，《军事历史研究》2013年第4期。

王刚：《荣禄与晚清政局》，北京大学历史系博士学位论文，2014。

王景泽：《载漪与虎神营》，《军事历史研究》1991年第3期。

王明灿：《奕譞研究》，台湾中正大学博士学位论文，2002。

吴心伯：《戊戌年天津阅兵"兵变"说考辨》，《学术月刊》1988年第10期

萧功秦：《戊戌激进主义及其影响》，《二十一世纪》1998年4月号。

谢俊美：《汉纳根与甲午中日战争》，戚其章、王如绘主编《甲午战争与近代中国和世界——甲午战争100周年国际学术讨论会文集》，人民出版社，1995。

谢俊美：《关于翁同龢开缺革职的三件史料》，《近代史研究》1993年第5期。

薛正昌：《董福祥与荣禄析论》，《西北大学学报》1993年第4期。

杨天石：《翁同龢罢官问题考察》，《近代史研究》2005年第3期。

杨天石：《天津"废弑密谋"有无其事》，《中华读书报》1998年7月15日，第6版。

俞玉储：《步军统领衙门及其档案》，《档案与北京史国际学术讨论会论文集》，中国档案出版社，2003。

张海荣：《甲午战后改革大讨论考述》，《历史研究》2010年第4期。

张海荣：《甲午战后清政府的实政改革（1895～1899）》，北京大学历史系博士学位论文，2013。

张能政：《清季神机营考述》，《史学月刊》1988年第5期。

张玉芬：《论晚清重臣荣禄》，《辽宁师范大学学报》1990年第3期。

赵立人：《戊戌密谋史实考》，《广东社会科学》1990年第3期。

翟金懿：《仪式与政治的互动——以慈禧太后六旬万寿盛典为例》，中国社会科学院研究生院硕士学位论文，2011。

周育民：《己亥建储与义和团运动》，《清史研究》2000年第4期。

邹爱莲：《从两件奏折清单谈东西两太后及其陵寝的兴修》，清代宫史研究会编《清代宫史论丛》，紫禁城出版社，2001，第480~493页。

七　工具书

陈玉堂编著《中国近现代人物名号大辞典》（全编增订本），浙江古籍出版社，2005。

郭廷以编著《近代中国史事日志》，中华书局，1987。

国家清史编纂委员会传记组编《六十八种清代人物资料书目》上下册，2005年12月。

钱实甫编《清代职官年表》，中华书局，1980。

魏秀梅编《清季职官录 附人物录》，中华书局，2013。

杨廷福、杨同甫编《清人室名别称字号索引》（增补本），上海古籍出版社，2001。

朱彭寿编著《清代人物大事纪年》，北京图书馆出版社，2005。

主要人名索引

阿桂　1
阿洪阿　22
安维峻　112，113，134，135
鳌拜　22
巴布罗甫（巴甫洛夫）　159，160
巴德诺　65
白克浩司（巴克斯）　8，322
柏葰　25，26，29，59
宝廷　50～52，57
宝鋆　13，44，46～48，50，51，57，62，64，75，87，90
边宝泉　156，162
蔡金台　17，162，202，203
蔡钧　186，227，269
蔡寿祺　34，36
岑春煊　13，186，202
岑毓英　49，66
长萃　227
长麟　99，101，103，119，121～124，151
长瑞　21～24，27
长善　67

长寿　21～27，320
陈宝箴　6，13，16，87，93，94，156，162，163，172，185，186，204，215，216，334
陈秉和　228，229，231，234，260
陈炽　127，134，150，176
陈孚恩　28～30
陈夔龙　6，13，17，20～22，27～30，42，44～50，52，53，57，58，62，66，75，77，101，104，146～149，151，154，186，187，202，208，212，213，216，221，224，234，245，246，255，266，284，299
陈湜　86
陈允颐　126，151
陈泽霖　223，263，271，284
成孚　71
承禄　24，91
程文炳　102，103，110
崇光　67，260
崇厚　34，36，54，62
崇礼　13，53，151，160，167，179，

198，212，260，267，316，333

崇纶　32，39，40

崇绮　162，163，245，250，260，267，286~288

崇彝　17，40，59

春佑　38~40，57

慈安　1，30，31，37，38，41，47，48，50，51，60，62，90

慈禧　1，2，4~11，17~20，22，29~36，38~42，44，46~52，60~62，64，67，68，83~86，90，97，98，100，103~106，108，110~115，117~119，121~124，129~132，134~137，140，149，151，153~158，161，162，165~167，169，179~181，190，191，193~196，198，200~205，207，209~218，220，221，223~227，232~237，244，246~253，255，256，258~262，264，265，267，268，273，279，281，284，285，287，289，291，298~302，307，309，312~315，319~322，324，326，327，330，332~337

达斌　151，210，211，229，289，312

德寿　86

德贞　89

丁葆元　121

丁汝昌　99

丁韪良　9

董福祥　8，9，12，13，86，96，103，140，141，170，171，183~185，194，218，219，256，262，266，277，278，282，283，287，293，295，296，298~301，303~305，307，308，329，

336

董恂　36，87

窦纳乐　9，236，281，285，288，295

杜保禄　183，184

端方　1，250，276，277，287，291，293

额勒和布　29，64，83，99，103，117，136

遏必隆　22

恩承　36，54

恩祥　221，255

樊国梁　184，253，254，320

樊增祥　17，76，94~96，186，243，256，261，263，264，282，309，312，314，317

费英东　21，22

冯桂芬　188

冯锡仁　214

佛佑　251

福锟　73，83，100，101

福兴　32

傅恒　1

甘醴铭　53，54

刚毅　2，3，7，11，17~19，31，86，103~105，114，125，128~130，151，157，163，164，166~168，177~180，193，194，213，216，217，224~229，231~236，238，240~243，246，248~251，253，256，258~262，266~268，279，280，284，286，291，292，295，299~301，307，328，329，332，333，335，336

高枏　262，264，279

高燮曾　99，111，112，165，172，173，

175，196，212，213，229
格尔思　263
恭寿　75，86，172
广寿　38，51，57，58，60
贵宝　39
贵恒　73
郭则沄　17，124，265，270
郭曾炘　124，265，270
海靖　159，160，230
韩士俊　53，54，56
汉纳根　105～109，112，141，142，144，148
何金寿　53，54
和珅　1，136
赫德　108，161，164，165，198，258，272，277，278，280，281，316，324，327
胡孚宸　129，165，198
胡景桂　131，145～147，149
胡良驹　184
胡思敬　17，245
胡延　314
胡燏棻　3，13，86，106，107，109，110，128，139，141～144，150，156，157，173，181，192，230，333
华翼纶　23，24
怀塔布　103，199，204，260
黄桂鋆　212，213，215
黄玘　229
黄绍箕　178
黄遵宪　163，177，186，204，215
季邦桢　55
继昌　285
继格　86

贾桢　25，26
江标　215
金登干　316，324，327
金梁　4，47，59，238
金四喜　280～283
瑾妃　110，112，123
经元善　245，249，250
景廉　13，75，87
景瑞　38
敬信　103，119，151，160，161，224，260
瞿鸿禨　2，48，156，185，186，310，313，320，333
喀西尼　116
康广仁　204，205，209，212
康有为　3，6，7，18，116，118，121，150，158，167，169，174～179，185，188，190，191，195～202，204～213，215～217，226，229，230，235～240，242～245，248，249，270，308，324，330，335，336
孔宪毂　55～57
寇连材　136
奎俊　12，13，38，268，269，276，277，279，280，282，295，323
魁龄　42
昆冈　83，118，136，243，260，309
黎培敬　47，49
李秉衡　19，227，229～233，248，263，271，273，284，302，336
李登瀛　72
李端棻　31，215
李福基　236
李光昭　39

李鹤年　69，71

李鸿藻　2，12，16，18，39~41，43~45，47，48，58，61，64，68~75，78，81~83，87，90，91，93~95，97~100，103，106，108，110，112，115，118，119，123，124，128，130~132，134，137，142，143，146，147，151，154~157，164，166，168，248，271，332，333

李鸿章　2，5，6，13，15，18，31，33，44~46，56，57，64，68，80，81，84~87，90，91，95，99，100，105，106，108~113，115，116，119~121，124，125，127，128，130~132，134~136，139，141，142，151，153，157，159~164，166，177，180，187，201，203，227，228，234，235，246，249~251，257，258，260，270~277，281，282，284，286~295，297，298，300~304，309~311，315，320，333，337

李经方　91，126，131，133，163，201，235

李经述　131，133，249

李焜瀛　72

李莲英　11，104，112，113，125，133，134，194，240~243，285

李盛铎　17，29，134，135，151，162，176，177，186，202，203，247，273

李棠阶　44

李提摩太　130，168，320

李文田　99，100，103，125

李希圣　261，266

李煜瀛　72

李岳瑞　17，140，141，215，272，278，307，308

联元　260，265，284

良揆　21，282，283，318，327

梁启超　3，6，7，126，127，158，166，169，174~177，181，190，191，194，195，201，204~210，212，215~217，226，235~240，243，245，248，249，317，330，334~336

梁士诒　321，322

廖寿恒　151，155，167，175，203，212，227，233，242，247，248，260

林懋德　184，253

林旭　13，200，207，209，210，212，213

林肇元　47，49

麟书　73，118，120，179

灵桂　41，77，332

刘恩溥　200

刘光第　162，200，207，209，210，212

刘坤一　13，16，18，75，77，80，84~86，91，92，104，114~116，119~121，139，142，143，172，188，213~217，220，227，228，231，232，243，245，248，258，269~277，286~291，293，295~298，300，303，305~307，309，310，315，318，322，336

刘铭传　13，66，87，142

刘麒祥　121，140，143，152

陆宝忠　100，260

鹿传霖　75，77~80，84~87，94，95，106~108，110，156，165，180，185，186，201，214，215，218，232，270，

271，292，297，299，309，310，318，320，333

纶厚　75，92，314

罗丰禄　131，133，250，273

罗嘉杰　9，13，261，262

马河图　56～58，60

马玉昆　13，263，286，305

毛昶熙　141

明善　38～40

穆图善　66

那桐　16，98，181，192，251，259～261，263，267

尼古拉二世　130，159

倪文蔚　69，71，93

聂时寯　187，218

聂士成　139，146，165，170，171，182，191，218，219，222，255，257，281

欧阳熙　17，247

潘祖荫　13，68，69，73，75，87

彭述　232

彭玉麟　92，227，230，232

溥儁（大阿哥）　5，7，8，244，245，246，250，285，313，315

溥良　228，229，260，264

溥伦　251，332

溥兴　259，260

溥仪　11，154，332

祁景颐　40，108，123，124，153，154，156

祁世长　13，68，69，72，73，87

岐元　75

启秀　11，227，233，259，260，285

谦光　154，270

钱应溥　118，155，167，227，233

乔树楠　162，213

青木周藏　288，289

全庆　13，38，52，87

饶廷选　25

任道镕　156，234

荣庆　16，264，265，316，323，324

瑞常　29，30

瑞璋　86

萨克达氏　27，41，332

萨荫图　160

萨迎阿　59

赛尚阿　23，24

僧格林沁　24，29，31，32，34

杉山彬　259，260

闪殿魁　103

善庆　276

邵友濂　109，115，131，133

沈桂芬　2，10，18，43～50，52，55，57，58～60，66，69，74，75，90，94

沈家本　16，184，185，222

沈鹏　240～243

沈瑜庆　13

沈曾桐　127

沈曾植　127，168，304

胜保　22，29，31，32

盛宣怀　16，18，96，135，136，152，156，194，203，213，225，249，254，255，257，258，269～273，275，282，289，291～297，300，302，303，305，306，336

盛昱　61，100

师曾　68，73

史念祖　86，156

世铎（礼王、礼亲王） 2，13，61，64，68，75，76，83，90，91，106，112，116，128，129，130，140，151，167，168，180，200，213，260，262，279，285，299，314，332

奭良 187，189，192，218

松溎 83，260

松寿 73

宋伯鲁 175，177，196～199，206，207，212，270

宋庆 13，139，145，218～220，222，223，305

苏布通阿 26

苏克萨哈 22

苏元春 65，223，232，248

肃顺 1，28～31，34，41，332

孙宝琦 192，217

孙家鼐 13，83，87，129，131，132，134，155，167，168，188，234

孙万林 255，281

孙雄 241

孙毓汶 2，11，64，68，72，75，76，83，98，99，107，108，111，112，115～119，123～125，134，151，161，166，167，227，234，312，333

索尼 22

塔斯哈 21～23

谭启瑞 187，189，192，218

谭嗣同 128，158，177，200，207，209～212，238

谭钟麟 188，217，235

汤聘珍 86

陶模 162

陶森甲 92，245

田贝 106

廷杰 272，274～276

廷宪 312，317，319，321

廷雍 254，288，293，302

童华 87

万青藜 55，57

汪大燮 126，127，129，130，152，243，248，249

汪康年 119，126～130，136，151，152，197，230，240，243，248，249，323，324

汪鸣銮 72，103，121～124，168，333

汪元方 44

王鹏运 99～101，118，164，165，167，175，311～313

王树枏 270

王文锦 125

王文韶 16，29，45，92～94，104，119，120，139，142，146，147，167，179，180，183，203，212，216，232，251，260，264，265，271，275，276，285，286，297，300，309～311，313～316，318～320，323，324

王修植 143，178，189，192，217

王照 136，166，199，206～210，212，240

王之春 86，130，162，258，273，276，277，311

威廉二世 159

魏光焘 139，322

文镛 55

文悌 196，198，206

文廷式 46～48，105，111，112，121，123～125，127，130，132，134～136，

149~152，156，165，176，191，203~205，248，333

文祥　13，28~30，32~36，39，40，44，45，47，64，74，78，87，90，312，332，333

文煜　101

翁同龢　2，13，16~18，31，40~42，46~48，51，59，61，62，64，68，72，74，75，83，87，89，97~100，103~108，110~132，134~137，139，141~145，151~153，155~169，174~176，179~181，191，194，196，200，201，215，216，224，227，233，241~243，271，312，319，333

翁心存　29，41，75

翁曾翰　16

乌札氏　25

吴长庆　142

吴大澂　71，91，104，115，333

吴樵　127，128，136，230

吴庆坻　17，47，48

吴汝纶　234

吴廷芬　125，151，261

吴永　9，17，218，278，279，313~315

吴郁生　201

吴重熹　156，322，333

希元　86

熙敬　83，119

熙拉布　27，33，35，41，332

夏曾佑　126，194，206，239，240，329，330

祥亨　86

熊亦奇　127

徐郙　118，168

徐琪　283

徐仁录　208

徐仁铸　215

徐世昌　104，145，147，149，208，210

徐桐　11，13，18，31，68，73，87，100，114，120，124，150，154，155，157，161~164，166，169，176，177，198，203，213，215，216，224，226，227，229~235，241~243，245，246，250，258，267，284，287，288，333，336

徐延旭　87

徐用仪　2，98，115，117~119，123，151，161，165，167，233，260，284，333

徐兆玮　200，241~243

徐致靖　31，177，206~208，212

许庚身　83

许景澄　12，160，249，256，257，261~265，267，284

许彭寿　87

许应骙　118，151，154~156，160，177，196~199，216，217，271，273

薛允升　69

延煦　69，247，248

严复　206，217，239，240，318，319

阎敬铭　64，142，234

颜札氏　25，28，42，74

杨崇伊　125~128，130，134，135，136，151，187，188，202~205，211

杨锐　119，123，132，133，162，178，198，200，206，207，209，210，212，213，215

杨深秀　196~199，207，212

杨文鼎　183，187，189，192

姚文栋　184

姚锡光　121

叶昌炽　127，168，201~203，278，287

叶志超　86

叶祖珪　210，211

伊藤博文　162，204，205

宜振　38，53，57，244

贻谷　213

易俊　99

易顺鼎　308，317~319

奕誴（惇王、惇亲王）　36，38，53，56，57，60，224，332

奕譞（醇王、醇亲王）　2，4，11~13，18，31~36，38，39，41，42，45，50，56，60~69，72，74~76，87，91，95，134，153，154，191，224，332，333

奕劻（庆王、庆亲王）　2，3，5，6，19，76，80，83，98，103，106，107，116，119，120，151~154，160，181，182，193，195，198，200~203，205，207，224，227，232，235~237，259，260，262，264，267~269，272，275~277，280，283，285，288~292，294，295，296，300~303，309~312，314，315，321，327，332

奕訢（恭王、恭亲王）　1，2，4，6，11，13，27，29，30~32，34，36，38，39，42，44，50，61，62，64，66，68，75，87，90，97，99~110，112，116~119，121~124，128~130，132，134，139~140，144，151~153，160，162，166，168，173，237，332

奕詝（咸丰帝、咸丰皇帝）　23~29，31，32，34~36，38，45，285，331，332

荫禄　24，91

殷兆镛　87

英桂　39，101

英年　101，198，260，267，268，287，291，300，307

于荫霖　162，163，273

裕德　157，260，267

裕庚　151，186，318

裕宽　86

裕禄　81，167，172，179，180，219，220，223，231，257，258，266，272，279，284

毓贤　229，231，235，250，253，300，301，304，307

豫师　13，68，69，72，73，87，142

员凤林　87

袁保纯　229

袁昶　9，12，256，261，263，265，267，284

袁甲三　141

袁世敦　229

袁世凯　2，3，5，6，10，13，16，18，96，126，127，141~149，151，152，156，170，171，182，185，186，191，194，205~213，218，219，221~223，225，229，233，235，236，251，269~273，275~277，281，282，284，286，289，291，293~297，300，303~306，315，322~324，327，330，333，334，337

恽毓鼎　9，260~262，264，265

载淳（同治帝、同治皇帝） 37，39，40~42，45，51，53，68，244，245
载沣 3，194，260，320，321，323，332，334
载澜 224，267~269，280，284，285，287，291，300，307
载湉（光绪帝） 1，5~7，18，42，45，61，67，74，83，97，98，100，105~113，116~118，120，123，124，128，129，131，143，145，149，150，155，158，159，161，163，165~167，169，172~174，177~179，181，182，185，188，190，191，194~202，205~209，212，215，224，226，230，234，236~238，244~246，250，267，284，315，317，324，330，335
载勋 260，267~269，280，291，300，301，312
载漪（端王） 5，7，8，11，19，38，60，128，153，221，223~226，244，246，250，253，258~260，262~265，267~269，272，275~277，279~281，284~286，291，292，299~301，329，332，336，337
载垣 1，30，31，34
曾璧光 47
曾广汉 261
曾国藩 31，34，76，87，88，119，170，171，183，312
曾国荃 13，65，87，88，91
曾纪泽 13，62，87~90，153
增祺 248
詹鸿谟 83
张春发 223，263，271，284

张亨嘉 261，283
张鸿 241
张謇 68，135，216
张连芬 184
张联桂 84
张佩纶 16，31，52，69，71，90，95，143
张人骏 13，156，333
张汝梅 86，227~229，231，234
张上达 228，229
张孝谦 127
张翼 191，192，204，222
张荫桓 16，31，108，109，115，119，125，129，133，136，151，153，158~167，174~177，181，182，195~199，208，212，213，215，217，228，234，270
张元济 151，177~179，197，199，207，216，239，318，319
张岳年 86
张之洞 6，16~18，40，76，77，92~94，104，116，119~121，123，127，132，133，161~164，166，167，169，172，178，179，198，200，203，207，212，213，220，230，245，247，248，250，257，261~263，267，269~274，276，277，286~291，293，295~298，300，303，305~310，313，315，318，322，323，334，336
张之万 64，83，99，103，117，155
张仲炘 152，203
张宗禹 35
章高元 159
赵凤昌 213，246，248

赵舒翘　86，227，234，247，248，256，258，260，279，284，285，291，292，300，307，329

遮克敦布　32

珍妃　110~112，123

志和　54

志钧　4，98，177

志锐　47，73，111，112，121

周馥　142，235

朱延煦　247

朱祖谋　260

左宗棠　82，92，94，140，312

后　记

当 1985 年秋天我以第一志愿考入东北师范大学历史系的时候，还体会不到把兴趣作为职业在生活中的非凡意义。1992 年 7 月，在徐凤晨教授指导下，我完成硕士论文《张荫桓与维新运动》，离开学校，来到北京。此后十多年间，没能"安分守己"，多次辗转调动，先后就职于中央党校图书馆、中华书局辞书编辑室、中国社会科学杂志社《历史研究》编辑部等单位，2008 年调入中国社会科学院近代史研究所政治史研究室。从图书馆馆员、编辑这些教学科研的"辅助"岗位，一步步走进了史学研究的中心和重镇，可谓如鱼得水，让不少朋友为我感到高兴。

在近代史所这个名家荟萃的史学园地，我精心呵护着自己的兴趣，阅读着厚重的资料，享受着宽松的学术氛围。2010 年 9 月，在离开校门 18 年后，又考入复旦大学历史系，师从金冲及先生，攻读博士学位。金老师谆谆教导：40 岁之后再入校门，不要只图虚名，趁着读学位的机会，不妨反思和总结一下以前的学习和研究，找找缺憾，有针对性地调整、充实，争取有一个自我超越的明显进步。老师年逾八旬，一直笔耕不辍，又有不少社会活动，尽管如此，仍抽出不少时间听我汇报论文撰写情况，不时予以点拨和启发。5 年过去了，我的论文《晚清政局中的荣禄研究》终于完成。但是，"超越"二字真真不易，惶恐之余，只有铭记师训，再接再厉。

感谢论文答辩委员会主席张海鹏研究员，以及姜义华教授、熊月之研究员、潘振平教授、章清教授，老师们高屋建瓴，从宏观结构、文字细节，到资料补充，都提出了中肯的意见。王晓秋教授、朱荫贵教授、金光耀教授、刘宗汉编审、董丛林教授、刘悦斌教授、张求会教授也先后审阅过论文，提出了宝贵意见，这次修订已全部吸收进来，谨此一并致谢。

本书即将出版之际，非常感谢我服务过的各单位的领导、师长和同事。感谢近代史所政治史研究室姜涛研究员、崔志海研究员两位主任领导下晚清史研究的同仁，多年的相处和交流，让我切身体会到了近代史所扎实严谨的学风；感谢徐秀丽老师主持的《近代史研究》编辑部各位同仁在编发拙文过程中付出的辛劳；也感谢所图书馆、档案馆工作人员为我提供的热情服务。还要感谢寄居京华十多年的赣籍名医胡有衡先生。胡先生秉性耿直，医术精湛，怀着对祖国医学的信服和敬意，即使年近古稀，亦从未停止钻研岐黄经典。胡先生不只把医术作为职业，还把它当学问来做，精益求精，不时让我体会到中医的精妙，甚至可以感受到行医与治史的许多相通之处。

特别感谢任教于西南大学的王刚博士。2010年，王刚在北京大学茅海建教授麾下读书，在不知情的情况下，我们的论文选题出现"撞车"现象，但他勤奋刻苦，在2014年如期完成论文毕业。崔颢题诗在前，无形中给我带来了不小的压力。拙著杀青后，专门寄呈请教，王刚兄提出了不少切实中肯的修改意见，令我铭感在心。还有我在复旦学习时的年轻朋友——张仲民，马建标，潘星，贾钦涵，皇甫秋实，感谢他们给我提供的各种帮助。章成、周海建博士不避烦劳，帮我核对引文注释，其认真的态度令我这位曾经的编辑不禁汗颜。社会科学文献出版社徐思彦老师和责任编辑为此书出版付出辛劳更在不言之中。由于种种原因，书中讹误和不足在所难免，希望师友和读者谅解并提出批评。

马忠文

二〇一六年三月十七日

图书在版编目(CIP)数据

荣禄与晚清政局/马忠文著.—北京:社会科学文献出版社,2016.3(2020.7重印)
 ISBN 978-7-5097-8894-3

Ⅰ.①荣… Ⅱ.①马… Ⅲ.①荣禄(1863~1903)-生平事迹 Ⅳ.①K827=52

中国版本图书馆CIP数据核字(2016)第051809号

荣禄与晚清政局

著　　者 / 马忠文
出 版 人 / 谢寿光
项目统筹 / 宋荣欣
责任编辑 / 赵　薇　邵璐璐　孔　军

出　　版 / 社会科学文献出版社·历史学分社 (010) 59367256
　　　　　 地址:北京市北三环中路甲29号院华龙大厦　邮编:100029
　　　　　 网址:www.ssap.com.cn
发　　行 / 市场营销中心 (010) 59367081　59367083
印　　装 / 三河市东方印刷有限公司

规　　格 / 开　本:787mm×1092mm　1/16
　　　　　 印　张:23.5　字　数:393千字
版　　次 / 2016年3月第1版　2020年7月第3次印刷
书　　号 / ISBN 978-7-5097-8894-3
定　　价 / 65.00元

本书如有印装质量问题,请与读者服务中心 (010-59367028) 联系

▲ 版权所有 翻印必究